Aus Freude am Lesen

W0175759

Jürgen Schmieder möchte ein besserer Mensch werden. Seine Frau, sein kleiner Sohn und seine Freunde sollen zufrieden mit ihm sein. Vor allem aber: Er will, dass Gott ihn mag. Das Problem dabei ist: Wer ist Gott – und wenn ja, wie viele? Dafür unternimmt er einen Selbstversuch. Er studiert die heiligen Schriften und führt ein Leben nach den Ideen und Grundregeln der verschiedenen Religionen und Glaubensgemeinschaften, um am Ende eine Antwort auf die Frage zu finden, wie er der Erlösung einen entscheidenden Schritt näherkommen kann.

Mit viel Akribie, Humor und Ernsthaftigkeit, mit Selbstironie und großem Respekt geht er vier Jahre lang dem Wesen der Weltreligionen, kleinerer Religionsgemeinschaften, Sekten und Ersatzreligionen auf den Grund und kommt schließlich zu einem überraschenden und äußerst ermutigenden Ergebnis.

JÜRGEN SCHMIEDER, geboren 1979, unternahm schon als Kind dauernd Selbstversuche. Während seines Studiums arbeitete er bei Magazinen und Zeitungen. Heute ist er Redakteur beim Online-Portal der *Süddeutschen Zeitung* und hat auch nach seinem Tod noch einiges vor.

Jürgen Schmieder

Ich will in den Himmel
oder als glückliche Kuh
wiedergeboren werden

Vom demütigen Versuch,
ein religiöser Mensch zu werden

Mit Illustrationen von Hanni Schmieder

btb

Verlagsgruppe Random House FSC-DEU-0100
Das für dieses Buch verwendete
FSC®-zertifizierte Papier *Lux Cream*
liefert Stora Enso, Finnland.

1. Auflage
Genehmigte Taschenbuchausgabe Mai 2012,
btb Verlag in der Verlagsgruppe Random House GmbH, München
Copyright © 2011 by Jürgen Schmieder, vertreten durch die
Literarische Agentur Michael Gaeb
Copyright © der Originalausgabe 2011 by C. Bertelsmann Verlag,
München, in der Verlagsgruppe Random House GmbH
Umschlaggestaltung: © semper smile, München, nach einem
Umschlagentwurf von R·M·E, Roland Eschlbeck
Druck und Einband: CPI – Clausen & Bosse, Leck
LW · Herstellung: BB
Printed in Germany
ISBN 978-3-442-74451-0

www.btb-verlag.de

Besuchen Sie auch unseren LiteraturBlog www.transatlantik.de!

Inhalt

Prolog

Die junge Frau brüllt, als würde ihr jemand fünf Liter kochendes Öl über den nackten Körper kippen. Sie krümmt sich, sie reißt Arme und Beine nach oben, es braucht vier kräftige Männer, um sie festzuhalten. Ich habe kurzzeitig das Gefühl, der Zähmung eines wild gewordenen Bullen beizuwohnen. Dabei ist der Körper der Frau eher mit dem einer unterernährten Gazelle zu vergleichen. Sie schreit, und ich muss zugeben, noch nie im Leben ein derartiges Geräusch gehört zu haben, das von einem Menschen erzeugt wird. Ich spüre, dass sich auf der Haut meines Unterarms kleine Hügelchen bilden, dass meine Finger zittern und dass mein Unterkiefer bebt.

Dabei wird doch nur Weihwasser auf die Frau geträufelt.

Ich bin in der Kirche von Nawaan, einem kleinen Dorf auf der philippinischen Insel Mindanao. Meine Schwiegermutter ist in diesem Ort aufgewachsen, meine Frau und ich wurden in dieser Kirche getraut, nachdem sie auf einer Wasserbüffel-Blumenkutsche vom Strand zum Eingang gebracht wurde.

Heute findet in dieser Kirche keine Trauung statt. Das Gebäude ist alt und baufällig, aber dermaßen kitschig eingerichtet, dass man zwangsläufig an die Kirche im »Romeo & Julia«-Remake mit Leonardo DiCaprio denken muss. Wenn es still ist, was nur selten der Fall ist, kann man die Wellen des Pazifischen Ozeans hören. Es riecht nach frischem Thunfisch, gegrilltem Schwein und Kokosnussmilch. Die Menschen tragen trotz Temperaturen von mehr als vierzig Grad lange schwarze Hosen und den Barong, das traditionelle philippinische Oberhemd mit feiner Stickerei.

Zu Beginn des Gottesdienstes begrüßt der Priester der Iglesia Filipina Independente die Besucher. Er spricht ein Gebet, dann nimmt er ein Kreuz in die Hand und schaut zum Eingang. Dort knien fünfzehn Männer, ihr Blick ist zur Decke gerichtet, ihre Hände sind es ebenfalls. Sie sehen traurig aus, fast verzweifelt, einige weinen. Dann rutschen sie die fünfundzwanzig Meter lange Strecke auf Knien und reden dabei wild durcheinander. Wegen meiner mangelnden Kenntnisse des philippinischen Dialekts Visayan kann ich nicht verstehen, was sie sagen, aber meine Schwiegermutter versichert mir, dass sie gerade um Vergebung ihrer Sünden bitten.

Aufgrund meiner römisch-katholischen Erziehung bin ich es gewöhnt, dass es, um Absolution zu erlangen, genügt, seine Sünden zu bereuen, sie in einer Holzkabine einem Geistlichen zu beichten, Besserung zu geloben und anschließend zu beten – wobei es mir stets schleierhaft war, warum ausgerechnet ein Ave-Maria oder ein Paternoster als Buße oder gar Strafe empfunden wird, wo doch das Gebet eine positive Erfahrung sein soll. Ich habe deshalb meistens nach der Beichte auf die vom Priester aufgetragenen Gebete verzichtet und lieber versucht, Gott den Grund für meine Taten zu erklären, was mir allerdings nur in den seltensten Fällen gelingen wollte. Auf Knien gerutscht bin ich nie.

In der Iglesia Filipina Independente, der Unabhängigen Philippinischen Kirche, gibt es drastischere Maßnahmen, wenn es um Buße und Vergebung geht. In einigen philippinischen Gemeinden lassen sich Männer ans Kreuz schlagen, in anderen gibt es einen Mann mit angeblich besonderen Kräften, er geißelt sich und schlägt sich mit einem Sack voller Rasierklingen, um seine Heilkraft nicht zu verlieren. »Glaube wird auf den Philippinen intensiver gelebt«, sagt mein Schwiegervater. Der philippinische Bischof Camilo Diel hat ihn vor mehr als zwanzig Jahren von einem schweren Rückenleiden kuriert – ohne dass der Geistliche vorher wusste, dass mein Schwiegervater überhaupt ein Rückenleiden gehabt hatte.

Mein Schwiegervater ist ein intelligenter und rationaler Mensch, er recherchiert vor dem Kauf einer neuen Kamera tagelang im Internet, bevor er eine Entscheidung trifft. Er ist neuen Dingen gegenüber aufgeschlossen, aber skeptisch genug, um nicht alles zu glauben. Er stand den Methoden des Bischofs lange kritisch gegenüber, weil es keine wissenschaftliche Begründung oder gar einen Beweis dafür gibt, dass sie funktionieren. Als er aber die Heilung am eigenen Leib erfahren hatte, musste er eingestehen, dass da irgendetwas passiert sein musste.

Die Iglesia Filipina Independente war im Jahr 1902 vom Priester und Freiheitskämpfer Gregorio Aglipay y Labayan gegründet worden, um sich von der spanisch dominierten katholischen Amtskirche abzugrenzen. Sie lehnt die Autorität des Papstes ebenso ab wie das Zölibat – und bis 1947 auch den Glauben an die Trinität. Seit 1960 steht sie in enger Verbindung mit der episkopalen Kirche der Vereinigten Staaten und ist mit drei Millionen Mitgliedern nach der römisch-katholischen Kirche die zweitgrößte christliche Vereinigung auf den Philippinen.

Während der Fastenzeit spielen die Bewohner des Dorfes die Geschichte Jesu nach, in den Häusern werden Altäre aufgebaut, es gibt die Bergpredigt ebenso wie das letzte Abendmahl und den Kreuzweg. Mein Schwiegeronkel Toto übernimmt während dieser Zeit seit Jahren die Rolle des Apostels Bartholomäus. Er trägt stets eine Flasche Weihwasser in der Hosentasche und zieht sie immer dann hervor, wenn jemand in seiner Familie ein Problem hat. Als wir ihn einmal holten, um unseren Bungalow von einem überdimensionalen Käfer zu befreien, spritzte Onkel Toto Weihwasser in das Zimmer und sprach ein Gebet, weil er dachte, wir hätten einen bösen Geist ausgemacht und kein harmloses Insekt. Das Weihwasser hilft seiner Meinung nach gegen Geister genauso gut wie gegen Magenschmerzen – und zu meinem Erstaunen musste ich feststellen, dass mein Sonnenbrand inklusive aller Blasen, die sich gebildet hatten, innerhalb weniger Stunden durch Totos Wasser auf wundersame Weise verschwunden war.

Ich hielt die Geschichte von der Heilung meines Schwiegervaters stets für eine Anekdote, die Opas ihren Enkeln erzählen, um sie zu beeindrucken, und auch das Verschwinden meines Sonnenbrands erklärte ich mir lieber mit der reinen Luft auf den Philippinen als mit dem Weihwasser – bis zu dem Moment, als diese junge Frau in die Kirche gebracht wurde.

»Sie ist krank und von einem bösen Geist befallen«, erklärt mir in diesem Moment meine Schwiegermutter. Ich hätte einen solchen Satz normalerweise als Worte einer Frau abgetan, die einem Touristen einen kleinen Schrecken einjagen möchte, doch sie sagt ihn mit einer Ruhe und Überzeugung, wie ich einem anderen Menschen mitteile, dass ich mir einen Schnupfen eingefangen habe.

Dann höre ich die Schreie der Frau. Ich höre keine Wellen mehr, keinen Gesang und auch nicht die verzweifelten Rufe der Männer, die jetzt vor dem Altar knien und um Vergebung ihrer Sünden bitten.

Im Gegensatz zu mir scheinen die anderen Besucher keine Gänsehaut zu haben, sie sehen den Vorgängen am Altar unaufgeregt zu – so, als würde da vorne ein Arzt einem kranken Menschen ein Grippemittel verabreichen. Dabei findet hier doch etwas Ungewöhnliches, etwas Unerklärliches statt.

Was in dieser Kirche gerade durchgeführt wird, ist ein Exorzismus.

Zum ersten Mal überkommt mich bei meinem Projekt, das mich nun bereits seit vielen Jahren beschäftigt und bei dem ich dachte, schon viele Dinge erlebt zu haben, der Eindruck, einen Schritt zu weit gegangen und damit genau auf dem richtigen Weg zu sein.

Kapitel 1

Ich will, dass Gott mich mag!

»Gott hasst mich!«

Ich weiß das, weil ich mich auch hassen würde, wenn ich Gott wäre. Ich vereine in verschiedenen Abstufungen alle sieben schlechten Charaktereigenschaften der klassischen Theologie in mir, zumindest behaupten das meine Frau und meine Freunde: Arroganz, Habsucht, Wollust, Zorn, Neid, Faulheit und Völlerei. Gott muss mich für einen ziemlich schlechten Menschen halten. Von den besonders schwerwiegenden Sünden Mord, Ehebruch und Glaubensabfall habe ich zwar erst eine begangen, die aber in einer Konsequenz und Häufigkeit, dass es Gott nicht gefallen kann.

Mein Freund Joey trägt am linken Handgelenk ein rotes Armband, auf dem die Buchstaben *W.W.J.D.* eingestickt sind. Es bedeutet »What would Jesus do?« und soll ihn stets ermutigen, sich bei all seinen Entscheidungen zu überlegen, wie Jesus wohl gehandelt hätte, und seine Taten dementsprechend anzupassen. Komischerweise lassen sich viele meiner Entscheidungen bislang leichter zusammenfassen mit dem Satz: »Was würde Jesus NICHT tun?«

Sollten Sie nun denken, dass es sich bei mir um ein außergewöhnlich schlechtes Exemplar der Spezies Mensch handelt, so möchte ich Ihnen nahelegen, darüber nachzudenken, ob Sie sich selbst bei realistischer und objektiver Einschätzung Ihrer bisherigen Zeit auf Erden eher für den Himmel oder für die Hölle qualifizieren würden. Ich jedenfalls bin – mit Ausnahme meiner Mutter – bislang nur Menschen begegnet, die sich zumindest hin und wieder einigen der sieben Hauptlaster hingeben. Das lässt mich grundsätzlich zu dem Schluss kommen, dass, wenn meine Mutter nicht in den Himmel kommen sollte, die meisten Menschen kaum eine Chance auf Erlösung haben.

Fast alle Menschen haben mindestens eine schlechte Charaktereigenschaft, die meisten sogar mehrere. Folglich dürfte Gott uns alle nicht besonders gut leiden können. Ich könnte verstehen, wenn er vor langer Zeit das Interesse an unserer Welt verloren hätte und sich nun lieber um Planeten kümmern würde, deren Einwohner nicht so verdorben sind wie wir.

Wenn man morgens die Zeitung liest oder abends den Fernseher einschaltet, kann man tatsächlich den Eindruck gewinnen, dass es sich bei den Menschen um einen Haufen wild gewordener Verrückter handelt, die nichts Besseres zu tun haben, als sich selbst, andere Lebewesen und über kurz oder lang die Erde kaputt zu machen. Man liest von Vergewaltigungen, Morden und Amokläufen, im Fernsehen sieht man Bilder von Prügeleien, Schießereien und Kriegen. Man hört Berichte von Menschen, die sich gegenseitig belügen und betrügen. Selbst im eigenen Umfeld muss man mit ansehen, wie sich Menschen nach zwanzig Jahren Ehe scheiden lassen und von nun an hassen. Wie Freunde zu Feinden werden oder sich mit Drogen vollstopfen – und wie Bekannte, die man eigentlich für ausgeglichene und zuvorkommende Menschen gehalten hat, plötzlich anfangen, ihre Frauen zu schlagen.

Am Tag vor meiner Hochzeit auf den Philippinen wurde im Fluss die Leiche eines katholischen Mannes gefunden, dessen einziges Vergehen es war, an den falschen Gott zu glauben. Wie kann dem »richtigen« Gott so etwas gefallen?

Um Missverständnissen vorzubeugen, muss ich sagen, dass ich gerade von dem Gott spreche, von dem meine Eltern mir eingetrichtert haben, dass ich an ihn glauben müsse, wenn ich eine Chance haben wolle, nach meinem Tod keine Höllenqualen zu erleiden. Mir wurde während meiner Kindheit der römisch-katholische Gott als der einzig wahre vorgestellt und die römisch-katholische Konfession als die einzige, bei der sich eine Mitgliedschaft lohne. Mein Vater trichterte mir zwar auch ein, dass der 1. FC Nürnberg der einzig wahre Fußballverein sei, doch gab er mir die Gelegenheit, im Laufe meiner Sozialisierung andere Vereine ohne Vorurteile kennenzulernen, weshalb ich irgendwann einmal Anhänger von Werder Bremen wurde. Ob sich mein Leben dadurch verbessert hat, lasse ich jetzt einmal dahingestellt.

Bei den Religionen war das nicht so. Wenn mir überhaupt eine andere Glaubensgemeinschaft vorgestellt wurde, dann in derart despektierlicher Art und Weise, dass ich bis ins Teenageralter keine andere Wahl hatte, als den Katholizismus als meine Religion zu akzeptieren. Ich war fest davon überzeugt, es sei der Sinn meines Lebens, dieses so zu gestalten, dass ich nach dem Tod die Ewigkeit an der Seite Gottes verbringen darf.

Wenn ich ehrlich bin, bin ich von einem Platz an der Seite des katholischen Gottes so weit entfernt wie der 1. FC Nürnberg vom Gewinn der Deutschen Meisterschaft. Mein bisheriges Leben ist bislang vielmehr ein Bewerbungsschreiben für einen Job in der Hölle – und ich spreche hier nicht von einer Arbeit, bei der man Schwefel besorgt oder Kohlen für das Höllenfeuer schippt. Derzeit sehe ich mich eher im mittleren Management bei Beelzebub.

Das ist ziemlich traurig, weil ich eigentlich gerne ein netter Mensch wäre mit guten Chancen auf einen Platz im Himmel.

Deshalb habe ich beschlossen, dass es so nicht weitergehen kann. Ich will, dass Gott mich mag! Ich möchte nicht nur, dass der Gott der römisch-katholischen Kirche mich mag, sondern auch alle Götter, die es da so geben könnte. Hätte ich vor hundert Jahren gelebt, so hätte ich nie einen anderen Glauben kennengelernt und blind dem vertraut, was die katholische Kirche mir eintrichterte. Nun aber leben wir in einer Welt, in der ein Mensch die Möglichkeit hat, verschiedene Glaubensrichtungen kennenzulernen und unterschiedliche Formen von Gottheit.

Ich möchte ein glückliches Leben führen, und ich möchte, dass ich all jenen zu einem glücklicheren Leben verhelfe, bei denen es mir möglich ist.

Der technologische Fortschritt ermöglicht es vielen von uns, mit dieser riesigen Welt in Verbindung zu bleiben und jede Religion kennenzulernen. Ich kann innerhalb von dreißig Stunden an fast jedem bevölkerten Ort dieses Planeten sein, ich kann über das Internet live mit unseren Freunden in New York oder Johannesburg oder Manila kommunizieren. Das führt dazu, dass die Menschen heutzutage vor allem in der westlichen Welt unabhängiger sind als jemals zuvor. Wir brauchen unsere Nachbarn nicht mehr zum Überleben, und deshalb ist es nicht lebensnotwendig, dass sie uns mögen. Jeder hat seine eigene Wohnung, seinen Fernseher, seinen Computer mit Internetanschluss, sein Auto.

Die meisten technologischen Fortschritte sind großartig, sie lassen das Leben weniger mühsam erscheinen und ermöglichen uns, wunderbare Dinge zu tun. Jeden Tag finden Wissenschaftler neue Dinge heraus, erklären uns die Welt und versichern uns dabei, dass das, was wir gestern für wahr gehalten haben, kompletter Unsinn ist – wobei das, was Wissenschaftler uns da jeden Tag präsentieren, nicht unbedingt die Wahrheit ist, sondern nur ein kleines Stück Wirklichkeit.

Für viele von uns wird die Welt jedoch nicht verständlicher oder kleiner, sondern immer unübersichtlicher und umständlicher. Wir schließen tagsüber einen Vertrag mit einem Kollegen in New York, wir chatten nachts mit unserer Freundin in Barcelona – und wissen nicht einmal, wie der Typ in der Wohnung gegenüber mit Vornamen heißt. Wir sind heutzutage weniger von unserem Nachbarn abhängig als vielmehr von unserer Arbeit, die uns Einkommen und damit Unabhängigkeit sichert.

Unabhängigkeit führt zu Freiheit, das ist der allgemeine Konsens. Grenzenlose Freiheit ist für viele Menschen das erstrebenswerteste Ziel im Leben. Nur kann das auch zu grenzenlosem Egoismus führen, wie der Dalai-Lama in seinem schönen Werk *Das Buch der Menschlichkeit* festhält: »Da andere für mein Glück unmaßgeblich sind, ist auch das Glück anderer für mich unmaßgeblich.«

Der Kampf, den wir deshalb im 21. Jahrhundert zu führen haben, liegt vielleicht weniger in der Entdeckung neuer Kontinente, Planeten oder Teilchen, obwohl das unglaublich interessant ist. Er liegt auch nicht unbedingt in der Bewältigung von großen Krisen, obwohl das leider immer wieder nötig ist. Ich glaube, dass der Kampf des einzelnen modernen Menschen vor allem ein spiritueller ist, der sich in zwei Fragen zusammenfassen lässt:

1. »Wie werde ich in diesem Leben glücklich?«
2. »Sollte das Ende dieses Lebens nicht das Ende bedeuten: Wie schaffe ich es, auch danach noch glücklich zu sein?«

Ich glaube jetzt, am Beginn meines Projekts über Glaube, Spiritualität und Erlösung, dass es auf diese naiven und einfachen Fragen auch naive und einfache Antworten gibt. Auf die erste Frage würde ich antworten: »Wenn ein möglichst hoher Prozentsatz derer, die mich kennen, mich auch mag.« Und auf die zweite: »Wenn der, der darüber bestimmt, was nach dem Ende dieses Lebens mit mir passiert, mich mag.« Im Moment finde ich meine beiden Antworten allerdings ein wenig unbefriedigend.

Ich will aber nicht nur, dass Gott mich mag, denn meine Eltern haben mir beigebracht, dass zumindest der Gott der katholischen Kirche grundsätzlich alle Menschen liebt – also zunächst einmal auch jene, welche später mal Kinder missbrauchen, Gebäude in die Luft sprengen und Kriege beginnen. Der Autor George Carlin hat darüber einmal geschrieben: »Die Religion hat die Menschen überzeugt, dass im Himmel ein unsichtbarer Mann wohnt, der alles sieht, was man tut – jeden Tag, jede Minute. Dieser unsichtbare Mann hat eine Liste von zehn Dingen, die man nicht tun soll. Wenn man aber doch eines dieser zehn Dinge tut, dann hat er einen besonderen Ort mit Feuer und Rauch und Flammen und Folter und Angst. Dorthin schickt er einen, damit man für immer dort lebt und leidet und brennt und erstickt und schreit und weint, bis ans Ende der Zeiten… Aber Er liebt dich!«

Gott liebt alle Menschen, er lässt aber nur die in sein Himmelreich, die er auch mag. Also muss ich versuchen, dass er mich liebt und mag, denn von Feuer und Rauch und Flammen und Folter und Angst halte ich nur sehr wenig.

Wenn ich einmal sterbe – und ich habe kürzlich nicht ohne Erschrecken festgestellt, dass ich mit ziemlicher Sicherheit einmal sterben werde und dass die ersten Anzeichen für den Verfall meines Körpers deutlich zu erkennen sind –, dann soll mich Gott ansehen und sagen: »Mein Freund, du warst ein süßes und liebes Kind, in der Mitte deines Lebens bist du ein ziemlicher Vollidiot geworden – aber du hast irgendwann die Kurve gekriegt und ein Leben geführt, wie ich mir das vorstelle.« Das kann doch nicht so schwer sein.

Der erste Schritt: Ich muss an etwas glauben. Das ist mir in den vergangenen Jahren wahrlich nicht immer leichtgefallen, weshalb meine schwerwiegende Sünde der Glaubensabfall ist. Ich bin kein Atheist, aber ich zähle mich zu den Agnostikern. Die Existenz eines Gottes ist meiner Meinung nach weder beweisbar noch widerlegbar. Ich finde die Wette des französischen Philosophen Blaise Pascal spannend – nicht nur deshalb, weil ich gerne am Pokertisch sitze und die Wahrscheinlichkeiten berechne, ein gutes Blatt zu bekommen.

Pascal behauptete schon im 17. Jahrhundert, es sei besser, an Gott zu glauben, weil der zu erwartende Gewinn höher sei als der Erwartungswert im Falle des Unglaubens. Es ging Pascal bei seiner Behauptung mitnichten darum, einen Beweis für die Existenz Gottes zu liefern. Er zeigte nur plastisch, was den Menschen nach dem Tod erwarten könnte und wie Belohnung oder Bestrafung ausfallen könnten. Der Gläubige, so die Meinung Pascals, werde Erlösung erfahren, wenn Gott tatsächlich existiert. Sollte es keinen Gott geben, dann hat er nichts verloren, weil seine Existenz wie die aller anderen mit dem Tod endet. Der Ungläubige dagegen hat nichts davon, wenn es keinen Gott gibt, weil auch seine Existenz mit dem Tod endet und er nicht einmal vor die Gläubigen treten und feststellen darf, dass er es doch die ganze Zeit gewusst habe. Sollte es Gott jedoch geben, dann hat der Ungläubige laut Pascal ein Problem.

Die Pascal'sche Wette

Was der Mensch glaubt	Realität	Erwartetes Ergebnis
Gott existiert	Gott existiert	+
Gott existiert	Gott existiert nicht	o
Gott existiert nicht	Gott existiert nicht	o
Gott existiert nicht	Gott existiert	–

Freilich musste Pascal Kritik einstecken für seine Theorie, die heute als die »Pascal'sche Wette« bekannt ist. Seine Wette wurde entlarvt als Versuch, zweifelnde Menschen mit einer logisch anmutenden Formel dazu zu bringen, an den christlichen Gott zu glauben. Ihm wurde vorgeworfen, allzu oberflächlich zu argumentieren und viele Unabwägbarkeiten zu vernachlässigen. Was etwa würde passieren, wenn es zwar einen Gott gibt, er aber gar nicht will, dass die Menschen an ihn glauben? Oder wenn es Gott egal wäre, ob der Mensch an ihn glaubt, solange er sich korrekt verhält?

Blaise Pascal war gläubiger Christ. Es war weniger eine wissenschaftliche Erkenntnis, die er da ablieferte, als vielmehr eine gewiefte Marketingstrategie für seinen Glauben.

Anders als viele Gottesbeweise hat die Pascal'sche Wette den Test der Zeit bestanden, eben weil es sich nicht um einen Beweis handelt, der von einem Gegenbeweis torpediert werden oder als wissenschaftlicher Nonsens abgetan werden könnte. Es ist ein Angebot an den Menschen, eben weil sich Gott nicht beweisen lässt – und es ist ein höchst verlockendes Angebot. Ich habe bei meinen Recherchen herausgefunden, dass nicht wenige Menschen auch im 21. Jahrhundert ihren Glauben mit der Pascal'schen Wette begründen – vor allem dann, wenn sie in Diskussionen mit Atheisten damit konfrontiert werden, dass die Wahrscheinlichkeit für Gottes Existenz doch arg gering sei. Gegen das Wahrscheinlichkeitsargument führen sie die Wette ins Feld und legen dar, dass der zu erwartende Gewinn – also die Erlösung – derart hoch sei, dass sich der Glaube auch dann lohnen würde, wenn die Aussicht auf Erfolg geradezu grotesk gering sei. Der zu erbringende Einsatz sind natürlich nicht nur der Glaube an eine Gottheit und der Verzicht auf Todsünden und ungebührliches Verhalten, sondern je nach Religion auch richtig viel Geld. Aber was sind schon achtzigtausend Euro Kirchensteuer während des irdischen Lebens für ewige Glückseligkeit?

Es ist besser, an Gott zu glauben und herauszufinden, dass es ihn nicht gibt, als nicht an Gott zu glauben und herauszufinden, dass es ihn gibt.

So lautet der Satz der Pascal'schen Wette – und ich habe ihn mittlerweile auf Deutsch gehört, auf Englisch, auf Chinesisch, auf Französisch, auf Tagalog, auf Visayan, auf Spanisch, auf Koreanisch und auf Persisch, unabhängig voneinander ausgesprochen von Menschen unterschiedlicher Religionen.

Der wohl wichtigste Einwurf meinerseits wäre indes: Was passiert mit einem Menschen, der an den christlichen Gott glaubt und bei seinem Tod feststellt, dass er sich geirrt hat, weil der jüdische Gott der richtige ist? Oder einer der vielen Götter, an welche Hindus glauben? Hat der Anhänger des christlichen Glaubens auch dann noch eine Chance auf Erlösung – oder warten Feuer und Rauch und Flammen und Folter und Angst auf ihn? Die Frage lautet nicht mehr nur: »Glaubst du an Gott?« Sie lautet vielmehr: »Glaubst du an Gott, und wenn ja: an welchen?«

Menschen treffen häufig Entscheidungen, ohne alle Fakten zu kennen und zu prüfen – und viele unserer Ansichten sind oberflächlich und nicht besonders durchdacht. Grundsätzlich ist daran erst einmal nichts auszusetzen, es kann uns sogar das Leben retten, wie es etwa der amerikanische Neurologe Andrew Newberg in seinem faszinierenden Buch *Why God Won't Go Away* beschreibt. Wenn wir nachts im Wald spazieren gehen, plötzlich die Silhouette eines Bären sehen und Gebrüll hören, dann werden wir wohl zuerst einmal losrennen, ohne nachzudenken. Ist es wirklich ein Bär auf der Suche nach einem leckeren Mitternachtssnack, so haben wir instinktiv das Richtige getan. Ist es kein Bär, dann haben wir uns zwar geirrt, aber es ist nicht weiter schlimm. Die Pascal'sche Wette wurde hier auf eine Situation angewandt, die täglich passieren kann, so wir jede Nacht im Wald spazieren gehen.

Newberg zeigt jedoch, dass unser Gehirn noch weiter geht: Wenn der Mensch etwas für wahr hält, dann verbringt er viel Zeit damit, sich selbst davon zu überzeugen, dass es wahr ist. Er sucht nach Beweisen, er vereinfacht – und nicht selten füllt er die leeren Stellen in der logischen Kette so auf, dass sein vorgegebenes Konzept logisch erscheint. Er umgibt sich lieber mit Menschen, die der gleichen Ansicht sind, als mit jenen, die eine andere Überzeugung vertreten.

Im Falle von Religionen sucht der Mensch weniger nach Beweisen, die seinen Glauben widerlegen, als vielmehr nach jenen, die ihn bestätigen. Er umgibt sich lieber mit Menschen, die an denselben Gott glauben und Mitglied derselben Kirche sind. Andersgläubige werden misstrauisch betrachtet, nicht selten werden sie aus der Gemeinschaft ausgestoßen oder gar gewaltsam bekämpft. Die meisten Menschen wählen den Gott, an den sie glauben möchten, nicht rational und nach jahrelanger Suche aus, sondern bleiben bei dem, an den sie seit ihrer Kindheit glauben.

Wer nun meint, dass dieses Verhalten töricht sei, dem sei gesagt: Nicht nur gläubige Menschen agieren so, sondern auch Wissenschaftler. Der brillante Mathematiker Kurt Gödel hat schon 1931 eine Formel erfunden, die zeigt, dass fast jeder wissenschaftliche Beweis auf Voraussetzungen beruht, die falsch sein könnten. Die komplette Formel möchte ich Ihnen ersparen, sie erstreckt sich über mehrere Zeilen. Hier ist nur eine davon:

$$[k < x1 \,^\circ T([n]1 + d(k + 2), k, [n] \, 1 + d(k + 1), x2...xn)]$$

Ein berühmtes Rätsel, das die meisten von uns schon irgendwann einmal lösen mussten, veranschaulicht Gödels Formel: Sie gehen auf einem Wanderweg, der sich irgendwann einmal gabelt. An der Kreuzung stehen zwei Männer, über ihnen hängt ein Schild, auf dem steht: »Einer der beiden Wege führt in die Sicherheit, der andere ins Verderben. Beide Männer kennen den richtigen Pfad. Nur: Einer der beiden lügt immer, der andere sagt immer die Wahrheit. Sie dürfen nur eine Frage stellen, dann müssen Sie sich entscheiden.«

Die richtige Antwort auf dieses Rätsel ist so einfach wie

vertrackt: Man muss irgendeinen der beiden Männer fragen, welchen Weg der andere vorschlagen würde – und dann genau das Gegenteil wählen. Nur dann kommt man ans gewünschte Ziel.

An dieser Stelle führen wir aber nun ein wenig von Gödels Formel ein: Woher wissen wir, dass auf dem Schild über der Weggabelung die Wahrheit steht? Könnte nicht der Lügner die Worte daraufgepinselt haben? Und schon würden wir ins Verderben laufen, weil wir einfach davon ausgegangen sind, dass, wenn da schon ein Schild am Wegrand hängt, darauf auch die Wahrheit stehen muss.

Ähnlich verhält es sich mit unserem Glauben. In westlichen Religionen beginnt es damit, dass Gott die Person ist, die alles erschaffen hat: die Planeten, die Pflanzen, die Tiere und den Menschen. Es gibt zahlreiche Gottesbeweise intelligenter Gläubiger, und noch intelligentere Philosophen veranschaulichen in endlosen Assoziationsketten, dass es einen ersten Beweger, einen Künstler für das Kunstwerk oder eine höhere Ordnung für die faszinierenden weltlichen Naturgesetze geben müsse. Also lohnt es sich, an Gott zu glauben.

Naturwissenschaftler dagegen drehen den Spieß um und liefern Beweise gegen die Theorie der Existenz eines Gottes oder einer höheren Macht: Es gab den Urknall, das Leben entstand und irgendwann der Mensch, in dessen Gehirn sich im Laufe der Zeit eine Idee von Gott festsetzte. Nicht Gott war der Schöpfer des Universums oder des Menschen, sondern der Mensch war der Schöpfer von Gott.

Aber wer hat nun recht? Und was wäre, wenn beide unrecht hätten?

Die Pascal'sche Wette lässt sich erweitern, wenn man sie als Spiel an einem Roulettetisch betrachtet. Die verschiedenen Religionen werden verteilt auf die unterschiedlichen Zahlen, auf die man beim Roulette setzen kann – wobei ich zugeben muss, dass die 36 eine höchst unglückliche Zahl ist, wo doch der geniale Douglas Adams, ein Atheist übrigens, in seinem Buch *Per Anhalter durch die Galaxis* festgehalten hat, dass die 42 die Antwort auf das Leben, das Universum und den ganzen Rest sei. Aber gut, der Erfinder des Roulettes, der übrigens nicht Blaise Pascal war, wie manchmal behauptet wird, hat das Spiel ja auch entwickelt, bevor Adams seinen Roman geschrieben hat.

Zurück zum Roulettetisch: Ich will nicht nur, dass der Gott, den meine Eltern für sich und für mich ausgesucht haben (wobei »ausgesucht« wohl das falsche Wort ist, »eingetrichtert« trifft es wohl eher), mich mag. Ich will, dass jeder Gott mich mag! Allah soll mich genauso für einen feinen Kerl halten, und sollte es keinen personifizierten Gott geben, dann möchte ich zumindest von der höheren Ordnung akzeptiert werden oder ins ewige Tao eingehen. Ich will mir meinen Platz im Himmel, im Nirwana oder zumindest in einer höheren Kaste im nächsten Leben sichern.

Ich will in den Himmel, als glückliche Kuh wiedergeboren werden, den Gott in mir selbst finden oder Erleuchtung erfahren – je nachdem, was nach meinem Tod an positiven Dingen auf mich warten könnte.

Um das zu erreichen, muss ich so leben, dass ich am Roulettetisch nicht nur auf eine Zahl setze, sondern dass ich meinen Chip auch so platziere, dass möglichst viele Kombinationen abgedeckt werden. Allah etwa soll sagen: »Ich habe gesehen, dass du an den Gott der Christen geglaubt hast – das war ein Fehler! Aber du hast so viele Regeln meiner Religion befolgt, dass ich dich gerne in meine Gemeinschaft aufnehme. Ab sofort wird nur noch an mich geglaubt!« So in der Art.

Ich weiß, dass dieses Vorhaben ziemlich gewagt ist, denn über kaum etwas anderes diskutiert die Menschheit heftiger als über die Existenz eines Gottes und darüber, welcher Gott denn nun der richtige sei.

Der Unterschied zu anderen, weltlicheren Debatten ist

die Heftigkeit und die mangelnde Fähigkeit, die Ansichten des anderen zu akzeptieren, wenn es um Religion geht. Ich habe noch nicht gehört, dass es zu Massenunruhen gekommen wäre, weil jemand Megan Fox für attraktiver hält als Angelina Jolie, und nach meinen letzten Informationen ist das World Trade Center nicht von Fans der Boston Red Sox zerstört worden, die den Yankees-Fans eins auswischen wollten.

Beim Glauben ist das anders: Die meisten Menschen werden von ihren Eltern in einem bestimmten Glauben erzogen, sie werden direkt nach der Geburt und ohne ihren Willen äußern zu dürfen, Mitglied einer Religion, einer Glaubensgemeinschaft oder einer Sekte. Dieser Religion bleiben sie entweder bis an ihr Lebensende treu, oder sie wenden sich irgendwann einmal ab. Mehrere Studien haben ergeben, dass die wenigsten Menschen aus spirituellen Gründen den Glauben wechseln. Freilich treten viele aus der Kirche aus – so viele, dass auf deutschen Ämtern das einzige Zimmer, das vorbildlich ausgeschildert ist, das Büro für Kirchenaustritte ist. Laut aktueller Studien konvertieren nur sehr wenige Menschen von einer Religion zu einer anderen – und falls doch, dann nicht aus spirituellen Gründen. Der häufigste Grund für die Konversion ist laut mehreren Untersuchungen der, dass ein eher weniger gläubiger Mensch den strenggläubigen Anhänger einer anderen Religion heiraten möchte und deshalb den Glauben wechselt.

Wir bekommen also von unseren Eltern und unserem Umfeld eine Glaubensrichtung vorgestellt, ohne direkt etwas dagegen tun zu können. Und weil unsere Eltern in unseren ersten Lebensjahren die Rolle zumindest von Halbgöttern einnehmen, glauben wir ihnen so ziemlich alles, was sie uns sagen.

Es scheint bei vielen Menschen eine Alles-oder-nichts-Entscheidung zu sein: Entweder man steht zum Glauben seiner Eltern – oder man tritt aus. Und so kann es sein, dass wir am Ende unseres Lebens ziemlich blöd dastehen, weil es der falsche Gott war, an den unsere Vorfahren geglaubt haben.

Ich fände es doch arg ungerecht, wenn ich die Regeln der einen Religion befolgen würde und dann in genau dem Moment, in dem meine Asche im Indischen Ozean verstreut wird, feststellen müsste, dass ich mich getäuscht habe – und dass ich mich vor allem deshalb getäuscht habe, weil ich meinen Eltern vertraut habe, die ihren Eltern vertraut haben, die ihren Eltern vertraut haben. Es wäre, als hätte man beim Roulette sein ganzes Geld auf eine Dreierreihe gesetzt, im Vertrauen darauf, dass die Eltern einem die richtige Zahl eingeflüstert haben – und dann hüpft die blöde Kugel auf eine andere Zahl. Ganz ehrlich: Wenn ich daran denke, bekomme ich doch ein arg flaues Gefühl in der Magengegend.

Durch meine Recherchen und Selbstversuche möchte ich erreichen, dass ich die anderen Zahlen, auf die ich an diesem Roulettetisch noch setzen kann, klar und deutlich erkenne, weil ich die verschiedenen Religionen endlich näher kennenlerne. Bisher waren sie nur verschwommen wahrzunehmen, bei manchen sah ich lediglich ein schwarzes Loch, in das mein Chip fallen würde, wenn ich ihn auf das Feld legen würde.

In Bezug auf Religionen und Glaubensgemeinschaften muss ich zugeben, ziemlich ungebildet zu sein – so wie die meisten Menschen ziemlich ungebildet sind, wenn es um andere Religionen geht, wie drei unterschiedliche Studien und Umfragen aus den vergangenen Jahren belegen. Ich wäre zum Beispiel keinesfalls in der Lage, auch nur fünfzehn der vierundzwanzig Propheten des Islam zu nennen. Noch.

Das hat freilich mit meiner Erziehung zu tun.

Ich stamme aus einem Ort in der nördlichen Oberpfalz, in dem es keinen Bahnhof gibt, dafür aber einen Kreisverkehr, über dessen Errichtung jahrelang im Stadtrat debattiert wurde. In meinem Heimatort wurde aber noch nie darüber diskutiert, an welchem Platz im Ort eine Moschee errichtet werden könnte, weil noch niemand auf die Idee kam, eine zu bauen. Es gibt auch keine Statue, die an den Holocaust erinnern soll. Die einzige Buddha-Figur, die ich dort jemals gesehen habe, gab es auf dem Gelände meines Fußballvereins, nachdem Klinsmann Trainer beim FC Bayern geworden war.

Ich wurde in einem katholisch geprägten Ort geboren und erzogen, wo religiöser Chauvinismus noch gepflegt wird. Schon Menschen, die der evangelischen Konfession angehörten, waren damals »die anderen«. Die Ausdrücke, mit denen die Mitglieder anderer Religionen bezeichnet wurden, habe ich Gott sei Dank vergessen.

Ich wurde erzogen von einer Mutter, die heute noch sowohl im Pfarrgemeinderat aktiv ist als auch einen Eine-Welt-Laden betreibt, und von einem Vater, der jahrelang in der Kirchenverwaltung tätig war. Hinzu kamen meine Schwester und mein Bruder, der im Alter von sechs Jahren beschlossen hatte, katholischer Priester zu werden, und dieses Vorhaben schließlich auch umsetzte.

In der Grundschule wurde ich von Katholiken unterrichtet, und lange Zeit glaubte ich tatsächlich, dass Protestanten einer anderen Religion und nicht nur einer anderen Konfession angehörten. Wenn im Gymnasium einmal von anderen Glaubensrichtungen die Rede war, war es meist ein katholischer Religionslehrer, der ein wenig despektierlich erklärte, dass Menschen auf anderen Kontinenten etwas anderes glaubten, und erwähnte scheinbar beiläufig die negativen Aspekte dieser Religionen, wie etwa, dass der Hinduismus lebensfeindlich sei, weil ein Yogi sein Meditationsprogramm nicht unterbrechen würde, wenn er am Ufer eines Flusses säße, in dem gerade ein Mensch zu ertrinken drohte. Ehrlich, diesen Satz habe ich gehört.

Eine solche Art der Erziehung ist nicht auf Religionen beschränkt, wie ein einfaches Experiment verdeutlicht:

Die vier Linien

A   ▬▬▬▬▬▬▬▬▬▬

B   ▬▬▬▬▬▬▬

C   ▬▬▬▬▬▬▬▬▬▬

D   ▬▬▬▬▬▬▬▬▬▬▬▬

Würde nun jemand fragen, welche der Linien genauso lang ist wie Linie A, so würden die meisten Menschen antworten: »Linie C!« Was aber würde passieren, wenn nun jemand einwenden würde, dass »C« die falsche Antwort sei? Die meisten Menschen, das ergaben zahlreiche Studien in den vergangenen fünfzig Jahren, stutzen kurz, dann sehen sie sich die Linien nochmals nach, einige benutzen sogar ein Lineal, um sicherzugehen. Am Ende bestehen sie darauf, dass ihre erste Antwort die richtige war.

Der Psychologe Solomon Asch erweiterte den Test. Eine große Gruppe von Menschen, allesamt seine Mitarbeiter, saß mit einer einzigen Testperson in einem Raum. Die Mitarbeiter kamen übereinstimmend zu dem Schluss, dass Linie B die richtige Antwort sein müsse. Von fünfzig Testpersonen sagten siebzig Prozent daraufhin als erste Antwort ebenfalls »Linie B«, nur zwanzig Prozent beharrten auch beim zwölften Versuch noch auf ihrer Meinung, dass es Linie C sein müsse.

Als die Testpersonen später gefragt wurden, warum sie sich der Gruppenmeinung angeschlossen hatten, gaben einige an, dass sie dem Versuchsleiter gefallen wollten. Andere sagten, sie wollten zur Gruppe gehören und Streit vermeiden – und einige erklärten, sie seien sich sicher gewesen, dass mit ihrer Sehfähigkeit etwas nicht stimmen könne, wo doch alle anderen klar Linie B als richtige Antwort identifizierten.

Dieser Versuch lässt sich auf viele Dinge übertragen: den Lieblingsfußballverein, das Lieblingsessen, moralische Werte – und auf Religionen, ohne eine Wertung vornehmen zu müssen, ob Religionen nun eine gute oder eine schlechte Sache sind. Wenn viele Menschen im Umfeld eines Menschen felsenfest davon überzeugt sind, dass eine bestimmte Religion die richtige sein muss – in meinem Fall also die Menschen in der nördlichen Oberpfalz und die Religion das katholische Christentum –, dann tendieren die meisten dazu, scheinbar blind darauf zu vertrauen, dass es schon richtig sei. Vor allem dann, wenn einem kaum Alternativen geboten werden, wenn also etwa Linie C als Antwortmöglichkeit fehlen würde.

Erst in der Kollegstufe lernte ich etwas über andere Glaubensgemeinschaften, weil ich einen äußerst aufgeschlossenen Lehrer hatte, der sich der vergleichenden Religionswissenschaft verschrieben hatte. Während des Studiums in den Vereinigten Staaten lebte ich dann fast anderthalb Jahre lang in einer Wohngemeinschaft mit meinem Fußballkollegen Ian Hirschfield, der dem jüdischen Glauben angehörte – wobei der Trainer mich vor meinem Einzug doch tatsächlich fragte, ob es für mich als Deutschen akzeptabel sei, mit einem Juden unter einem Dach zu wohnen. Religiöse Ignoranz ist offensichtlich international.

Weil Ian zu einem meiner besten Freunde wurde und wir als einzige Mitglieder der Fußballmannschaft gelegentlich nachts Lerneinheiten in der Bibliothek absolvierten, tauschten wir uns beinahe täglich über Religion aus – und so keimte in mir der Wunsch auf, auch andere Glaubensgemeinschaften kennenzulernen.

So kam ich auf die Idee, die Pascal'sche Wette zu erweitern. Meine Wette lautet nun:

Wer seine Chance auf Erlösung maximieren möchte, der muss ein nach so vielen Religionen wie möglich erlösungswürdiges Leben führen, anstatt nur auf eine einzige Religion zu vertrauen.

Den entscheidenden Anstoß dafür bekam ich, als ich bei Recherchen im Internet zufällig auf ein Diskussionsforum mit einer interessanten Frage stieß: »Liebe Leute«, stand da, geschrieben von einer Frau, die sich selbst RavenBec nannte, »ich bin ein spiritueller Mensch, aber irgendwie habe ich die richtige Religion für mich noch nicht gefunden. Was meint ihr? Kann man eine Religion einfach ausprobieren und sich dann entscheiden, ob sie einem gefällt und ob sie zu den eigenen Wertvorstellungen passt?«

Um ganz ehrlich zu sein: Das waren einige der klügsten Sätze, die ich jemals im Internet gelesen habe.

Der zweite Ansporn, dieses Experiment durchführen zu wollen, kam mir, als ich ein Interview mit dem Coldplay-Sänger Chris Martin las. Er gab darin an, lieber mal an alles zu glauben, um keinen Fehler zu machen. Wenig später sah ich einen Bericht über das Model Naomi Campbell, die angab, ihren spektakulären Wutausbrüchen abschwören zu wollen. Sie habe sich durch Yoga, Meditation und Gebete nun positiv konditioniert. Außerdem wolle sie wegen ihres russischen Verlobten bald der russisch-orthodoxen Kirche beitreten, wobei sie jedoch darauf bestand, weiterhin ein rotes Bändchen an ihrem linken Handgelenk zu tragen, das Erkennungsmerkmal von Kabbala.

Campbell und Martin sind das, was ich als »Alltheisten« bezeichnen würde. Ich habe den Begriff in einem Onlinewörterbuch mit Slangausdrücken gefunden und finde, er definiert meine Wette ganz hervorragend. Ein Alltheist ist demzufolge »ein Mensch, der versucht, ein nach so vielen Religionen wie möglich erlösungswürdiges Leben zu führen«.

Es hat den Anschein, als würden gerade berühmte Persönlichkeiten Religionen mixen, als wären es verschiedene Musikrichtungen, deren man sich bedient, um einen Popsong zu komponieren. Die Schauspielerin Goldie Hawn bezeichnet sich als »jüdische Buddhistin«, das Starlet Paris Hilton wurde mit Kabbala-Armband, Bibel und buddhistischem Mönch gleichzeitig gesehen. Robert Thurman, Professor für indotibetische Studien an der University of Columbia – und Vater der Schauspielerin Uma Thurman –, gab an, dass Berühmtheiten irgendwann feststellen würden, dass Ruhm, Erfolg und Reichtum allein nicht glücklich machten. Sie würden sich den verschiedenen Glaubensgemeinschaften der Avantgarde zuwenden, um das Vakuum mit Ausgeglichenheit und Glück zu füllen.

Doch nicht nur die Stars und Sternchen von heute versuchen sich in verschiedenen Religionen und damit in einer abgeschwächten Form des Alltheismus – auch Schriftsteller wie Leo Tolstoi beschäftigten sich damit. Am Ende seines Lebens etwa schrieb der große russische Dichter in einem Brief, dass der Begriff »christlich« ihn einengen würde, und in seinem Tagebuch ist nachzulesen: »Konfuzius' Lehre von der Mitte – wundervoll! Dasselbe bei Lao-tse!« Während einer Vorlesung an der Universität von Genf im Jahr 1921 schließlich sagte er: »Die große Aufgabe Indiens, sie besteht in der Vereinigung von Hinduismus, Mohammedanismus, Buddhismus und Christentum, einer Einigung weder durch Zwang noch infolge apathischer Selbstverleugnung, sondern in der Harmonie tätigen Zusammenarbeitens.«

Diese Zusammenführung scheint heutzutage unmöglicher denn je. Und einen schnellen Test oder das Ausprobieren von Religionen halte ich für töricht, denn Religionen sind keine Sneakers, die man kurz anprobiert, um festzustellen, ob sie passen. Außerdem hört sich das Wort »Test« immer nach Wettbewerb an, bei dem am Ende eine Wertung vorgenommen werden muss. Ich glaube, dass die

»Stiftung Warentest« schon längst ein Sonderheft herausgegeben hätte, wenn eine Überprüfung der Religionen so einfach möglich wäre – wobei ich den Gedanken sehr ulkig finde, dass die katholische Kirche einen Fernsehclip schaltet mit dem Slogan »Katholizismus. Die Kirche.« und am Ende noch einblendet: »Befriedigend laut Stiftung Warentest.«

Ein solcher Test müsste am Ende einen Sieger haben und reklamieren, dass der Gewinner nun Weltreligion werde. Ein buddhistisches Sprichwort jedoch sagt, dass an dem Tag, an dem es nur noch eine Religion auf der Welt gebe, auch der Tag sei, an dessen Abend es mindestens zwei Religionen gebe. Und der britische Philosoph Arnold Toynbee meinte: »Niemand unter denen, die heute leben, weiß genug, um mit Gewissheit sagen zu können, ob eine Religion bedeutender gewesen ist als alle anderen.«

Ich halte es bei den Religionen deshalb eher mit Ramakrishna, einer der wichtigsten Persönlichkeiten des Hinduismus, der einst schrieb: »Gott hat verschiedene Religionen geschaffen, um verschiedenen Strebungen, Zeiten und Ländern gerecht zu werden. Alle Lehren sind nur ebenso viele Wege; aber ein Weg ist keineswegs Gott selbst.«

Es ist also unmöglich, eine einzige Weltreligion auszurufen – oder die Abschaffung aller Religionen zu fordern, wie es der berühmte Naturwissenschaftler und Atheist Richard Dawkins tut. Es ist, als würde man die Abschaffung der Lüge fordern, und ich habe durch mein Experiment, vierzig Tage lang nicht zu lügen, schmerzhaft eingesehen, dass ein derartiger Versuch töricht und unmöglich ist.

Natürlich hält sich Dawkins selbst nicht für einen Fundamentalisten, sondern nur für jemanden, der mit Leidenschaft für eine Sache kämpft, die er für richtig hält. »Möglicherweise hat die eine Seite einfach unrecht«, schreibt er in seinem Buch *Der Gotteswahn*. Er gibt zwar an, dass er seine Meinung jederzeit ändern würde, wenn alle Belege dafür sprechen würden – doch natürlich ist dieses Zugeständnis derart geschickt formuliert, dass er niemals seine Meinung ändern muss. Denn zum einen wird so etwas wie Gott kaum beweisbar sein, und zum anderen würde Dawkins, sollte es so etwas wie einen Gottesbeweis tatsächlich geben, immer anführen, dass ja nicht alle Belege, sondern nur *fast* alle vorliegen würden. Er kaschiert also seinen eigenen Fundamentalismus lediglich mit dem Mantel der Wissenschaftlichkeit und Neutralität.

Ich glaube, dass keine Religion über der anderen steht. Religionen kann man vielmehr mit einem Fenster aus vielen farbigen Glasscheiben vergleichen, durch die das Sonnenlicht in verschiedene Farben zerlegt wird. Man erkennt die erheblichen Unterschiede zwischen den einzelnen Religionen, ohne ein Urteil über ihren jeweiligen Wert zu fällen. Ich möchte dabei betonen, dass ich mitnichten glaube, dass wir alle durch verschiedene Scheiben die gleiche Sonne sehen und dass die Menschen nur unterschiedliche Pfade wählen, um grundsätzlich das gleiche Ziel zu erreichen.

Timothy Iding, vergleichender Religionswissenschaftler an der University of Chicago, versicherte mir: »Dieser Gedanke bricht zusammen, wenn wir die Bibel, den Koran und die Lehren von Buddhisten und Hindus miteinander vergleichen. Sowohl die Bibel als auch der Koran warnen Ungläubige, dass sie riskieren, die Ewigkeit im Höllenfeuer zu verbringen – Hindus und Buddhisten warnen Nichtgläubige vor konstanter Wiedergeburt in schrecklichem Folgeleben.« Und Scientology sorgt bereits im Diesseits – so ist zumindest in verschiedenen Aussteigerbüchern zu lesen – dafür, dass Abtrünnige ein schreckliches Folgeleben haben.

Ich glaube eher, dass es so sein könnte wie in dem Witz, den ich in dem großartigen Buch *Plato and a Platypus Walk into a Bar* von Thomas Cathcart und Daniel Klein gelesen habe:

Ein Mann steht nach seinem Tod vor der Himmelspforte.

Dort wird er von Petrus empfangen, der ihn fragt: »Wie ist deine Religion, mein Freund?« Der Mann antwortet: »Ich bin Hinduist!« Petrus sagt: »Du bist noch nicht bereit für das Nirwana, aber du wirst in ein besseres Leben wiedergeboren werden! Geh bitte in Zimmer 25 – aber sei leise, wenn du an Zimmer 8 vorübergehst!«

Gleich darauf kommt ein Mann, der angibt, Atheist zu sein. Petrus sagt: »Nun, für dich ist es hier leider vorbei – du wirst einfach sterben. Geh bitte bis ans Ende des Ganges, aber sei leise, wenn du an Zimmer 8 vorbeigehst.«

Der Atheist fragt: »Warum muss ich ausgerechnet an dieser Zimmertür leise sein?«

Petrus sagt: »Da sind die Christen drin – die denken, sie seien alleine hier!«

Also ist nicht nur der Weg unterschiedlich, sondern auch das Ziel. Ich möchte zunächst lernen und wissen, was den Menschen anderer Religionen wichtig ist. Dazu muss ich lesen, viel lesen. Ich muss zuhören. Ich muss versuchen zu verstehen, worauf andere Menschen vertrauen und woran sie glauben.

Rudyard Kipling schrieb in seinem Buch *The English Flag*: »Was wissen die von England, die England kennen nur?« Wie kann also ein Mensch behaupten, er habe ein offenes Herz und sei so vernünftig, Argumente abzuwägen, bevor er eine Entscheidung treffe, aber in Bezug auf Religion vertraut er blind darauf, was ihm von seinen Eltern und seiner Gesellschaft eingetrichtert wurde?

Ich würde mein Leben gerne so gestalten, dass ich – um bei der Pascal'schen Wette und dem Roulettetisch zu bleiben – auf möglichst viele Zahlen setze. Denn ich bin der festen Überzeugung, dass ein Mensch, der den Vorstellungen vieler Religionen ziemlich nahe kommt, sich auch den weltlichen Moralvorstellungen nähern kann und seinen Mitmenschen ein angenehmerer Zeitgenosse ist. Ich glaube, dass man auf diese Weise ein Leben führen kann, das den Mitmenschen gefällt und mit dem Gott – egal welcher Religion – auch ziemlich zufrieden sein dürfte. Und wenn es keinen personifizierten Gott gibt, dann hoffe ich, durch meine Lebensweise zumindest der nächsten Stufe der Erlösung näher gekommen zu sein – und damit eine befriedigende Antwort auf die beiden Fragen meines spirituellen Kampfes gefunden zu haben: »Wie werde ich in diesem Leben glücklich?« und »Sollte das Ende dieses Lebens nicht das Ende bedeuten: Wie schaffe ich es, auch danach noch glücklich zu sein?«

Verlieren würde ich nicht einmal dann, wenn die Kugel auf die Null tropft, also wenn es keinen Gott gibt. Ich hätte im Jenseits zwar nichts gewonnen, weil auf mich wie auf jeden anderen Menschen kein Jenseits warten würde. Doch weil ich durch meinen Versuch keinem anderen Menschen schade, kann ich an ihm nichts Schlimmes erkennen.

Ich glaube, dass alle Menschen, die sich als spirituell bezeichnen (das sind in Deutschland laut mehreren Studien etwa 85 Prozent), aber an keiner Religion aktiv teilnehmen (das tun laut ähnlichen Umfragen gerade mal zwischen 25 und 30 Prozent), vor einem ähnlichen Problem stehen wie ich: Der Grundgedanke von Religionen ist durchaus positiv, es gibt Normen und Werte, mit denen wir uns identifizieren können. Doch was Menschen aus diesem Gedanken gemacht haben, ist teilweise schrecklich.

Es gibt eine Studie der Universitäten Salzburg und Fribourg, in der die Attribute von Religiosität und Spiritualität heutzutage verglichen wurden. Religion gilt als dogmenorientiert, institutionell und reglementierend, also als uncool. Spiritualität gilt als individuell, erfahrungsorientiert und befreiend, also als cool. Ja, die Leiter der Studie verwendeten wirklich die Begriffe »cool« und »uncool«.

Kein Wunder, dass mit Seminaren und Produkten zum Thema Esoterik allein in Deutschland fünfzehn Milliarden Euro umgesetzt werden – pro Jahr. Es gilt als schick, seine Wohnung nach dem Feng-Shui-Prinzip einzurichten, in einen Yogakurs zu gehen und Dale-Carnegie-Bücher zu lesen. Es gibt etwa fünftausend Bücher, die mit den Worten »Erfolgreich durch…« beginnen – danach kann man quasi jedes positiv konnotierte Wort der deutschen Sprache einsetzen. Es hat sich ein Marktplatz der Spiritualität gebildet, und wir Menschen laufen ziemlich ziellos darüber und wissen nicht, von welchem Stand wir etwas nehmen sollen.

»Nie zuvor waren so viele Menschen in so vielen Ländern, darunter zahlreiche gebildete und angeblich differenziert denkende Leute, intellektuell so hilflos wie heute«, sagte der amerikanische Zukunftsforscher Alvin Toffler in einem Interview. »Eine Flut wirrer Ideen droht sie mit sich zu reißen. … Wir erleben immer schärfere Angriffe auf das wissenschaftliche Establishment, wie ein Buschfeuer greifen fundamentalistische Religionen um sich.«

Vor tausend Jahren war das Leben spirituell einfacher, weil die meisten Menschen nur kannten, was sich in ihrem eher begrenzten Mikrokosmos abspielte. Auch vor wenigen Jahrzehnten war es nur einem eher kleinen Teil der Menschen vorbehalten, die Welt wirklich durch eigene Anschauung kennenzulernen und zu erfahren, wie andere Leute leben. Wäre ich mein Leben lang in meiner oberpfälzischen Heimatstadt geblieben, so wäre ich wohl nach wie vor ein glühender Anhänger des Katholizismus und nicht einmal unzufrieden damit. Unwissenheit kann das Leben einfach machen.

Der technologische Fortschritt hat die Welt indes zusammenwachsen lassen – eine gute Sache, die jedoch aufgrund der informativen Überforderung, wie schon erwähnt, schnell zu Verwirrung führen kann. »Verzweifelt wird heutzutage nach etwas gesucht, an das man noch glauben kann«, sagt Toffler.

An welchen Grundsätzen sollen sich Menschen orientieren, wenn sie die Dogmen der Religion ablehnen und wenn auch das, was der Gesetzgeber ihnen so anbietet, ethisch nicht wirklich zufriedenstellt? Welche Regeln gelten noch in einer Welt, die derart grenzenlos erscheint?

Wir beginnen, nach unseren eigenen Regeln zu leben. Wir zitieren jene Philosophen, welche gerade in unser Weltbild passen – die anderen ignorieren wir. Wir verweisen auf religiöse Aspekte, wenn sie unser Argument unterstützen – andere Ansichten lassen wir links liegen. Dieses Verhalten ist nicht verwerflich, sondern oftmals geradezu lebensnotwendig. Nur: Wir tun dabei so, als wären wir respektvoll anderen Menschen und Religionen gegenüber, als würden wir in dieser grenzenlosen Welt alles akzeptieren – dabei ergab eine Studie, dass 75 Prozent der Westeuropäer beim Anblick eines bärtigen Mannes aus dem Mittleren Osten am Flughafen innerhalb von drei Minuten mindestens einmal an das Wort »Terrorist« denken.

Genau daran möchte ich arbeiten. Ich möchte versuchen, für mich selbst einen Leitfaden zu finden, wie man sein Leben nach den durchaus positiven Grundideen von Religion führen könnte – und wie man als aufgeschlossener Mensch einen Zugang finden kann zu fast allen Glaubensgemeinschaften dieser Welt. Ich möchte erfahren, wie man anderen Menschen gegenüber toleranter werden kann und schließlich und endlich ein besserer und glücklicher Mensch wird.

Um das zu erreichen, möchte ich Religion zunächst einmal als Wertegemeinschaft betrachten und erst später als Institution, wobei eine Trennung freilich nicht immer möglich sein wird. Wer an die katholische Kirche denkt, dem werden unweigerlich Begriffe wie »Hexenverbrennung«, »Kreuzzüge« und »Kindesmissbrauch« durch den Kopf schießen. Als ich vor nicht allzu langer Zeit auf dem Oktoberfest eine köstliche halbe Ente verspeiste und erklärte, dass ich mich gerade mit dem Hinduismus beschäftigte, sagte einer meiner Bekannten: »Aber das ist doch eine genussfeindliche Religion, wie kannst du da eine Ente essen! Außerdem haben die dieses menschenunwürdige Kastensystem. Das würde ich nicht aushalten.« Und wie schon erwähnt, wurde ich einmal gefragt, ob ich tatsächlich mit einem Anhänger des jüdischen Glaubens unter einem Dach wohnen könne. Religion ist im Grunde eine schöne Sache, doch trägt sie allzu oft eine hässliche Fratze.

Der Philosoph Lincoln Steffens erzählte einmal die Geschichte eines Mannes, der den höchsten Berg erklomm, sich dann auf Zehenspitzen stellte und so tatsächlich die Wahrheit greifen konnte. Der Teufel, der schon eine böse Vorahnung hatte, dass dieser Mensch ihm Probleme bereiten könnte, hatte dem Wahrheitsuchenden einen seiner Dämonen hinterhergeschickt. Als der zurückkam in die Hölle und seinem Gebieter berichtete, dass der Mensch tatsächlich die Wahrheit zu fassen bekommen hatte, blieb der Teufel gelassen: »Mach dir keine Gedanken, ich sorge einfach dafür, dass er sie institutionalisiert.« Glaube und liebevolles Leben mögen Erfindungen Gottes oder einer höheren Ordnung sein, doch Religionen sind Teufelswerk. Das ist zumindest die Ansicht von Steffens – und ich glaube, dass nicht wenige Menschen ähnlich denken.

Es gibt zahlreiche Studien, die nachweisen, dass den Menschen gerade im neuen Jahrtausend Spiritualität extrem wichtig ist, ungefähr so wichtig wie die besten Freunde. Bezeichnend für diese Studien ist, dass ein Großteil der Menschen quasi nach den Regeln einer oder mehrerer Religionen lebt, es aber konsequent ablehnt, sich als Mitglieder zu bezeichnen. Sie akzeptieren die Ansichten und Werte, wollen aber keinesfalls ihre Unabhängigkeit verlieren und institutionalisiert werden. Selbst der Dalai-Lama schreibt in seinem *Buch der Menschlichkeit*: »In unserer langen Geschichte ist es immer schon so gewesen, dass die Religionen zu den Hauptauslösern von Konflikten gehörten. Selbst heute werden aufgrund von religiöser Heuchelei und Hass

Menschen getötet, Städte zerstört und Gesellschaften aus dem Gleichgewicht gebracht. Es ist deshalb nicht verwunderlich, dass viele Menschen die Bedeutung der Religion in unserer Gesellschaft in Frage stellen.«

Auf Facebook habe ich eine Umfrage unter meinen Freunden gestartet, wen sie für die größten Wohltäter der Menschheitsgeschichte halten. Die meisten nannten Mahatma Gandhi, Mohammad, Mutter Teresa oder Jesus – allesamt Menschen, die auf irgendeine Weise mit Religion zu tun hatten. Daraus folgere ich, dass Religionen eben nicht nur Kinderschänder und Attentäter hervorbringen, sondern vor allem auch beeindruckende und nachahmenswerte Persönlichkeiten.

Sind Religionen dennoch etwas Schlimmes, und gehören sie abgeschafft, wie es Richard Dawkins fordert? Er hatte im Jahr 2006 für das britische Fernsehen die Dokumentation *The Root of all Evil?* moderiert, die vom Sender in überregionalen Tageszeitungen mit einer Anzeige beworben wurde. Sie zeigte ein Bild mit der Skyline von Manhattan, darunter stand: »Stellen Sie sich eine Welt ohne Religion vor!« Vorstellen mussten sich die Betrachter nicht viel, denn die Türme des World Trade Center waren deutlich zu sehen.

Meine Frau hat dazu einen schönen Satz gesagt: »Wäre es nicht der Religionen wegen, dann würden die Menschen einen anderen Grund finden, um sich die Köpfe einzuschlagen.« Würde man sich eine Welt ohne Religionen vorstellen, so wären auf der Anzeige für Dawkins' Sendung – wenn überhaupt – vielleicht noch die Türme des World Trade Center zu sehen, aber ansonsten wohl nicht besonders viel. Vielleicht wäre da auch nur ein weißes Blatt.

Der amerikanische Neurologe Andrew Newberg unterstützt die These meiner Frau: Es gibt keinen wissenschaftlichen Beweis dafür, dass der religiöse Glaube ungesund ist, für den Einzelnen oder für die ganze Welt. Mehrere Studien zeigen, dass es genauso viele nicht religiöse Selbstmordattentäter gibt wie solche, die sich aus religiösen Gründen in die Luft sprengen. Lediglich 8 Prozent aller terroristischen Akte in den Jahren zwischen 1998 und 2004 waren religiös motiviert. Bei vielen Kriegen wurde Religion nur als Vorwand missbraucht, um endlich mit dem Meucheln beginnen zu dürfen.

Newberg widmet in seinem Buch *Born to Believe* ein ganzes Kapitel der Tatsache, dass es weder Religiosität noch Atheismus sind, die die Ethik ihrer Anhänger bestimmen, sondern dass es vielmehr die Macht autoritärer Personen und Gruppen ist.

Religionen genießen gerade im säkularisierten 21. Jahrhundert einen nicht gerade blendenden Ruf. Hierzulande halten nicht wenige Menschen nur Dieter Bohlen für gefährlicher als den Islam. Dieser schlechte Ruf ist aber zunächst nicht auf die Religionen selbst zurückzuführen, sondern er liegt vielmehr an jenen Menschen, die Religion für ihre Zwecke missbrauchen und sie pervertieren.

»Religiöser Glaube ist keine Vorbedingung für ethisches Verhalten oder für das Glücklichsein selbst«, schreibt der Dalai-Lama. »Doch zugleich will ich hier ausdrücklich sagen, dass diese Qualitäten sich meiner Überzeugung nach am einfachsten und wirksamsten im Zusammenhang mit einer Religion entwickeln lassen.«

Diese schöne Idee von den positiven Kräften einer Glaubensgemeinschaft möchte ich entdecken, sie weiterführen und für eine Reputation von Religion sorgen – so sie es verdienen sollte.

Ein Text über Religionen muss zwangsläufig unvollständig und oberflächlich bleiben, weil allein das, was Gläubige am heutigen Tag – und damit meine ich sowohl den Tag, an dem ich das hier schreibe, als auch den Tag, an dem Sie das lesen – tun, Bibliotheken füllen könnte. Mein amerikanischer Freund Joey wird mit seiner Familie vielleicht in eine Kirche gehen, falls heute Sonntag ist. Meine chinesische Kollegin Joana sitzt wahrscheinlich seit Stunden im Lotussitz in ihrer Wohung in Chengdu. Mein muslimischer Bekannter Youssef wirft sich gerade in Richtung Mekka zu Boden. Meine Schwägerin wird sich in Yoga üben. Einige Kinder versuchen, in einem buddhistischen Kloster sowohl Geist als auch Körper zu trainieren. Irgendwo schlachtet sicher gerade einer eine Ziege.

Ich möchte kein Lehrbuch schreiben über Religion, weil ich daran mit Sicherheit scheitern würde. »Dein Experiment kann nicht klappen«, meinte ein Arbeitskollege, als ich ihm meine Idee, ein Alltheist werden und bei so vielen Religionen wie möglich eine Chance auf Erlösung haben zu wollen, präsentiert hatte. »Die Ansichten der einzelnen Religionen unterscheiden sich derart stark voneinander, dass du niemals eine Schnittmenge finden kannst.« Gerade wollte ich ihm recht geben, da warf ein anderer Kollege ein: »Dann wäre es auch unmöglich, einer einzelnen Religion zu folgen, denn die widersprechen sich nicht selten selbst.«

Schon entbrannte ein Streit zwischen den beiden, und ich war mehr denn je entschlossen, das Projekt zu starten.

Ich will keinen Sensationsreisebericht schreiben. Es gibt genügend Bücher, welche die hässlichen Seiten von Religionen beleuchten und ihre Abschaffung fordern. Dort stehen dann die Berichte von Meucheleien, von Unterdrückung, von abgeschnittenen Nasen. Wer lesen möchte, wie die Religion die Menschen vergiftet, dem seien die Werke von Richard Dawkins empfohlen. Zudem behandelt derzeit gefühlt jede dritte Titelgeschichte politischer Wochenmagazine die schrecklichen Seiten von Religionen.

Deshalb ist eine der wichtigsten Voraussetzungen für mein Projekt: Ich halte Religion für etwas grundsätzlich Gutes. Der Dalai-Lama bringt meine Meinung auf den

Punkt, wenn er schreibt: »Tatsächlich bin ich davon überzeugt, dass die großen Weltreligionen … aus einigem Abstand betrachtet allesamt darauf ausgerichtet sind, den Menschen dabei zu helfen, dauerhaftes Glück zu finden.«

Natürlich halte ich, wie Sie wahrscheinlich auch, nichts von Kindesmisshandlung durch Priester, von Kreuzzügen und vom In-die-Luft-Jagen intakter Gebäude. Aber wäre ich wie Dawkins der Ansicht, dass Religionen abgeschafft gehörten, so müsste ich an dieser Stelle abbrechen.

Ich möchte den Glaubensgemeinschaften respektvoll begegnen – und musste schon bei der Vorbereitung feststellen, dass ich diesen Respekt nicht von allen Vertretern der Religionen, mit denen ich mich beschäftigen wollte, zurückbekommen würde.

Auf meine Anfragen habe ich freundliche Mails erhalten, hilfsbereite und liebevolle. Es waren aber auch Briefe dabei, die mir schon vor dem Start zeigten, auf welch schwieriges Unterfangen ich mich da eingelassen hatte. »*Ich glaube nicht, dass es Ihnen gelingen wird, unsere Religion auch nur im Ansatz zu verstehen*«, schrieb einer und verabschiedete sich mit freundlichen Grüßen. »*Wie können Sie behaupten, ein Buch über Religionen zu schreiben – und dann so etwas wie den Buddhismus oder den Taoismus einschließen? Das halte ich für naiv und gefährlich*«, war die Antwort eines anderen, der mir immerhin viel Glück wünschte. Eine Frau ließ gar nur ihre Sekretärin antworten: »*Sie hat weder Zeit noch Interesse, Sie bei Ihrem Ansinnen zu unterstützen.*« In diesem Fall fehlten die freundlichen Grüße.

Andere wiederum heuchelten Respekt und sprachen dann beim ersten Treffen derart arrogant und selbstgefällig, dass mir beinahe schlecht geworden wäre. Sie wollten mein Projekt nicht verstehen und gaben auch zu erkennen, dass sie keinerlei Lust hatten, sich mit anderen Religionen zu beschäftigen. Mit diesen Menschen war kein Dialog möglich, lediglich eine Serie von Monologen, weil sie nicht zuhörten, sondern nur darauf warteten, dass sie wieder dran waren mit Reden.

Auch auf Widerstände solcher Art hatte mich schon der Dalai-Lama vorbereitet: »Das größte Hindernis auf dem Weg zu religionsübergreifender Harmonie besteht vielleicht in der mangelnden Anerkennung des Werts anderer Glaubenstraditionen«, schreibt er im *Buch der Menschlichkeit*.

Ich werde also versuchen, jene Glaubenstraditionen, die ich bislang noch nicht kenne, zu verstehen und sie in mein Leben einzubringen. Und dann werde ich versuchen, die Erweiterung der Pascal'schen Wette zu gewinnen und ein Alltheist werden.

Es kann losgehen.

Gott kann mich nicht leiden! Noch …

Kapitel 2

Wer ist Gott – und wenn ja, wie viele?

Warum glaube ich? Bin ich verrückt, wenn ich es für möglich halte, dass es zwischen Himmel und Erde noch mehr
gibt, als wir Menschen wissen? Dass es einen persönlichen
Gott geben könnte, dass ein Mensch durch Meditation Erleuchtung finden kann und dass es so etwas gibt wie das
Nirwana? Habe ich einen Defekt in meinem Gehirn?

Dean Hamer etwa, der Autor des Buches *Das Gottes-
Gen – Warum uns der Glaube im Blut liegt*, schreibt, dass
Menschen, die sich mit Spiritualität beschäftigen und von
transzendenten Erfahrungen berichten, häufiger das Gen
VMAT2 tragen, einen speziellen Rezeptor im Gehirn. Der
amerikanische Hirnforscher Andrew Newberg dagegen
hat in zahlreichen Experimenten herausgefunden, dass der
Mensch keineswegs mit einem speziellen Glauben an einen
Gott geboren wird und dass es unmöglich ein einzelnes Gen
wie das VMAT2 sein kann, das einen Menschen religiös
werden lässt. Vielmehr spielen auch kulturelle und soziale
Einflüsse dabei eine Rolle. Newberg hat in seinen Studien
außerdem herausgefunden, dass jeder Mensch grundsätzlich mit der Fähigkeit zu glauben ausgestattet ist und dass
unser Gehirn praktisch eine Glaubensmaschine ist – es muss
nur von unserem Umfeld angeworfen und mit Informationen gefüttert werden.

Wir müssen glauben, sonst wären wir ziemlich aufgeschmissen. Wer aber lediglich das glaubt, was er mit eigenen Augen sieht und mit eigenen Ohren hört, der wird schnell feststellen, dass er nur einen winzig kleinen Teil dieser Welt für wirklich halten kann. Schließlich könnten Fernsehbilder gefälscht sein, die Erzählungen von Bekannten voller Fehler, die Liebesbekundungen der Ehefrau eine einzige Lüge – und natürlich könnten einen auch die eigenen Sinne täuschen. Der Mensch ist ein gläubiges Wesen, er muss sich darauf verlassen können, dass die Geschichte in der Zeitung seines Vertrauens der Wahrheit entspricht, dass ihn seine engsten Freunde nicht belügen und dass er sich auf das Urteil anderer Menschen verlassen kann. Wem die Fähigkeit des Glaubens abhandengekommen ist, der wird sich schnell zu einem paranoiden Skeptiker entwickeln, der nicht einmal mehr sich selbst traut.

Glaube und Vertrauen sind überdies lebensnotwendige Eigenschaften. Denken wir nur an Kinder, die zunächst einmal alles glauben, was sie sehen und was um sie herum passiert – und was die Eltern ihnen erzählen. Das ist gut so, denn ohne dieses Vertrauen würden Kinder nicht essen wollen, was ihnen die Eltern vorsetzen, sie würden nicht lernen, dass sich das Aufräumen nach dem Spielen durchaus lohnt und dass es ganz gut ist, sich vor dem Einschlafen die Zähne zu putzen.

Diesen kindlichen Glauben machen sich Erwachsene aber auch zunutze, indem sie behaupten, die Zahnfee würde für jeden Milchzahn ein Zehn-Pfennig-Stück unters Kopfkissen legen. Kinder glauben an den Nikolaus, an Monster unter dem Bett und daran, dass ihr Teddybär mit ihnen spricht. Ein Kind wäre ziemlich aufgeschmissen, wenn es von Anfang an alles und jedes kritisch hinterfragen und beim Blick auf Mamas Brust erst einmal einen wissenschaftlichen Beweis fordern würde, ob die darin enthaltene Milch auch wirklich keimfrei ist.

Unser Gehirn ist aber auch ein ziemlich stures Gebilde

und lässt sich, wenn sich dort eine Meinung erst einmal festgesetzt hat, nur sehr schwer umprogrammieren. Arthur Schopenhauer hat das in einem schönen Satz zusammengefasst: »Der Mensch kann zwar tun, was er will. Er kann aber nicht wollen, was er will.«

Es ist jedoch sehr wohl möglich, den Glauben an bestimmte Dinge zu verändern, ihn zu erschüttern oder gar abzutöten. Kinder entdecken irgendwann einmal, dass der Mann mit dem dicken Bart und dem roten Mantel in Wahrheit nur Opa ist, der sich verkleidet hat – und dass nicht die Zahnfee, sondern Mama die edle Spenderin des Zehn-Pfennig-Stücks ist. Der frühere Kinderstar Shirley Temple sagte einmal: »Wann ich aufgehört habe, an den Weihnachtsmann zu glauben? Als ich ihn im Einkaufszentrum getroffen habe und er mich um ein Autogramm gebeten hat.«

Doch bevor wir den Glauben als kindliches und naives Verhalten abtun, das verschwindet, sobald wir uns als Teenager oder Erwachsene fortbilden, sollten wir uns vielleicht kurz zu Gemüte führen, was der Fußballer Mario Gomez sagte, nachdem er nach 245 Tagen ohne Bundesligator drei Treffer gegen Mainz 05 erzielt hatte. In der Woche vor dem Spiel waren in Chile dreiunddreißig Bergleute aus einer Grube gerettet worden. »Ich möchte mich bedanken bei den Leuten in Chile«, so der Fußballstar. Und dann erzählte er eine dieser schönen Geschichten, in denen die spirituellen und weltlichen Dinge ein wenig durcheinandergeraten: »Als ich mitbekommen habe, dass der erste gerettete Kumpel Mario Gomez hieß, da wusste ich: Das Spiel wird für mich laufen!« Es sei also kein Zufall gewesen, dass er gerade an diesem Tag derart großartig gespielt habe, »sondern Schicksal«.

Doch damit nicht genug. Mario Gomez – bis dahin übrigens nicht des exzessiven Aberglaubens verdächtig – zählte weitere wunderbare und geheimnisvolle Parallelen auf:

»Dreiunddreißig Bergleute wurden gerettet, ich trage bei Bayern die Rückennummer 33 – und dann schieße ich auch noch drei Tore!«

Man könnte Gomez' Worte als Ausdruck überschwänglicher Freude im Siegesrausch abtun, Richard Dawkins würde es wohl »Gomez-Wahn« nennen. Aber offensichtlich ist da etwas passiert im Gehirn dieses talentierten Fußballers mit dem angeknacksten Selbstbewusstsein. Mario Gomez hat wieder geglaubt – an seine Fähigkeiten als Fußballer, an seine Mannschaft, an die Welt. Und als selbst erfüllende Prophezeiung schoss er drei Tore. Es ist nicht beweisbar, dass es auch nur den Hauch eines Zusammenhangs zwischen den geretteten Menschen und der formidablen Leistung des Kickers gab. Aber Gomez glaubte daran, und es wird ihm kaum jemand ausreden können.

Man mag das nun abtun als Aberglauben und letztes Mittel eines erfolglosen Stürmers, sich irgendwie Selbstbewusstsein einzureden. Doch es gibt noch etwas, bei dem ein fester Glaube ähnlich wirkt wie beim Fußballer, den Bergleuten und den drei Toren. Ich spreche von der Liebe. Niemand von uns kann Liebe sehen, sie riechen, schmecken oder gar anfassen. Niemand kann beweisen, dass es Liebe überhaupt gibt – und doch wird kaum jemand an der Macht der Liebe zweifeln.

Wie bei Gott können wir uns die Frage stellen: Existiert Liebe irgendwo anders als in unserer Vorstellung? Die erschreckende und unromantische wissenschaftliche Antwort ist laut Andrew Newberg ein klares »Nein«. »Definiert man Liebe lediglich als eine Form von Zuneigung und Geborgenheit, nur dann lautet die Antwort Ja«, schreibt Newberg in seinem Buch *Why We Believe What We Believe*. »Dann allerdings findet man Liebe bei vielen Spezies auf der Erde.«

Die Schmetterlinge im Bauch, die ein Teenager spürt, wenn er sich Hals über Kopf verliebt, sind allerdings exklusiv dem Menschen vorbehalten, ähnlich wie die Monogamie, die man ebenfalls nur bei ganz wenigen Tieren vorfindet. Aber ist dieses Gefühl ein Beweis für die Liebe? Meist werden die Schmetterlinge im Bauch abgetötet, weil der andere findet, dass Monogamie besser den Pinguinen, Dohlen und Termiten vorbehalten sein sollte. Aber versuchen Sie einmal, Ihrer fünfzehnjährigen Tochter einzureden, dass Liebe nur ein Hirngespinst ist und dass dieses Gefühl außerhalb des menschlichen Bewusstseins nicht existiert. Sie können froh sein, wenn Ihre Tochter nicht zum nächsten Waisenhaus marschiert und sich auf die Adoptionsliste setzen lässt.

Kaum jemand wird abstreiten, dass es die Liebe gibt. Vielleicht sagen einige: »Ich habe die wahre Liebe noch nicht gefunden.« Andere werden, wenn sie gerade verlassen wurden, behaupten: »Ich glaube nicht mehr an die Liebe.« Aber kaum jemand sagt: »Liebe, so etwas gibt es nicht.«

Liebe mag physisch nicht existieren, und es scheint, als könne niemand wissenschaftlich beweisen, dass es die Liebe gibt und was sie eigentlich ist. Und doch hat die Liebe die Macht, unser Leben und sogar die Welt zu verändern.

Ich persönlich glaube daran, dass mich die Liebe zu meiner Frau deutlich verändert hat, und ich glaube auch felsenfest daran, dass wir noch in fünfzig Jahren verheiratet sein werden – obwohl es keinen Beweis dafür gibt. Doch ohne diesen Glauben hätte ich meine Frau niemals heiraten können, sondern darauf bestanden, dass wir nur Lebensabschnittspartner sind, weil es irgendwann ja sowieso nicht funktionieren würde und wir uns trennen. Es gibt genügend Menschen, die nicht an die Ehe glauben. Ich jedoch glaube daran – und ich glaube, dass meine Frau das auch tut.

Bei einem fest im Gehirn verankerten Glauben ist eine Veränderung schwer möglich, ein Auslöschen ist praktisch unmöglich. Francis Collins etwa, der Autor des Buches *The Language of God*, war Zeit seiner Jugend gläubiger Christ. Nach dem Studium wurde er Genforscher und beschäftigte sich deshalb auch mit den naturwissenschaftlichen Ansichten zur Existenz des Universums. Er schreibt, sein Glaube habe sich dahingehend verändert, dass er nun nicht mehr an den biblischen Gott glaube, von dem seine Eltern ihm erzählten – aber er glaube immer noch an einen Gott.

Ähnlich ist es mit der Liebe: Würde meine Frau sich dazu entschließen, es nicht mehr mit mir auszuhalten, so wäre mein Glaube an die Liebe erschüttert – aber ich würde deswegen niemals sagen: »Liebe existiert nicht!« Ich habe auch noch nichts von Menschen gehört, die sich »A-amoristen« nennen und die Abschaffung der Liebe fordern mit der Begründung, dass im Namen der Liebe zahlreiche Verbrechen begangen und Kriege begonnen wurden. Und *Liebeswahn* ist nicht das Sachbuch eines berühmten Wissenschaftlers, sondern der Roman des britischen Schriftstellers Ian McEwan, der allerdings nicht annähernd so erfolgreich war wie Dawkins mit seinem *Gotteswahn*.

Warum verschwindet also der Glaube an Gott – oder an mehrere Götter oder an eine feste Ordnung im Universum – nicht einfach wie der an den Nikolaus, wenn einem Menschen genügend Beweise vorgelegt werden, dass es ziemlich unwahrscheinlich ist, dass es ihn gibt?

Fast jedes Kind hinterfragt irgendwann die Existenz des Nikolaus, weil es feststellt, dass dieser Mann, dessen Bart aus Plastik ist und nach Mottenkugeln stinkt, nicht am 5. Dezember überall auf der Welt sein und Geschenke verteilen kann. Irgendwann wird das Kind seine Eltern damit konfrontieren – und meist wiegt die Freude darüber, etwas herausgefunden zu haben, stärker als der Ärger, dass die Eltern einen jahrelang angeschwindelt haben.

Die rasche Entdeckung hat vor allem damit zu tun, dass die Eltern selbst nicht an den Nikolaus glauben. Kinder sammeln also schlüssige Beweise, die Eltern unterstützen sie dabei und geben am Ende ihre Lüge zu.

Anders sieht es laut Newberg mit riesigen Seeschlangen aus, von denen wir unseren Kindern gerne Schauerge-schichten erzählen. Auch wenn wir ihnen, wenn sie nachts zu uns ins Bett kriechen und behaupten, dass da eine böse Seeschlange im Schrank sein müsse, versichern, dass die nur eine dumme Erfindung von uns war, werden Zweifel blei-ben. Und selbst wenn die Kinder in der Schule lernen, dass eine derartige Schlange noch nicht entdeckt wurde und dass man den Eltern – vor allem, wenn sie Schriftsteller sind und zur Übertreibung neigen – nicht alles glauben sollte, wer-den Zweifel bleiben. Denn: Die Meere sind immer noch ein weitgehend unerforschter Raum, noch immer verschwin-det ab und zu ein Schiff auf unerklärliche Weise, und auch heutzutage versichern Seeleute, solche Schlangen bereits mehrfach gesehen zu haben. Also bleibt ein Restzweifel, und selbst Erwachsene halten die Existenz von riesigen See-schlangen für möglich, eben weil sie zweifeln. Es hat zwar noch niemand bewiesen, dass es solche Monster gibt, aber eben auch noch niemand, dass es sie nicht gibt – und schon wird einem mulmig, wenn man ein Schiff besteigt, weil es ja doch möglich sein könnte, dass da plötzlich so ein Ungetüm auftaucht und uns in die Tiefe zieht.

Und wie verdutzt mögen viele Fans von J.R.R. Tolkiens *Der Herr der Ringe* und anderen Fantasyromanen gewesen sein, als im Jahr 2004 die Zeitschrift *Nature* die Entdeckung einer bis dahin unbekannten ausgestorbenen Menschen-rasse, des *Homo floresienis*, vermeldete, deren Angehörige so groß waren wie Hobbits! Der Kurator des Museums für Archäologie und Anthropologie in Cambridge, Christo-pher Chippendale, soll jedenfalls gesagt haben: »Könnte es wirklich sein, dass in all den Geschichten über fremde Men-schen, übergroß oder extraklein, die in Wäldern und auf Bergen wohnen und die wir als Mythen und Fantasie abge-tan haben, tatsächlich Wahrheit steckt?«

»Glaube ist Liebe zum Unsichtbaren. Glaube ist Ver-trauen auf das Unmögliche und Unwahrscheinliche«, sagte schon Johann Wolfgang von Goethe. Glaube ist also das Gegenstück zu dem, was die Wirklichkeit uns so anbietet – und mit dieser Wirklichkeit können wir nun wahrlich nicht immer zufrieden sein. Es ist eine erstaunliche Sache, dass sich viele Menschen nach mehr als zweihundert Jahren Aufklärung und angesichts ständig neuer Erkenntnisse der Wissenschaft in einer entmythisierten Welt und dem steten Voranschreiten der Säkularisation noch immer auf eine höhere Macht berufen. An Weihnachten sind die Kirchen Jahr für Jahr erstaunlich gut gefüllt, und es hat den Anschein, dass es nicht nur darum geht, ein weltliches Fest mit spiritueller Bedeutung aufzuladen. Eine Umfrage unter den Kirchenbesuchern am Weihnachtstag hat ergeben, dass es mitnichten darum geht, nur eine Tradition oder Pflicht zu erfüllen. Es geht den Befragten aber auch nicht darum, des Geburtstags von Jesus Christus zu gedenken. Den meisten Besuchern ist es an diesem Tag einfach ein Bedürfnis, sich einer höheren Macht verbunden zu fühlen.

Diese höhere Macht ist also auch nach mehr als zweihundert Jahren Aufklärung noch immer im Bewusstsein der meisten Menschen vorhanden. Sie ist deshalb vorhanden, weil, wie bei der Seeschlange, noch niemand einen unwiderlegbaren Beweis geliefert hat, dass es so etwas nicht gibt. Also zweifeln die Menschen, und sie fragen sich: Wer ist Gott – und wenn ja, wie viele?

Es kommt dabei der Verdacht auf, dass es sich beim Glauben an Gott oder ein anderes höheres Wesen um etwas handelt, das sehr jahreszeitlich geprägt ist. Im Sommer schauen zwar viele Menschen in den Kirchen vorbei, aber meistens ist es nur ein touristischer Abstecher, um das wunderschöne Gebäude zu bewundern, und nicht deshalb, um wenigstens kurz »Hallo« zu sagen. Aber wenn es den Menschen egal wäre oder sie fest darauf vertrauen würden, dass es keine höhere Macht gibt, würden sie auch an Weihnachten nicht in die Kirchen kommen, sondern lieber daheim Geschenke auspacken und die zu verspeisende Gans vorbereiten.

Richard Dawkins schreibt in *Der Gotteswahn*, es sei höchst unwahrscheinlich, dass es so etwas wie einen Gott gibt und dass jeder, der über einen gesunden Geist verfüge, diese Tatsache akzeptieren müsse. Mit anderen Worten: Wer an Gott glaubt, der ist Dawkins zufolge dumm. Dawkins fordert deshalb die Abschaffung von Religion und bemüht dafür sogar John Lennon, der in seinem Lied »Imagine« von einer Welt ohne Religion, aber auch einer Welt ohne Staaten und ohne Besitz träumt. Komischerweise fordert Dawkins nicht die Abschaffung von Besitz – dafür verdient er wohl zu viel.

Bei Dawkins' Forderung musste ich an mein Lügenprojekt denken und an jedes einzelne der auf die Buchveröffentlichung folgenden Interviews, in denen ich immer wieder gefragt wurde: »Wäre eine Welt ohne Lügen besser? Kann man sich eine Welt ohne Lügen überhaupt vorstellen?« Ich habe dann meist geantwortet, dass dauerhafte Ehrlichkeit eine schöne Utopie sei, dass man jedoch nicht vergessen dürfe, welch positive Aspekte eine Lüge haben kann. Ich habe mich mit jemandem verglichen, der eine Nulldiät hinter sich hat. Natürlich muss der Fastende wieder essen, aber er wird sich nach seiner Kur wohl bewusster ernähren.

Man kann Religionen und den Glauben an Gott nicht einfach abschaffen, so wie im Fußball der Libero abgeschafft wurde. Ich halte das für eine törichte Forderung. Religion existiert, und Gott existiert, wenn auch womöglich nur – wie die Liebe – als Gedanke oder Projektion in unserem Bewusstsein.

Ich erachte es deshalb auch für sinnlos, das Abhängen von Kreuzen in Schulklassen zu fordern, im Gegenteil: Als Alltheist, der ich gerne sein möchte, bin ich dafür, dass dort die Symbole aller Religionen hängen. Wenn wir in einem Staat leben wollen, in dem die Religionsfreiheit im Grundgesetz verankert ist, dann sollte diese Freiheit auch über-all möglich sein – so sie natürlich andere wichtige Gesetze nicht verletzt. Deshalb bin ich auch gegen ein Kopftuch-verbot, und ich finde es ungeheuerlich, dass British Air-ways einst eine Stewardess nur deshalb feuerten, weil sie sich weigerte, ihre Halskette mit einem Kreuz abzunehmen. Und was ist so schlimm an einem Bahnbeamten, der einen Turban trägt, weil er zur Religionsgemeinschaft der Sikhs gehört? Wenn wir schon in einer aufgeklärten Gesellschaft leben, in der Religionsfreiheit und auch das Recht auf Athe-ismus gefordert wird, dann muss man zulassen, dass je-mand glaubt und das nach außen hin kenntlich macht.

Zu den entscheidenden Fragen heutzutage gehört jedoch nicht nur, ob ein Mensch überhaupt glaubt und woran er glaubt, sondern auch: *Warum* glaubt er?

Um zu sehen, warum ich glaube, wie stark ich glaube und wie sich die spirituellen Erfahrungen, die ich machen werde, voneinander unterscheiden, habe ich mir vorgenom-men, den Test des amerikanischen Psychologen Jared Kass von der University of Massachusetts durchführen, in dem es darum geht, herauszufinden, welche Rolle Spiritualität im Leben eines Menschen spielt. Gleichzeitig soll der Test fest-stellen können, ob sich ein Mensch gerade wohl in seiner Haut fühlt oder nicht.

Kass ist neben seiner Tätigkeit als Professor auch noch der Leiter des Studienprojekts »Wohlbefinden« an der Les-ley University – wobei allein die Bezeichnung seiner Tä-tigkeit den Wunsch in mir weckt, den Beruf zu wechseln. Bisher war die Berufsbezeichnung, die ich gerne für mich reklamieren würde, ausschließlich Sir Peter Ustinov vorbe-halten, der in einer Zeitschrift »Universalgenie« genannt wurde. Aber der Titel »Jürgen Schmieder, Professor für Wohlbefinden« käme meiner Idealvorstellung auch ziem-lich nahe.

Den Test hat Kass entwickelt, um einen Zusammenhang zwischen Spiritualität und Wohlbefinden zu ermitteln, und er enthält harmlose Fragen wie die folgende: »Wie viel Zeit verbringen Sie damit, spirituelle und religiöse Praktiken auszuüben?« Er will aber auch wissen: »Wie oft haben Sie sich in Ihrem Leben einer mächtigen spirituellen Macht nahe gefühlt und dabei den Eindruck gehabt, sich außerhalb Ihres Körpers zu befinden?« Oder: »Wenn Sie beruflich unter Druck sind, werden Sie dann eher nervös und ängstlich oder ruhig und selbstbewusst?«

Ich habe mir vorgenommen, diesen Test jedes Mal zu absolvieren, wenn ich mich mit einer für mich neuen Glaubensrichtung beschäftige und den Eindruck habe, einen besonders spirituellen Moment zu erleben. Natürlich ist der Test, wie die meisten wissenschaftlichen Umfragen und Untersuchungen, ungenau und zahlreichen Variablen ausgesetzt – wie Newberg in seinem Buch *Why We Believe What We Believe* anschaulich darlegt und auch die bereits erwähnte Formel von Kurt Gödel unanschaulich bestätigt. Äußere Einflüsse und auch der innere Gemütszustand zu einer bestimmten Zeit des Tages können das Testergebnis wesentlich beeinflussen.

Doch ich habe mich für den Test entschieden, weil er zum einen jederzeit, an jedem Ort und innerhalb kurzer Zeit wiederholbar ist. Zum anderen erhalte ich rasch Ergebnisse. Und er hat den nicht zu unterschätzenden Vorteil, dass die Resultate nicht vage gehalten sind, sondern in deutlichen und miteinander vergleichbaren Werten.

Bei den Tests wird zum einen der INSPIRIT festgestellt, der »Index of Core Spiritual Experience«. Er soll festlegen, welche spirituellen Erfahrungen die Versuchsperson in ihrem Leben gemacht hat und als wie spirituell sie sich selbst einschätzt. Dazu wird das Wohlbefinden gemessen und der Level an Stress, dem sich die Testperson gerade ausgesetzt fühlt. Um möglichst voreingenommen zu sein und einen guten Vergleichspunkt zu bekommen, habe ich mir einen Tag für den Test ausgesucht, den ich als gewöhnlich bezeichnen würde – obwohl meine Frau behauptet, dass es in unserem Leben so etwas nicht gibt. Ich hatte jedenfalls kein besonders euphorisches oder ärgerliches Erlebnis, hatte gerade noch mit meiner Frau und dann mit meinen Eltern telefoniert und anschließend mit einem Freund gechattet. Die berufliche Belastung ist auf normalem Level.

Es dauert ungefähr eine Stunde, bis ich alles ausgefüllt habe, weil ich mir Zeit lasse und bei mancher Frage minutenlang überlege, an welcher Stelle ich mein Kreuz mache. Es ist ja nicht gerade einfach, wenn es bei der Frage, ob ich die Tätigkeiten, die ich täglich verrichte – und zwar die beruflichen wie die privaten –, als »wertvoll« oder »nutzlos« einordne, wobei es neun Möglichkeiten der Abstufung gibt.

Ich bekomme die Resultate sogleich übermittelt. Zunächst fällt mein Blick auf das Stresslevel. Es liegt mit sieben Punkten von höchstens dreiunddreißig im unteren Bereich und wird als »mäßiger Stress« eingestuft. Das kann ich nur unterschreiben, denn an diesem Tag fühle ich mich tatsächlich ausgeruht und entspannt, ja sogar ein wenig beschwingt.

Spiritualität und Wohlbefinden werden gemeinsam in einem Karo dargestellt, das in vier Bereiche unterteilt ist. Mein INSPIRIT wird mit sechzehn beurteilt, wobei die Skala von sieben bis achtundzwanzig reicht – damit liege ich knapp unter dem Durchschnitt. Das erstaunt mich ein wenig, weil ich mich bisher für einen zwar unterdurchschnittlich religiösen, aber doch überdurchschnittlich spirituellen Menschen hielt.

Beim Wohlbefinden ist mein Ergebnis 4,38 auf einer Skala von eins bis sieben, was knapp über dem Durchschnitt liegt. Ich bin wieder verblüfft, weil ich mich doch eher als Menschen kenne, der gerne nörgelt, motzt, mosert und der sich ständig beschwert, wie schlecht das Leben es doch mit ihm gemeint hat – obwohl ich genau weiß, dass das Leben es bislang mit mir sehr gut gemeint hat.

Ich bin also weniger spirituell, als ich eigentlich dachte – dafür offensichtlich zufriedener, als ich zu glauben meinte.

Damit liege ich im grünen Bereich, obleich Jared Kass den Farben nicht jene Bedeutung gibt, die ich ihnen gerne zuschreiben würde. In meiner Auswertung steht: »Sie haben ein gesundes Selbstbewusstsein und Wohlbefinden – nur trägt Spiritualität nicht sehr viel dazu bei. Vielleicht haben Sie Ihre spirituelle Mitte noch nicht gefunden, oder Sie haben es sich selbst noch nicht erlaubt, ein derartiges Erlebnis als spirituell anzuerkennen. Sie sollten diese Entwicklung durch Meditation und inneren Dialog fördern. Führen Sie Tagebuch darüber, was Sie in sich entdecken.«

In der Tat habe ich vor, Tagebuch zu führen. Ich bin jedoch ein wenig gekränkt wegen des arg negativen Tons der Auswertung – als wäre es zwingend notwendig, spirituelle Erfahrungen zu machen, um ein glücklicher Mensch zu werden! Immerhin ist die Auswertung meines Gesundheitsbilds durchweg positiv: »Gratulation, Sie fördern Ihre Gesundheit sehr effektiv, indem sie Tätigkeiten und Gedanken minimieren, die Ihr Wohlbefinden minimieren könnten.« Doch auch in diesem Fall bekomme ich den Hinweis, dass ich durch mehr Spiritualität mein Wohlbefinden steigern und Gesundheitsrisiken verringern könne.

Genau das habe ich vor – auch wenn ich mich immer noch wundere, wie häufig im Test die Frage nach einem Gott oder einer höheren Macht gestellt wurde und welch geringe Rolle Gott oder eine höhere Macht nun bei der Auswertung spielt. Für meinen Versuch allerdings, die Erweiterung der Pascal'schen Wette, ist diese Frage unumgänglich, denn gerade darin unterscheiden sich die verschiedenen Glaubensgemeinschaften der Welt doch stark voneinander. »Es gibt Allah und nur Allah und keinen anderen Gott«, sagt etwa mein muslimischer Bekannter Youssef. Ein Hindu würde dagegen behaupten: »Es gibt so viele Götter, wie es Menschen gibt.« Ganz so viele sind es zwar nicht, aber immerhin sollen es an die dreihundertdreißig Millionen sein.

Die Frage nach Gott ist die zentrale Frage aller Glaubensgemeinschaften weltweit – betrachtet man Atheisten ebenfalls als Glaubensgemeinschaft, dann eint sie, dass sie eben diese Frage mit »Es gibt keinen Gott« beantworten. Es ist mitnichten so, dass Atheisten die Fähigkeit zum Glauben fehlen würde – vielmehr glauben sie daran, dass der personifizierte Gott nicht existiert oder dass keine Form einer höheren Macht existiert. Beweisen können Atheisten das nämlich ebenso wenig, wie Gläubige die Existenz Gottes beweisen können. Youssef würde gar behaupten, dass auch Buddhisten Atheisten sind, weil sie nicht an einen personifizierten Gott glauben und man deshalb den Buddhismus nicht als Religion bezeichnen dürfe. Er lehnt den Konfuzianismus als Glaubensrichtung komplett ab und bezeichnet ihn lediglich als Gemeinschaft Gleichdenkender, deren Mitglieder natürlich keine Chance haben, ins Paradies zu kommen.

Die folgende – stark vereinfachte – Darstellung der Gottesvorstellung verschiedener Religionen soll einen ersten Überblick über Gemeinsamkeiten und Unterschiede geben. Dabei ist mir bewusst, dass sie schematisch, oberflächlich und unvollständig ist – die unabhängige philippinische Kirche etwa wird zwar dem Christentum zugerechnet, lehnt den Glauben an die Trinität jedoch ab. Ein ähnliches Beispiel gibt es bei fast jeder Religion.

Wer ist Gott – und wenn ja, wie viele?

Religion	Gottesvorstellung
Atheisten	Kein Gott – möglicherweise aber Glaube an eine Ordnung.
Buddhismus	Eine höhere Macht existiert im Menschen selbst, in der Gemeinschaft und allen Dingen.
Christentum	Dreieiniger Gott.
Hinduismus	Ein göttliches Prinzip mit Millionen von Göttern und Göttinnen.
Islam	Ein Gott.
Jainismus	Kein personifizierter Gott, das Göttliche ist in jedem Lebewesen.
Judentum	Ein Gott – doch ist es möglich, Jude zu sein, ohne an Gott zu glauben.
Konfuzianismus	Abwesenheit einer Gottheit. Die Menschen können durch ihre Vorfahren zu einem besseren Leben geführt werden.
Naturreligionen	Alle Menschen sind Teil des Göttlichen, das überall gegenwärtig ist.
Scientology	Jeder Mensch trägt das unsterbliche Wesen des Thetan in sich.
Shintoismus	Die Gottheiten (Kami) sind in allem, was existiert. Die Natur verfügt über Pforten, durch die Gläubige hindurchgehen können.
Taoismus	Es gibt eine absolute und transzendente, jedoch nicht erfahrbare Realität, die alles erschafft: das Tao.

Schon anhand dieser simplen Aufstellung ist erkennbar, dass allein bei der Frage nach einer Gottheit wohl nie Einigkeit unter den Gläubigen herrschen wird.

Für meine Wette muss ich deshalb, um am Ende eine Konstante zu finden, Gott zunächst einmal als Variable einsetzen. Das klingt paradox, denn glaube ich meinem Bekannten Youssef, so habe ich grundsätzlich keine Chance, Erlösung zu erlangen, wenn ich nicht felsenfest an Allah glaube. Ähnlich verhält es sich ja im christlichen Glauben, bei dem der Glaube an Gott die zentrale Forderung ist. Die Band Savatage hat das schön zusammengefasst in dem Refrain: »Ich bin immer da, ich werde dich nie verlassen – alles, was ich von dir verlange, ist, dass du an mich glaubst.«

Die Regeln vieler Religionen besagen eindeutig: Ohne Glaube an Gott keine Erlösung. Diesen Gedanken finde ich, um ehrlich zu sein, schauderhaft – zumal eben auch jene, welche zwar an einen Gott glauben, aber eben nicht an den »richtigen«, laut den Dogmen und Regeln so mancher Religion ebenfalls kaum eine Chance haben.

Deshalb muss ich mich an die rabbinische Tradition halten und mich nach dem Satz Shabbat 31a des Talmud richten. In dem heißt es: »Wenn ein Mensch vor den Thron des Gerichts tritt, lautet die erste Frage nicht: ›Hast du an Gott geglaubt?‹ oder ›Hast du gebetet und Riten ausgeführt?‹, sondern: ›Hast du dich ehrbar verhalten, getreu in allem deinem Nächsten?‹« Ich finde diesen Satz nicht nur wunderbar, sondern will ihn erst einmal auch zum Grundsatz meines Projekts machen.

Zudem habe ich zwei Stellen im Koran gefunden, die mir bei wohlwollender Interpretation erlauben, meine Wette zu versuchen und nicht von vornherein chancenlos dazustehen. Die eine lautet: »Wer das Rechte tut, sei es Mann oder Weib, wenn er nur gläubig ist, den wollen Wir lebendig machen zu einem guten Leben und wollen ihn belohnen für seine besten Werke.« Mir ist natürlich bewusst, dass mit »gläubig sein« der Glaube an den einen Allah gemeint ist, aber es erscheint mir doch möglich, dass damit jeder gemeint sein könnte, der überhaupt glaubt, woran auch immer. Auch eine Offenbarung zu Mekka, welche in der 109. Sure des Korans festgehalten ist, erinnert mich an eine

Form des »leben und leben lassen« und lässt mich hoffnungsfroh mein Projekt angehen: »Oh, ihr Ungläubigen, ich diene nicht dem, dem ihr dienet. Und ihr seid nicht Diener dessen, dem ich diene. Und ich bin nicht Diener dessen, dem ihr dienet, und ihr seid nicht Diener dessen, dem ich diene. Euch euer Glaube und mir mein Glaube.«

Ich möchte mich auch mit Vertretern des Atheismus treffen, denn ich finde es unglaublich mutig, daran zu glauben, dass das Leben mit dem Tod beendet ist – und ich finde, es gehört auch großer Wille dazu, trotz dieses Glaubens nicht fatalistisch zu werden, sondern tatkräftig am Fortbestand dieser Erde und an einem Verbessern der Gesellschaft mitzuarbeiten.

Ich weiß, dass diese These sehr gewagt und durchaus angreifbar ist. Doch bin ich zumindest zu Beginn des Projekts der Ansicht, dass es nur mit offenem Herzen und offenem Verstand durchführbar ist, wenn ich nicht von Beginn an die Ansichten bestimmter Glaubensgemeinschaften vernachlässige.

Als ich meiner Frau diese arg offene Definition präsentiere, weist sie mich darauf hin, dass ich demnach auch die »Iglesia Maradonania«, eine Kirche in Argentinien mit vierzigtausend Mitgliedern, welche Diego Maradona als Gottheit verehrt, oder die Firma Apple als Glaubensgemeinschaft zu betrachten habe. Sie legt mir eine Studie der amerikanischen Marktforscherin Heidi Campbell zum Thema »Wie das iPhone göttlich wurde« vor, die ergab, dass viele Kunden die Firma als Ersatzreligion betrachteten. Steve Jobs gebe den Religionsstifter, Produkte wie iPhone und iPad seien die Devotionalien, und die Apple Stores seien die Kirchen, zu denen die Jünger pilgerten. Sofort beschließe ich, einen Sonderversuch mit einer Ersatzreligion wie Apple durchzuführen.

Bei meinen Recherchen sind mir zwei weitere bemerkenswerte Studien aufgefallen. Eine stammt von Andrew Newberg, der in einem aufsehenerregenden Experiment festgestellt hat, dass betende katholische Nonnen ähnliche Aktivitäten in den gleichen Gehirnregionen haben wie meditierende buddhistische Mönche – obwohl sich ihre spirituelle Erfahrung doch stark unterscheidet.

Eine andere Studie untersuchte die Persönlichkeitsveränderungen von Patienten, denen operativ ein Gehirntumor entfernt wurde. »Es wurde ein Zusammenhang zwischen spirituellem Erleben und Aktivitäten innerhalb eines großen Netzwerks nachgewiesen, das den frontalen, parietalen und temporalen Kortex verbindet«, sagt Cosimo Urgesi von der Universität Udine. Er und seine Kollegen legten den Teilnehmern Fragebögen vor, um die sogenannte Selbsttranszendenz zu ermitteln – also die Fähigkeit, spirituell zu denken, zu handeln und zu fühlen. »Auf diese Weise stellten wir einen Zusammenhang zwischen dem Sitz des Tumors und der Veränderung der Selbsttranszendenz her«, erklärte Urgesi bei der Veröffentlichung der Studie. »Die unterschiedlich hohe Ausprägung der Selbsttranszendenz hängt offenbar davon ab, ob bei der Operation frontale, temporale oder parietale Strukturen geschädigt wurden.« Bei Patienten etwa, die an der hinteren Gehirnrinde operiert worden waren, verzeichnete er eine Verstärkung der spirituellen Weitsicht.

Glaube existiert also – zumindest in unserem Gehirn. Es besteht damit die Möglichkeit, dass Gott auch in der Realität existiert. Es kann aber genauso gut sein, dass er nur die Erfindung von uns Menschen ist. Doch wenn es wirklich nur wir Menschen waren, die Gott erschaffen haben, dann war das meiner Meinung nach eine unserer größten, schönsten und bedeutendsten Erfindungen.

Douglas Adams formulierte es in seinem Buch *Per Anhalter durch die Galaxis* so: «Sollte je ein menschlicher

Geist das Universum, das Geheimnis der Schöpfung ent-
schlüsseln, würde Gott alles verschwinden lassen und durch
etwas noch viel Bizarreres ersetzen. Es gibt Menschen, die
behaupten, dies sei schon geschehen.«

Das zumindest glaube ich jetzt, am Beginn meines Versuchs, ein Alltheist zu werden.

Kapitel 3

Im Trainingslager für Alltheisten

Ein Kabbala-Armband: 9,99 Euro.
Ein silbernes Kreuz mit Kette: 87 Euro.
Eine Tätowierung des Yin-und-Yang-Symbols: 150 Euro.
Ewige Erlösung: Unbezahlbar.

Man glaubt gar nicht, welche Dinge man im Internet findet, wenn man danach sucht: Die Jesus-Action-Figur für 24,99 Euro gehört da noch zu den harmloseren Devotionalien. Sie heißt »Deluxe Actionfigur MIRACLE JESUS – Seht doch nur!« In der Beschreibung steht: »*Wie war das noch mit diesen Wundern? Jetzt kannst du sie einfach nachspielen und dich in die Handlung hineinversetzen. So verstehst du besser, was die Menschen damals gefühlt haben, und du stärkst deinen Glauben.*« In dem Paket ist eine Figur von Jesus Christus, dessen Hände im Dunkeln leuchten. »*Was für ein Wunder*«, steht in der Ankündigung. »*Jesus ist halt unglaublich.*« Mit in dem Set ist ein Krug, durch den die Verwandlung von Wasser in Wein bei der Hochzeit zu Kanaan nachgespielt werden kann. Dazu gibt es zwei Fische und fünf Laib Brot für die Speisung der fünftausend.

Natürlich bestelle ich die Figur sofort, außerdem ein Kabbala-Armband, eine Buddhafigur, ein Poster mit Yin und Yang und ein Konfuzius-Fanshirt mit der goldenen Regel drauf. Nicht fehlen dürfen auch mehrere Bücher über die jüdische Küche.

Ein wenig skurril wird es, als jemand anbietet, seine vier Meter hohe und mit Gold überzogene Buddhastatue meistbietend veräußern zu wollen, und ich kurz versucht bin, im Mahabodhi-Tempel in Bodha-Gaya anzurufen und nachzufragen, ob bei denen was fehlt.

Ich beende meine Suche nach Devotionalien, als ich auf eine Seite stoße, auf der sich der geneigte Satanist eine Messe bestellen kann. Mit allem, was dazugehört, also mit Hexenbeschwörung, Magie und allerhand sexuellen Praktiken. Grundsätzlich habe ich nichts gegen Satanisten, solange sie unter sich bleiben und mich in Ruhe lassen. Aber ich finde es doch ein wenig bedenklich, wenn ich mir vorstelle, dass mein Sohn in fünfzehn Jahren so was einfach im Internet bestellen und dann zu mir sagen könnte: »Papa, geh mit Mama mal lieber ins Kino, heute kommen wieder meine Satanistenfreunde, und die haben ein bisschen Angst vor dir. Alltheisten sind denen unheimlich.«

Im Rahmen der Vorbereitung auf meinen Versuch, ein Alltheist zu werden, habe ich mich zusätzlich zu den verschiedensten Devotionalien mit ungefähr hundertfünfzig Büchern und hundert Filmen eingedeckt. Überdies schließe ich mich jede Nacht in meinem Arbeitszimmer ein und durchforste das Internet nach Hinweisen, die meinem Projekt dienlich sein könnten. Ich habe mich ja von vornherein nicht festgelegt, mit welchen Religionen und Glaubensgemeinschaften ich mich näher beschäftigen möchte – in meiner Naivität war ich zunächst der Ansicht, dass es sämtliche Religionen sein müssten, die es so gibt. Dieses Vorhaben war schnell vom Tisch, als ich erfuhr, dass ich ungefähr vier Tage brauchen würde, um nur die Namen aller Religionen und Konfessionen und Glaubensgemeinschaften und Splittergemeinden, die es weltweit gibt, laut vorzulesen. So habe ich mich eingeschränkt und möchte mich nur mit den größten und kontroversesten Religionen beschäftigen – weshalb mein Projekt, ein Alltheist zu werden, nur sehr schwer um-zusetzen sein wird und ich mich am Ende wahrscheinlich mit dem Titel »Fast-Alltheist« zufriedengeben muss.

Im Zuge meiner Vorbereitungen und Besorgungen stelle ich fest, dass so manche Religion eine wahre Merchandising-Maschinerie im Rücken hat. Ich frage mich ja seit Jahren, ob eigentlich jemand das Copyright auf das Kreuz hat und ob Schmuckfirmen und Herrgottschnitzer so etwas wie Gema-Gebühr abführen müssen, wenn sie ein Produkt herausbringen, das irgendwie an den christlichen Glauben erinnert – wobei mein erster Gedanke war, dass dieses Patentrecht grundsätzlich bei den Römern liegen müsste, denn die haben diese sadistische Tötungsmethode schließlich international bekannt gemacht.

Offensichtlich darf jedoch jeder ein Schmuckstück mit einem Kreuz entwerfen und verkaufen, weshalb sich die katholische Kirche eine nicht zu unterschätzende Strategie hat einfallen lassen. Es gibt geweihte Devotionalien, geweihte Devotionalien von ganz besonderen Wallfahrtsorten und geweihte Devotionalien von ganz besonderen Wallfahrtsorten, signiert von ganz besonderen Menschen. Man ahnt gar nicht, was sich da so alles in den Klosterläden der einzelnen Gemeinden findet: ein geweihter »Angelo-Parkscheinhalter« – das ist eine stylische silberne Engelsfigur, unter die ein Parkschein eingezwickt werden kann. Eine geweihte Marienstatue aus Lourdes, die deshalb sündhaft teuer ist, weil sie geweiht und aus Lourdes ist. Es gibt sogar einen Shop, der Weihwasser aus Rom, Fátima und Santiago de Compostela verkauft. Fünfzig Milliliter kosten etwa acht Euro. So ein Weihwasser haben wir längst, meine Schwiegermutter hat es aus Sorge um das Seelenheil von Hanni und mir organisiert. Meine Frau hat mir kürzlich mitgeteilt, dass meine Schwiegermutter sogar jemanden auf den Philippinen dafür bezahlt, dass er für uns betet.

Angesichts all dieser Produkte komme ich nicht umhin,

die katholische Kirche nicht mehr nur als Religion zu sehen, sondern auch als florierendes Wirtschaftsunternehmen – zumal mir mein Steuerberater kürzlich versichert hat, dass meine Familie bis zu meinem Renteneintritt mehr als achtzigtausend Euro an Kirchensteuer abgeführt haben wird. Zu behaupten, die katholische Kirche sei eine Gemeinschaft von Gläubigen, wäre deshalb ungefähr so, als würde man sagen, der FC Bayern sei eine Gemeinschaft von Fußballinteressierten.

Aber auch andere Religionen sind nicht untätig beim Versuch, ein wirtschaftlich gesundes Unternehmen zu werden: Die einen verkaufen Armbänder, die anderen fordern Spenden oder bieten die Durchführung spiritueller Riten an. Wieder andere haben Lebenshilfekurse im Angebot, die mit der Zeit immer teurer werden. Es geht nicht immer nur darum, den Menschen einen Weg zu zeigen, wie sie Erlösung erfahren können. Häufig geht es einfach nur ums Geldverdienen.

Zu Beginn meines Versuchs hatte ich eigentlich vor, die Wohnung meiner Familie anhand der verschiedensten Devotionalien in einen alltheistischen Tempel zu verwandeln. Dieses Anliegen ist zunächst einmal aus dreierlei Gründen gescheitert. Zum einen habe ich nur einfaches Stimmrecht im Familienrat, während meine Frau bis zum sechsten Geburtstag unseres Sohnes über seine Stimme verfügen darf – danach darf er selbst entscheiden. Also hat sich der Familienrat gegen eine Umdekorierung der Wohnung entschieden und mir nur den Kauf einzelner Produkte gestattet, wobei keine der Devotionalien die Harmonie der Innenarchitektur stören darf. Was die Harmonie der Innenarchitektur stört, bestimmt der Familienrat.

Der zweite Grund liegt darin, dass ich den einzelnen Religionen gegenüber nicht respektlos sein möchte, indem ich mir einfach Dinge kaufe, ohne mich mit deren Symbolkraft näher beschäftigt zu haben. Ich werde also keinesfalls ein

Halsband mit dem Davidstern tragen, solange ich nicht Mitglied der jüdischen Gemeinde bin.

Das dritte Argument gegen den Kauf allzu vieler Gegenstände liegt darin, dass ich nicht zu sehr zur Kapitalisierung der Kirchen beitragen möchte.

Derzeit befinde ich mich im Trainingslager für Alltheisten, wo ich so viele Dinge wie möglich herausfinden möchte, bevor ich den Versuch wage, ein alltheistisches Leben zu führen. Deshalb recherchiere ich in Büchern und im Internet die Feiertage der einzelnen Religionen. Zum einen, weil es mich interessiert, welche Tage im Jahr bei welchen Religionen als besonders wichtig gelten – wobei ich schon nach ein paar Stunden herausfinde, dass sich das Christentum als besonders feier- und gedenkfreudige Religion präsentiert. Es gibt kaum einen Tag im Jahr, an dem die Gläubigen nicht die Geburt eines Heiligen oder ein anderes besonderes Ereignis feiern können. Die Scientologen dagegen geben sich auffällig zurückhaltend: Die Mitglieder feiern den Geburtstag des Religionsstifters L. Ron Hubbard, es gibt einen Dianetiktag, einen Auditorentag und den Tag der Vereinigung der Scientologen. Das war es dann aber auch schon. Na ja, denke ich mir, es gibt ja auch nicht wirklich viele Heilige, deren man gedenken könnte – und von einem Tom-Cruise-Feiertag habe ich auch noch nichts gehört. Mal abgesehen davon, dass einen Tom-Cruise-Feiertag wohl nur Tom Cruise feiern würde.

Die Feiertage interessieren mich aber auch deshalb, weil ich seit Jahren eine Vision habe, die ungefähr so aussieht: Mein Chef schaut mich an, als hätte ich ihm mitgeteilt, dass ich von nun an nur noch zwanzig Stunden pro Woche arbeiten möchte und dafür eine Gehaltserhöhung von 75 Prozent fordere. Er wirkt auf mich ein wenig wie ein Reh, das auf einer Bundesstraße steht, während ein Lastwagen mit aufgeblendetem Fernlicht auf es zurast. Dann entspannen sich seine Gesichtszüge, er lächelt. Wahrscheinlich glaubt er, dass ich gleich »April, April« sage und mich für meinen dreisten Scherz dadurch entschuldige, dass ich ihn zum Mittagessen einlade.

Aber ich sehe ihn immer noch an, als wäre meine Forderung die normalste Sache der Welt. Ich ändere meine Mimik nicht, sondern ziehe sogar noch die Augenbrauen hoch, um zu verdeutlichen, dass ich es tatsächlich ernst meine. Deshalb zieht mein Chef Mundwinkel und Augenbrauen nach unten. Wenn jemand dieses Schauspiel verfolgen würde, könnte er meinen, dass wir beide ein Gesichtsmuskeltraining absolvieren und uns nun gegenseitig als Mimik-Bodybuilder unsere besten Posen vorführen. Er bittet mich in sein Büro und fordert mich auf, erst einmal Platz zu nehmen – dann könnten wir über meinen Vorschlag reden, in aller Ruhe und mit entspannten Gesichtsmuskeln. Ich glaube, dass er immer noch darauf wartet, dass ich die Sache auflöse und ihm eine versteckte Kamera präsentiere, mit der ich seine Reaktion aufgezeichnet habe, um sie auf der nächsten Weihnachtsfeier als lustiges Video zu präsentieren.

Und dabei habe ich nur einen Antrag gestellt, der folgendermaßen lautet: »Ich hätte gerne den kompletten Monat Januar frei, um den Feiertagen meiner Religionen folgen zu können.«

Diese Forderung finde ich meinem Arbeitgeber gegenüber noch ziemlich verantwortungsvoll. Ich hätte ja auch ein komplettes Jahr fordern können! Den Feiertagskalender und die Begründungen, warum ich im kommenden Jahr überhaupt nicht mehr in die Arbeit kommen möchte, hätte ich in der Hosentasche.

Wenn Sie nun anmerken möchten, Sie hätten den Eindruck, dass ich schon zu Beginn des Projekts drohte meinen Verstand zu verlieren, dann möchte ich Ihnen zwei Geschichten erzählen, die sich wirklich so ereignet haben.

Die erste handelt von meinem Freund Uwe, der am Flughafen München dafür verantwortlich ist, dass die sehr wichtigen Personen wie der Dalai-Lama oder auch die eher unwichtigen Personen wie Oliver Pocher ihre Anschlussflüge erreichen, ihr Gepäck bekommen und mit einer Limousine vom Flugzeug abgeholt werden. Er ist grundsätzlich dafür verantwortlich, dass alle Passagiere ihr Gepäck bekommen, aber seine Geschichten über die VIPs und die VUPs finde ich am interessantesten – vor allem, wenn er davon erzählt, wie zuvorkommend der Dalai-Lama war und wie Oliver Pocher versuchte, Uwe während der gesamten Fahrt ein Autogramm aufzuschwatzen.

Uwe erzählte einmal von einem Mitarbeiter, der eines Tages aufgeregt in sein Büro kam und ihm mitteilte, dass er am nächsten Tag keinesfalls arbeiten könne.

»Warum nicht?«, wollte Uwe wissen und machte sich schon Sorgen, dass der Kollege krank sein könnte oder dass sich in seiner Familie eine Tragödie ereignet hatte.

Die Antwort war ganz anders als erwartet: »Bei meinem Heimatstamm in Afrika wird morgen das Neujahrsfest gefeiert, mit Tanz und Essen und Liebe. Meine Familie feiert auch, und ich möchte an dem Fest teilnehmen. Deshalb kann ich morgen nicht zur Arbeit kommen. Das verstehen Sie doch sicher.«

Ich glaube, dass auch Uwe in diesem Moment ein kleines Mimik-Bodybuilding vollführt hat, das ihm jedoch wenig gebracht hat. Was soll man gegen einen solchen Antrag schon sagen?

Die andere Geschichte stammt von meiner Frau. Sie stand in einem Supermarkt an der Kasse, hinter ihr wartete ein nervöser Mann. Als er an der Reihe war, fragte er die Kassiererin: »Haben Sie morgen geöffnet?« – »Natürlich haben wir morgen geöffnet!«, erwiderte sie. Der südländisch anmutende Mann übte sich daraufhin in Gesten, die man gemeinhin bei südländisch anmutenden Menschen beobachten kann, wenn sie auf dem Oktoberfest kein Bier mehr bekommen oder feststellen, dass das Mädchen, das sie den ganzen Abend anzuflirten versuchen, mit einem unattraktiven Mitteleuropäer verheiratet ist. Ich kenne diese Gesten deshalb so genau, weil meine Frau auf dem Oktoberfest eine Wirkung auf Südeuropäer hat, wie sie Bohnen und Speck auf Bud Spencer haben – und ich eben der unattraktive Mitteleuropäer bin, der irgendwann hinzutritt und dafür sorgt, dass dem paarungsbereiten Männchen sämtliche Gesichtszüge entgleiten.

»Wie können Sie morgen geöffnet haben?« Er warf sich in eine Pose, als würde er auf dem Oktoberfest weder ein Bier noch ein Mädchen bekommen. Die verdutzte Kassiererin sagte: »Morgen ist Mittwoch, da haben wir immer geöffnet. Bis zwanzig Uhr sogar.«

»Bis zwanzig Uhr!« Der Mann machte eine Geste, als würde er niemals wieder Bier oder ein Mädchen bekommen. »Aber morgen ist doch Mariä Empfängnis! Das ist in meinem Dorf ein großes Fest. Jeder geht auf die Straße und feiert, es gibt viel zu essen, und die Menschen tanzen auf den Straßen und lieben sich. Da können Sie doch nicht geöffnet haben!« Er stürmte verzweifelt aus dem Laden – und meine Frau glaubte tatsächlich, dass die Kassiererin kurzzeitig überlegte, ihren Chef zu fragen, ob das Geschäft am nächsten Tag nicht geschlossen bleiben könnte.

Diese beiden Geschichten führen mich zu einer ernsthaften Frage: Was bedeuten Feiertage tatsächlich? Haben sie für uns eine religiöse Bedeutung und stellen sie Tage dar, an denen wir wichtiger Personen unseres Glaubens gedenken? An denen wir einen Gottesdienst besuchen, uns zur Meditation treffen oder zumindest die Lebensgeschichte dieser Person lesen und darüber nachdenken, wie auch wir ein derart heiliges Leben führen könnten? Oder ist die wichtigste Konsequenz für uns vor allem die, dass wir nicht zur Arbeit müssen oder zumindest eine finanzielle Kompensation dafür bekommen?

Bedeutet Weihnachten tatsächlich, dass wir der Geburt Jesu Christi gedenken, oder liegt der primäre Sinn dieses Festes mittlerweile im Ankurbeln der Wirtschaft, weil ja Unmengen an Geschenken gekauft werden müssen?

Es gibt mehrere Studien und Umfragen, die besagen, dass die meisten Menschen gar nicht mehr wissen, was an vielen Feiertagen eigentlich gefeiert wird. Das hat nicht unbedingt mit religiöser Ignoranz zu tun – laut einer aktuellen Umfrage wissen 43 Prozent der Deutschen auch nicht, warum sie am 1. Mai nicht in die Arbeit müssen. Die Zoroastrier feiern an diesem Tag Gahambar, in der Bahai-Religion ist es der elfte Tag von Ridvan, des höchsten Festes der Religion, an dem der ersten öffentlichen Verkündigung des Religionsstifters Bahá'u'lláh im Garten Ridvan in der Nähe von Bagdad gedacht wird. In Deutschland ist es schlicht der »Tag der Arbeit«, von dem viele Menschen nichts mehr wissen. Aber 87 Prozent der Menschen in Bayern wissen, dass sie in der Nacht zuvor einen Maibaum bewachen müssen. 57 Prozent der Männer wissen nicht, dass sie am Vatertag deshalb freihaben, weil an diesem Tag Christi Himmelfahrt gefeiert wird – aber 73 Prozent wissen sehr wohl, dass sie an diesem Tag mit einem Bollerwagen um die Häuser ziehen und sich gehörig die Kante geben dürfen.

So viel dazu, dass meine Forderung, einen Monat lang nicht in die Arbeit gehen zu müssen, um verschiedene Feiertage zu pflegen, auf irgendeine Weise verrückt sein könnte.

Ich habe mir den Januar nicht deshalb ausgesucht, weil es in diesem Monat besonders viele Feiertage gibt – meine Recherchen haben ergeben, dass Feiertage ziemlich ausgeglichen über das ganze Jahr verteilt sind. Es hat den einfachen und praktischen Grund, dass meine Chancen auf Urlaub in diesem Monat am besten stehen. Zum einen bin ich Sportjournalist mit einer ausgeprägten Affinität zu den Sommersportarten. Zum anderen habe ich meinen Jahresurlaub aufgespart – und ich weiß, dass die Chefin vom Dienst großen Wert darauf legt, dass die Mitarbeiter nicht allzu viele Urlaubstage ins kommende Jahr mitnehmen.

Ich habe mich penibel vorbereitet, nächtelang recherchiert und dann einen Kalender erstellt mit all den Feiertagen und den Gründen, warum sie von den Gläubigen gefeiert werden. Ich habe darauf geachtet, nicht jedes Fest in den Kalender aufzunehmen, sondern pro Tag nur eines oder zwei, um nicht allzu ausufernd zu werden und meine Forderung mit mehr als nur einem Fest begründen zu können. Feste, die länger als einen Tag dauern, habe ich auf den Tag gelegt, der mir am besten in meinen Kalender passte.

Und so sieht mein persönlicher Feiertagskalender für das Jahr 2011 aus:

1. Januar: Hochfest der Gottesmutter Maria (katholisches Christentum), Shogatsu (wichtigster Feiertag in Japan)

2. Januar: Duruthu Perahera (Prozessionsfest auf Sri Lanka, Buddhismus), Cassé Gâteau (Voodoo)

3. Januar: Heiliger Name Jesu (katholisches Christentum), Ananda-Pagodenfest (Theravada-Buddhismus)

4. Januar: Soyala-Neujahrsriten (Hopi), Ende des Maidyairem Gahanbar (Zoroastrismus)

5. Januar: Geburt des Gurus Gobind Singh (Sikhismus), Johannes Nepomuk Neumann (katholisches und evangelisches Christentum)

6. Januar: Dreikönigsfest (Christentum), Spitok Gustor Zanskar (tibetischer Buddhismus)

7. Januar: Johannes der Täufer (griechisch-orthodoxes Christentum), Jashn-e Dadvah zu Day-pa-Den (Zoroastrismus)

8. Januar: Spitok Gustor Zanskar (tibetischer Buddhismus), Soyala-Neujahrsriten (Hopi)

9. Januar: Stephanus der Erzmärtyrer (syrisch-orthodoxe

Kirche), Fest des schwarzen Nazareners
(philippinisches Christentum)

10. Januar: Taufe des Herrn (Christentum), Festival de la
Sor de Los Angeles y Monteagudo (peruanisches
Christentum)

11. Januar: Seijin no hi (Japan), Unschuldige Kinder
(russisch-orthodoxes Christentum)

12. Januar: Vivdekananda Jayanti (Hinduismus), Yennayer
(Masiren)

13. Januar: Mela Maghi Muktsar (Sikhismus), St. Melania
(orthodoxes Christentum)

14. Januar: Makar Sankranti (Hinduismus), Thai Pongal
(Tamilen)

15. Januar: Fest des schwarzen Christus (guatemaltekisches
Christentum), Erleuchtungstag Buddhas (Sakya-
muni-Buddhismus)

16. Januar: al-Arba'n (Islam), Jashn-e Vohuman (Zoroastrismus)

17. Januar: Don Chedi (Tempelfest von Suphanburi in Zen-
tralthailand), Antonius (katholisches, evangelisches und griechisch-orthodoxes Christentum)

18. Januar: Beginn der Gebetswoche für die Einheit der
Christen (Christentum), Neunzehntagefest
(Bahai)

19. Januar: Mahayana-Neujahr (Buddhismus), Theophanias
(orthodoxes Christentum)

20. Januar: Tu be-Shevat (Judentum), Epiphania (koptische
Kirche)

21. Januar: Agnes von Rom (katholisches, evangelisches und
griechisch-orthodoxes Christentum), Hochzeit
zu Kana (koptische Kirche)

22. Januar: Ahure (Alewiten), Vinzenz von Valencia
(katholisches und evangelisches Christentum)

23. Januar: Klemens (griechisch-orthodoxes Christentum),
Mittwinterzeremonien (Irokesen)

24. Januar: Jashn-e Sadeh (Zoroastrismus), Franz von Sales (katholisches Christentum)

25. Januar: Bekehrung des Apostels Paulus (katholisches und evangelisches Christentum), Mahamuni-Pagodenfest (Theravada-Buddhismus)

26. Januar: Timotheus und Titus (katholisches und evangelisches Christentum)

27. Januar: Holocaust-Gedenktag (Judentum), Heilige Devota (Christentum in Monaco)

28. Januar: Thomas von Aquin (katholisches und evangelisches Christentum)

29. Januar: Marienfest (äthiopisches Christentum)

30. Januar: Fest der Heiligen drei Hierarchen (griechisch-orthodoxes Christentum), Antonius der Große (russisch-orthodoxes Christentum)

31. Januar: Geburt des Gurus Har Rai (Sikhismus), Johannes Bosco (katholisches Christentum)

Natürlich bin ich darauf vorbereitet, zu den Festen auf Nachfrage etwas zu referieren, das ich zuvor in Büchern gefunden und auswendig gelernt habe. Zur Geburt des Gurus Gobind Singh zitiere ich aus seinem Werk *Akal Ustati*: »Alle Länder habe ich bereist und gesehen, aber niemanden gefunden, der den Herrn des Lebenshauchs sieht. Wenn einer nicht ein wenig von der Liebe und Gnade des Herrn, ist er nichts wert. Durch rituelle Bäder an Pilgerorten, durch Mitleid, Selbstkasteiung, durch milde Gaben und allerlei Regeln der Selbstkontrolle – durch all das kann man sich auszeichnen. Vedas und Puranas, Koran und andere heilige Bücher mögen sie erforschen, und auch alles auf Erden und im Himmel.« Zum Fest von Sadeh kann ich etwas aus dem *Avesta* vortragen: »So möge uns Frieden zuteil werden, wie die Wege gut zum Ziel führen sollen, die Berge gute Pfade haben sollen, die Wälder gut zu durchschreiten und schiffbare Flüsse gut zu überqueren sein sollen.«

Ich hätte auch noch etwas zu Theophanias auf Lager, zu den Mittwinterriten der Irokesen und zum jüdischen Tu be-Shevat, doch dazu komme ich nicht mehr.

Mein Chef sieht mich lachend an, nimmt meinen Urlaubsantrag und unterschreibt ihn. Er versichert sich bei meinem direkten Vorgesetzten, dass die Urlaubsvertretung geregelt ist, und wünscht mir viel Spaß dabei, den Regeln der verschiedenen Religionen zu folgen. Dann verlasse ich mein Büro und freue mich, weil ich schon immer mal Mitte Dezember in den Abwesenheitsassistenten meines Mailprogramms eingeben wollte: »Ich werde bis 1. Februar nicht im Büro sein.« Zur Sicherheit schreibe ich die Nachricht auch noch auf Englisch und Französisch hinein, damit sich wirklich alle ärgern, wenn sie eine automatische Antwort auf ihre Mail bekommen.

So viel zu meiner Vision.

Ob die sich auch nur annähernd wird realisieren lassen, werde ich sehen, wenn ich mich mit den Feiertagen beschäftigt habe und endlich den Mut aufbringen werde, meinen Chef tatsächlich mit einer derartigen Forderung zu konfrontieren. Und dann werde ich natürlich versuchen, diese Feiertage zu ehren und die Riten der einzelnen Religionen einzuhalten – genauso, wie ich es schaffen möchte, den Alltheismus in mein alltägliches Leben zu integrieren.

Es gibt noch einen anderen Punkt bei meinem Projekt, den ich für sehr wichtig halte: Ich möchte herausfinden, wie es um meinen Glauben und mein Wissen um die einzelnen Religionen bestellt ist. Es ist ein Anhaltspunkt dafür, wo ich stehe, wo meine Defizite liegen und welche Voraussetzungen ich für meinen Versuch mitbringe. Ich weiß zwar, dass ich ein christlich erzogener Agnostiker bin, der in den vergangenen Jahren nicht wirklich viel mit Religion und Erlösung am Hut hatte und nun plötzlich versuchen möchte, ein möglichst religiöser und spiritueller Mensch zu werden.

Aber womit kann ich mich wirklich identifizieren? Worüber weiß ich genug, um sagen zu können, dass genau diese Religion oder diese Form der Spiritualität das Richtige für mich ist? Sind meine Ansichten über das Universum und das Leben wirklich durch Analyse, Recherche und Nachdenken entstanden, oder ist vieles an meinem Weltbild einfach eine Entscheidung aus dem Bauch heraus, die ich nun intellektuell zu rechtfertigen versuche?

Deshalb eine ehrliche Frage: Mit welchem Bundesligaverein können Sie sich am ehesten identifizieren? Ich meine damit nicht, ob Sie Fan einer Mannschaft sind – denn spätestens seit Nick Hornbys Buch *Fever Pitch* ist bekannt, dass man sich in den Fußball verliebt, wie man sich gewöhnlich in eine Frau verliebt: »Plötzlich, unerklärlich, unkritisch und ohne einen Gedanken an den Schmerz und die Zerrissenheit zu verschwenden, die damit verbunden sein würden«, schreibt Hornby. Ich bin ein Anhänger von Werder Bremen – und bevor ich Journalist wurde, war ich es unkritisch und ohne einen Gedanken an den Schmerz und die Zerrissenheit zu verschwenden, die damit verbunden sein würden. Ob ich jetzt immer noch Bremen wählen würde, kann ich nicht beurteilen, denn ich habe keine Wahl. Es ist nun einmal mein Verein, so wie es im internationalen Fußball die Glasgow Rangers sind und beim American Football die New England Patriots.

Sollte Fußball nicht Ihr Metier sein, dann funktioniert es vielleicht mit Politik: Welche Partei würden Sie wählen, wenn am Sonntag Bundestagswahl wäre? Und vor allem: Wie würden Sie Ihre Wahl begründen? Haben Sie wirklich die Parteiprogramme gelesen und sich ausreichend informiert, um verantwortungsbewusst Ihre Stimme abgeben zu können? Oder ist es nicht vielmehr so, dass Sie genervt sind vom Gerede des einen Politikers, von den Affären des anderen und von der Krawattenfarbe des dritten, sodass Ihnen kaum eine andere Wahl bleibt, als eben die vierte Alternative zu wählen? Fällt also die Entscheidung nicht eher aus dem Bauch heraus als nach intensiver Beschäftigung mit dem Thema? Schließlich behauptete der damalige Bundeskanzler Gerhard Schröder nicht ohne Grund, er bräuchte zum Regieren nur *Bild*, *BamS* und die Glotze.

Um sich einen Überblick zu verschaffen, bieten Nachrichtenportale im Internet vor Wahlen gerne den so genannten Wahl-O-Maten an. Das Programm stellt dem potenziellen Wähler zahlreiche Fragen, die er beantworten und gewichten muss. Am Ende soll ihm das Ergebnis zeigen, mit welchen Parteien die eigene Gesinnung am ehesten übereinstimmt und wem er, sollte er eine wohlüberlegte Entscheidung treffen wollen, seine Stimme geben sollte.

Ich habe dieses Prinzip bei der WM 2010 auf die zweiunddreißig Teilnehmer angewandt und den Test »Welches Team müssen Sie wirklich anfeuern?« entworfen – um dann bei einem Selbstversuch mit meinem eigenen Programm verblüfft festzustellen, dass meine Favoriten Japan, Deutschland und – ja, wirklich – England sein mussten.

Nun frage ich mich, ob es nicht auch für Religionen Tests gibt, die ähnlich wie der Wahl-O-Mat oder der WM-Anfeuerungstest funktionieren. Ich brauche keine wissenschaftliche Analyse, aber zumindest einen Anhaltspunkt, wo ich zu Beginn meines Projekts stehe. Außerdem würde ich gerne wissen, wie es um meine Kenntnisse der verschiedenen Religionen bestellt ist.

Mir ist durchaus bewusst, dass ich mir meine Religion nicht ausgesucht habe und dass ich mich als kleiner Junge definitiv nicht so in den katholischen Glauben verliebt habe, wie ich mich später in meine Frau verlieben sollte. Wenn man schon so einen Vergleich bemühen muss, dann stelle ich fest, dass es sich bei meinem katholischen Glauben um eine von meinen Eltern arrangierte Zwangsbeziehung handelte und dass ich – im Gegensatz zur Zwangsehe – keine Möglichkeit zur Rebellion hatte, weil ich am

Tag meiner Taufe noch nicht einmal meinen Namen sagen geschweige denn der Aufnahme in die katholische Kirche zustimmen konnte. Eine gewollte, wohlüberlegte und von mir unterstützte Entscheidung war das also nicht, und mit Verlieben hatte das auch nur sehr wenig zu tun.

Als ich meinen Eltern am Ende der Teenagerzeit eröffnete, dass ich am Sonntag nicht mehr in die Kirche gehen wolle, hat mein Vater nur mit Mühe auf das Wort »Enterbung« verzichtet. Man kann also durchaus von einer langfristigen Zwangsbeziehung sprechen.

Deshalb würde ich jetzt erst einmal gerne wissen, wie meine Lebenseinstellung mit den Religionen dieser Welt vereinbar ist und wie viel ich tatsächlich über die Glaubensgemeinschaften weiß.

Mein religiöser Beistand Timothy Iding empfiehlt mir einen Wissenstest, den verschiedene Theologen entworfen haben. Er enthält neunzig Fragen, die man bei »Wer wird Millionär?« wohl in die Kategorie zwischen tausend und sechzehntausend Euro einordnen würde – also knifflig, aber durchaus zu beantworten. Sagt zumindest Timothy.

Die Fragen lauten etwa:

Wie heißt das jüdische Gesetzeswerk, das Kommentare zum Pentateuch enthält?

Wie heißt die Gattin von Shiva?

Was bedeutet das Wort »Islam«?

Welches in den sogenannten acht Gliedern des Yoga bezeichnet die Körperhaltung?

Christentum zu Seele verhält sich wie Scientology zu …

Wie heißen die mystischen Schriften des Brahmanismus?

Wie viele Tage nach der Auferstehung Christi wird die Himmelfahrt gefeiert?

In welchem Land liegen Mekka und Medina?

Wie gesagt: Möglich, aber knifflig.

Ich versuche mich an den neunzig Fragen, wobei ich mir nicht selten wünsche, einen Telefonjoker zu haben oder zumindest das Internet, denn in manchen Fällen kenne ich die Antwort, aber sie will mir partout nicht einfallen. Und in nicht wenigen Fällen wird mir bewusst, wie ignorant ich doch bisher mit vielen Religionen und Glaubensgemeinschaften umgegangen bin, weil ich keine Ahnung habe.

Ich kann am Ende einundfünfzig der neunzig Fragen richtig beantworten, was einer Quote von 56,7 Prozent entspricht. Wenn ich mich recht an meine Schulzeit erinnere, wäre das ungefähr eine Vier. Ausreichend. Nicht gut.

Die beiden anderen Tests, die ich absolvieren möchte, sind weder wissenschaftlich noch als seriös anzusehen, dennoch nehmen nicht wenige Menschen sie ernst, wie ich in zahlreichen Internetforen erstaunt feststelle. Den ersten Fragebogen finde ich auf der Seite *beliefnet.com*. Es heißt: »Ein persönliches Quiz über deine religiösen und spirituellen Ansichten«. Bei der sogenannten Belief-O-Matic muss ich fünfundzwanzig Fragen im Multiple-Choice-Verfahren beantworten, danach kann ich angeben, ob ich der Frage eine hohe, eine mittlere oder eine geringe Bedeutung beimesse. Am Ende werden dann verschiedene Glaubensrichtungen angezeigt und dahinter der Prozentsatz, wie sehr ich mit dieser Religion übereinstimme.

Die Fragen sind relativ einfach gehalten, ich muss zum Beispiel angeben, wie ich die Entstehung des Universums beurteile, an welche Form von Gott ich glaube oder nicht glaube, und was ich vom Leben nach dem Tod erwarte. Ich muss auch angeben, was ich als Begründung für das Böse in der Welt sehe und welche Form der spirituellen Aktivität ich bevorzuge.

Das Programm generiert schließlich eine Liste mit siebenundzwanzig Religionen, Glaubensgemeinschaften und Konfessionen – und ich schaue sofort nach, was am Ende steht. Der Schock ist groß: Mit gerade mal 8 Prozent Übereinstimmung findet sich dort weit abgeschlagen mein römisch-katholischer Glaube, gleich darüber der russisch-orthodoxe und noch einen Platz höher die Zeugen Jehovas. Unter die Top Ten hat es keine christliche Konfession geschafft, erst auf Platz 14 firmiert »Christian Science«, eine Form der christlichen Wissenschaft. Das Judentum steht auf Platz 18, die Bahai-Religion auf Platz 19, der Islam auf Platz 20. Die abrahamitischen Religionen schaffen es also nicht einmal unter die ersten fünfzehn. Dafür liegt Scientology auf dem achten Rang, was mir doch ein wenig Sorgen macht.

Ganz vorne dabei sind Mahayana-Buddhismus, Hinduismus und Taoismus. An oberster Stelle steht jedoch: *Unitarian Universalism*. Diese Glaubensgemeinschaft rekrutiert ihre Mitglieder aus allen Religionen und Konfessionen. Sie fordert, dass jedes Mitglied individuell seine persönliche Meinung haben darf zu Gott, zum Leben nach dem Tod und zum Sinn des Lebens. Ich finde diese Organisation durchaus sympathisch, mir ist aber auch klar, warum sie in meiner Liste ganz oben steht. Denn natürlich schneidet eine Glaubensgemeinschaft bei solch einem Test prima ab, wenn quasi jeder bei ihr mitmachen darf und jede Ansicht erlaubt ist.

Man darf den Unitarian Universalism allerdings keinesfalls mit Alltheismus verwechseln. Genau genommen haben beide vollkommen verschiedene weltanschauliche Ansätze. Der Unitarian Universalism ist etwas Ähnliches wie der Schnellimbiss, über den ich mich während meiner Studienzeit stets köstlich amüsiert habe: ein Asiate, der auf dem Plakat vor seinem Laden damit warb, dass es bei ihm neben chinesischen Spezialitäten auch Döner, Currywurst, Pizza, Gyros und Hamburger gab – ganz nach dem Motto: Vollkommen egal, was du gerne isst, wir haben es im Sortiment. Alltheismus dagegen fordert, ein Gourmet bei all diesen Köstlichkeiten zu werden und keine Speise zu vernachlässigen.

Es wundert mich auch nicht, dass die östlichen Religionen bei mir derart weit oben stehen. Der Test ist so konzipiert, dass der Proband bei vielen Fragen klar Stellung beziehen muss – etwa bei der Frage: »Glauben Sie an die Trinität?« Oder: »Sind Sie sich sicher, dass es ein auserwähltes Volk gibt?« Es gibt keine Möglichkeit, mit »Ich weiß nicht« zu antworten. Stimmen die Antworten nicht mit jenen Religionen überein, die eindeutig Stellung beziehen, dann fehlen dort die Punkte – während fast alle anderen Glaubensgemeinschaften einen Punkt bekommen. Daraus folgt, dass der Teilnehmer, der sich zum Beispiel nicht bedingungslos zum Christentum bekennt und die entsprechenden Antworten ankreuzt, automatisch den anderen Religionen Punkte zuschanzt. Taoismus und Buddhismus etwa lassen viele Meinungen und Interpretationen zu, also können sie bei einem solchen Test viele Punkte auf sich vereinen.

Ich will noch einen zweiten Test absolvieren, und zwar einen, der sich nicht auf Religionen beschränkt, sondern andere Aspekte wie Atheismus, Agnostizismus und auch Satanismus beinhaltet. Natürlich möchte ich nicht zum Satanismus übertreten – schon allein, weil ich meiner Frau zu Beginn des Projekts versprechen musste, keiner Gemeinschaft beizutreten, die den Beelzebub anbetet oder bei der das rituelle Töten von Tieren und/oder Menschen eine Rolle spielen kann.

Bei dem Fragebogen auf der Internetseite *quizfarm.com* geht es darum, bestimmten Behauptungen wie »Moses war ein großer Prophet«, »Ein Mensch verdient den sozialen Status, den er hat« oder »Es gibt keine Religion, die alleine die ganze Wahrheit kennt« zuzustimmen und sie abzulehnen, wobei es noch verschiedene Formen der Abstufung gibt. Es sind fünfundvierzig Feststellungen, und ich erkenne beim Ausfüllen, dass mich Behauptungen wie »Man sollte religiösen Autoritäten nicht immer vertrauen«, »Selbstkontrolle ist eine wichtige Eigenschaft« oder »Durch Meditation kann ich Schmerzen lindern« doch gehörig ins Schwitzen komme.

Am Ende des Tests kommt heraus, dass Atheismus, Heidentum und das Judentum bei mir auf den untersten Plätzen rangieren, was mich doch erstaunt. Islam, das Christentum und Konfuzianismus halten sich wie beim anderen Test im Mittelfeld auf. Die Top Drei bilden Buddhismus, Agnostizismus und Satanismus.

Ich bin schockiert.

Mit Agnostizismus habe ich gerechnet, dieses Ergebnis würde ich sofort unterschreiben. Auf Buddhismus unter den ersten fünf hätte ich auch noch getippt, aber dass Satanismus auf dem Treppchen landet, dagegen hätte ich sämtliche Devotionalien gewettet, die ich im Internet gekauft habe.

Was soll ich denn nach diesem Ergebnis sagen, wenn mich jemand fragte, für welchen Glauben ich mich am liebsten entscheiden würde? »Nun ja, eigentlich bin ich ein agnostischer Buddhisten-Satanist!« Soll ich die Jesus-Actionfigur zurückschicken und doch lieber die satanistische Messe buchen?

Natürlich sind diese Tests keineswegs allzu ernst zu nehmen. Es ist jedoch erstaunlich, wie viele Menschen das tun. Ich erinnere mich an eine Diskussion mit Kollegen, die sich tatsächlich darum drehte, ob nicht zwei von ihnen zum Buddhismus konvertieren sollten, weil diese Religion bei einem der Tests so formidabel abgeschnitten hatte. Auf Facebook veröffentlichen die Mitglieder ihre Testergebnisse und schreiben meist etwas dazu wie »Aha!« oder »Soll ich konvertieren?« oder »Ich wusste es schon immer«.

Natürlich ist es möglich – und auch darauf bringt mich meine Frau –, diese Auswertungen andersherum zu betrachten: »Weil du christlich erzogen wurdest, weißt du auch viel mehr über diese Religionen, und es gibt wohl viele Dinge, die du kennst und ablehnst. Es kann sein, dass manche Religionen nur deshalb oben oder unten stehen, weil du dich nicht mit ihnen beschäftigt hast.«

Und natürlich gibt es noch einen zweiten wichtigen Einwand: Es geht bei meinem Projekt nicht zuvorderst darum, die Religion zu finden, die am besten zu mir passt – das wäre vielleicht ein schöner Nebeneffekt, aber gewiss nicht das primäre Ziel. Ich möchte mir vielmehr Kenntnisse und Eigenschaften aneignen, um bei möglichst vielen Religionen und Glaubensgemeinschaften anerkannt zu sein. Ich möchte mich nicht durch das Angebot des asiatischen Imbissladens fressen und dann meine Lieblingsspeise wählen, sondern zu einem Kenner aller möglichen Gerichte werden. »Wenn man die Tests betrachtet, hat es den Anschein, dass du beim Judentum, beim Konfuzianismus und beim Islam kräftigen Nachholbedarf hast«, meint meine Frau. »Da würde ich lieber mal anfangen, wenn du in den Himmel willst.«

Wenn jemand seine Testergebnisse daraufhin liest, welche Religion am ehesten zu seinem Weltbild passt, und dann konvertiert, ist das wie eine Mischung aus Unitarian Universalism und einem Versandkatalog. Der Mensch blättert durch das spirituelle Angebot und pickt sich das heraus, worauf er gerade Lust hat – und dann konvertiert er, weil sich diese Religion so sanft an seine Weltanschauung anschmiegt wie ein Kaschmirpulli.

Will man Alltheist werden, muss man die Tests jedoch genau umgekehrt interpretieren. Um es frei nach John F. Kennedy zu sagen: »Frage nicht, was deine Religion für dich tun kann – frage dich, was du für deine Religion tun kannst.« Daraus folgt der Grundsatz für jeden Alltheisten, wieder frei nach Kennedy: »Frage nicht, was die Erlösung für dich tun kann – frage dich, was du für die Erlösung tun kannst.«

Es geht also nicht darum, zu jener Religion zu konvertieren, mit der ich eine Übereinstimmung von 82 Prozent habe. Vielmehr ist es das Ziel meiner Wette und das Ziel eines Alltheisten, bei so vielen Religionen wie möglich mindestens 50 Prozent zu erreichen – wenn man diesen Prozentsatz als Maßstab für irdisches Glück und Erlösung im Jenseits ansehen möchte. Vielleicht geht es nicht darum, durch einen Internettest die zu einem selbst passende Religion zu finden. Vielleicht geht es vielmehr darum, die eigenen Defizite zu erkennen und daran zu arbeiten. Und dass ich Defizite habe, wurde mir durch die drei Tests deutlich bewusst.

Ich muss dann die Defizite noch spezifizieren und daran arbeiten. Warum stehen die abrahamitischen Religionen derart schlecht da? Welche Regeln muss ich befolgen, um mich zu verbessern? Was muss ich gelesen haben, um meinen Kenntnisstand zu erweitern? Und wie muss ich mein Leben und vielleicht auch mein Weltbild verändern?

Zum anderen muss ich eine Schnittmenge finden, die alle Religionen von ihren Gläubigen fordern. Mit dieser Schnittmenge muss ich arbeiten, ich muss die jeweils eindrucksvollste Variante herausarbeiten und dann mein Leben nach diesen Regeln ändern. Nahezu jede Religion etwa fordert vom Menschen Barmherzigkeit – also will ich barmherzig werden, und zwar in dem Maße, wie es von einer Religion besonders beeindruckend gefordert wird.

Deshalb bitte ich die Menschen in meinem näheren Umfeld, mir jene Dinge aufzuzählen, von denen sie glauben, dass sie zu meinen Schwächen gehören. Natürlich möchte ich nicht wissen, dass ich ein schlechter Pokerspieler bin, dass ich im Gesicht bald mehr Haare habe als auf dem Kopf und dass meine Figur einer Buddhastatue ähnlicher sieht als der Jesus-Actionfigur. Dass ich Agnostiker bin und mir deshalb der unbedingte Glaube an einen Gott oder eine höhere Macht derzeit noch ein wenig schwerfällt, ist mir ebenfalls bewusst. Nein, ich bitte sie ernsthaft, mir jene Dinge zu nennen, die mich tatsächlich daran hindern könnten, nach meinem Tod Erlösung zu finden.

Bei manchen der auf diesen Aufruf folgenden Gespräche bin ich tatsächlich versucht, die Freundschaft zu kündigen. Einmal stürme ich wutentbrannt aus einem Restaurant, und eine E-Mail beantworte ich mit: »*Schau erst mal auf dich!*« Aber natürlich muss ich anerkennen, dass mich meine Freunde und Verwandten nicht verletzen wollten. Sie haben lediglich getan, worum ich sie gebeten habe, und mir einen Spiegel vorgehalten. Ich muss allerdings sagen, dass es sich weniger um einen Spiegel handelt als vielmehr um ein Bild. Als ich die Antworten auswerte, komme ich mir ein wenig vor wie Dorian Gray, der nach vielen Jahren das Gemälde betrachtet, das ihn so zeigt, wie er wirklich ist. Es ist nicht unbedingt ein schöner Anblick. Aber ich habe ja nicht nach meinen positiven Eigenschaften gefragt, sondern nach den negativen – und ich kann nur jedem raten, so eine Umfrage auch einmal durchzuführen. Man erfährt mehr, als einem lieb ist.

Ich muss an dieser Stelle anmerken, dass mein Projekt, ein Alltheist zu werden, nun arg persönlich wird. Es sind die Antworten, die meine Freunde und Verwandten *mir* gegeben haben. Es ist durchaus möglich und sogar wahrscheinlich, dass jemand, der einen ähnlichen Versuch startet, von den Menschen aus seinem Umfeld ganz andere Antworten bekommt. Vielleicht sind es aber auch sehr ähnliche Defizite.

Wenn ich Alltheist werden möchte, muss ich an meinen Defiziten arbeiten – und zwar an jenen zehn, die am häufigsten genannt wurden. Und während ich daran arbeite, werde ich die Gebote der einzelnen Religionen näher kennenlernen. Und ich werde erkennen, welche Religion eine Antwort auf die Frage liefert, wie ich dieses Defizit beheben kann.

Hier sind meine zehn Fehler, die mich derzeit davon abhalten, ein rechtschaffenes Leben zu führen und nach dem Tod Erlösung zu finden:

1. Ich habe einen ausgeprägten Gerechtigkeitssinn – deshalb kann ich nicht gut verzeihen und mich nicht gut entschuldigen.
2. Ich bin neidisch auf Menschen, die es besser haben als ich.
3. Ich bin rechthaberisch und bezeichne Andersdenkende als dumm.
4. Ich bin stur und ignorant.
5. Ich bin zornig, rege mich über Kleinigkeiten auf und wirke manchmal aggressiv.
6. Ich bin ein Egoist.
7. Ich lasse keinen Menschen an mich ran, die Sorgen anderer kümmern mich wenig.
8. Ich beschäftige mich mit Ersatzreligionen und kann mich deshalb nicht auf wesentliche Dinge konzentrieren.
9. Ich bin oft zu feige, um für meine Werte einzustehen.
10. Ich verstecke meine wahren Ansichten hinter einer coolen Fassade.

An diesen Defiziten muss ich in den kommenden Jahren arbeiten – und dazu selbstverständlich meine Kenntnis der einzelnen Religionen verbessern. Denn sicherlich ist die Reihenfolge bei den Tests auch mit meiner Unwissenheit zu begründen. Schließlich konnte ich ja nur knapp 57 Prozent aller Fragen zu den verschiedenen Religionen richtig beantworten. Und vielleicht muss ich mein Leben wirklich ein wenig umkrempeln, um auch bei den Religionen, die derzeit noch weit unten stehen, einen Chip auf das Feld zu bekommen. Natürlich gibt es Glaubensgemeinschaften, bei denen ich nicht wirklich großes Interesse habe, dass sie in meiner persönlichen Liste steigen. Ich habe zwar nichts gegen Satanisten, will aber um Gottes willen keiner sein. Deshalb behalte ich auch lieber die Jesus-Actionfigur und bestelle keine schwarze Messe.

Ich muss also zuerst einmal mein Leben ändern, bevor ich den Versuch starten darf, zum Alltheismus zu konvertieren und nach den Regeln sämtlicher Religionen zu leben. Das geschieht nicht nur durch das blinde Befolgen von Geboten und Verboten, sondern auch durch ein Hinterfragen seiner selbst. Der Mensch muss sich erst einmal durch ein verantwortungsbewusstes Leben möglichst viele Chips erspielen, die er dann möglichst gleichmäßig verteilen kann.

Ich nehme mir vor, auch diese Fragebögen am Ende des Versuchs noch einmal auszufüllen und nachzuschauen, wie es aussieht, wenn ich verschiedene Dinge ausprobiert habe und mich ein wenig besser auskenne mit den Religionen dieser Welt.

Und wer weiß: Vielleicht verliebe ich mich bei meinen Versuchen ja auch in eine Religion, plötzlich, unerklärlich, unkritisch und ohne einen Gedanken an den Schmerz und die Zerrissenheit zu verschwenden, die damit verbunden sein würden. Wenn ich dabei ein besserer Mensch werde, dann wäre das ein Gewinn nicht nur für mich, sondern auch für die Leute, die mich kennen.

Kapitel 4

Das verlorene Paradies

»Bring dich um! An der Welt ist eigentlich gar nichts dran. Bring dich um!« Diese Sätze stammen aus dem Roman *Flug 2039* des amerikanischen Autors Chuck Palahniuk, der vor allem durch das geniale Buch *Fight Club* und den gleichnamigen Film mit Brad Pitt und Edward Norton bekannt ist.

In *Flug 2039* geht es um das letzte überlebende Mitglied einer Sekte. Alle anderen haben sich getötet – nun ist er an der Reihe, um den Willen der Sektengründer zu vollenden. Er muss sterben.

Die Geschichte orientiert sich lose an einem der schlimmsten Fälle von Massenselbstmord in der Geschichte der Menschheit – wenn es denn Selbsttötung war. Am 18. November 1978 starben neunhundertdreizehn Menschen in einer Urwaldkolonie in Jonestown im südamerikanischen Guyana.

Nahezu jede Religion hat Blut an den Händen, ob nun in der Geschichte oder in der Gegenwart. Es vergeht kaum ein Monat ohne einen Bericht über Unruhen, Pöbeleien, Anschläge und Morde im Namen von Religion. Es gibt sie überall auf der Welt, in Ägypten, in den Vereinigten Staaten, auf den Philippinen. Wer solche Berichte liest, der wird nicht umhinkönnen sich zu fragen, ob die Welt nicht tatsächlich ein besserer Ort wäre, wenn es so etwas wie Religionen niemals gegeben hätte. Und er wird sich fragen, ob es tatsächlich sinnvoll ist, den Versuch zu starten, ein Alltheist zu werden. Deshalb lohnt es sich für mich, kurz darüber nachzudenken, was im schlimmsten Fall passieren könnte.

Ich möchte nun nicht jede einzelne Untat aufzählen, die im Namen von Religionen und Glaubensgemeinschaften begangen wurde – von Kindesmisshandlung über Frauenverstümmelung bis hin zu Terroranschlägen. Zum einen würde hier dafür der Platz nicht reichen, zum anderen gibt es ja Richard Dawkins. Vor allem aber soll es bei meinem Projekt nicht um Anklage gehen, sondern um das Suchen und Finden von Werten und einem Sinn in diesem Leben.

Ich möchte jedoch an jenen 18. November 1978 in Jonestown erinnern, weil mich die fürchterliche Geschichte persönlich berührt hat und sie für mich stellvertretend dafür steht, wohin religiöser und spiritueller Fanatismus führen kann. Ich habe die Sekte »People's Temple« auch deshalb ausgewählt, weil es sie nicht mehr gibt und ich mich so nicht dem Vorwurf aussetze, ich hätte einer bestimmten Religion gegenüber Ressentiments und würde sie deshalb bewusst als Beispiel heranziehen. Jeder möge für sich beurteilen, ob er ähnliche Fälle – oder Fälle mit ähnlich verheerenden Konsequenzen – aus anderen Glaubensrichtungen oder Religionen kennt. Und vor allem möge jeder für sich beurteilen, ob es in seiner eigenen Glaubensgemeinschaft schon vergleichbare Vorfälle gab oder sich ähnliche Tendenzen abzeichnen.

Und ich kann nur hoffen, dass dieses Buch am Ende ein wenig dazu beiträgt, dass sich so etwas nie wiederholt und dass die Menschen, die von dieser Geschichte lesen, darüber nachdenken, ob es lohnt, derart fanatisch mit den Themen Glaube und Religion umzugehen. Damit meine ich sowohl jene, welche fanatische Anhänger einer Religion sind, als auch jene, welche fanatische Atheisten sind. Und ich meine auch jene, welche zuerst ihre Hände in Unschuld waschen und dann empört mit dem frisch gewaschenen Finger auf die fanatischen Mitglieder ihrer Religion zeigen und sich distanziert geben, anstatt aktiv zu werden und zu versuchen, zuerst einmal in ihrer eigenen Glaubensgemeinschaft für Frieden zu sorgen.

Es waren schreckliche Bilder, die da um die Welt gingen. Eine Mutter hielt ihr totes Baby im Arm, dann trat Schaum aus ihrem Mund, sie kippte einfach um. Ihr Ehemann wollte sie auffangen, aber auch er fiel tot zu Boden. Ein Kamerateam filmte und fotografierte die Szene. Die Menschen starben qualvoll an mit Zyankali vergifteter Limonade.

In der Mitte stand Jim Jones, der Gründer der Sekte People's Temple. Er redete auf seine Anhänger ein: »Wenn man uns nicht in Frieden leben lässt, so wollen wir jedenfalls in Frieden sterben. Der Tod ist nur der Übergang auf eine andere Ebene.« Seine Sätze wurden langsamer, am Ende stammelte er nur noch. Dann war ein Schuss zu hören, Jones fiel zu Boden. Er war tot.

Was zunächst nach Massenselbstmord aussah, könnte aber auch Mord gewesen sein. Überlebende berichteten, dass um die Kolonie herum bewaffnete Wachen patrouilliert hatten, bei vielen toten Sektenmitgliedern wurden Schusswunden entdeckt. Die zweihundertfünfzig getöteten Babys und Kinder tranken das Gift nicht freiwillig, es wurde ihnen in den Mund gespritzt oder gewaltsam verabreicht. »Sie haben unsere Leute einfach umgebracht«, sagte das frühere Sektenmitglied Tim Carter in dem Dokumentarfilm *Jonestown*.

Einigen Sektenmitgliedern war zuvor die Flucht gelungen. Deborah Layton etwa, die heute für einen Finanzmakler in San Francisco arbeitet und ihre Erlebnisse in dem Buch *Selbstmord im Paradies* verarbeitet hat. »Wäre ich dort gewesen, hätte ich die vergiftete Limonade auch getrunken«, sagt sie. Jahrelang sei sie nicht glücklich gewesen, überlebt zu haben. Im Gegenteil: Sie fühle sich als Verräterin und Fahnenflüchtige, sie werde von Schuldgefühlen geplagt. Dieses Schicksal teile sie mit den Aussteigern aus anderen Religionen und Sekten. Das Zugehörigkeitsgefühl sei stärker gewesen als der Drang zu überleben.

Warum folgten derart viele Menschen der wirren Religion eines seit Jahren unter dem Einfluss von Drogen stehenden Mannes?

Jones war eine charismatische Persönlichkeit, mit den gescheitelten schwarzen Haaren, der Pilotenbrille und der tiefen Stimme wirkte er wie das religiöse Zerrbild von Elvis Presley. Schon die Kinder in der Kleinstadt Crete im US-Bundesstaat Indiana, wo Jones aufwuchs, waren abgestoßen und zugleich fasziniert von dem Jungen, der überhaupt nicht so war wie sie.

Er stammte aus ärmsten Verhältnissen, seine Mutter bezeichnete ihn schon im Kindesalter als »Messias« und behauptete, er würde »alles Unrecht in der Welt zurechtrücken«. Sein Jugendfreund Chuck Wilmore sagte über ihn: »Er war fasziniert von Religion und Tod. Einmal hat er eine Katze erstochen und dann ein Begräbnis für sie abgehalten.« Er soll sich immer wieder gefragt haben, wie Jesus wohl behandelt würde, wenn er heutzutage leben würde – um dann den Schluss zu ziehen, dass er selbst dieser neuzeitliche Jesus sein müsse.

Im Alter von neunzehn Jahren trat er seine erste Stelle als Prediger an. Im Jahr 1956 – Jones war gerade mal fünfundzwanzig – gründete er eine eigene Kirche: People's Temple. Das Weltbild zimmerte er sich aus unterschiedlichen Religionen und Halblehren zusammen, es flossen Ansichten von Karl Marx, Mahatma Gandhi, Martin Luther King, Fidel Castro und auch Adolf Hitler ein. Jones sprach in seinen oft stundenlangen Predigten vor allem Benachteiligte, Bedürftige und Desorientierte an. Er sprach aus, was viele dachten. »Jeder in der Gemeinde hatte das Gefühl, aufgrund einer Bestimmung bei ihm zu sein und außergewöhnlich für ihn zu sein«, sagt Layton.

Es war aber nicht nur diese Fähigkeit, die bewirkte, dass die Menschen Jones folgten. Er versprach, seine Anhänger in eine bessere Welt zu geleiten, und verführte damit vor allem die, denen die kapitalistische Welt keinen Ausweg bot. »Ich stelle das göttliche Prinzip dar«, predigte er, »die absolute Gleichheit, eine Gesellschaft, in der alle Menschen ihren Besitz teilen, in der es kein Arm und Reich und keine Rassen gibt. Überall, wo Menschen nach Gerechtigkeit und Rechtschaffenheit streben, dort bin ich.«

In den siebziger Jahren wurde die Sekte – inzwischen angewachsen auf mehr als neunhundert Mitglieder – in den Vereinigten Staaten immer stärker angefeindet. Verwandte der Mitglieder warfen Jones vor, dass er Gläubige beider Geschlechter vergewaltige, obwohl er Enthaltsamkeit predigte. Seine Reden drehten sich immer mehr um Sexualität und immer weniger um Erlösung und Seelenheil. Im Jahr 1973 soll er in einem Park versucht haben, einen Undercover-Agenten der kalifornischen Polizei zu homosexuellen Handlungen zu verleiten.

1977 zog er sich mit seiner Gemeinde in den Nordwesten Guyanas zurück. Er hatte bereits drei Jahre zuvor ein sechzehn Quadratkilometer großes Anwesen von der guyanischen Regierung gepachtet, nannte die Siedlung Jonestown und erklärte sie zum Gelobten Land, in dem es keine Rassendiskriminierung gebe – ein Paradies, in dem eine neue, sozialistische Gesellschaft entstehen könne.

Das Paradies auf Erden glich jedoch eher einem Arbeitslager oder einer Strafgefangenenkolonie. Nahrungsmittel waren von Beginn an nicht ausreichend vorhanden, es gab Fieberepidemien und Darmerkrankungen. Die mit Maschinengewehren bewaffneten Wärter sorgten für eiserne Disziplin, aufsässige Mitglieder wurden in Käfige gesperrt, mit Elektroschocks traktiert und bis zur Bewusstlosigkeit verprügelt. Potenzielle Deserteure wurden mit Drogen ruhig gestellt.

Am 17. November 1978 dann kam der US-Kongressabgeordnete Leo J. Ryan zusammen mit mehreren Journalisten nach Jonestown, um sich über die Zustände im Dorf zu informieren. Jones hatte zunächst versucht, den Besuch zu verhindern. Als das misslang, arrangierte er ein großes Fest, und zunächst schien alles ganz harmonisch zu verlaufen. »Hier sind Leute, die finden, dass die Kolonie das Beste sei, was ihnen in ihrem Leben je passiert ist«, sagte Ryan am Abend nach ersten Gesprächen. Die Sektenmitglieder klatschten frenetisch Beifall.

Am nächsten Morgen aber, kurz vor Ryans Abreise, schlug die Stimmung um. Zuerst baten einige wenige, dann immer mehr Bewohner von Jonestown darum, mit dem Politiker die Kolonie verlassen zu dürfen. Für Jones war dies offenbar ein unverzeihlicher Verrat. »Ihr könnt nicht gehen, ihr seid mein Volk!«, rief er den Abwanderungswilligen zu. Vertraute von Jones eröffneten das Feuer auf Ryan und seine Begleiter, als die gerade ihr Flugzeug besteigen wollten. Der Politiker, den zuvor schon ein Sektenmitglied mit einem Messer angefallen hatte, und fünf weitere Menschen wurden zum Teil mit Schüssen aus nächster Nähe getötet.

Die Ermordung Ryans stellte den Höhepunkt von Jones' Paranoia dar. Er befürchtete nun eine Invasion von US-Truppen. »Sie werden unsere Alten und Kinder foltern«, brüllte er den Mitgliedern zu und forderte sie auf, sich selbst zu töten. Eine Frau, die nicht sterben wollte, erinnerte Jones an sein früheres Versprechen, statt der Selbsttötung in die Sowjetunion überzusiedeln. Auf Tonbändern ist Jones' Antwort festgehalten: »Ja, ich rufe gleich dort an.« Freilich fand dieser Anruf niemals statt.

Statt einer Rettung trieb er 913 der 1110 Mitglieder in den Tod. »Beeilt euch, meine Kinder, beeilt euch«, soll er immer wieder mit bebender Stimmer gerufen haben, während die Becher mit der vergifteten Limonade verteilt wurden. Zuerst wurden Babys und Kinder getötet, dann die Erwachsenen. Am Ende starb Jones durch einen Kopfschuss. Das Paradies, das es nie gab, war endgültig verloren.

Doch um genau dieses Paradies, in welcher Form auch immer, geht es im Leben vieler Gläubiger. Und für einen Anhänger des Alltheismus ganz besonders, weil er ja darauf vertrauen muss, dass jede Variante des Paradieses eine wunderbare Vorstellung ist. Und er baut darauf, dass es möglich sein muss, den verschiedenen Formen des Paradieses auch auf Erden so nahe wie möglich zu kommen – oder zumindest darauf, dass das Leben keine Hölle auf Erden ist.

Vielleicht findet der spirituelle Kampf des 21. Jahrhunderts nicht zwischen den einzelnen Religionen statt und auch nicht zwischen Religion und Wissenschaft. Vielleicht ist es ein Kampf jener, welche an die Vorstellung eines Paradieses glauben und an einen friedvollen und respektvollen Umgang miteinander – und all jenen, die aufgrund ihres Glaubens an ein Paradies, das es womöglich gar nicht gibt, anderen Menschen das Leben zur Hölle machen.

Kapitel 5

Im Einklang mit dem Nichts

Ich habe 513 Freunde bei Facebook. In den vergangenen zwölf Monaten habe ich auf meiner Arbeits-E-Mail-Adresse 22 374 Nachrichten empfangen. Ich habe 4375 davon gelesen, der Rest war Spam oder Werbung. Ich habe 1823 Kurznachrichten mit meinem Handy verschickt. Mittlerweile kann ich sogar im Internet surfen, wenn ich in der U-Bahn sitze. Ich habe in den vergangenen drei Jahren meines Lebens mehr Zeit damit verbracht, auf einen Bildschirm zu starren, als mir die wirkliche Welt anzusehen. Was für eine Schande!

Ich habe in den vergangenen zwölf Monaten inklusive Konferenzen 974 berufliche Termine wahrgenommen. Ich bin exakt 14 447 Kilometer gereist, um meinen Job zu erledigen. Allein im letzten Monat habe ich in der Arbeit 137 Telefonate geführt und außerhalb der Arbeitszeiten 47, die mit meiner Tätigkeit als Journalist oder Autor zu tun hatten. Es gab im vergangenen Jahr 365 Tage, an denen ich in meiner Freizeit über die Arbeit gesprochen oder daran gedacht habe. Ich habe in den vergangenen drei Jahren meines Lebens mehr Zeit mit meiner Bürokollegin verbracht als mit meiner Frau – und ich habe öfter mit meinem Vorgesetzten gesprochen als mit meinem Sohn. Was für eine Schande!

Mit diesen Zahlen stehe ich nicht alleine da, glaube ich. Manchmal habe ich den Eindruck, dass jemand bei meinem Leben den Schnellvorlauf eingestellt hat, nur dass der Speicherplatz in meinem Gehirn derart überfüllt ist, dass darauf nicht einmal gespeichert ist, was ich gestern gemacht habe. Ich weiß hin und wieder während eines Gesprächs nicht mehr, worüber fünf Minuten zuvor gesprochen wurde. Ich werde so von Informationen überflutet, dass ich manchmal den Eindruck gewinne, ich würde darin ertrinken. Hier zwei brandneue Meldungen, dort drei Termine mit Kollegen, dazwischen schnell eine Raucherpause, in der ich mit Gerüchten bombardiert werde.

Ich hetze von Termin zu Termin, immer in der Angst, ein wichtiges Meeting zu verpassen oder bei einem lustigen Fest zu fehlen. Ich schreibe ein Buch, weil ich gerne berühmt sein und viel Geld auf dem Konto haben möchte – und damit ich es dann endlich ein wenig ruhiger angehen lassen kann. Die Avantgardekrankheit des neuen Jahrtausends ist das Burnout-Syndrom. Ich fürchte manchmal, dass es nicht mehr lange dauern wird, bis sie auch bei mir ausbrechen wird, angesteckt habe ich mich jedenfalls schon. Und ich habe den Eindruck, dass ein Großteil meiner Mitmenschen ebenfalls infiziert ist. Die Flamme in mir sieht aus, als würde ein Drache regelmäßig Feuer spucken, und ich habe Angst, dass ihm irgendwann die Puste ausgeht.

Aus diesem Grund gibt es wohl so viele Angebote wie nie zuvor, der Hektik und dem Stress in unserem Leben zu entfliehen, und auch aus diesem Grund erleben einige Religionen und Glaubensgemeinschaften einen derartigen Zulauf – vor allem jene, die marketingstrategisch clever den Fokus vom Jenseits auf das Diesseits gelegt haben. Je leerer die Kirchen werden, desto besser besucht sind Seminare, durch die der Mensch mehr Ruhe finden soll. Es geht vielen Menschen weniger um die Suche nach Gott, dem Urprinzip des Universums oder dem Nirwana, sondern schlicht und ergreifend um die Suche nach sich selbst oder auch nur nach dem Nichts.

Es ist Eskapismus vor einer Welt, die sich schneller dreht als das rasanteste Karussell. Sie wirft nicht wenige Menschen einfach ab, bringt sie zum Kotzen oder lässt sie zumindest nach einer Weile schwindlig aussteigen, um sie danach nie wieder aufzunehmen. Sie ist unüberschaubar geworden, diese Welt, hart und unbarmherzig.

Ich kenne Menschen, die nicht in die Kirche gehen, um zu Gott zu beten, sondern einfach nur, um eine Stunde lang über sich selbst und die vergangene Woche nachzudenken. Manche Menschen meditieren nicht in der Hoffnung, Erleuchtung zu erlangen, sondern um eine halbe Stunde Stille zu genießen. Ich habe Freunde, die sich in einen Floatingtank legen müssen, um überhaupt noch die Tiefschlafphase erreichen zu können.

Manche entwerfen ein buntes Anti-Stress-Potpourri wie der amerikanische Mediziner Jon Kabat-Zinn, der eine Methode entwickelt hat zur sogenannten »Mindfulness Based Stress Reduction«, zur Stressbewältigung durch Achtsamkeit. In einem achtwöchigen Kurs erlernen die Teilnehmer verschiedene Techniken der Meditation, der Körperwahrnehmung und des Yoga. Sie tun es nicht, um Erlösung im Jenseits zu erfahren, sondern um das Diesseits angenehmer zu gestalten und nicht vom Karussell geschleudert zu werden.

Der Mensch scheint so etwas zu brauchen – oder zumindest haben zu wollen. Harald Wallach, Leiter des Instituts für Transkulturelle Gesundheitswissenschaften an der Europa-Universität Viadrina in Frankfurt/Oder, berichtete auf dem Kongress »Meditation und Wissenschaft« im Jahr 2010 von einer Frau, die mit drei Handys gleichzeitig telefonierte. Aus dieser Begebenheit schloss er, dass unsere Kultur im Begriff sei zu verfallen, und forderte: »Wenn wir nicht alle jeden Tag eine halbe Stunde lang meditieren, sehe ich keine Zukunft für unsere Gesellschaft.« Meditieren müsse so selbstverständlich werden wie Zähneputzen.

Für meine Eltern ist der sonntägliche Besuch des Gottesdienstes so selbstverständlich wie Zähneputzen. Sie ziehen daraus die Kraft, um mit den Sorgen des Alltags besser zurechtzukommen, und ich finde das bewunderns- und beneidenswert. Als Teenager war für mich die Teilnahme an einem Gottesdienst reine Pflichterfüllung, die immer lästiger wurde, je älter ich wurde, vor allem deshalb, weil ich mich über die meisten Predigten derart aufregte, dass ich nach dem Gottesdienst noch angespannter und wütender war als zuvor. Wie konnte ein Priester bei einer Hochzeit anmerken, dass ja heutzutage ohnehin jede zweite Ehe geschieden wird? Wie konnte er sich an Weihnachten beklagen, dass die Christmette schlecht besucht sei – und zwar bei ebenjenen, welche an dem Abend extra gekommen waren?

Generell hatte ich den Eindruck, dass das Abhalten des Gottesdienstes für die meisten Priester keine verantwortungsvolle Aufgabe, sondern lästige Pflicht war. Sie lasen das Evangelium vor, wie ein Finanzbeamter einem das Steuergesetz vorlesen würde, und die Wandlung wurde meist heruntergebetet und nicht verkündet. Dazu drehte sich gefühlt jeder dritte Satz darum, wie viel Schuld wir Menschen auf uns geladen hatten, dass wir uns vor Gott fürchten und dass wir umkehren müssten. Noch nie habe ich von einem katholischen Pfarrer den Satz gehört: »Wir sind nicht perfekt, aber auf dem richtigen Weg. Schön, dass Sie heute in der Kirche sind – lassen Sie uns gemeinsam daran arbeiten, diesen Weg weiterzugehen.«

Im Lauf der Zeit ging ich immer seltener zur Kirche, und während des Studiums entwickelte ich mich zum Vier-Tage-Katholiken: Ich besuchte die Christmette, die Osternacht, eine Hochzeit und eine Beerdigung oder Taufe.

Nun ist es aber so, dass, wer in den Himmel möchte oder als glückliche Kuh wiedergeboren werden will wie ich, spirituell aktiv werden muss. Also mache ich mich auf die Suche nach Betätigungsfeldern.

Auf dem spirituellen Marktplatz werden zahlreiche Möglichkeiten der Aktivität angeboten, durch die dem Menschen einerseits im Diesseits geholfen wird, er andererseits die Möglichkeit erhält, etwas für seine Erlösung im Diesseits zu tun. Ich möchte diese spirituellen Aktivitäten am eigenen Leib erfahren, möchte von all diesen Angeboten wenigstens einmal gekostet haben.

Zum Glück gibt es heutzutage die Möglichkeit, dass ich viele verschiedene Aktivitäten ausprobiere und danach eine Wahl treffe, bei welcher ich mich ganz persönlich am wohlsten fühle.

Also nehme ich mir als erste Aufgabe meines Projekts vor, bei den verschiedenen Religionen und Glaubensgemeinschaften nach Formen spiritueller Aktivität zu suchen. Dann werde ich versuchen, jene, von denen ich den Eindruck habe, dass sie zu mir passen und mir sowohl im Diesseits helfen als auch meine Chancen auf Erlösung im Jenseits erhöhen könnten, weiter auszuführen.

Da ich katholisch bin, liegt es nahe, dass ich es zuerst mit einem Kirchenbesuch versuche. In meiner Heimatpfarrei gibt es seit fünfundzwanzig Jahren das sogenannte ewige Gebet. Der Erzbischof und Kurfürst von Trier, Johann Philipp von Walderdorff, hatte es im 18. Jahrhundert in Deutschland eingeführt. In einer Seitenkapelle der Pfarrkirche ist das Altarsakrament in einer Monstranz ausgestellt, Jesus Christus soll also ständig präsent sein. Seit es das ewige Gebet in meiner Gemeinde gibt, war zu jeder Tages- und Nachzeit jemand anwesend. Ein einzelner Gläubiger bleibt meist eine Stunde lang. Meine Mutter ist Mitglied der ersten Stunde, ihre Zeit ist von ein bis zwei Uhr in der Nacht von Freitag auf Samstag.

Ich betrete die Seitenkapelle an einem Nachmittag unter der Woche und setze mich hin. Vor mir kniet eine Frau, weiter rechts sitzt ein Mann und liest, es herrscht vollkommene Ruhe. Ich sehe mich ein wenig um und entdeckte die zahlreichen vergoldeten Ornamente und prunkvollen Gegenstände. Was für eine Verschwendung, denke ich. Braucht es denn wirklich derart teure Sachen in einem Gotteshaus?

Dann sehe ich die zahlreichen Kerzen, die die Menschen entzündet haben, um für etwas zu beten, oder die sie aufgestellt haben, weil etwas eingetroffen ist, für das sie gebetet haben. Eine Kerze ist zwei Meter hoch, und ich frage mich, wofür der Mensch, der sie gestiftet hat, wohl gebetet haben mag.

Dann konzentriere ich mich wieder auf das, warum ich in dieser Kapelle bin: Ich möchte versuchen, mit Gott zu sprechen. Ich möchte keine auswendig gelernten Gebete aufsagen, sondern Gott meine Geschichte präsentieren, als wäre er einer von uns, wie es Joan Osbourne in ihrem Song *One of Us* beschreibt.

Ich schließe einfach die Augen und fange an. Ich erzähle von meinem Beruf, ich berichte von meinen Sorgen und Nöten, ich beichte einige meiner Sünden. Ich zeige ihm ein Foto meiner Frau und spreche über die turbulenten Jahre unserer Beziehung. Vor allem trage ich die Fehler vor, die ich während dieser Zeit gemacht habe und immer noch mache. Dass ich ihr zu wenig Aufmerksamkeit schenke und dass sie den Eindruck haben könnte, dass alles andere wichtiger sei als sie. Dabei ist es doch genau umgekehrt. Ich komme auf die Menschen zu sprechen, die ich nicht leiden kann, und erkläre ihm, warum ich sie nicht leiden kann. Ich bemerke, wie ungerecht ich viele meiner Mitmenschen behandle und wie oberflächlich meine Abneigung meist ist.

Dann komme ich auf meine persönliche Beziehung zu Gott zu sprechen. Ich beschwere mich, warum er sich nicht deutlicher offenbart. Es wäre doch einfacher, wenn er sich zeigen würde! Dann wären all die Diskussionen um seine Existenz überflüssig, und jeder Mensch hätte die Gelegenheit, sich ihm zu unterwerfen. Er soll sich nicht in den Wundern dieser Welt zeigen, sondern persönlich. Wenn ich Gott wäre, dann würde ich mindestens einmal pro Tag vom Himmel herabsteigen und den Menschen deutlich machen, dass es mich gibt. Aber ich sehe ein, dass genau das der Grund sein könnte, warum Gott Gott ist und nicht ich. Trotzdem bin ich ein wenig ungehalten und beschwere mich darüber, wie er es zulassen konnte, dass sich die Gläubigen in der Welt in derart viele Splittergruppen aufteilten. Und wo wir schon dabei sind: Gegen das Böse in der Welt und all die Ungerechtigkeiten könnte er auch mal etwas unternehmen. Und er solle dafür sorgen, dass seine Priester nicht immer so täten, als müssten die Menschen Angst vor ihm haben.

Aus meinen Erzählungen wird eine Schimpftirade mit allem, was mir so nicht passt an diesem Gott. Es kommt mir vor, als wäre ich Jim Carey in *Bruce Allmächtig*.

Als ich nach einer Weile die Augen wieder öffne, sehe ich, dass die Frau und der Mann gegangen sind. Zwei junge Frauen sitzen jetzt in der Bank rechts von mir. Ich schaue auf die Uhr und stelle erstaunt fest, dass mehr als eine Stunde vergangen ist, seit ich die Kirche betreten habe.

Ich schließe erneut die Augen und denke an den Spruch meines Mentors, der zum Thema Gottesbeweis gesagt hat: »Stell dir vor, du stehst vor einem Ameisenhaufen und müsstest den Kreaturen erklären, wer du bist – und dass du die Macht hättest, sie alle auf einen Schlag zu töten.« Ich habe darauf immer geantwortet, dass ich zwar durchaus die Möglichkeit hätte, den Ameisenhaufen in Brand zu stecken, dass mir aber nicht die Allmacht gegeben sei, jede einzelne Ameise nach ihrem Tod in den Himmel zu schicken, weshalb ich diesen Vergleich ziemlich doof fände. Auf der anderen Seite finde ich gerade das Faszinierende an Religion, dass es Dinge gibt, die unerklärlich bleiben und so beeindruckend sind, dass der menschliche Verstand sie nicht begreifen kann. Ich stelle mir vor, was ich machen würde, wenn Gott tatsächlich einer von uns wäre und in genau diesem Moment da vorne am Altar stehen würde.

Und schon knie ich.

Ich entschuldige mich bei Gott für meinen kleinen Wutanfall und erkläre ihm lieber, was mich in meinem Leben derzeit beschäftigt und wofür ich gerne seine Hilfe hätte. Ich bitte ihn, mir einige schlechte Taten zu vergeben, die ich in meinem Leben begangen habe, und gelobe, von nun an ein besseres Leben zu führen. Danach bitte ich ihn, sich nicht so sehr um mich zu kümmern, weil es mir doch ziemlich gut gehe und ich seine Hilfe nun wirklich selten benötige. Er solle lieber den Menschen helfen, die es dringender brauchen als ich – und wenn er dann noch ein bisschen Zeit habe, dann könne er sich ja auch mal um mich kümmern.

Als ich das nächste Mal auf die Uhr sehe, sind weitere fünfundvierzig Minuten vergangen. Ich sitze seit fast zwei Stunden auf der Bank und habe mich noch kein einziges Mal gelangweilt. Und früher habe ich mich beschwert, wenn der Gottesdienst länger als fünfundfünfzig Minuten gedauert hat.

Es tut mir gut, Dinge einfach anzusprechen. Deshalb beschließe ich, noch ein wenig zu bleiben. In ein paar Minuten beginnt ein Gottesdienst, der im Hauptteil der Kirche abgehalten wird. Deshalb stehe ich auf und setze mich in eine der hinteren Bänke. Im Evangelium geht es um einen Menschen, der vom rechten Weg abgekommen ist und der schließlich einen Weg findet, zu seinem Glauben zurückzukehren. Die Eucharistiefeier erlebe ich als wahrhaft mystischen Moment, und auch die Fürbitten entsprechen dem, was ich mir in den Stunden zuvor von Gott gewünscht habe. Nur der Predigt kann ich, wie schon früher, nicht viel abgewinnen.

Am Ende bin ich drei Stunden in der Kirche gewesen und muss sagen, dass mir der Besuch wirklich geholfen hat. Ich habe nachgedacht, ich bin zur Ruhe gekommen, ich durfte mir Dinge von der Seele reden – und ich habe das Gefühl, einen Schritt weitergekommen zu sein. Deshalb beschließe ich, das Gebet – so man meinen inneren Monolog »Gebet« nennen darf – in mein tägliches Leben aufzunehmen.

Von nun an setze ich mich morgens hin und denke ein paar Minuten über Gott, die Welt und mich selbst nach. Nach der Mittagspause in der Arbeit ziehe ich mich kurz auf die Toilette zurück und versuche, ein persönliches Gespräch mit Gott zu führen. Auf dem Weg vom Büro nach Hause reflektiere ich den Tag und analysiere, was mir besonders gut gelungen ist und was ich besser machen könnte. Am Abend denke ich noch einmal über mein Verhältnis zum Glauben nach, und kurz vor dem Einschlafen bete ich, dass es meiner Familie und mir gut gehen möge.

Ich kann nicht behaupten, dass ich durch diesen Ritus ein besserer Mensch würde. Er schadet mir aber auch nicht, und häufig gewinne ich Erkenntnisse, was ich am nächsten Tag oder in den nächsten Stunden besser machen könnte – und in manchen Fälle gelingt es mir sogar, ein wenig Abstand vom Stress im Büro zu gewinnen und nach der kurzen Auszeit wieder konzentriert zu arbeiten.

Nach dieser schönen Erfahrung will ich etwas komplett anderes versuchen. Meine Frau behauptet zwar, dass dies ein sinnloses Unterfangen sei, weil die Begriffe »Hyperaktivität« und »Rastlosigkeit« für mich erfunden wurden. Dennoch vereinbart sie für mich einen Termin zum Floaten in der Münchner Innenstadt.

Ich dachte bisher, Floaten sei eine neumodische Einrichtung für gestresste Manager und gelangweilte Hausfrauen, doch wie schon so oft bei meinem Projekt muss ich feststellen, dass ich damit komplett falschlag.

Der amerikanische Hirnforscher John Cunningham Lilly beschäftigte sich bereits in den fünfziger Jahren des vergangenen Jahrhunderts damit, wie sich äußere Reize auf den Menschen auswirken, und führte zahlreiche Experimente durch: Lichteinwirkungen auf das Auge, Klangeinwirkungen auf das Ohr, Temperaturveränderungen auf die Haut. Er wollte einen Ort erschaffen, an dem so wenige äußere Reize wie möglich auf den Menschen einwirkten. Zunächst konstruierte er eine dunkle und schallisolierte Kammer, später einen Tank, der mit Wasser gefüllt war und in dem die Probanden mit einer Atemmaske und einer speziellen Vorrichtung gegen das Absinken anschwimmen konnten. Bei einem seiner Selbstversuche stellte Lilly fest, dass ein horizontales Schweben in einer Salzlösung nicht nur sämtliche Muskeln entspannte, sondern dass auch die äußeren Reize auf ein Minimum reduziert wurden.

Im Jahr 1954 baute er den ersten Isolationstank und bewies danach in zahlreichen Experimenten, dass Gehirnfunktionen durch Reizentzug angeregt werden und sich nicht selten Momente gesteigerter Kreativität einstellen. Musiker und Schauspieler wie John Lennon, Jack Nicholson und Hunter S. Thompson etwa waren oder sind begeisterte Floater.

Lilly arbeitete für das National Institute of Mental Health (NIMH). Sein Arbeitgeber war die US-Regierung, die sich während des Koreakriegs weniger für die gesundheitlichen Aspekte des Floatingtanks interessierte, sondern eher dafür, wie sie Lillys Erfindung für ihre Zwecke, wie etwa dem Verhör von Kriegsgefangenen, einsetzen könnte. Aus diesem Grund zog sich Lilly vom NIMH zurück und widmete sich der Erforschung von Delfinen und Walen. Seine Erfindung indes machte er auch in der zivilen Welt bekannt.

Zunächst wurde der Tank von den Anhängern der Esoterik genutzt, die ihm den Namen »Samadhi-Tank« gaben, in Anlehnung an den Begriff *Samadhi* im Sanskrit. Samadhi beschreibt einen Zustand, der über Wachsein oder Träumen hinausgeht – es ist ein völliges Aufgehen in der Meditation. Samadhi gilt als höchste Stufe des Yogaweges.

Da ich an Platzangst leide, versuche ich es zuerst einmal im Floatingbecken und nicht im Tank. »Keine Musik, kein Licht, ich möchte gerne vollkommen abgeschieden sein«, lautet meine Bitte. Ich steige in das Becken, lege mich auf den Rücken – und schwebe tatsächlich. Es ist ein lustiges Gefühl, bis ich mit dem Kopf an den Beckenrand stoße, weil ich wohl ein wenig zu schwungvoll war. Ich frage mich, ob irgendwo eine Kamera installiert ist und sich die Mitarbeiter nun kaputtlachen, weil wieder einmal ein Kunde gegen den Rand geknallt ist.

Diese Ruhe und vollkommene Entspannung ist etwas Ungewohntes, ein Zustand, den ich zuletzt, nun ja, wahrscheinlich im Bauch meiner Mutter erleben durfte, wenn überhaupt. Da ich relativ schnell das Zeitgefühl verliere, kann ich nicht genau sagen, wann der Moment einsetzt, in dem ich einfach nur umherschwebe und mein Gehirn in den Stand-by-Modus wechselt. Es findet keine Bewusstseinserweiterung statt, und ich habe auch nicht den kreativen Flash, der mir nun die Initialzündung für den Roman liefert, mit dem ich den Pulitzer-Preis gewinnen werde. Aber ich fühle mich, als wäre ich in einen undurchdringlichen Kokon eingeschlossen, in dem ich mich sicher fühlen darf. Und ich habe den Eindruck, dass ich es für einen winzigen Silvesterkracher halten würde, wenn nun zwei Meter von mir entfernt eine Granate einschlagen würde.

Es ist keine erleuchtende Zeit, ich fühle mich dem Universum nicht mehr und nicht weniger verbunden als vorher. Es handelt sich vielmehr um eine Form von Eskapismus. Die unübersichtliche, harte und schnelle Welt ist jetzt weit von mir entfernt, obwohl ich nur in einem Becken mit 34,8 Grad warmem Wasser liege. Irgendwann bewege ich mich wieder, ich schwebe noch ein bisschen umher und denke nach – und gerade in dem Moment, als mir ein wenig langweilig zu werden beginnt, geht das Licht an. Die Zeit ist um.

Ich steige aus dem Becken, meine Knie sind ein wenig wacklig, mir ist schwummrig. Das Becken war ein Ort der Langsamkeit, der Ruhe und der Sorglosigkeit, wie man ihn sonst nur selten findet. Danach kehrt man zurück in dieselbe Welt, die man vorher verlassen hat. Die Probleme sind nach wie vor die gleichen, durch meine Zeit im Wasser wurde nichts gelöst und nichts aufgeklärt. Er war nur eine Gelegenheit, sich all dem für eine Stunde zu entziehen, was allein schon ein grandioses Gefühl war. Jetzt kann ich verstehen, wenn manche Menschen berichten, sie könnten nur in einem Floatingtank tief und fest schlafen.

Die transzendente Erfahrung, die ich mir insgeheim erhofft hatte, und die erleuchtende Eingebung, von der ich heimlich geträumt hatte, sind ausgeblieben. Aber ich habe immerhin einen Ort gefunden, an den ich mich zurückziehen kann, wenn mir die Welt mal wieder zu schnell wird.

Sowohl in der Kirche als auch im Becken herrschten vollkommene Stille – und doch sind beide Orte für unterschiedliche Erfahrungen verantwortlich. In der Kirche wurde mein Geist aktiv, ich dachte nach, ich sprach zu Gott, ich rekapitulierte mein Leben. Im Floatingbecken dagegen fuhr ich mein Gehirn herunter und konnte es auf Notbetrieb schalten. Beide Erfahrungen waren durchweg positiv, aber vollkommen unterschiedlich.

Ich kehre zurück in die Welt und beschließe, dass ich als Nächstes eine spirituelle Aktivität ausprobieren möchte, bei der ein anderer Mensch dabei ist: Ich möchte versuchen zu meditieren.

Die Gelegenheit bietet sich während meines Besuchs in Chengdu, der Hauptstadt der chinesischen Provinz Sichuan, auf den ich später noch zu sprechen kommen werde. Dort hatte ich den Taoisten und Zenmeister Wang Li kennengelernt, der mich zunächst vor allem in die Kunst des Hot Wok einführte – einer Art zu kochen, bei der es einem ungeduldigen Esser wie mir zuerst die Mundschleimhäute verbrennt. Danach bahnt sich das Essen einen schmerzhaften Weg durch die Speiseröhre und löst schließlich einen Flächenbrand in Magen und Darm aus. Wang erzählt mir dabei vom Buddhismus, vom Konfuzianismus und vom Taoismus. Dann lädt er mich ein, am nächsten Tag mit ihm zu meditieren.

Wir treffen uns am Qingyang Gong, einem berühmten taoistischen Tempel, der zur Quanzhen-Schule gehört. Es ist eine wunderschöne Anlage mit zahlreichen Gebäuden, die sich wie von selbst in die gepflegten Gärten schmiegen. Es gibt keinen Pomp, vielmehr gewinne ich den Eindruck, als würden die Gebäude gemeinsam mit den Bäumen wachsen. Es ist das genaue Gegenteil einer katholischen Kirche, die sich ja meist prunkvoll vom Stadtbild abhebt. »Geht also auch so«, denke ich mir.

Wang geht zuerst zur Statue einer schwarzen Ziege und rubbelt ihre Nase, weil das angeblich Glück bringt. Ich bin ein wenig erstaunt, dass ein Mensch, der sein Leben derart gelassen absolviert – ja, »absolviert« ist das Wort, das mir dazu einfällt –, dann doch abergläubisch ist und darauf hofft, dass diese Rubbelei ihm Glück bringt. Ich streichle die Nase der Ziege auch, weil ich dem Aberglauben durchaus nicht abgeneigt bin. Ich trete zum Beispiel beim Tennisspielen nicht gerne auf die Linien, wobei mir Mitmenschen versichert haben, dass es sich hierbei um eine ausgewachsene Neurose handelt und nicht mehr um Aberglauben.

Auf einem kleinen Platz zwischen zwei Gebäuden trainieren etwa zwanzig Mönche, es sieht ein wenig aus wie eine Mischung aus Kapoera und Schattenboxen. Weiter hinten knien zwei alte Frauen auf Matten, ein Mann fegt mit einem überdimensionalen Besen die Stufen vor dem Haupttempel. Obwohl die Menschen typisch asiatisch umherwuseln, ist es nicht laut oder gar hektisch, sondern erstaunlich ruhig.

»Sollen wir ein wenig meditieren?«, fragt Wang.

Ich sehe ihn an, als hätte er mir vorgeschlagen, einen Fußball zu besorgen und in einem der manikürten Gärten zu bolzen. »Was soll ich tun?«

»Wir meditieren. Ganz einfach.«

»Ich habe noch nie im Leben meditiert – ich weiß doch überhaupt nicht, wie das geht!«

»Ich helfe dir, es ist überhaupt kein Problem.«

Wahrscheinlich würde Wang auch nach einem Autounfall, bei dem er zwei Beine und einen Arm verloren hat, noch sagen, dass das überhaupt kein Problem sei. Ich solle mich einfach hinlegen oder in den Gärten umherspazieren oder es mir auch gerne im Schneidersitz bequem machen. Dann solle ich atmen, wie ein Kleinkind atmen würde – und mich einfach auf irgendetwas konzentrieren. Oder auch auf gar nichts. Das überlasse er vollkommen mir.

»Lass dir Zeit. Wir sehen uns, wenn wir beide wieder vollkommen bei uns sind. Mehr brauchst du für den Anfang nicht zu wissen.«

Ich setze mich ganz normal hin und stütze mich auf den Händen ab. Ich atme, wie ein Kleinkind atmen würde. Ich konzentriere mich auf nichts. Es passiert: nichts. Ich denke an meinen verlorenen Pass, an meine Familie, an mein Hotel. Ich sehe den Menschen zu, wie sie durch die Gärten spazieren. Wenn ich die Augen schließe, sehe ich meinen verlorenen Pass, meine Familie, mein Hotel. Ich denke darüber nach, wie ich von Kollegen und Freunden ausgelacht werde, wenn sie erfahren, dass ich länger in China bleiben musste, weil mein Pass weg war. Ich denke an das Generalkonsulat, an die hilfsbereiten chinesischen Polizisten, an den Hot Wok. Dann betrachte ich mich selbst dabei, wie ich mit meinen Kumpels am Nikolaustag um die Häuser ziehe und Weihnachtslieder grunze mit dem Ziel, in jeder Kneipe zum Bier einen Gratisschnaps zu bekommen.

Es passiert: nichts.

Ich spreche nicht mit Gott, ich kann noch nicht einmal

das Nirwana oder das Tao erkennen. Ich denke einfach über mein Leben nach und stelle fest, dass es selbst dann nicht zu einer interessanten Autobiografie reichen würde, wenn man die wirklich langweiligen Tage herausschneidet. Es ist zwar schön, ein wenig Tourist zu spielen in der eigenen Vergangenheit und Gegenwart und mit der Gehirnkamera ein paar Bilder zu schießen, aber wie auf dem Gipfel eines Berges ist der Ausblick, den man genießt, nach zwanzig Minuten zur Gewohnheit geworden – und dann will man wieder hinunter.

Ich schaue auf die Uhr und stelle in einer Mischung aus Erstaunen und Panik fest, dass gerade mal sechs Minuten vergangen sind. Die skurrilen Momente meines Lebens und das, was mir derzeit wichtig ist, lassen sich also in einen sechsminütigen Kurzfilm pressen. Keine schöne Vorstellung. Ich sehe hinüber zu Wang, der immer noch regungslos im Schneidersitz dahockt, als hätte ihn jemand in Frischhaltefolie gepackt und am Boden festgeklebt. Ich würde ihn gerne anstupsen und testen, ob er dann einfach umfällt, aber ich traue mich nicht.

Also konzentriere ich mich wieder auf meine eigene Meditation. Wieder denke ich an meine Vergangenheit, wobei mir dieses Mal andere Bilder in den Sinn kommen. Ich bin anscheinend auf einem anderen Gipfel und genieße die neue Aussicht. Vielleicht hat mein Leben doch mehr zu bieten als nur ein Panorama. Beim nächsten Blick auf die Uhr sind vierzehn Minuten vergangen. Mit den sechs Minuten vom ersten Versuch ergibt das fast die Episode einer Sitcom. Immerhin.

Ach ja: Wang sitzt immer noch da.

Meine Kurzmeditationen, die ich persönlich eher »Nachdenken« als »Meditation« nennen würde, dauern insgesamt vier Stunden. Ich sitze da, ich lege mich hin, ich spaziere durch den Garten, ich gehe in ein Gebäude, das prächtig geschmückt ist. Ich setzte mich wieder, ich versuche sogar das, was im Grundschulsport »Brücke« genannt wurde. Ich rolle mich auf den Bauch, ich liege auf dem Rücken. Manche Dinge wie die Gedanken an meine Frau und meinen Sohn wiederholen sich – aber ich habe mittlerweile den Eindruck, dass mein Leben doch einen ganz passablen Film abgeben würde. Vielleicht nicht im Kino und auch nicht im Abendprogramm eines populären Senders, aber doch eine Dokumentation im Nachtprogramm von Arte. Oder so. Nur am Drehbuch der Zukunft muss ich noch ein bisschen feilen.

Wang übrigens bleibt sechs Stunden in seiner Ausgangsposition. Einfach so. Ich bin verblüfft. Den Moment, in dem er zu sich kommt, erlebe ich nicht, weil ich ungefähr fünfzehn Minuten damit beschäftigt war, einem älteren Herren klarzumachen, dass ich dringend eine Toilette suchen würde, was mir nicht gelang.

»War es erfrischend und erhellend?«, fragt Wang.

Ich schüttle den Kopf: »Eher ein bisschen langweilig.«

Er bricht in schallendes Gelächter aus. »Das habe ich mir schon gedacht!«

Ich bin ein wenig sauer: »Und warum musste ich es dann machen?«

»Du musstest gar nicht. Du wolltest. Und du hast doch nicht ernsthaft erwartet, beim ersten Mal gleich perfekt zu sein? Oder ist es in deinem Leben immer so, dass Dinge beim ersten Ausprobieren perfekt funktionieren? Glaubst du, ein Golfer spielt bei seinem ersten Versuch sofort eine perfekte Runde?«

»Nein, und ich habe doch über interessante Dinge nachgedacht, die mir im Leben wichtig sind – oder künftig wichtig werden könnten.«

Er lächelt wieder. »Großartig! Das ist schon ein wunderbarer Schritt. Hast du die Beziehung zu deinen Mitmenschen erkannt? Wie dein Leben mit dem anderer Menschen verbunden ist?«

»Ja, das habe ich gesehen.«

»Wunderbar!«

Er legt den Arm um mich und lädt mich zum Essen ein. Hot Wok.

Was mich tatsächlich fasziniert an den Stunden der Meditation: Ich erkenne manche Beziehungsstrukturen in meinem Leben ziemlich klar. Welche Rolle meine Eltern gespielt haben und welche Position meine Geschwister und die Freunde meiner Kindheit eingenommen haben – und es fasziniert mich, dass Menschen, die ich einmal für unentbehrlich gehalten habe, nun überhaupt keine Rolle mehr spielen. Zu meiner Schande muss ich gestehen, dass ich bei einigen nicht einmal weiß, ob sie noch leben. Und zu meiner noch größeren Schande stelle ich fest, dass es mir nicht einmal viel ausmachen würde, wenn ich sie nie wiedersehen würde. Manchmal ist das menschliche Gehirn grausam.

Ich erkenne andere Strukturen. Ich sehe ein Netz aus Freunden, ein Geflecht aus Kollegen, und ich sehe deutlich, wie wichtig mir Zeit mit meiner Familie ist – wobei mir auffällt, dass ich viel zu wenig Zeit mit meiner Frau und meinem Sohn verbringe. Ich entdecke aber auch, dass ich es hin und wieder genieße, einfach nur allein zu sein, wobei mir auffällt, dass ich viel zu wenig Zeit mit mir selbst verbringe.

»An dieser Beziehungsstruktur in deinem Leben solltest du arbeiten«, sagt mir Wang beim Abschied.

Für solcherart Strukturen gibt es die systemische Aufstellung, die nur am Rande etwas mit dem Taoismus zu tun hat, einige Prinzipien jedoch übernommen hat. Ich habe schon davon gehört, allerdings waren die Erzählungen derart unterschiedlich, dass ich mir selbst ein Bild machen möchte. Also verabrede ich einen Termin bei einer Therapeutin im Süden von München, habe aber keine Ahnung, was mich erwarten könnte.

Wir sind im Kursraum eines Fitnessstudios. Zu Beginn

zündet eine Teilnehmerin Räucherkerzen an, was mich eher befremdet als spirituell beeindruckt. Auf einem Tisch an der Seite sind Süßigkeiten, Kaffee und Tee aufgebaut, in einer Ecke steht ein Boxsack. Die elf Teilnehmer sitzen gemeinsam mit der Kursleiterin im Kreis.

Eine Aufstellung sehe ich mir einfach nur an, bei zwei anderen werde ich als Stellvertreter gewählt und beteilige mich, indem ich meinen Gefühlen freien Lauf lasse und so dem Aufsteller helfe, seine Probleme zu lösen. Weil ich mich vorher dazu verpflichtet habe, über diese Vorkommnisse nicht zu berichten, werde ich hier auch nichts dazu sagen. Dann bin ich dran.

Ich erzähle kurz, wer ich bin, was ich beruflich mache und womit ich mir privat meine Zeit vertreibe. Ich sage, dass ich derzeit nur wenige Probleme in meinem Leben erkenne, mich lediglich danach sehne, ein bisschen mehr Ruhe zu haben und mehr Zeit mit meiner Familie verbringen zu dürfen. Ich würde – anders als mein Vater – gerne noch die Kurve kriegen, bevor es zu spät ist und ich keine Gelegenheit mehr dazu habe, mit meiner Familie um die Welt zu reisen. Mein Vater war nämlich ein Workaholic, die Weltreisen und Muße für die Familie versprach er seiner Frau und sich selbst für die Zeit nach seinem Arbeitsleben – nur machten ihm ein paar Herzinfarkte und Schlaganfälle einen Strich durch die Lebensplanung. Ich hätte meine Herzinfarkte und Schlaganfälle gerne nach der Weltreise.

Außerdem gebe ich an, dass ich davon träume, irgendwann einmal mit meiner Familie gemeinsam an einem philippinischen Strand zu liegen und mit einem Cocktail in der einen Hand und meiner Frau im anderen Arm meinen Ruhestand zu genießen. Etwa in diesem Moment, im Alter von achtzig Jahren, hätte ich dann gegen einen kräftigen Herzinfarkt nichts mehr einzuwenden, solange das Letzte, woran ich mich erinnern kann, meine Frau und mein Sohn sind, wie sie mir in die Augen sehen und lachen. Ich glaube, das sind Wünsche, die ungefähr 90 Prozent aller Menschen ohne zu zögern äußern würden.

Die Therapeutin fordert mich auf, ein Anliegen zu formulieren, also sage ich: »Ich bin grundsätzlich zufrieden mit meinem Leben, möchte aber irgendwann ein wenig mehr Ruhe hineinbringen und mehr Zeit für meine Familie haben.«

Die Kursleiterin fordert mich auf, mein jetziges Leben als Figur einzuführen. Ich wähle eine junge Frau aus und stelle sie in die Mitte des Kreises. Dann kommt eine zweite Person ins Spiel, die so etwas wie das künftige ruhige Leben symbolisieren soll. Ich stelle sie ein wenig außerhalb des Kreises, weil ich der Ansicht bin, dass es mit dem ruhigen Leben noch ein wenig Zeit hat. Die ältere Frau, die ich dafür ausgewählt habe, bewegt sich sofort weg vom Kreis in Richtung Fenster. Dort setzt sie sich hin.

Die Person, die mein jetziges Leben verkörpert, macht mir Vorwürfe: »Immer neue Experimente und neue waghalsige Dinge. Immer mehr. Am liebsten noch mal mit dem Fallschirm aus einem Flugzeug springen.«

Ich bin noch nie mit einem Fallschirm aus einem Flugzeug gesprungen.

»Und gleich noch mal hinauf auf einen Berg.«

Ich war noch nie Bergsteigen – ich habe eine Bergwanderung einmal nach zwei Stunden abgebrochen, weil mir langweilig war.

»Immer mehr! Am liebsten drei Leben in einem führen!«

Jetzt hat die Frau, die mein jetziges Leben verkörpert, einen wunden Punkt erwischt. Ich habe tatsächlich die Vorstellung, wie schön es sein muss, hätten wir drei verschiedene Leben zur Verfügung, die wir voll und ganz auskosten und bei denen wir uns aussuchen könnten, wie wir sie führen. Ich glaube, nicht wenige Menschen haben davon schon geträumt. Mein erstes Leben würde ich genauso führen, wie ich es jetzt tue. In meinem zweiten Leben wäre ich gerne ein berühmter Rockstar – und im dritten ein Mangozüchter im Urwald. Mein Problem dabei: Ich träume immer noch davon, diese drei Leben irgendwie in mein aktuelles zu integrieren. Aber es geht nicht, weil mir dazu einfach die Zeit fehlt und der Mut zu mehr Schizophrenie.

Ich versuche, mich zu rechtfertigen, und erkläre auch der Person, die meine Ruhezeit verkörpert, dass sie noch zu warten habe. Danach streiten mein jetziges Leben und die Ruhe ein bisschen miteinander, während ich mich aus dem Kreis entferne und mich genüsslich an die Wand lehne und den beiden zusehe.

Dann trifft es mich plötzlich wie einen Blitz. Mein jetziges Leben schreit auf: »Auuuuuuua!« Die Person krümmt sich nach vorne: »Ich habe plötzlich Rückenschmerzen! Hier unten!«

Sie deutet auf ihre Lendenwirbel, und ich bin doch erstaunt. Ich hatte in den vergangenen fünf Monaten drei Hexenschüsse. Mein Arzt versicherte mir, dass es zum Bandscheibenvorfall nicht mehr weit sei und ich mich dringend um meine Rückenmuskulatur zu kümmern hätte. Ich habe diese Probleme mit keinem Wort erwähnt – und doch scheint die Person, die mein jetziges Leben verkörpert, davon zu wissen. Das ist gruselig.

Irgendetwas ist da gerade passiert, dass die Person, die mein Leben verkörpert, von diesen Schmerzen weiß.

Es mag Zufall gewesen sein oder tatsächlich Energie, die durch den Raum geströmt ist und die Information weitergegeben hat: Ich bin einen Moment lang völlig erstarrt – und bereit, mich auf die Aufstellung einzulassen. Ich meine, wer weiß schon, was als Nächstes passiert?

Nun führt die Kursleiterin eine dritte Figur ein: meinen Vater. Ich bin mir nicht ganz sicher, warum sie das tut, aber ich lasse es zu. Die Frau, die meinen Vater verkörpert, nimmt sogleich eine strafende und beobachtende Haltung ein, als hätte ich irgendetwas falsch gemacht. Es wirkt streng und bedrohlich, fast ein wenig feindselig.

Die Kursleiterin fragt: »Was erwartete dein Vater als Kind von dir?«

»Dass ich mein Bestes gebe – allerdings war alles unterhalb des Besten ein Misserfolg.«

Die anderen Teilnehmer nicken verständnisvoll.

»Wie würdest du die Stellung innerhalb deiner Geschwister bei deinem Vater beurteilen?«

»Ich glaube, dass er uns alle drei gleichermaßen liebt – dass er sich selbst aber am ehesten in mir erkennt, weil ich ihm am ähnlichsten bin. Ich glaube deshalb auch, dass er mich am meisten mag – aber auch am meisten ablehnt, wenn ich Erwartungen nicht erfülle, weil es ihm seine eigenen Unzulänglichkeiten bewusst macht.«

Die Situation hat in diesem Moment weniger mit Spiritualität zu tun als vielmehr mit einer Psychoanalyse.

»Wurdest du von deinem Vater jemals geschlagen?«, fragt die Kursleiterin.

Ich bin kurz davor, laut loszulachen, weil ich daran denke, dass Sigmund Freud genau die gleiche Frage gestellt hätte.

»Nein, hat er nicht.«

Ich hatte mit meinem Vater während meiner Teenagerzeit und auch später sicherlich meine Probleme, doch er war nie streng, er war nie bedrohlich, und er war nie feindselig. Ich denke, dass die Person, die meinen Vater verkörpert, gerade sämtliche Stereotypen strenger Väter abklopft – aber damit nicht annähernd die Persönlichkeit meines Vaters trifft, weil er einfach keinem Klischee entspricht.

Nun streiten sich mein jetziges Leben und mein Vater, und mein Vater gibt an, er wünsche sich, dass ich Frieden mit ihm schließen möge und dann Ruhe finde. Es beeindruckt mich, wie die Person, die mein Leben verkörpert, immer wieder Dinge sagt, die ich genau so sagen würde. Sie benutzt sogar die gleichen Wörter, obwohl wir uns noch nie zuvor gesehen haben und ich mir bei einigen Begriffen sicher bin, dass sie außer mir keiner verwendet. Auch das ist gruselig.

Irgendetwas passiert da gerade, und ich kann mir nicht erklären, was es ist.

»Ich glaube, du musst mit deinem Vater sprechen, ehe es zu spät ist.«

Ich habe erst gestern mit meinem Vater telefoniert und ein extrem lustiges Gespräch über Amateurfußball und Hobbydichter mit ihm geführt.

Das ruhige Leben ist inzwischen wieder in die Nähe des Kreises gekommen und versucht, mich und mein Leben zu vereinen. Mein Vater steht immer noch da und beobachtet die Szene.

Vielleicht sollte ich ja wirklich mal mit meinem Vater sprechen.

Doch schon brüllt mein jetziges Leben: »Ich gehe sofort weg! Das ist mir jetzt zu oberflächlich! Wenn hier nicht gleich ein bisschen Gefühl ins Spiel kommt, habe ich keine Lust mehr! Ganz ehrlich!«

»Was soll ich denn jetzt machen?«, frage ich.

Ich ahne, dass nun alle fordern könnten, ich solle meinen Vater in den Arm nehme – aber dazu sehe ich wirklich keinen Grund.

»Sorry«, sage ich in die Runde, »aber mehr geht jetzt wirklich nicht.«

Die Kursleiterin greift ein. »Das genügt auch vollkommen. Man muss einen Schritt nach dem anderen machen. Wir sind heute schon ziemlich weit gekommen.«

Jetzt stehe ich wieder in der Mitte des Kreises, die Ruhe steht direkt neben mir. Mein jetziges Leben steht ein wenig beleidigt an der Wand herum, mein Vater hält sich nicht weit von mir auf und gibt an, dass ihm gerade eine große Last von den Schultern gefallen sei. Es scheint ihm gut zu gehen, und er beobachtet mich auch nicht mehr streng, sondern wohlwollend.

Ich muss zugeben, dass diese Aufstellung eine interessante Erfahrung war. Ich habe zwar den Verdacht, dass sehr oft Klischees bedient werden und das Bild am Ende eine selbsterfüllende Prophezeiung ergibt. Man muss nur mal darüber nachdenken: Zu Beginn habe ich den Wunsch geäußert, dass ich gerne ein bisschen mehr Ruhe und Zeit für mich hätte – und am Ende steht die Ruhe bei mir, mein jetziges Leben ist beleidigt, und mein Vater blickt wohlwollend auf die Erkenntnis, dass ich Ruhe brauche. Das ist mir ein wenig zu einfach.

Andererseits bin ich verblüfft, wie viele Dinge in diesem Raum ausgesprochen wurden, die nichts mit Psychoanalyse zu tun hatten, sondern einfach nur mit mir. Es war erstaunlich, zu sehen, welche Dinge Menschen, denen ich noch nie zuvor begegnet war, plötzlich über mich wussten und mit welchen Worten sie es ausdrückten. Ich glaube, dass hier etwas passiert ist, das ich mir nicht erklären kann – so wie ich daran glaube, dass es zwischen Himmel und Erde Dinge gibt, die sich einer Erklärung entziehen, und wenn der Mensch noch tausend Jahre weiterforscht. Die systemische Aufstellung war zweifellos eine tiefgreifende Erfahrung, und ich bin mir sicher, dass ich nicht zum letzten Mal in diesem Kursraum gewesen bin.

Als Nächstes wende ich mich einer Aktivität zu, die sich intensiv mit dem Diesseits beschäftigt und die von der Glaubensgemeinschaft der Scientologen angeboten wird.

Warum ich Scientology als Religion in mein Projekt aufgenommen habe, werde ich später noch erläutern. Zunächst muss als Erklärung genügen, dass ich mich mit einem der führenden Mitglieder der Kirche getroffen und ihm mein Projekt erläutert habe. Danach habe ich gebeten, an einem Auditing teilnehmen zu dürfen, der spirituellen Aktivität der Scientologen. Diese Bitte musste er zu meiner Überraschung nach Rücksprache mit den Verantwortlichen der Kirche ablehnen, weil ich kein Mitglied war und auch nicht vorhatte, eines zu werden. Ich solle zunächst einen oder mehrere der kostenlosen Onlinekurse absolvieren, die von Scientology im Internet angeboten würden.

Dann habe ich mir gedacht: eure Religion, eure Regeln.

Immerhin bekomme ich eine Broschüre, auf der steht: »Scientology – Werkzeuge für das Leben«. Darunter ist eine goldene Brücke abgebildet, die in ein helles Licht führt, wobei das Licht umrahmt wird von der Silhouette einer Großstadt, die an New York City erinnert. Ich wähle den Kurs »Integrität und Ehrlichkeit«, zum einen, weil ich mir von den Kursen »Prinzipen für Wohlstand« und »Erfolgreiche Elternschaft von Teens und Twens« eher wenig verspreche, zum anderen, weil ich hoffe, aufgrund meines Lügenprojekts schon ein paar Vorkenntnisse zu haben.

Ich besuche die Internetseite *volunteerministers.org*. Bevor ich dort einen Kurs absolvieren kann, muss ich mich anmelden, wobei diese Anmeldung nichts Besonderes zu sein scheint. Ich muss nicht mehr Angaben machen, als wenn ich mir ein Buch bestelle oder alle Artikel der Internetseite einer Zeitung lesen möchte.

Danach klicke ich den Kurs »Integrität und Ehrlichkeit« an, nach einer kurzen Einführung geht es los.

Auf der linken Seite ist der Kursplan in neunzehn Schritten aufgelistet, die einzelnen Texte und zu erledigenden Hausaufgaben sind nacheinander in der Mitte des Bildschirms zu sehen. Meine erste Aufgabe ist es, den Text »Scientology: Making the World a Better Place« zu lesen. Ich wundere mich ein wenig, weil es doch grundsätzlich um Ehrlichkeit und Integrität gehen soll. Aber gut, wer den Kurs entwirft, darf die Aufgaben stellen.

In dem kurzen Text findet sich unter anderem folgender Satz: »Scientology bietet nichts weniger als praktische Methoden, um jeden Aspekt unserer Existenz zu verbessern.« Ein wenig fühle ich mich zurückversetzt in meine Zeit an der University of Michigan, an der die Studenten auch zahlreiche Kurse online absolvieren konnten. Wichtig ist bei dem Kurs, die Texte nicht nur zu lesen, sondern auch quasi zu studieren, weil ja hinterher Fragen dazu gestellt werden sollen. Also lese ich sehr gewissenhaft.

Anschließend soll ich die Einführung in das Thema »Ehrlichkeit und Integrität« lesen, gefolgt von der Aufgabe, mir den Text über »Moral Codes« zu Gemüte zu führen. Es geht um das Zusammenleben von Menschen, es geht um Regeln und wie diese Regeln gebrochen werden und warum Menschen sich weigern, einen Regelbruch zuzugeben. Danach warten drei kurze Fragen auf mich, die ich beantworten und an einen Supervisor übermitteln muss. Die Fragen haben mit den Texten zu tun, die ich gerade lesen musste, weshalb sie relativ leicht zu beantworten sind. Anschließend soll ich wieder eine Textpassage lesen und eine Frage beantworten, dann folgt die erste praktische Übung: Es geht darum, in einer Tageszeitung Beispiele für die Rechtfertigung einer gebrochenen Regel zu finden. Das ist kein Problem, schon auf der ersten Seite stoße ich auf das Beispiel eines Lokalpolitikers, der das Missmanagement in seiner Gemeinde zu rechtfertigen versucht.

Die zweite praktische Übung besteht darin, mich an ein Vergehen zu erinnern, dessen Zeuge ich war. Auch diese Geschichte muss ich meinem Supervisor übermitteln. Ich wähle einen unverfänglichen Vorfall aus meinem Sportverein, als sich zwei Mannschaftskameraden über ein überflüssiges Foul gestritten haben.

Danach muss ich ein interessantes Kapitel lesen, das den Namen »Blow-offs« trägt. Darin wird erklärt, warum Menschen einfach ihren Job hinschmeißen, warum Männer ihre Frauen verlassen, obwohl die Beziehung perfekt schien, warum Menschen scheinbar ohne Grund aus der Stadt flüchten und woandershin ziehen. Ich finde dieses Kapitel deshalb spannend, weil ich zahlreiche Leute in meinem Umfeld kenne, die so etwas getan haben. Die Lehre in diesem Kapitel: Schuld sind nicht die äußeren Umstände, auch wenn es häufig den Anschein hat und die Person sich damit zu rechtfertigen versucht. In Wahrheit würden die Menschen nur aufgrund ihrer eigenen Fehler hinschmeißen.

Dem stimme ich absolut zu. Aus diesem Grund kann ich auch die beiden Aufgaben relativ rasch lösen und wende mich dem nächsten Kapitel zu, das sich umschreiben lässt mit »Newtons Reaktionsprinzip, auf den menschlichen Geist übertragen«. Es geht darum, dass jede Handlung eine Reaktion nach sich zieht und dass Menschen mit dieser Reaktion rechnen, auch wenn diese noch nicht passiert ist und nie passieren wird. Dieser Textpassage kann ich ebenfalls zustimmen und finde auch schnell ein Beispiel, das ich meinem Supervisor übermittle.

Es gibt noch drei weitere Textpassagen zu lesen, dann stellt mich der Kursplan vor eine heikle Aufgabe: Ich soll detailliert ein Vergehen von mir aufschreiben, das ich begangen habe, oder etwas, das ich bisher geheim gehalten habe. Und dann soll ich mir eine vertrauenswürdige Person suchen, mit der ich darüber spreche. Anschließend soll diese Person ebenfalls ein Fehlverhalten aufschreiben oder etwas, das sie noch nicht gestanden hat, und mit mir darüber sprechen. Es ist also so etwas wie eine gegenseitige Beichte zweier Personen.

Diese Aufgabe erfordert Mut und trifft das Kursthema »Integrität und Ehrlichkeit« im Kern – nur muss ich sagen, dass ich keine Lust darauf habe, beide Geschichten einem Supervisor zu übermitteln, dessen Namen ich nicht einmal kenne.

Also absolviere ich die Aufgabe mit meiner Frau, nachdem ich ihr – offenbar überzeugend – dargelegt habe, worum es geht. Sie beichtet mir etwas, das sie vor langer Zeit getan hat, aber keinem Menschen bisher erzählt hat. Danach beichte ich ihr meinerseits ein kleineres Vergehen, das nichts mit ihr zu tun hat und von dem bisher niemand erfahren hat.

Ich muss zugeben: Es tut gut, das jemandem zu erzählen, und ich wüsste gerne, wie ich mich fühlen würde, wenn ich ihr ein größeres Vergehen beichten würde. Also versuche ich es. Und es ist tatsächlich, als würde eine Last von mir abfallen. Es ist keine große Erleichterung, aber es tut gut – vor allem dann, wenn man die Tat schon fast vergessen hat.

Wir spielen dieses Spiel noch eine Weile, nicht, weil es zur Aufgabe gehören würde, sondern weil es Spaß macht. Beichten ist gar nicht so schlimm, wie ich es in Erinnerung hatte.

Dem Supervisor schreibe ich nur: »Habe die Aufgabe mit meiner Frau absolviert – es war eine interessante und erhellende Erfahrung...« Der Rest geht diese Person nun wirklich nichts an.

Damit ist der Kurs absolviert. Ich habe etwa fünf Stunden gebraucht und bin mir meist vorgekommen wie ein Student in einer Onlinevorlesung. Mit einer spirituellen Erfahrung hatte das nicht viel zu tun, aber ich muss gestehen, dass ich einige Dinge gelernt habe und dass die Erfahrung mit meiner Frau eine durchweg positive war.

Am nächsten Tag antwortet der Supervisor per Mail. Es ist eine Frau, sie heißt heißt Jackie und wünscht mir viel Spaß. Zu meinen Antworten gibt sie kleine persönliche Kommentare ab, wobei ich nicht ohne Stolz von mir behaupten möchte, alle Fragen richtig beantwortet zu haben, und dass meine Beispiele als »wohlüberlegt gewählt« durchgehen.

Zum Schluss fordert Jackie mich auf, ich solle meine Erfahrungen mit dem Kurs in einem Essay festhalten und ihr schicken. Dazu habe ich eine E-Mail in meinem privaten Postfach, in der mir zum erfolgreichen Abschneiden im Kurs gratuliert wird. Ich möge nun den Essay zurückschicken und auch einige persönliche Daten – viel mehr als bei der Anmeldung – nennen, damit mir mein persönliches Zertifikat über das Absolvieren des Kurses zugestellt werden könne.

Ganz ehrlich: Darauf habe ich keine Lust. Ich mache gerne noch einen oder mehrere Kurse, aber ich möchte keinen Text schreiben, in dem ich meine Erfahrungen jemandem präsentiere, den ich nicht kenne. Also lasse ich es bleiben.

Der Scientologykurs war eine interessante Erfahrung, weil er sich so stark unterschied von dem, was ich bisher unternommen hatte. Er war so gar nicht wie der Besuch in einer Kirche, er hatte nichts mit Meditation zu tun und überhaupt nichts mit dem, was ich beim Floaten erlebt hatte. Er war vielmehr wie eine Reise in die Zeit, als ich Student war. Ein psychologischer Kurs mit dem Ziel, dass ich etwas über mich, meine Mitmenschen und das Leben lernte. Das hat funktioniert. Mehr war es nicht, aber auch nicht weniger.

Im Lauf der Zeit nehme ich noch an zahlreichen weiteren spirituellen Aktivitäten teil. Ich besuche Kurse im Bikram-Yoga, wo ich sechsundzwanzig Hatha-Yoga-Übungen und zwei Atemtechniken in einem auf achtunddreißig Grad aufgeheizten Raum ausführe. Es ist keine spirituelle Erfahrung, sondern eher ein esoterisches Fitnessprogramm, wobei ich merke, dass sich der drohende Bandscheibenvorfall immer weiter entfernt, weil ich meinen Rücken kräftige.

Ich lasse mich von David Woods hypnotisieren und in ein früheres Leben zurückführen, wobei ich gestehen muss, dass dieses frühere Leben deutlich langweiliger war als mein aktuelles. Also habe ich damals anscheinend etwas richtig gemacht, sodass ich nun eine Stufe höher eingestiegen bin. Und ich frage mich noch immer, warum im Wartezimmer von Hypnotiseuren nicht lauter Hindus hocken, die wissen wollen, was sie in einem früheren Leben verbockt haben, weil es ihnen jetzt so schlecht geht.

In München treffe mich mit dem Präsidenten des Zentralrats der Muslime in Deutschland. Er serviert Kekse und sagt dabei den schönen Satz: »Lass uns Süßes essen und Süßes reden!«

Ich bete mit einem jüdischen Bekannten und nehme an Diskussionsrunden über Religion teil. Ich verfolge eine indianische Zeremonie und beobachte Hindus beim Gebet. All diese Aktivitäten verbessern mein Leben, wahre Erleuchtung finde ich jedoch nicht.

Doch darum geht es den meisten Menschen auch gar nicht, die ich bei meiner spirituellen Suche getroffen habe. Spirituelle Aktivität ist säkularisiert worden. Viele Besucher des Yogakurses möchten keine Gotteserfahrung machen, sie wollen ihren Stress bekämpfen und nebenbei ein bisschen Sport treiben. Ähnlich beim Meditieren: Viele, die mir ihre Methoden vorgestellt haben, sehnen sich nicht nach Erleuchtung oder Kontakt zum Jenseits, sondern einfach nur nach Ruhe. Zahlreiche Menschen, die in die Kirche gehen, wollen nicht beten, sie wollen nur reden. Es geht, so scheint mir, viel mehr ums Diesseits als um eine transzendente Erfahrung. Ich finde das überhaupt nicht verwerflich, ganz im Gegenteil. Nur hatte ich mir persönlich einen besonderen Moment erhofft, in dem, nun ja, alles anders ist.

Und diesen Moment erlebe ich auch. Denn plötzlich, eines Abends, macht es »*Swuuuusch*«!

Mir wird schwarz vor Augen, in meinem Gehirn macht sich eine Leere breit, als hätte jemand ein schwarzes Loch neben meinem Ohr platziert, das nun jeden Inhalt aus meinem Kopf saugt. Mir ist ein wenig schwindlig, als hätte ich einen zu tiefen Zug von einem Joint genommen. Ich fühle mich, als würde ich fallen und schweben zugleich – nur dass ich in eine Unendlichkeit falle und dem Nichts entgegenschwebe. Meine Muskeln sind vollkommen entspannt.

Nein, ich bin nicht auf einem Drogentrip. Ich habe keine Nahtod-Erfahrung und unterziehe mich auch nicht einer Gehirnwäsche.

Ich liege einfach nur in meinem Bett. Mein kleiner Sohn ist auf meinen Bauch gekrabbelt und schläft, während er mir ins Ohr schnarcht. Ich wusste nicht, dass ein einjähriges Kind schnarchen kann wie ein vierzigjähriger kanadischer Holzfäller, aber das monotone Geräusch wirkt ebenso beruhigend wie die winzigen Bewegungen seines kleinen Bauches, der sich beim Einatmen gegen meine Brust presst. Ich rieche seine Haut, die nach Badeschaum, Babycreme und dem herrlichen Eigengeruch meines kleinen Buben duftet – und plötzlich passiert es.

Es macht »*Swuuuuusch*«!

Ich denke an nichts. An gar nichts! Zum ersten Mal seit, so glaube ich zumindest, einunddreißig Jahren.

Mein Gehirn ist komplett abgeschaltet.

Ich habe nicht gebetet, ich habe nicht meditiert, ich bin weder in einem Yogakurs noch in einem Tantraseminar. Ich nehme an keiner Aufstellung teil, es ist keine Zeremonie für Naturgötter, und vorher hat auch niemand den Raum von bösen Energien gereinigt.

Ich liege auf dem Bett im Schlafzimmer, meine Frau liegt neben mir und schläft, mein Sohn liegt auf mir und schläft. Ich denke ein wenig darüber nach, was in den vergangenen Monaten mit unserer Familie passiert ist. Wie ich vor Jahren die Idee zu einem Religionentest hatte und was ich seitdem erlebt habe. Wie ein Lügenprojekt dazwischengekommen ist. Wie meine Frau und ich geheiratet und dann quasi zufällig – aber fast geplant – ein Kind bekommen haben. Wie schön wir es haben, wenn wir zusammen sind. Das ist alles.

Und dann passiert es einfach.

Ich bin im Nichts. Ich könnte heulen vor Freude, aber da ich an nichts denke, weiß ich nicht, ob da Tränen aus meinen Augen kullern.

Seit ich mich intensiv mit Religionen beschäftige, habe ich festgestellt, dass es unterschiedliche Formen der Kommunikation und der Konzentration gibt. Mir ist bewusst geworden, dass es das Beten gibt, das Meditieren und das Floaten. Hirnforscher wie Andrew Newberg haben herausgefunden, dass bei all diesen Aktivitäten die gleichen Stellen im Gehirn aktiviert werden. Im Lauf der Zeit habe ich festgestellt, welch gravierende Unterschiede und welche Gemeinsamkeiten sie haben. Für sich genommen sind es wunderbare Aktivitäten, in Kombination sind es noch viel wunderbarere Aktivitäten. Aber den Moment der vollkommenen Ruhe, der Entspannung und des absoluten Nichts habe ich erlebt, als ich einfach nur im Bett lag.

Wenn Andrew Newberg nun ein paar Elektroden an meinen Kopf anschließen würde, wären wahrscheinlich die gleichen Regionen aktiv wie bei Nonnen und Mönchen während des Gebets. Ich erlebe einen Moment der Ekstase, der deshalb so ekstatisch ist, weil überhaupt nichts passiert.

Taoisten nennen diesen Moment den vollkommenen Einklang mit dem Tao. Buddhistische Mönche sprechen nicht selten von der Erleuchtung. Christen berichten, dass sie sich in diesem Moment fühlen, als würden sie mit Gott verschmelzen. Nahezu jede Religion hat einen eigenen Begriff für solch einen Augenblick, aber ich kann nicht sagen, welchen Ausdruck ich für mein Erlebnis wählen würde. Es kommt den Nichts am nächsten und damit dem, wovon Taoisten berichten.

Eigentlich weiß ich nur eines genau: Es ist der schönste Moment in meinem Leben – bisher jedenfalls.

Als ich wieder zu mir komme, liegt mein Sohn immer noch auf mir, nur hat er aufgehört zu schnarchen und atmet friedlich in mein rechtes Ohr. Meine Frau schläft. Ich sehe auf die Uhr. Dieser unglaubliche Moment, von dem ich dachte, er habe nur einen kurzen Augenblick gedauert, muss länger als eine halbe Stunde angehalten haben.

Vorsichtig lege ich den Kleinen so aufs Bett, dass er sich an meine Frau kuscheln kann, was er sogleich tut. Dann stehe ich auf, absolviere wie so oft in den letzten fünf Jahren den Inspirit-Test von Jared Kass – und erreiche unglaubliche Werte. Mein INSPIRIT wird mit einundzwanzig beurteilt, mein Wohlbefinden erreicht den Höchstwert von 6,03. So gut wie in diesem Moment ist es mir laut Inspirit-Test in den vergangenen Jahren noch nie gegangen, und ich war auch niemals so spirituell wie an diesem Abend.

Welche spirituelle Aktivität, die ich in den vergangenen Jahren versucht habe, am Ende zu diesem Augenblick geführt hat, vermag ich nicht zu sagen. Es könnte durchaus sein, dass alle Aktivitäten zusammen dazu beigetragen haben, dass ich ihn erleben durfte. Es könnte aber auch einfach nur die Präsenz meiner Frau und meines Sohnes gewesen sein, die bewirkten, dass ich mich einen Augenblick lang fühlte, als würde das Nichts von mir Besitz ergreifen und mich einfach nur ruhig werden lassen.

Ich kann es nicht erklären – und ich kann diesen Moment auch nicht wiederholen oder ihn bewusst herbeiführen, sooft ich es auch versuche. Es ist einfach passiert und wird vielleicht nie wieder passieren. Ich bete, ich meditiere, ich absolviere Übungen in Yoga, ich gehe zum Floaten und zur systemischen Aufstellung. Dabei komme ich diesem Moment oft ziemlich nahe, was auch wunderschön ist. Aber ich habe den Eindruck, dass mich immer dann wieder etwas nach oben zieht, wenn ich kurz davor bin, ins Nichts zu fallen. Irgendwann wird es vielleicht noch einmal passieren, es wird einfach »Swuuuusch« machen, und mich wird wieder das Nichts umgeben. Ich hoffe es.

Und wenn es nicht klappen sollte, dann ist es nicht so schlimm, weil die Erinnerung an diesen einen Moment ausreicht, um mich ruhig und glücklich werden zu lassen.

Und ich stelle mir vor, dass der Himmel ein Ort sein könnte, an dem dieser Moment zu einem Dauerzustand wird. Es wäre so schön.

Kapitel 6

Religionen mit Verfallsdatum

Jeder hat das Recht auf Gedanken-, Gewissens- und Religionsfreiheit; dieses Recht schließt die Freiheit ein, seine Religion oder seine Weltanschauung zu wechseln, sowie die Freiheit, seine Religion oder seine Weltanschauung allein oder in Gemeinschaft mit anderen, öffentlich oder privat durch Lehre, Ausübung, Gottesdienst und Kulthandlungen zu bekennen.

So lautet Artikel 18 der Allgemeinen Erklärung der Menschenrechte der Vereinten Nationen. Eine abgeänderte Version dieses Satzes kommt mir in den Sinn, als die Frau neben mir aufsteht und sich einen anderen Platz im Zug sucht. Ich muss zugeben, dass mein Satz weniger kompliziert formuliert ist und auch ein Schimpfwort enthält.

Eigentlich will ich mich über ihre Intoleranz ärgern, ich würde gerne zu ihr gehen und sie fragen, was sie gegen mich hat – oder gegen das Buch, das ich gerade lese. Oder warum sonst sie mich zuerst verächtlich angesehen und dann den Platz gewechselt hat. Ich würde gerne sagen: »Was soll der Scheiß? Ich darf doch wohl in einem Zug ein religiöses Buch lesen – ganz egal, ob Ihnen das passt oder nicht!« In einen Gesetzestext schafft es dieser Satz wohl nicht, aber ich glaube, dass ihn so mancher schon einmal gedacht hat.

Die Szene spielte sich ab im Zug von München nach Regensburg. Wie immer am Freitagabend ist er gut gefüllt – wobei »gut gefüllt« bedeutet, dass sich ungefähr so viele Menschen pro Quadratmeter im Waggon befinden wie in einem Abteil der U5 vom Münchner Hauptbahnhof zur Haltestelle Theresienwiese zur Oktoberfestzeit. Neben mir sitzt ein junger Mann, der mit seinem Kumpel gegenüber auf das Wochenende, den anstehenden Diskobesuch und die sehr hohe Wahrscheinlichkeit des Vollzugs der Paarung anstößt. Nebenbei diskutieren sie darüber, welche Disko sich am besten eignet, ein passendes Weibchen zu diesem Paarungsritus zu überreden.

Mir gegenüber sitzt eine Frau, die mich ein bisschen an Mutter Beimer in den ersten Jahren der *Lindenstraße* erinnert. Vor der Fahrt habe ich in einem Buch des Dalai-Lama geblättert und den Hinweis gefunden, dass Menschen einem freundlicher begegnen, wenn man sie mit einem Lächeln begrüßt. Ich lächle kurz, die Frau lächelt zurück. Das Leben kann manchmal schon einfach sein.

In Freising steigen viele Menschen aus, auch die beiden paarungswilligen Diskofreunde. Dafür setzen sich zwei junge Mädchen auf die frei gewordenen Plätze. Auch sie diskutieren über das Wochenende und Diskotheken und die Paarungsbereitschaft junger Männer, weshalb ich kurz versucht bin, sie zum Aussteigen zu überreden mit dem Hinweis, dass zwei geeignete Männchen soeben den Zug verlassen hätten. Ich halte aber den Mund. So einfach ist das Leben dann auch wieder nicht.

Der Zug ist immer noch voll, nur wenige Sitzplätze sind frei geworden. Ich lese, denn zu Beginn meines Projekts habe ich mir vorgenommen, mir alles über Religion einzuverleiben, was jemals geschrieben wurde, dann jedoch beim Besuch der Münchner Universitätsbibliothek festgestellt, dass ich wohl zweihundert Jahre alt werden müsste, um nur die Titel der einzelnen Bücher zu lesen. Ich habe dann beschlossen, bloß einen Teil zu lesen. Dennoch ist meine Liste extrem lang, weshalb ich quasi in jeder freien Minute in einem religiösen Buch schmökere und daraus zitiere, was meine Frau manchmal ganz hinreißend findet, vor allem, wenn darin steht, wie sehr man die Familie ehren soll und dass es sich lohnt, gelassener durchs Leben zu gehen. Manchmal findet sie es aber auch doof, vor allem dann, wenn ich Stellen zitiere, in denen eindeutig festgehalten ist, dass die Frau dem Manne unterstellt sei. Dann sage ich meistens: »Du würdest auch lachen, wenn's nicht gegen dich wäre!«

In meiner Tasche stecken das Magazin der *Süddeutschen Zeitung*, eine Männerzeitschrift mit einer nackten Frau auf der Titelseite, die Taschenbuchausgabe des Korans und das Buch *Scientology: Die Grundlagen des Denkens* von L. Ron Hubbard. Ich entschließe mich gegen Fotos von Halle Berry und auch gegen das Beste aus aller Welt von Axel Hacke und widme mich dafür den Gedanken des Scientology-Gründers.

Auf dem Cover ist ein üppiger grüner Baum abgebildet, der auf unfruchtbarem Boden wächst, darüber steht in großen Lettern der Name des Autors. Darunter ist das Wort »Scientology« zu lesen, und auch der Untertitel »Das Grundlegende Buch über die Theorie und Praxis der Scientology für Anfänger« ist noch gut zu erkennen.

Ich beginne konzentriert zu lesen, mir entgehen jedoch nicht die Blicke der beiden jungen Frauen. Sie sehen erst mich an, dann sehen sie einander an. Ich kenne solche Blicke junger Frauen, weil ich oft genug am Tresen einer Diskothek gestanden bin und auf diese Weise mitgeteilt bekam, dass an einem Paarungstanz mit mir kein Interesse bestehe.

Auch die Doppelgängerin von Mutter Beimer, die mir immer noch gegenübersitzt, sieht mich an. Ihren Blick kenne ich nicht so gut. Ich glaube, zuletzt hat meine Mutter mich so angesehen – und zwar in dem Moment, als ich ihr im Alter von achtzehn Jahren meine erste Tätowierung präsentiert hatte. Die Frau, die vor einer halben Stunde noch mein Lächeln erwidert hat, schaut mich nun an, als würde ich ihr all meine Tattoos auf einmal präsentieren.

Sie sagt nichts, sondern dreht sich nur um und überblickt die Lage in dem Großraumwagen, als wäre sie der Schaffner, der einen schönen Platz für eine alte Dame sucht. Dann nimmt sie ihre Tasche, steht auf und setzt sich etwa zehn Meter von mir entfernt auf einen freien Platz.

Sie ist nicht auf die Toilette gegangen oder hat so getan, als würde sie sich im Bordbistro einen Snack holen wollen. Die Frau ist aufgestanden, weil sie offensichtlich nicht jemandem gegenübersitzen wollte, der ein Scientology-Buch liest.

Dabei habe ich weder gesagt: »Grüß Gott, ich bin Scientologe«, noch habe ich ihr ein E-Meter unter die Nase gehalten oder gar einen Mitgliedsantrag. Ich habe nur Hubbards Buch aus der Tasche geholt und darin gelesen.

Da fällt mir ein, wie der amerikanische Schriftsteller David Sedaris einmal mit so einer Situation umging, beschrieben im Buch *Schöner wird's nicht*. Er musste zwei Stunden lang im Flugzeug neben einer Frau sitzen, die ihn beleidigt hatte. Ich mache es ihm nach und nehme das Magazin der *Süddeutschen Zeitung* heraus, blättere zu der Seite mit dem Kreuzworträtsel und fülle es aus. Aber ich studiere nicht die kniffligen Hinweise und grüble nicht über den möglichen Antworten, sondern schreibe waagerecht: »Blöde Ziege«. Darunter schreibe ich: »Intoleranz«, was mir senkrecht einerseits nur noch »Gnu« als Möglichkeit lässt, dafür aber auch die Worte »doof« und »Faschist« ermöglicht. Waagerecht kann ich »Gotteswahn« hineinschreiben, weshalb ich senkrecht ein »irres Weib« hinbekomme. Das führt zu einem »Tobsucht« waagerecht und einem »Haha« senkrecht. Ich schaffe es auch noch, die Begriffe »Wachtel«, »Hölle« und »Folter« unterzubringen. Schneller als ich hat wohl noch niemand das Kreuz mit den Worten gelöst. Sedaris wäre stolz auf mich, hat er doch auf ähnliche Weise das Kreuzworträtsel in der *New York Times* bewältigt.

Doch dann erinnere ich mich an den Artikel der Allgemeinen Erklärung der Menschenrechte und auch an das deutsche Grundgesetz. Darin heißt es in Artikel vier: *Die Freiheit des Glaubens, des Gewissens und die Freiheit des religiösen und weltanschaulichen Bekenntnisses sind unverletzlich. Die ungestörte Religionsausübung wird gewährleistet.*

Ich habe nichts anderes getan, als ein Scientology-Buch zu lesen, und die Frau hat nichts anderes getan, als mir schweigend mitzuteilen, was sie von dieser Vereinigung und ihren Mitgliedern hält. Sie hat mich nicht beschimpft, sie hat mir das Buch nicht abgenommen, sie hat dankenswerterweise auch nicht den Schaffner aufgefordert, mich am nächsten Bahnhof aus dem Zug zu werfen. Sie ist nur aufgestanden und hat sich auf einen anderen Platz gesetzt, was ihr gutes Recht ist, egal, ob es wegen des Körpergeruchs des Sitznachbarn ist oder wegen des Buches, das er liest.

Reumütig streiche ich meine Eintragungen im Kreuzworträtsel und schäme mich auch ein wenig vor dem Erfinder CUS, der wahrscheinlich jede Woche stundenlang knobelt, um den Lesern möglichst schwierige Rätsel zur Verfügung zu stellen. Und dann kommt da einer und schreibt wüste Beschimpfungen hinein. Das wird auf meinem Karmakonto wohl auf der Sollseite verbucht.

Andererseits denke ich, dass mir doch beigebracht wurde, nie einen Menschen anders zu behandeln, nur weil er an etwas anderes glaubt!

Und diese Frau hat mich anders behandelt, nur weil sie denkt, dass ich an etwas glaube, das ihr nicht in den Kram passt. Ich versuche, manche Begriffe wieder in die Kästchen einzutragen.

Mein wütendes Herumstreichen und Hineinschreiben wird unterbrochen, weil mich eines der beiden Mädchen anspricht: »Sag mal, glaubst du wirklich an diesen Scheiß?«

Ich sehe sie irritiert an und will ihr mitteilen, dass ich in Wirklichkeit kein Kreuzworträtselgenie bin, sondern nur Blödsinn in die Kästchen geschrieben habe. Dann kapiere ich, was sie von mir will. Ich stecke das Heft in meine Tasche zurück.

»Nein, ich beschäftige mich mit Religionen, und deshalb lese ich auch die Einführung in Scientology.«

»Ach so, ich dachte mir schon, dass du nicht wie so einer aussiehst.«

»Wie wer?«

»Na, wie einer von diesen Scientologen. Die sehen anders aus.«

»Aha. Wie denn?«

»Irgendwie anders. Kann ich auch nicht sagen. Verrückt halt. Wie Aliens oder so. Anders halt.«

Ich bin kurz versucht, das Kreuzworträtsel wieder herauszuholen und meine Meinung über das Mädchen hineinzuschreiben.

Dann kommt mir ein wichtiger Gedanke, und weil mir nicht besonders oft wichtige Gedanken kommen und dann auch nur ganz selten bleiben, beschließe ich, ihn festzuhalten. Ich sitze also mit drei Leuten in diesem Zug, und alle drei haben ein äußerst negatives Bild von mir, nur weil ich ein Buch von Scientology gelesen habe. Es war nicht meine zerrissene Jeans, meine Tätowierung am Handgelenk oder der Geruch meiner Achseln, sondern ein Buch, weswegen ich schief angesehen, verlassen und als verrückt bezeichnet werde.

Was ich noch feststelle: Scientology hat wirklich ein beschissenes Image.

Als ich später mit meinem Kollegen Johannes darüber spreche, will er sich gar nicht mehr beruhigen. Er ist kein

Scientologe, aber professioneller Diskussionspartner und Stammtischphilosoph. Er sieht ein wenig aus wie ein Mitglied der bulgarischen Fußball-Nationalelf von 1994 und versucht seit Jahren erfolglos, mich zum Reinhard-Meyismus zu bekehren.

»Eines verstehe ich nicht«, sagt Johannes. »Es gibt hierzulande tatsächlich eine Debatte darüber, ob eine christlich geprägte Nation in der Lage ist, muslimische Bürger zu integrieren, während der Buddhist als Mitglied einer coolen Religion angesehen wird. Ich meine nicht die politischen Hintergründe, sondern den rein theologischen Aspekt. Die Unterschiede im Glauben zwischen Christen und Muslimen sind doch marginal im Vergleich zu dem, wie sich etwa Christen und Buddhisten unterscheiden. Da geht es um grundsätzliche Fragen wie der nach der Existenz eines Gottes oder was den Menschen im Jenseits erwarten könnte. Das finde ich grotesk.«

Ich erinnere mich an meine Reise nach Glasgow vor einigen Jahren, wo ich das 363. Spiel zwischen den Glasgow Rangers und Celtic Glasgow besuchen wollte. Es ist eines der ältesten Derbys der Welt, es wird »The Old Firm« genannt, und in den vergangenen Jahren kam es immer wieder zu Zwischenfällen, Ausschreitungen und Katastrophen. An sogenannten »Old Firm Weekends« werden neunmal so viele Menschen ins Krankenhaus eingeliefert wie sonst. Die Konflikte haben weniger mit der sportlichen Rivalität zu tun als vielmehr mit den religiösen und politischen Ansichten der Anhänger.

Mein Problem: Ich bin Katholik, aber gleichzeitig glühender Anhänger der Rangers, was auch damit zu tun hat, dass sich meine Theken-Fußballmannschaft »Glasbier Rangers« nennt, obwohl sich der Name »FC Aberbier« ebenfalls angeboten hätte. Die Anhänger der Rangers setzen sich allerdings fast ausschließlich aus Protestanten zusammen.

Die Rangers haben das Spiel damals mit 0:2 verloren,

mir ist jedoch mehr in Erinnerung geblieben, dass ich meine Konfession das ganze Wochenende über verschwiegen habe. Einmal, in einem Pub, hatte ich nach vier Guinness wenigstens den Mut, den Anwesenden mitzuteilen, dass ich Christ sei, worauf mir mein Sitznachbar freundschaftlich auf die Schulter klopfte, mir dabei drei Rückenwirbel gleichzeitig aus- und wieder einrenkte und sagte: »Das reicht nicht, mein Freund! Lieber ein Satanist als ein Katholik!« Und schon stimmten alle im Pub »Follow, follow« an, die Hymne der Rangers.

Schon damals dachte ich mir: Was für eine bescheuerte Einstellung!

Vor nicht allzu langer Zeit stieß ich dann auf einen Bericht in meiner Heimatzeitung, in dem das Kloster der Franziskaner in Dietfurt porträtiert wurde. »Weltreligionen verschmelzen« war der Titel des Artikels, in dem es darum ging, dass es in diesem katholischen Kloster seit 1977 ein Meditationshaus im japanischen Stil gebe, ein Begegnungszentrum zwischen buddhistischer Zenspiritualität und christlicher Kontemplation. Es ist das älteste »christliche Zenkloster« im deutschsprachigen Raum. Etwa zur gleichen Zeit empfahl mir jemand das Buch *Yoga und christliche Spiritualität* von Michael Gentschy.

Solche Versuche, unterschiedliche Religionen zusammenzuführen oder zumindest einen fruchtbaren Dialog zu starten, finde ich ganz wunderbar, und ich würde mir wünschen, es gäbe mehr davon. Durch diese Beobachtungen und durch die Existenz solcher Klöster und Bücher erkenne ich immer mehr, wie recht Johannes mit seinen Ausführungen hat, dass sich Christen und Buddhisten fruchtbarer annähern als etwa Christen und Muslime. Gleichwohl gibt es in Schottland kein protestantisch-katholisches Kloster, und auch ein Buch mit dem Titel *Taliban und christliche Spiritualität* habe ich noch nicht gefunden.

Einen interessanten Gedanken entdeckte ich bei der Lektüre der Schriften von Bahá'u'lláh, dem Gründer der Bahai-Religion: Jede Religion durchlebe natürliche Veränderungen. Dieser Zyklus sei mit den Jahreszeiten zu vergleichen und wiederhole sich bei jeder neuen Religion. Aus dieser Beobachtung folgert Bahá'u'lláh quasi, dass Religionen ein Verfallsdatum hätten und jeweils von einer anderen abgelöst würden, um eine »ständig voranschreitende Kultur voranzutragen«. Buddha sei ein Prophet gewesen, der den Menschen zu seiner Zeit und an seinem Ort weise Worte gepredigt habe. Christus sei ebenfalls ein Prophet mit Hinweisen für die Menschen seiner Region und seiner Zeit gewesen, ebenso wie Mohammad. Und nun sei eben er, Bahá'u'lláh, dran. Und irgendwann werde wieder ein neuer Prophet kommen und ihn ablösen.

Ich finde diesen Gedanken ganz wunderbar, nur: Bislang habe ich keine Religion kennengelernt, die zugeben würde, dass ihr Verfallsdatum deutlich überschritten sei. Auch die Bahai sehen sich selbst in ihrer Blütezeit, deren Ende noch nicht absehbar ist. Das Verfallsdatum jeder Religion liegt demnach in einer Zukunft, in der wir alle längst tot sind.

Für mich kommen die Bahai der Vorstellung einer alltheistischen Glaubensgemeinschaft sehr nahe, weil sie wie kaum eine zweite die Einheit aller Religionen und einen fruchtbaren Dialog mit der Wissenschaft fordern. Das deckt sich mit einem alltheistischen Weltbild, in dem nicht eine einzelne Religion alle Antworten auf alle Fragen kennt, sondern wo sich die Antworten aus vielen Religionen zusammensetzen können.

Von einer wahrlich alltheistischen Vereinigung trennt die Bahai freilich auch, dass diese Religion klare Position zu der Frage bezieht, was nach dem Tod mit einem Menschen passiert. Sie lehrt, dass es keine körperliche Wiedergeburt in die materielle Welt gibt, und grenzt sich damit von vielen östlichen Religionen ab.

Ich finde die Religion der Bahai insgesamt sehr sympathisch und wundere mich, warum ich bisher so wenig von ihr gehört habe – eine moderne, demokratische Religion müsste doch hierzulande einen grandiosen Ruf haben.

Amerikanische Politikwissenschaftler haben für dieses Image-Phänomen den Begriff »low information rationality« eingeführt. Er besagt, dass ein Großteil der Wähler ihre Entscheidung in der Wahlkabine nicht aufgrund wichtiger Programmpunkte der Kandidaten trifft, sondern instinktmäßig und aufgrund kleiner persönlicher Details. Ein schönes Beispiel war die Wahl Barack Obamas zum Präsidenten der Vereinigten Staaten. Es war kein wirklich detailliertes und überzeugendes Programm, das die Wähler im Herbst 2008 letztendlich dazu brachte, für ihn zu stimmen, als vielmehr das Charisma des Kandidaten, der eingängige Schlachtruf »Yes we can« und wenige, aber zentrale Versprechen.

Diese »low information rationality« gibt es auch bei Religionen und Glaubensgemeinschaften. Ein aktuelles Beispiel ist der aktuelle Dalai-Lama Tenzin Gyatso. Er ist ein charismatischer Mensch, der sich in Interviews nicht nur klug, sondern auch versöhnend und zurückhaltend gibt – und dennoch leidenschaftlich kämpft für Werte, die ihm wichtig sind, wie etwa Gewaltlosigkeit und Respekt. Dazu kommt seine atemberaubende Lebensgeschichte mit Vertreibung und Exil. Trotz alledem hat er offensichtlich niemals seine Lebensfreude und seine Geduld verloren.

Die Bücher des Dalai-Lama handeln von ethischen Grundwerten und sollen einen Weg darlegen, wie der Mensch glücklich werden kann in diesem Leben. Der Dalai-Lama selbst gibt eigene Fehler unverblümt zu und gelobt Besserung. Ganz ehrlich: Wie kann man einen solchen Menschen nicht mögen? Diesen Eindruck bestätigte mir auch ein Freund, der den Dalai-Lama einmal chauffieren durfte und seitdem begeistert von ihm spricht.

Das Charisma des Oberhaupts der Tibeter, verbunden

mit einigen bekannten Grundwerten, führt dazu, dass der Buddhismus hierzulande als coole Religion gesehen wird. Im Gegensatz dazu ist der Islam bei vielen Menschen quasi zur »religio non grata« geworden – und das vor allem deshalb, weil in den Titelgeschichten der großen Zeitungen meist die negativen Seiten hervorgehoben werden oder zumindest die skurrilen – und auch die, vor denen viele Angst haben. Die Debatte dreht sich nicht mehr darum, ob die Menschen mehr Respekt haben müssten gegenüber anderen Religionen, sondern es wird tatsächlich diskutiert, ob Andersgläubigen nicht zu viel Toleranz entgegengebracht wird.

»Das Einzige, wovor wir Angst haben müssen, ist die Angst selbst, weil sie sämtliche Anstrengungen lähmt, die nötig wären, den Rückschritt in Fortschritt zu verwandeln.« Diesen Satz hat der frühere amerikanische Präsident Franklin D. Roosevelt gesagt. Und die aktuelle Diskussion zeigt, dass viele Menschen Angst haben vor dem Islam und schon allein aufgrund dieser Angst kaum eine Diskussion möglich scheint.

Der Zeitpunkt, wann diese Angst begonnen hat, ist genau festgelegt: Es ist der 11. September 2001, 8.46 Uhr New Yorker Zeit. Davor kam der Begriff »Islamkritik« in keinem Wörterbuch vor. Es war der Tag, der die Welt veränderte – und der Tag, an dem die Angst Einzug hielt. Doch ist diese Angst begründet? »Natürlich«, rufen die einen, während die anderen von »Panikmache« sprechen. Und natürlich beschimpfen sich die Warner beider Seiten über Bücher, Feuilletonartikel und Blogeinträge. Vernünftig diskutiert wird meistens nicht.

Als bekanntester lebender Muslim gilt bezeichnenderweise nicht ein charismatischer Imam, der lächelnd in Talkshows sitzt und von Barmherzigkeit und Lebensfreude spricht, sondern Osama Bin Laden, einer der Drahtzieher der Terroranschläge vom 11. September 2001. Und so wird uns eine Religion, die uns eigentlich näher ist als viele andere, fremd und fern. Und sie wird eine, vor der wir Angst haben sollen oder – wie nicht wenige behaupten – Angst haben *müssen*.

Das Image von Glaubensgemeinschaften ist ein wesentlicher Faktor bei meinem Versuch, ein Alltheist zu werden. Die Religionen sollen schließlich Antworten geben, was nach dem Tod mit dem Menschen passiert. Und sie sollen moralische Instanzen sein, nach denen sich der Mensch zu richten hat, damit er nach dem Tod das erreicht, was ihm versprochen wurde. Sie sollen sich einmischen dort auf der Welt, wo Unrecht geschieht. Ihre Würdenträger sollen Vorbild sein für die Gläubigen, denn wenn der Mensch den Vertretern der Religionen nicht vertrauen kann, wie soll er dann der Religion selbst vertrauen? Und warum sollte er versuchen, nach den Regeln einer Religion zu leben, wenn er ihr nicht vertrauen kann?

Der Autor Harald Martenstein hat vor einigen Jahren unter dem Titel »Martenstein stört« eine kleine Serie im Magazin der *Zeit* verfasst, in der er in kurzen Kolumnen jeweils eine Kritik zu den Weltreligionen abgab. Ich habe sie mit Genuss gelesen, und das nicht nur deshalb, weil ich ein glühender Verehrer von Martenstein bin, sondern weil er mit diesen Stücken einen prägnanten und provozierenden Überblick über das Image der Religionen in Deutschland lieferte.

Das Christentum ist laut Martenstein zu einer Karikatur seiner selbst geworden, als Religion wird es eher geduldet als respektiert. Die Politik bemüht das Christentum nur dann, wenn es darum geht, publikumswirksame Statements abzugeben.

Der Islam dagegen hat sich selbst in eine missliche Lage gebracht. Anders als das Christentum wird der Islam immer ernster, unironischer und damit unsympathischer. Ein Infragestellen wird nicht geduldet, dabei fordern demokratisch geprägte Menschen, dass sich auch Autoritäten hinterfragen lassen müssen.

Dem Judentum dagegen haftet Martenstein zufolge das Image der Strenge, des Autoritären und des Arroganten an. Sechshundertdreizehn Gebote und Verbote gibt es, die Mitglieder halten sich mehr als die Gläubigen anderer Religionen für speziell von Gott erwählt.

Der Hinduismus gleicht seiner Meinung nach eher dem Beamtentum als einer sinnstiftenden Gemeinschaft.

Der Konfuzianismus bietet zwar praktische Weisheiten für das Leben im Diesseits, aber keine wirkliche Antwort auf die Frage, wie es denn weitergehen könnte nach dem Tod.

Einzig den Buddhisten schreibt Martenstein ein – als Kritik getarntes – Loblied. Der Buddhismus sei zu schön, um wahr zu sein, und eigentlich sollten wir alle uns dieser Religion anschließen. Dabei widersprechen die Lehren des Buddhismus vielem, was einen europäischen Menschen ausmacht, beispielsweise dem Gedanken an Fortschritt und dem Ehrgeiz, ein wenig mehr haben zu wollen als der andere. Wir lieben unsere Emotionen, unsere Ekstasen, unseren Jubel und auch unseren Streit – nur kann der Buddhismus damit leider nicht dienen.

Ich war begeistert von der Serie, habe mich jedoch gefragt, was passiert wäre, hätte Martenstein auf *jede* Religion ein Loblied geschrieben. Das wirklich Interessante nämlich war die Rezeption durch die Leser: Auf seine kritischen und sarkastischen Texte erhielt er kaum negative Reaktionen von den Vertretern der Religionen. Doch ausgerechnet von den Buddhisten gab es heftigen Protest. Also verfasste Martenstein einen Text mit dem Titel »Zen und Zorn«, in dem er seine Erfahrungen mit den Reaktionen beschreibt. Sein Fazit: »Heute würde ich einem blinden Freund den Buddhismus so beschreiben: sehr zu empfehlen für alle, denen der Islam zu locker und witzig ist.«

Martensteins Serie und mein Scientology-Erlebnis im Zug nach Regensburg haben mich veranlasst, mich ein wenig näher mit dem Image der Religionen hierzulande zu beschäftigen. Es gibt mehrere Studien amerikanischer Universitäten, die das Image von Marken, Personen und Religionen untersucht haben. Eine Umfragemethode war dabei der »Drei-Sekunden-Test«, der gemeinhin von Marketingstrategen bei der Marktforschung angewandt wird. Der Proband bekommt einen Namen genannt und muss innerhalb weniger Sekunden die Begriffe nennen, die er damit assoziiert. Der Test ist ein wichtiges Instrument von Werbeagenturen, deren Ziel es ist, diese Begriffe durch gezielte Kampagnen entscheidend zu prägen. Der Mensch soll bei »Marlboro« nicht sofort an Lungenkrebs und verrauchte Kneipen denken, sondern an den Cowboy, der sich nach getaner Arbeit im Sattel abends am Lagerfeuer lässig eine Fluppe ansteckt.

Vor der Einführung des Marlboro-Mannes war die Marke eine Frauenzigarette. 1954 kam der Werber Leo Burnett ins Spiel und schlug den Cowboy vor. Seit 1965 gibt es Marlboro-Werbefilme. Und auch wenn zwei der Schauspieler, die den Cowboy verkörperten, mittlerweile an Lungenkrebs gestorben sind, gibt es die Werbefilme noch immer, und der Marlboro-Mann gilt als die einflussreichste Person aller Zeiten, die niemals gelebt hat, noch vor Micky Maus und Captain Kirk.

Ich möchte den Drei-Sekunden-Test zu Beginn meines Projekts absolvieren und ihn nach meiner Recherche noch einmal wiederholen, um zu sehen, ob sich in meiner Wahrnehmung tatsächlich etwas geändert hat. Zu diesem Zweck spreche ich meine Assoziationen in ein Diktiergerät. Hier das Ergebnis:

Apple	iPhone, Steve Jobs, Diktator, cooles Design
Atheismus	kein Gott, Richard Dawkins, Naturwissenschaft, Physik
Bahai	Einheit, neue Religion, Verfallsdatum
Buddhismus	Dalai-Lama, Wiedergeburt, Tibet, Shaolin-Mönche
Christentum	Kirchensteuer, Jesus, Kreuzigung, Verbote, lustfeindlich
Hinduismus	Kastensystem, Ungerechtigkeit, fünftausend Götter, Indien
Islam	Terrorismus, 11. September, Mohammad, Bedrohung
Judentum	Shoa, Holocaust, Verfolgung, Davidstern, Israel, Gelobtes Land
Konfuzianismus	Weisheiten, »Konfuzius sagt«, Lebenshilfe, Intelligenz
Nihilismus	gar nichts, The Big Lebowski, traurig
Satanismus	böse, okkult, Ziege schlachten, auf dem Friedhof feiern
Scientology	Außerirdische, E-Meter, Thetan, Ausbeutung, Aussteiger
Sikhismus	Turban, Indien, Wiedergeburt
Taoismus	Yin und Yang, Feng-Shui, Esoterik
Zoroastrismus	Also sprach Zarathustra, Nietzsche, Puuuh!

Jetzt habe ich es schwarz auf weiß: Ich bin keinen Deut besser als die Frau im Zug, die sich von mir weggesetzt hat. Ich habe Vorurteile und Ressentiments gegenüber Religionen, die sich zumeist mit Unwissenheit, Ignoranz und auch Arroganz begründen lassen.

Was mir noch auffällt: Scientology hat auch in meiner Vorstellung ein beschissenes Image, und die monotheistischen Religionen, die mir aufgrund meiner katholischen Erziehung doch nahestehen sollten, kommen ebenfalls nicht besonders gut weg.

In diesem Moment wird mir klar, wie schnell wir über andere urteilen und wie verheerend falsch diese Urteile manchmal sein können. Bei einer Umfrage unter Christen etwa wurde den Probanden die Frage gestellt, wie der Islam ihrer Meinung nach mit der Figur Jesus Christus umgehe. Mehr als 50 Prozent gaben an, der Islam habe ein negatives oder gar verheerendes Bild des christlichen Erlösers. Weitere 35 Prozent versicherten, der Islam erkenne die Existenz von Jesus zwar an, ignoriere sie jedoch weitgehend. Nur 10 Prozent vermuteten, dass der Islam Jesus Christus durchaus positiv gegenüberstehe.

Ich möchte dazu eine der zahlreichen Stellen im Koran zitieren, die sich mit Jesus Christus auseinandersetzen. Sie stammt aus Sure drei: »›Sein Name ist der Messias Jesus, der Sohn der Maria, angesehen hinieden und im Jenseits und einer der Allah Nahen. Und reden wird er mit den Menschen in der Wiege und in der Vollkraft, und er wird einer der Rechtschaffenen sein.‹ Sie sprach: ›Mein Herr, woher soll mir ein Sohn werden, wo mich kein Mann berühte?‹ Er sprach: ›Also schafft Allah, was Er will; wenn Er ein Ding beschlossen hat, spricht Er nur zu ihm: ‚Sei!‘ und es ist.‹ Und Er wird ihn lehren das Buch und die Weisheit und die Tora und das Evangelium und er wird ihn entsenden zu den Kindern Israel.«

Jesus Christus wird also von Muslimen nicht nur als Prophet verehrt, sondern als einziger Mensch in der Weltgeschichte angesehen, der fehlerfrei gelebt hat und in seinem ganzen Leben ohne Makel geblieben ist. Selbst Mohammad hat bis zu seiner Erleuchtung nicht perfekt gelebt. Dazu bestätigt der Koran die jungfräuliche Geburt Mariens, er schreibt Jesus Wundertaten zu und verehrt ihn als Menschen, der Allah sehr nahesteht und der von Allah erhöht wird. Nur, und das bestätigte die Umfrage, weiß kaum ein Christ davon – und schon entstehen Vorurteile.

Wir alle haben Vorurteile Religionen gegenüber. Und die meisten, das wird mir immer klarer, entstehen dadurch, dass wir uns nicht ausreichend mit dem jeweiligen Glauben beschäftigen. So wird aus Ignoranz mangelnde Akzeptanz.

Zu Beginn meines Glaubensprojekts dachte ich zum Beispiel, dass sich der Mensch bezüglich seiner Vorstellung vom Jenseits irgendwann einmal entscheiden müsse, ob er ins Paradies möchte oder doch lieber wiedergeboren werden will. Ich hielt das stets für einen der prägenden Unterschiede von Glaubensgemeinschaften, dabei vereint etwa der Sikhismus beide Gedanken. Jene Menschen, die ein gutes Leben geführt haben, dürfen sich direkt nach dem Tod mit Gott vereinigen. Die schlechten erhalten so etwas wie eine zweite Chance, indem sie wiedergeboren werden. Sie werden nacheinander in achtzig Millionen verschiedene Tiere verwandelt und müssen als diese leben. Erst am Ende ihrer langen Reise durch die Tierwelt dürfen auch sie sich mit Gott vereinigen. Auf diese Weise sind sowohl Paradies als auch Fegefeuer und Wiedergeburt möglich. Wer weiß, vielleicht ist dieser Gedanke genau der richtige als Antwort auf die Frage, wie es nach dem Tod mit uns weitergehen könnte.

Aber wenn schon das Lesen eines religiösen Buches derartige Reaktionen hervorruft wie mein Erlebnis im Zug – welche Vorurteile haben meine Mitmenschen Religionen und Glaubensgemeinschaften gegenüber noch? Ich finde das Experiment im Zug ziemlich spannend und gut geeignet, um ein wenig mehr über das Image der einzelnen Religionen herauszufinden. Natürlich ist mein Test kein wissenschaftlicher Versuch und auch keine repräsentative Umfrage, aber er soll mir auf jeden Fall ein kleines Stimmungsbild geben.

Die erste Gelegenheit bietet sich mir zwei Tage später auf einem Flug von München nach Berlin. Ich sitze in Reihe vier, direkt unter jenen Menschen, die auch auf diesem kurzen Flug etwas zu essen bekommen. Links neben mir sitzt ein etwa vierzigjähriger Mann, der korpulent genug ist, um den Armlehnenkampf mit mir zu gewinnen. Zu meiner Rechten sitzt eine blonde Frau, die aufgrund ihrer Zierlichkeit keinen Anspruch auf eine Armlehne stellen wird.

Wieder zücke ich das Scientology-Buch, weil ich immer noch fasziniert davon bin, dass drei von drei Personen negativ reagierten, als sie den Titel sahen. Ich schlage es auf und halte es so in der Hand, dass jeder sehen kann, was ich da gerade lese. Links neben mir: Schnarchen. Entweder ist der gute Mann wirklich total müde, oder er zeigt mir gerade eindrucksvoll, für wie interessant er meine Lektüre erachtet. Von rechts dagegen erhalte ich einen Konter, die Frau zieht ein Buch von Salman Rushdie hervor. Aha, denke ich, eine Herausforderung.

»Interessantes Buch«, sage ich.

»Mhm.« Sie sieht mich nicht einmal aus dem Augenwinkel heraus an.

»Ich lese da auch gerade etwas Interessantes. Ein wenig verwirrend, aber doch interessant.«

Ungefragt halte ich ihr das Cover unter die Nase. Sie *muss* es ansehen, schließlich kann sie ja nicht aufstehen und sich einen anderen Platz suchen.

»Schön.« Sie schaut mich immer noch nicht an, dafür steckt sie sich die Kopfhörer ihres iPods in die Ohren. Entweder will sie wirklich Musik hören, oder sie zeigt mir gerade eindrucksvoll, für wie interessant sie die Konversation mit mir erachtet.

Immer wieder führe ich den Test durch, insgesamt während sechs Monaten, auf exakt vierundfünfzig Bahnfahrten und sechzehn Flugreisen und mit ungefähr zehn verschiedenen Titeln. Darunter sind *Das Buch der Menschlichkeit* des

Dalai-Lama, *Tao-Tê-King* von Lao-tse, eine Einheitsübersetzung der Bibel, *Der Heilige Qur-An* von Hazrad Ahmad und Hadhrat Ahmad, eine Ausgabe des Talmud, *Der Weg der Wahrhaftigkeit* von Konfuzius, *Bhagavadgita* von Johannes Schneider und Richard Garbe, *Scientology: Die Grundlagen des Denkens* von L. Ron Hubbard und *Der Gotteswahn* von Richard Dawkins. Jedes Buch hole ich im Lauf der Monate etwa fünfzigmal hervor, um darin für jeden sichtbar zu lesen.

Bei vielen Fahrten und Flügen stoße ich auf totale Gleichgültigkeit. Keiner spricht mich an, niemand setzt sich um, und im Flugzeug haben die Passagiere neben mir meist die Angewohnheit, gleich nach dem Start einfach einzuschlafen.

Also kombiniere ich den Bücherversuch mit dem Drei-Sekunden-Test, den ich mit meinen Freunden, Kollegen und Verwandten durchführe. Beschreibende Worte, Figuren und Bücher werte ich als »neutral«. Zerstörerische Ereignisse, Lästereien und Beschimpfungen fallen unter »negativ«, und schöne Attribute und Lobgesänge werte ich als positiv. »Jesus Christus« zum Beispiel ordne ich im Zusammenhang mit Christentum als neutralen Begriff ein, »Erlöser« dagegen als positiven. Und während der E-Meter bei Scientology als neutral gilt, werte ich »Ausbeutung« oder »Sekte« als negativ.

Mit meinem Test erreiche ich zwar keinen repräsentativen Querschnitt der Gesellschaft, er erhebt auch keinen wissenschftlichen Anspruch. Aber er ergibt ein Stimmungsbild der 234 Menschen, mit denen ich in dieser Zeit häufig zu tun hatte. Hier ist das Ergebnis meiner beiden Minitests:

Religion	Zugfahrt/Flug			Drei-Sekunden-Test		
	positiv	neutral	negativ	positiv	neutral	negativ
Christentum	8%	92%	0%	22%	54%	34%
Taoismus	14%	84%	2%	33%	63%	4%
Buddhismus	26%	74%	0%	38%	60%	2%
Hinduismus	6%	88%	6%	6%	69%	25%
Konfuzianismus	2%	98%	0%	12%	86%	2%
Judentum	10%	86%	4%	17%	58%	25%
Islam	2%	82%	16%	3%	61%	36%
Zoroastrismus	0%	100%	0%	6%	94%	0%
Scientology	2%	72%	26%	3%	49%	48%
Bahai	–	–	–	2%	97%	1%
Nihilismus	–	–	–	4%	61%	35%
Satanismus	–	–	–	2%	42%	66%
Atheismus	14%	70%	16%	5%	34%	61%

Interessant auch, wie die drei meistgenannten Begriffe je Religion lauteten:

Atheismus	traurig, kein Gott, ungläubig
Bahai	keine Ahnung, Sekte, Indien
Buddhismus	Dalai-Lama, friedlich, meditieren
Christentum	Papst, Strafe, Kirchensteuer
Hinduismus	Kasten, Kühe, Wiedergeburt
Islam	Terrorismus, Männer, Mohammad
Judentum	Holocaust, Geld, Beschneidung
Konfuzianismus	»Konfuzius sagt«, Weisheit, Kalender

Nihilismus	doof, Freiheit, arrogant
Satanismus	böse, verkehrt, krank
Scientology	Ausbeutung, Sekte, Geld
Sikhismus	Turban, König, Indien
Taoismus	China, keine Ahnung, Symbole
Zoroastrismus	Was für ein Ding? Keine Ahnung! Nietzsche

Das erstaunt mich nicht besonders, da sich das Ergebnis in etwa mit meinen Eindrücken der vergangenen fünf Jahre deckt. Ich bin jedoch einigermaßen verblüfft, dass sich viele meiner Aussagen beim Drei-Sekunden-Test in den Antworten meiner Freunde, Kollegen und Verwandten wiederfinden. Das verstärkt meinen Eindruck, dass sie ebenso wenig Ahnung von vielen Religionen haben wie auch ich zu Beginn meines Projekts. Aus Ignoranz wird mangelnde Akzeptanz – oder vielleicht auch ungerechtfertigte Anerkennung. So manche Religion oder Glaubensgemeinschaft hat ein ernsthaftes Imageproblem, während andere sich großer Beliebtheit erfreuen. Mein Freund und Kollege Johannes würde dazu sagen: »Wenn 90 Prozent der Menschen einer Meinung sind, dann ist es entweder die Wahrheit, oder man muss vorsichtig sein.«

Dem stimme ich zu. Vor allem aber muss ich immer »Das Kreuz mit den Worten« aus dem *SZ-Magazin* dabeihaben, wenn ich in der Öffentlichkeit ein religiöses Buch lese. Man weiß ja nie, wann sich die Notwendigkeit ergibt, es blitzschnell lösen zu müssen.

Kapitel 7

Der überdimensionale Beichtstuhl

Ich bereue die Nachricht in dem Moment, in dem ich sie abschicke. Jeder von uns kennt diese Ideen, die ganz hervorragend klingen, wenn sie kurz im Gehirn auftauchen. Und wenn sie dann wieder verschwinden, winkt man ihnen fröhlich hinterher. Sobald man sie seinen Freunden präsentiert, hören sie sich vollkommen bescheuert an.

Bei mir kommt erschwerend hinzu, dass ich solchen Ideen nicht nur zuwinke, sondern sie festhalte und umsetze – und meinen Freunden oder meiner Frau meist erst dann davon berichte, wenn es zu spät ist.

Meine Frau will errechnet haben, dass wir aufgrund meiner Ideen etwa zwanzigtausend Euro weniger auf dem Konto haben – wobei ich diese Schätzung doch arg ungenau finde, zumal meine Frau, als wir versuchten, die Höhe der Saint Patrick's Cathedral in Manhattan zu schätzen, sagte: »Ziemlich hoch!« Nur um dann, als wir die richtige Höhe erfuhren (neunundneunzig Meter) zu behaupten: »Siehst du, ich hatte recht!«

Ich weiß derzeit nur nicht, wovor ich gerade mehr Angst habe: dass sich meine schlimmsten Befürchtungen bewahrheiten oder dass meine Fantasie nicht ausreicht, um mir noch Schlimmeres vorzustellen?

Mir geht es wie dem Trainer einer unterdurchschnittlichen Bundesliga-Elf vor einem Spiel gegen den FC Bayern:

Er hofft auf ein gutes Ergebnis, rechnet realistisch mit einem 0:2, hat jedoch Angst davor, was passieren könnte, wenn sich die Münchner in einen Rausch spielen und die eigenen Spieler allesamt Blackouts haben.

Ich habe einen kurzen Text an all meine Freundinnen und Freunde geschickt. Nicht der Inhalt ist brisant, sondern vielmehr das, was ich zurückbekommen könnte. Ich hoffe auf gute Antworten, rechne realistisch mit ein paar schlimmen, habe jedoch Angst davor, was passieren könnte, wenn sich einige meiner Freunde in einen Rausch schreiben. Bei jedem Namen in meinem Telefonbuch male ich mir die übelsten Geschichten aus. Was haben sie mir angetan? Wer von ihnen hat mich betrogen? Wer hat schon einmal mit einer Freundin von mir geschlafen? Hat jemand durch Bestechung des Fahrlehrers dafür gesorgt, dass ich seinerzeit durch die theoretische Führerscheinprüfung gefallen bin? Hat überhaupt einer den Mut, mir zu antworten?

Ich hoffe, ich werde alles erfahren, obwohl ich mir bei manchen Dingen gar nicht sicher bin, ob ich sie überhaupt erfahren möchte.

Vielleicht habe ich auch deshalb Angst, weil wir vor einiger Zeit bei *sueddeutsche.de* die Leser gebeten haben, anonym ihre dunkelsten Geheimnisse aufzuschreiben. Mehr als zweitausend Menschen haben ihre Absonderlichkeiten geschickt, die wir zu Beginn der Umfrage ein wenig naiv »Tableau der Ticks« nannten. Es gab harmlose Geständnisse wie: »Immer, wenn ich eine Zeitung oder ein neues Buch kaufe, muss ich daran riechen«, oder: »Ich habe schon mal CSU gewählt«, oder: »Ich ekle mich vor Knöpfen und versuche, Kontakt mit ihnen zu vermeiden.« Es waren aber auch bizarre Dinge dabei wie: »Ich bin der Chef eines mittelständischen Betriebs mit dreißig Angestellten und habe keine Ahnung, was ich hier tue«, oder: »Ich habe noch nie Steuern bezahlt.«

Der Inhalt meiner Nachricht ist:

»Liebe Freunde, bestimmt habt Ihr mir irgendwann einmal etwas Schlimmes angetan. Ich würde jedem von Euch gerne verzeihen. Wer mir in den nächsten drei Wochen eine Nachricht schickt und mir das Schlimmste beichtet, das er mir jemals angetan hat, dem werde ich vergeben. Ihr bekommt von mir quasi einen Freibrief! Ich möchte es nur gerne wissen. Liebe Grüße! Jürgen«

Vielleicht habe ich auch Angst, weil ich kürzlich eine kleine Umfrage auf Facebook gestartet habe. Ganz unbescheiden habe ich eine Gruppe gegründet, die ich noch unbescheidener »Neues Buchprojekt« nannte. Die Frage lautete: *»Wen würdet Ihr gerne um Verzeihung bitten und wofür?«* Und: *»Warum habt Ihr das bisher nicht getan?«*

Ich war erstaunt, welche Antworten ich bereits nach wenigen Stunden erhielt. Alle stammten von Menschen, die ich nicht persönlich kannte, und sie waren von beeindruckender Ehrlichkeit. Manche waren lustig, wie etwa: *»Meine Cousine, weil ich mich so lang nicht bei ihr gemeldet hab'. Aber sie hat sich genauso wenig gemeldet, deswegen mach ich's nicht.«*

Manche waren auch nachdenklich, wie etwa: *»Ich würde gern von mir selbst Verzeihung erwarten dafür, dass ich oft nicht das getan habe, was ich selbst wollte, sondern mich nach anderen gerichtet habe.«*

Oder auch goldig: *»Ich würde mich gerne bei der Spinne entschuldigen, die ich vorhin erschlagen habe. Sie kann nichts dafür, aber ich hatte total Angst.«*

Zwei Antworten haben mich jedoch besonders beeindruckt – vor allem, weil sie von Menschen stammten, denen ich noch nie zuvor begegnet war.

Eine Frau schrieb: *»Das ist nicht schwer. Einmal meine Kinder, für Sachen die ich als ich jünger war einfach anders hätte machen sollen oder gar nicht. Dazu zählen Trennung vom Vater, Drogen (auch wenn meine Kinder es nicht* *mitbekamen) und Zeit, die ich manchmal nicht habe für sie. Zum anderen meine Mutter, weil sie es nicht einfach mit mir hatte. Und zum Schluss mich selbst, weil ich mich oft nicht wichtig genug nehme und das führt zu ganz vielen schwierigen Situationen, z.B. Misshandlungen vom Ex-Ehemann. Aber das ist lange her. Warum habe ich es noch nicht getan? Meine Kinder sind zu jung, um es zu verstehen und vieles möchte ich ihnen einfach ersparen. Mit meiner Mutter habe ich keinen Kontakt im Moment und sie um Verzeihung zu bitten erscheint mir komisch, weil ich ihr ihre Fehler nicht verzeihen kann. Vielmehr sieht sie sie nicht und bat mich nie um Verzeihung. Und mich selber ... vielleicht irgendwann mal wenn ich bereit bin mir alles zu verzeihen.«*

Die zweite Antwort war: »*Es gibt zwei Menschen in meinem Leben die ich gerne um Verzeihung bitten würde: Mutter und Papa. Ich habe mit 13 einen riesigen Fehler begangen und bin damals von zu Hause abgehauen. Warum, das weiß ich heute leider nicht mehr und ich kann mir das selber nie verzeihen, was ich meinen Eltern angetan habe. Ich war ein halbes Jahr spurlos verschwunden und wurde durch die Polizei gesucht. Heute kann ich nur erahnen, was meine Eltern durchmachen mussten. Leider werde ich diesen Fehler nie wieder gut machen können sondern nur um Verzeihung bitten können. Aber genau das kann ich auch nicht, wir können nicht reden darüber. Ich weiß, dass ich es lieber heute als morgen tun würde bevor es zu spät ist. Mein schlechtes Gewissen beruhige ich, indem ich kleine Geschenke Ihnen mache – was nur etwas hilft. Ich möchte gerne einfach vor Ihnen stehen und sagen: Es tut mir leid, ich kann es leider nicht rückgängig machen aber bitte verzeiht mir. Das belastet mich schon ein Leben lang jetzt und hoffe das ich es eines Tages schaffe und nicht zu spät ist ...«*

Offen gesagt war ich schockiert über diese zwei Antworten. Beide Menschen können ehrlich sein gegenüber einem völlig Unbekannten, aber nicht gegenüber den Personen, die zu den wichtigsten in ihrem Leben gehören. Dabei wäre es wahrscheinlich für sie die schönste und wichtigste Sache der Welt, wenn sie es schafften, endlich reinen Tisch zu machen.

Immer wieder habe ich mich gefragt, warum es diesen beiden Menschen derart schwerfällt, um Verzeihung zu bitten. Es wäre doch nur natürlich, gerade auf jene zuzugehen, von denen wir am ehesten Vergebung erhoffen dürfen – von unseren Eltern und von unseren Kindern. Und doch scheint es da eine Blockade zu geben.

Ich glaube, dass der Verzicht auf Vergebung aus einem einzigen Grund geschieht: aus Furcht, die eigene Unabhängigkeit und damit die eigene Freiheit zu verlieren. Wer einen Fehler eingesteht, der begibt sich in ein Abhängigkeitsverhältnis zu demjenigen, der unter dem Fehltritt zu leiden hatte. Er begibt sich in eine demütige Position, er muss hoffen, dass der andere ihm vergibt. Vielleicht ist die Vergebung sogar an Bedingungen geknüpft. Und noch lange Zeit später wird der Büßer womöglich mit seiner Sünde konfrontiert. Dagegen bleibt der, der seine Fehler nicht eingesteht, unabhängig.

Ich weiß das selbst so gut, weil mir nur der Gang zum Zahnarzt größere körperliche Schmerzen bereitet als der Moment, in dem ich einen Fehler zugeben muss. Sehr häufig bin ich nicht bereit, für meine Taten geradezustehen: Wenn ich kritisiert werde, bin ich am Boden zerstört. Und wenn ich eindeutig einen Fehler mache, versuche ich mich herauszureden, mein Verhalten irgendwie zu rechtfertigen, sodass es für mich am Ende positiv aussehen könnte. Vor allem aber spiele ich die Konsequenzen herunter.

Das liegt vielleicht mit daran, dass ich, wie viele andere Menschen auch, über einen ausgeprägten Gerechtigkeitssinn verfüge. Wenn ich in der Zeitung lese, dass jemand ein abscheuliches Verbrechen verübt hat, wünsche ich mir, dass er verurteilt wird und seine gerechte Strafe erhält. Ich gönne

Menschen ihren Ruhm nicht, wenn sie nur dafür berühmt sind, dass sie berühmt sind. Ich finde es unglaublich ungerecht, wenn jemand auf den Bestsellerlisten vor mir steht, nur weil er berühmt ist und seine Autobiografie veröffentlicht hat – wobei ich gerne verschweige, dass mein Buch *Du sollst nicht lügen* auch nur eine Ansammlung autobiografischer Ergüsse ist und ich womöglich ungerechtfertigt in den Listen vor Autoren stand, die weit talentierter sind als ich.

Mein Gerechtigkeitssinn ist besonders dann extrem ausgeprägt, wenn ich das Gefühl habe, ungerechtfertigt benachteiligt zu werden. Er ist jedoch kaum vorhanden, wenn ich ungerechtfertigt bevorzugt werde. Es ist ein wenig wie beim Pokerspiel: Wenn ich glücklich gewinne, war es Lohn für meine Risikobereitschaft, für meine Fähigkeiten, Wahrscheinlichkeiten zu berechnen, und für meine Kunst, Dinge vorherzusehen. Wenn ich unglücklich verliere, war es einfach nur unglaubliches Pech.

Wohl aus diesem Grund behaupten viele meiner Freunde und Verwandten, vor allem aber meine Frau, dass zwar zu meinen größten Stärken ein ausgeprägter Gerechtigkeitssinn gehöre, doch dass mit dieser Eigenschaft auch die mangelnde Fähigkeit verbunden sei, anderen von Herzen zu verzeihen, über einen Fehler hinwegzusehen und ihn nach einer Entschuldigung einfach zu vergessen. Auch bin ich laut meiner Frau überhaupt nicht bereit, eigene Fehler einzugestehen und um Verzeihung zu bitten. »Du suchst stattdessen lieber nach Menschen, die noch größere Fehler gemacht haben als du, und darauf reitest du dann herum«, findet sie.

Ich will natürlich meinen gesunden Gerechtigkeitssinn nicht verlieren, aber ich sehe doch ein, dass ich lernen muss zu vergeben, wenn ich mich als Alltheist qualifizieren möchte.

Gerechtigkeit und Strafe sind wichtige Eckpfeiler unserer Gesellschaft. Wenn ein Dieb sich sicher sein kann, dass ihm nicht nur von Gott vergeben wird, sondern auch von einem Gericht und den Bestohlenen, dann wird er immer wieder stehlen, weil er ja keine Konsequenzen zu fürchten hat. Ich halte es deshalb für richtig und wichtig, Übeltäter zu bestrafen, auch wegen der abschreckenden Wirkung auf künftige Gauner. Strafe muss jedoch Strafe bleiben und darf nicht in einen Akt von Rache ausarten.

Eine Begebenheit aus den Vereinigten Staaten, die ich in einer Fernsehdokumentation über die Todesstrafe gesehen habe, hat mich deshalb nachdenklich werden lassen. Die Eltern eines ermordeten Jugendlichen klagten vor einem Gericht das Recht ein, der Hinrichtung des Mörders beiwohnen zu dürfen, obwohl der Delinquent als letzten Wunsch geäußert hatte, allein sein zu dürfen. »Ich möchte mit eigenen Augen sehen«, wie der Bastard stirbt«, sagte die Mutter des Getöteten. Das Gericht gab ihrem Antrag statt. Eine der nächsten Kameraeinstellungen zeigte, wie die Familie in einer christlichen Kirche um die Vergebung ihrer eigenen Sünden bat.

Hätten sie nicht gemäß ihrem Glauben auch dem Mörder ihres Sohnes vergeben müssen?

Ich kann mir vorstellen, welchen Konflikt die Eltern des getöteten Jungen in den Wochen vor der Hinrichtung mit sich hatten austragen müssen, als sie sich zwischen Gerechtigkeit und Vergebung zu entscheiden hatten. Glücklicherweise musste ich in meinem Leben bislang kein derart schreckliches Erlebnis verarbeiten. Trotzdem würde ich gerne erfahren, wie leicht oder schwer es mir fällt, einem anderen Menschen zu vergeben. Und wie schwer es mir fällt, andere Menschen um Verzeihung zu bitten.

Deshalb werde ich mich in einen überdimensionalen Beichtstuhl begeben.

Ich werde mich für die Dinge entschuldigen, die ich in meinem Leben am meisten bereue. Ich werde sie einem unbeteiligten Menschen beichten und jene um Verzeihung bitten, welchen ich diese Dinge einst angetan habe. Und ich werde versuchen, anderen zu verzeihen.

Buße und Vergebung, aber auch Bestrafung für Vergehen sind Kerngedanken vieler Religionen und Glaubensgemeinschaften. Zu den grundlegenden Aussagen des Korans etwa gehört, dass Gott allmächtig und barmherzig ist. Alle Suren mit Ausnahme von Sure 9 beginnen mit der Einleitung: »Im Namen des gnädigen und barmherzigen Gottes«. In Sure 24,22 heißt es: »Sie sollen verzeihen und nachlassen. Liebt ihr selbst es nicht, dass Gott euch vergibt?«

Im Buddhismus heißt es: »Was auch immer der Grund für dein Leiden sein mag, verletze nie einen anderen, verzeihe ihm.« Die Sikhs vertreten die Ansicht: »Zahllose Menschen gingen zugrunde, da ihnen der Geist der Vergebung fehlte. Tilge die üble Gesinnung aus deinem Herzen und siehe, die ganze Welt ist dir Freund.« Und von Konfuzius stammt der wunderbare Satz: »Die meisten Menschen können zwar vergeben und vergessen, legen jedoch Wert darauf, dass ihre Vergebung nicht vergessen wird.«

Nach jüdischer Lehre ist kein Mensch perfekt, nach dem Babylonischen Talmud wird die Gnade Gottes in dreizehn Punkten beschrieben: »Gott ist gnädig, noch bevor der Mensch sündigt, obwohl er weiß, dass der Mensch zur Sünde fähig ist. Gott ist dem Sünder gnädig, nachdem jener gesündigt hat. Gott kann sogar gnädig sein, wo es ein Mensch nicht vermag oder verdient. Gott ist mitleidsvoll und erleichtert dem Schuldigen die Strafe. Gott ist sogar denen gegenüber gnädig, die es nicht verdienen. Gott lässt sich nicht leicht in Zorn bringen. Gottes Freundlichkeit ist vielfältig. Gott ist ein Gott der Wahrheit; daher gilt sein Versprechen, dem bekennenden Sünder zu vergeben. Gott ist den zukünftigen Generationen freundlich, so wie die Nachkommen Abrahams, Isaaks und Jakobs seine Freundlichkeit erfuhren. Gott vergibt bewusst begangene Sünden, wenn der Sünder bereut. Gott vergibt das bewusste Verärgern seiner selbst, wenn der Sünder bereut. Gott vergibt aus Irrtum begangene Sünden. Gott vergisst die Sünden derer, die bereuen. Ein gläubiger Jude soll diese Prinzipien auch im Umgang mit seinen Mitmenschen anwenden.«

Die hinduistische Ethik (Dharma) verlangt vom Menschen *ksama*, also Nachsicht und Vergebung. Im Nationalepos *Mahabharata* etwa steht: »Mitgefühl und Güte ist der höchste Dharma der Guten.« Dazu wird *ksama* in verschiedenen Schriften erwähnt. Das Lehrgedicht »Bhagavadgita« geht ebenfalls auf die Vergebung ein.

Es gibt bei den verschiedenen Religionen zahlreiche Antworten auf die Frage, wie ein Mensch vergeben muss und wie er selbst Vergebung erfahren könnte. Besonders beeindruckend finde ich, wie das Christentum mit den Themen Vergebung, Buße und Strafe umgeht – vor allem, wenn man die Zeit betrachtet, in der Jesus Christus Vergebung einforderte. Ob man Jesus nun als Gottes Sohn anerkennt, ihn als Propheten betrachtet oder nur als faszinierende Persönlichkeit der Menschheitsgeschichte – sein Leben und Wirken stellt auf jeden Fall eine Zäsur bei den abrahamitischen Religionen dar.

Die meisten von uns kennen die Darstellungen Gottes in dem Buch, das Christen »Altes Testament« nennen, und auch die Textstelle, die von »Auge um Auge, Zahn um Zahn« spricht, oder jene Berichte von Plagen, die Gott den Menschen sendet, und von ganzen Dörfern, die Gott ausrotten möchte, weil die Menschen nicht bereit sind, an ihn zu glauben. Es ist ein strafender Gott voller Zorn – Richard Dawkins nennt ihn »die unangenehmste Gestalt in der gesamten Literatur«. Auch Thomas Jefferson beschreibt den Gott im Alten Testament als »entsetzliche Gestalt – grausam, rachsüchtig, launisch und ungerecht«, und Randolph, der Sohn von Winston Churchill, sagte einfach: »Mein Gott, ist das ein beschissener Gott!«

Ich würde nun nicht so weit gehen wie diese drei, aber

festzuhalten ist schon: Ein netter Gott ist er nicht, dieser Gott im Alten Testament.

Politisch war die Lage für die Juden damals ziemlich vertrackt. Seit einem Jahrhundert waren sie Untertanen des Römischen Reiches, und es gab vier unterschiedliche Strömungen, die darauf reagierten. Die Sadduzäer passten sich den Herrschern an, die Essener zogen sich aus der Gesellschaft zurück, die Pharisäer suchten eine Erneuerung durch strikte Befolgung der mosaischen Gesetze, und die Zeloten setzten auf gewaltsame Revolution, die letztlich zur Zerstörung des Tempels in Jerusalem führte.

Jesus bot den Menschen eine fünfte Möglichkeit an. Er passte sich nicht an, er zog sich nicht zurück, und er wollte auch keinen militärischen Aufstand. Geistig stand er wohl den Pharisäern am nächsten, betonte jedoch eher die Barmherzigkeit Gottes als dessen Heiligkeit. Ein kleiner Unterschied, der indes letztlich so groß war, dass kein gemeinsamer Nenner mit den Pharisäern zu finden war und Jesus mit dem Tod durch Kreuzigung bestraft wurde.

Als Mensch, der im katholischen Glauben erzogen worden ist, habe ich die Worte Jesu wahrscheinlich zu oft gehört, um mir ihrer Wucht vollkommen bewusst zu sein. Dabei sind die Rhetorik des Gottessohns und der Inhalt seiner Worte heute mindestens so explosiv, wie sie es zu seinen Lebzeiten waren. Die meisten Menschen gehen davon aus, dass das Böse in der Welt mit allen Mitteln bekämpft werden muss. Wir wünschen uns aufgrund unseres Gerechtigkeitssinns, dass Übeltäter bestraft werden – ja, wir fühlen uns persönlich gekränkt, wenn ein Verbrecher ohne Strafe davonkommt. Wir sind natürlich der Ansicht, dass sich harte Arbeit auszahlen soll und dass derjenige, der hart für seinen Reichtum arbeiten muss, ihn auch verdient hat. Selbstverständlich wissen wir, dass manche Menschen qua Geburt bessere Chancen auf ein gutes Leben haben als andere – und doch hoffen wir, dass es irgendwie gerecht zugehen könnte auf dieser Welt, obwohl diese Hoffnung meist nichts anderes ist als eine schöne Utopie. Trotz aller Ungerechtigkeiten halten wir am Glauben an die Gerechtigkeit fest, weil wir hoffen, dass sich spätestens nach dem Tod göttliche Gerechtigkeit einstellt. Dieses Verständnis von Gerechtigkeit gab es nicht nur damals, es gibt auch heute kaum jemanden, der diesen Ansichten widersprechen würde. Mein Vater etwa sagt gerne: »Es kann doch nicht sein, dass auf Mutter Teresa und Adolf Hitler nach dem Tod das gleiche Schicksal wartet.«

Und dann kommt da der Sohn eines Tischlers und fordert von den Menschen genau das Gegenteil von dem, was sie als recht und gerecht erachten. Wir sollen unsere Feinde lieben und jene segnen, die uns verfluchen. Falls wir geschlagen werden, sollen wir die andere Wange hinhalten, statt uns zu wehren oder zumindest bei einem Gericht Genugtuung zu verlangen.

Jesus erzählte das Gleichnis des Sohnes, der das Erbe des Vaters verprasste, um dann bei seiner Rückkehr nicht verstoßen, sondern gefeiert zu werden. Er berichtete von einem Samariter, der einen schwer verletzten Fremden nicht am Wegrand liegen ließ, sondern ihm half. Jesus vergab Sündern, er sprach offen mit Ausgestoßenen und Steuereintreibern, und er wehrte sich nicht gegen die Gesellschaft von Prostituierten.

So gesehen war Jesus einer der ersten Rebellen der Menschheit.

Und mir wird beim Lesen dieser Berichte bewusst, wie wenig Ähnlichkeit ich selbst habe mit diesem Jesus Christus. Ich habe noch nie in meinem Leben die andere Wange hingehalten, ich habe noch nie jemanden gesegnet, der mich verflucht hat – und ich weiß nicht, ob ich meinen Sohn feiern würde, wenn er zuerst sein Erbe verprasst und dann nach Hause zurückkehrt. Ich würde ihm zunächst einmal die Leviten lesen und fordern, dass er sich anständig bei seiner Mutter und mir entschuldigt. Dann sehen wir mal, ob ich ein Schwein schlachten und ein Fest veranstalten würde.

»So wie dieser hat noch kein Mensch gesprochen«, heißt es im Evangelium nach Johannes, und der englische Schriftsteller H. G. Wells formuliert es so: »Entweder war dieser Mann irgendwie verrückt, oder unser Herz ist noch zu klein für seine Botschaft.«

Der Gedanke von Buße und Vergebung fasziniert mich ungeheuer. Die meisten Glaubensgemeinschaften sehen ihn als zentral an, und ich habe mich schon oft gefragt, warum eines der Zehn Gebote nicht lautet: »Du sollst vergeben!« Auch ein Zusatzgebot wäre denkbar: »Vergiss nicht, um Verzeihung zu bitten, bei Gott und deinen Mitmenschen!«

Ich finde den christlichen Gedanken der Vergebung auch deshalb besonders interessant, weil er Trost und Hoffnung spendet. Egal, was ein Mensch in seinem Leben angestellt hat, es gibt immer die Möglichkeit, zu bereuen und um Vergebung zu bitten. Es gibt also kein Sündenregister, das lang genug ist, damit irgendwann einmal feststeht, dass ein Mensch überhaupt keine Chance mehr hat, Erlösung zu finden. Solange es nicht aus Berechnung geschieht, kann ein Mensch jederzeit dafür sorgen, seine negative Bilanz zu löschen. Das ist ein unglaublich beruhigender Gedanke, weil ich es doch ziemlich erschreckend fände, wenn jemand zu mir kommen und sagen würde: »Tja, mein Lieber, jetzt bist du einunddreißig Jahre alt, und das Spiel ist gelaufen. Egal, was du von nun an unternimmst, Erlösung wirst du nicht mehr erfahren.«

Weil mir meine Schwiegermutter, eine gebürtige Philippinin, einmal erzählte, dass in ihrem Heimatland besonders strenge Regeln bei den Themen Reue und Vergebung herrschen würden, unternehmen meine Frau und ich eine Reise dorthin, um uns selbst ein Bild von diesen Regeln zu machen.

Auf der Insel Mindanao etwa gibt es einen Mann, dem besondere Heilkräfte nachgesagt werden. Um seine Fähigkeiten nicht zu verlieren, absolviert er einmal pro Jahr eine Art Kreuzweg. Er läuft vom Rathaus von Naawan zum Strand und geißelt sich während des fünf Kilometer langen Weges selbst, um für seine Sünden zu büßen – obwohl die Menschen in seinem Umfeld behaupten, dass er ein durch und durch rechtschaffener Mann sei. Er schlägt sich mit einem Sack auf den Rücken, der mit scharfen Rasierklingen gefüllt ist. Wenn er den Indischen Ozean erreicht, tropft das Blut von seinem Körper. Dann nimmt er ein Bad im salzigen Wasser – und sobald er den Ozean verlässt, sind auf seinem Rücken keine Wunden mehr zu sehen.

Man mag diese Geschichte als Humbug abtun. Vielleicht ist der Salzgehalt des Ozeanwassers dafür verantwortlich, dass die Wunden schneller heilen und das Blut abgewaschen wird, vielleicht aber auch nicht.

Auf der Insel Luzon lebt der fünfzig Jahre alte Ruben Enajo, im Dorf Cutud, siebzig Kilometer nördlich der Hauptstadt Manila. Er ließ sich im Jahr 2010 bereits das vierundzwanzigste Mal am Karfreitag ans Kreuz schlagen. »Es ist schmerzvoll und schwer«, sagt Enaje über das Ritual, bei dem er wie viele andere Dorfbewohner auch zuerst ein Kreuz durch das Dorf schleppt und sich schließlich achtzehn Zentimeter lange Nägel durch Hände und Füße treiben lässt. Dann hängt er bis zu fünf Minuten am Kreuz, ehe ihn Helfer wieder abnehmen. »Ich werde so lange durchhalten, wie ich kann. Das ist mein Versprechen an Gott«, sagt Enaje.

Er erhofft sich von der Kreuzigung Vergebung seiner Sünden. Um zu vermeiden, dass das Ritual zu einer Touristenattraktion verkommt – im Jahr 2010 etwa sahen mehr als zehntausend Menschen zu –, ist es Ausländern mittlerweile verboten, daran teilzunehmen. Es waren 2010 immer noch dreiunddreißig Menschen, die in Cutud gekreuzigt wurden.

Derart drastische Maßnahmen, um Vergebung zu erlangen, sind zwar selbst auf den Philippinen ungewöhnlich, doch wird dort der Glaube strenger praktiziert als etwa in westlichen Ländern. Dies führt auch zu Ritualen wie dem Exorzismus in Nawaan, den ich im Prolog zu diesem Buch beschrieben habe. »Die Frau war lange Zeit krank, es wurde immer schlimmer«, sagt meine Schwiegermutter. Da Gebete und auch medizinische Maßnahmen wirkungslos blieben, gab es offensichtlich keinen anderen Ausweg, als einen Exorzismus durchzuführen. Die Frau schrie, als sie mit Weihwasser besprüht wurde, sie musste von vier Männern festgehalten werden. Dann fiel sie in Ohnmacht, und als sie aufwachte, waren ihre Beschwerden verschwunden, und sie konnte sich an nichts mehr erinnern.

Es waren erstaunliche Erlebnisse auf den Philippinen, die bewirkten, dass ich mich nur noch mehr für Reue und Vergebung begeisterte. Bei meinem Experiment möchte ich mich deshalb nach den Regeln des christlichen Glaubens richten. Zum einen, weil ich finde, dass sie dort sehr prägnant formuliert sind. Zum anderen bin ich davon überzeugt, dass ich meinen eigenen Glauben anhand dieses Prinzips am eindringlichsten erfahren kann.

»Bei deinem Lügenprojekt hast du nur eine geprellte Rippe und ein paar Schürfwunden davongetragen«, gibt mein achtzehnjähriger Neffe Jörg zu bedenken, als ich ihm von der Idee erzähle, meine Sünden zu gestehen und um Vergebung zu bitten. »Diesmal wird es blaue Augen und mindestens einen gebrochenen Arm geben, das sage ich dir jetzt schon voraus!« Als meine Frau das hört, lacht sie nur.

»Überlegt euch lieber, was das Schlimmste war, das ihr mir jemals angetan habt. Ich bin schon sehr gespannt, was ihr zu berichten habt«, sage ich.

Natürlich ist das gelogen. In Wahrheit habe ich eine Riesenangst davor, was sie mir offenbaren könnten. Aber ich habe es ja nicht anders gewollt. Ich sehe, dass meine Frau bereits heftig nachdenkt. Wir kennen uns seit mehr als zehn Jahren – da gibt es mit Sicherheit irgendetwas Schlimmes, von dem ich bisher nichts wusste.

»Und ich bekomme wirklich einen Freibrief, wenn ich dir einen Fehler gestehe?«

»Ja, vergeben und vergessen.«

Kaum habe ich das ausgesprochen, wird mir mulmig. Was, wenn sie mir gesteht, dass sie seit Jahren eine Affäre hat? Oder wenn sie zugibt, dass unser Sohn nicht unser Sohn ist, sondern nur ihrer? Obwohl – beim Blick auf seinen überdimensionierten großen Zeh bin ich mir ziemlich sicher, dass meine Gene in diesem Pool dabei sind. Beim Blick in Finns Gesicht bin ich allerdings heilfroh, dass nicht allzu viele meiner Gene dabei sind, denn der kleine Mann ist genauso hübsch wie meine Frau.

»Es zählen auch böse Gedanken und negative Wünsche!«, schiebe ich rasch hinterher.

»Da gäbe es einige.«

Und schon habe ich wieder Angst und bin sauer. Dabei habe ich mir doch vorgenommen, eben nicht böse zu sein, sondern zu vergeben!

In diesem spannenden Moment kommt die erste SMS zurück. Sie ist von meinem Trauzeugen Thomas – der eigentlich nur ein halber Trauzeuge ist. Die kirchliche Trauung hat er verpasst, weil er das Hochzeitsauto in den Graben gesetzt, seine Beine nicht mehr gespürt und deshalb seinen Vater im Bademantel losgeschickt hat.

»Du Arschloch! Du glaubst doch nicht ernsthaft, dass ich irgendetwas auf dem Gewissen habe, das ich bis jetzt verheimlicht hätte und dementsprechend beichten müsste… PS: Nächsten Samstag ist Grillfest!«

Ich weiß nicht, ob ich erleichtert sein soll oder enttäuscht – oder sauer auf mich selbst. Ich hatte wirklich damit gerechnet, dass der Mensch, den ich seit fünfzehn

Jahren zu meinen besten Freunden zähle, mir etwas angetan und das auch noch verheimlicht hat. Wie armselig von mir! Ich fühle mich schäbig, und doch kann ich mein Misstrauen nicht so einfach abschütteln. Ich werde den Gedanken nicht los, dass er mir nur nicht sagen will, was er auf dem Kerbholz hat.

Schon wieder eine SMS. Diesmal ist es eine Nachricht von einem ehemaligen Fußballkumpel, den ich seit über zehn Jahren nicht mehr gesehen habe. Er schreibt: *»Deine damalige Freundin hätte mir schon gefallen und ich hätte sie gerne ins Bett bekommen und habe es auch wiederholt offensiv versucht – hat aber leider nicht geklappt...«*

Diese Antwort gefällt mir schon besser, wobei mich das Wort »leider« ein wenig stutzig macht. Ich bin nicht sauer, weil sein Vergehen zum einen sehr lange her ist und seine Überredungskünste ja nichts gefruchtet haben. Zum anderen denke ich daran, dass genau das später ihrem Nachbarn gelungen ist – weshalb ich ihre Wohnung verwüstete, indem ich die Geburtstagstorte auf den Boden warf, ohne zu ahnen, dass so eine Torte eine ziemliche Sauerei anrichten kann. Und es beschäftigt mich immer noch, dass ich damals derart ausgerastet bin.

»Ist vergeben und vergessen«, simse ich sofort zurück. *»Kein Problem. Dafür ist es wohl einem anderen gelungen.«*

Auch die nächste SMS, die da auf dem Display aufleuchtet, ist interessant. Sie stammt von meinem zweiten Trauzeugen, der ebenfalls bloß ein halber Trauzeuge ist, weil er damals bei der standesamtlichen Trauung seinen Personalausweis vergessen hatte und somit nur unter Protest des Standesbeamten auf dem Dokument unterschreiben durfte.

Er schreibt: *»Ich muss dir beichten, dass ich dir damals vor lauter Wut den Typen auf den Hals gehetzt habe, der dich mit dem Baseballschläger verprügeln sollte...«*

Nun muss ich doch erst mal tief durchatmen. Mein Trauzeuge war das? Der Abend, an dem ich als Sechzehnjähriger vor zwei dunklen Gestalten auf dem Weg von der Disko nach Hause flüchtete, erhält nun eine völlig neue Bedeutung.

Ich habe Schwierigkeiten damit, ihm einfach so zu vergeben. Schließlich steht in seiner Nachricht keine Silbe davon, dass er die Aktion bereut. Wahrscheinlich muss er heute noch kichern, wenn er daran denkt, wie ich damals nach Hause gelaufen bin und stundenlang mein Zimmer nicht verlassen habe, aus lauter Angst, dass da unten auf der Straße jugendliche Schläger auf mich warten könnten. Ich wünsche mir, dass er dafür büßen muss, indem er zumindest eine Stunde lang in seinem Zimmer sitzt und Angst hat, dass vor seiner Haustür Hooligans auf ihn warten. Ich will nicht nur, dass er für seine blöde Aktion bestraft wird, ich entwickle sogar Rachepläne. Aber ich erinnere mich an mein Versprechen, nicht nachtragend sein zu wollen und ihm ohne Vorbehalte und Bedingungen zu verzeihen. Das ist jedoch gar nicht so leicht.

»*Vergeben!*«, antworte ich großmütig. »*Aber nicht vergessen, weil die Geschichte zu lustig ist und ich sie bestimmt meinem Sohn mal erzählen werde, wenn er mal Angst vor einer Prügelei hat.*«

Ich bekomme noch eine SMS: »*Ich habe damals verhindert, dass du der Autor einer Fernsehsendung geworden bist, obwohl du dir das gewünscht hast und den Job wohl auch bekommen hättest. Ich hatte Angst, dass ich dann meine Arbeit verlieren könnte, weil ich dachte, dass dich der Produzent besser leiden kann als mich.*«

Ich bin konsterniert – und wütend. Hat der Kerl das wirklich getan? Wie konnte er nur! Dieser Vollidiot!! Ich könnte jetzt Autor bei Harald Schmidt sein, ich könnte Drehbücher für den *Tatort* verfassen, vielleicht wäre das der Start zu einer Hollywoodkarriere gewesen oder zu einem Leben als erfolgreicher Romanautor!

Für einen kurzen Moment hasse ich diesen Menschen. Ehrlich und aufrichtig. Doch dann denke ich daran, dass er es nicht gemacht hat, um mir zu schaden, sondern um sich und eventuell seine Familie zu ernähren. Und außerdem hat sich trotz der Absage in meinem Leben alles prächtig entwickelt. Ich darf mich wirklich nicht beklagen, dass sich meine Träume von damals nicht erfüllt hätten. Also verzeihe ich ihm und teile ihm das auch mit.

Trotzdem weiß ich nicht, ob ich bereit bin, ihm wirklich zu vergeben. Wäre ich wohl auch so nachsichtig, wenn ich jetzt arbeitslos wäre und der verpassten Chance damals nachtrauern würde? Und was würde ich tun, wenn dieser Mensch mich künftig um einen Gefallen bäte und vielleicht sogar fragen würde, ob ich ihm beruflich behilflich sein könnte? Ich nehme mir fest vor, dass sein Geständnis keine Rolle mehr spielt in meinem Leben, aber ich weiß nicht, ob ich konsequent sein werde. Vor allem nicht, wenn er sich irgendwann einmal bei meinem Arbeitgeber bewerben sollte und mein Chef mich dann nach meiner Meinung fragen würde, wo ich diesen Bewerber doch gut kenne.

Vierundneunzig Menschen habe ich die Bitte um ein Geständnis und das Versprechen der Vergebung geschickt, darunter meinen Eltern, meiner Frau und meinen Kollegen. Schon bei den ersten vier Antworten merke ich, dass es gar nicht so einfach ist, manchen Menschen zu verzeihen – und natürlich habe ich Angst davor, anderen meine schlimmsten Sünden zu beichten. Aber was soll's! Niemand hat behauptet, dass auf dem Weg in den Himmel nur Rosen ohne Dornen liegen.

Noch neunzig Antworten, vor denen ich Angst habe – und noch einige Geständnisse, die ich selbst abzulegen habe. Denn schließlich möchte ich auch beichten und die anderen um Vergebung bitten.

Deshalb habe ich mir vorgenommen, zum ersten Mal seit etwa fünfzehn Jahren wieder zur Beichte zu gehen. Doch ich möchte nicht in einem Beichtstuhl knien, weil ich es ziemlich befremdlich fände, einem wildfremden Priester, der die Hintergründe meines Handelns nur schwer oder gar nicht einschätzen kann, meine Sünden aufzuzählen. Da könnte ich genauso gut auf dem Portal *beichthaus.com* ein Geständnis ablegen, wobei sehr interessant ist, was man auf dieser Internetseite unter den ungefähr fünfzehntausend veröffentlichten Beichten alles findet, und welche Kommentare die anderen Nutzer dieser Seite so abgeben.

Lieber möchte ich mit einem Menschen sprechen, der mich gut kennt, der aber von meinem Leben weit genug entfernt ist, um meine Taten einigermaßen objektiv beurteilen zu können. Ich will über meine Sünden sprechen und gemeinsam mit ihm herausfinden, welches die schlimmsten Vergehen waren, die ich in Ordnung bringen muss. Danach werde ich zu den Menschen gehen, denen ich das angetan habe, und werde versuchen, mich aufrichtig zu entschuldigen.

Bei diesem Gespräch möchte ich aber auch herausfinden, was ich tun soll, wenn ich meine Untat zwar einsehe, sie aber nicht wirklich bereue. Bei meiner Aktion mit der Torte, die damals mit voller Wucht auf den Boden der Wohnung meiner Freundin klatschte, werde ich mir wohl anhören müssen, dass ich aus Zorn gehandelt habe und meine Tat deshalb verwerflich war. Aber ich weiß jetzt schon, dass ich die Geschichte nach wie vor nicht wirklich bereue.

Wenn ich früher über das Fegefeuer nachdachte, stellte ich mir diese Institution immer als einen überdimensionalen Beichtstuhlprojektor vor: Alle Menschen, die mich kennen, sitzen in einem riesigen Kinosaal und sehen all meine großen und kleinen Vergehen – und danach muss ich jedem einzelnen in die Augen schauen. Eine schreckliche Vorstellung. Aber es muss sein, um letztendlich Vergebung zu erfahren.

Als Beichtvater habe ich mir meinen alten Freund Adam ausgesucht, den ich während des Studiums kennengelernt habe. Er arbeitet mittlerweile in der Buchhaltung eines mittelständischen Unternehmens und ist in seiner Freizeit als Laienprediger tätig. Ich erkläre ihm, dass ich keine Beichte ablegen, sondern ein Gespräch führen möchte über meine Sünden der vergangenen Jahre und wie ich damit umgehen könnte. Er lacht nur und meint, dann würde er sich lieber mal ein paar Stunden Zeit nehmen. Ich hätte nie gedacht, dass er mich *so* gut kennt.

Zu Beginn klären wir zuerst einmal die für mich wichtige Frage, wie ich mit jenen Taten umzugehen habe, die zwar als Sünde geführt werden, die ich persönlich aber nicht als solche interpretiere und auch nicht von ganzem Herzen bereue.

»Das ist eine heikle Angelegenheit, weil zur Vergebung natürlich auch Reue gehört«, meint Adam. »Aber wenn man diesen Gedanken weiterführt, dann müsste jeder Mensch auch sein eigenes persönliches Gesetzbuch mit sich führen. Der eine würde es vielleicht für richtig halten, mit siebzig Stundenkilometern durch geschlossene Ortschaften zu fahren – dennoch bleibt es vor dem Gesetz ein Vergehen, wenn er es tut. Die einzige Möglichkeit, die ein Mensch hat, nur jene Dinge beichten zu müssen, die er selbst für eine Sünde hält, ist die, eine eigene Religion mit eigenen persönlichen Gesetzen zu gründen – wobei ich mir sicher wäre, dass schon das nächste Mitglied an einigen deiner Gesetze zweifeln würde.«

Also halten wir fest, dass eine Sünde eine Sünde ist, wenn es so in den Geboten festgelegt ist – und dass ich mich notfalls zur Reue zwingen muss.

Um einen Überblick zu bekommen über meine Vergehen, will ich mich zunächst an die Zehn Gebote der katholischen Kirche halten.

»Ich finde diesen Ansatz sehr gut«, sagt Adam. »Doch du willst dich ja bei anderen Menschen entschuldigen, während du dich bei den Zehn Geboten auch bei Gott entschuldigen müsstest. Deshalb fände ich es interessanter, wenn wir uns an die sieben schlechten Charaktereigenschaften der klassischen Theologie halten und damit arbeiten würden.«

Das leuchtet mir ein. Wir bleiben auch deshalb bei den sieben schlechten Charaktereigenschaften, weil sie in ähnlicher Form in anderen Religionen vorkommen und das Christentum nicht die einzige und allgemeingültige Antwort auf die Frage nach Vergebung gibt. Jeder Hindu kann etwa sechs Feinde aufzählen: *kama* (weltliche Begierden), *krodha* (Zorn), *lobha* (Gier und Geiz), *moha* (geistige Dunkelheit), *mada* (Hochmut) und *matsarya* (Eifersucht und Neid). Mahatma Ghandi hat für die moderne Welt sieben Todsünden formuliert: Reichtum ohne Arbeit, Genuss ohne Gewissen, Wissen ohne Charakter, Geschäft ohne Moral, Wissenschaft ohne Menschlichkeit, Religion ohne Opferbereitschaft und Politik ohne Prinzipien. Im Buddhismus gibt es die drei Geistesgifte Gier, Hass und Verblendung, durch die die schlechten Handlungen der Menschen motiviert werden. Im Konfuzianismus gibt es fünf Tugenden (Menschlichkeit, Gerechtigkeit, ethisches Verhalten, Weisheit und Güte), aus denen sich die drei sozialen Pflichten (Loyalität, kindliche Pietät und Wahrung von Anstand und Sitte) ableiten.

Wir sprechen mehrere Stunden über mein Leben, und bei fast jeder Geschichte, die ich Adam erzähle, wird mir klar, dass ich bisher ziemlich viel Mist gebaut habe. Ich gewinne den Eindruck, dass ich ein grottenschlechter Mensch bin, und bei so mancher Anekdote bin ich den Tränen nahe, weil es mir so leidtut, was ich alles angestellt habe.

Als ich Adam diese Erkenntnis offenbare, beginnt er laut zu lachen. »Ich glaube, dass es vielen Menschen ähnlich geht, wenn sie mal intensiv über ihre Vergangenheit nachdenken und jeden einzelnen Fehler aus ihrem Gedächtnis hervorholen. Genau deshalb gibt es doch die Möglichkeit, zu bereuen und sich dafür zu entschuldigen.«

Irgendwann, es sind mittlerweile sieben Stunden vergangen, bin ich fertig mit meinen Erzählungen und auch fertig mit den Nerven.

Ich bin vollkommen leer. Es ist, als hätte jemand einen Staubsauger an mein Gedächtnis gehalten und alles herausgesogen, was sich an schrecklichen Dingen darin angesammelt hat. Komischerweise fühle ich mich keineswegs erleichtert, sondern deprimiert.

»Das ist völlig normal«, versichert mir Adam. »Du hast dir die Dinge zwar von der Seele geredet und vielleicht auch bereut, aber sie sind immer noch da. Es ist noch nichts geklärt. Jetzt beginnt erst die eigentliche Arbeit.«

Sorgfältig fassen wir nun die einzelnen Sünden zusammen und ordnen sie den sieben schlechten Charaktereigenschaften – Hochmut, Geiz, Völlerei, Zorn, Wollust, Neid und Trägheit – zu. Interessanterweise gibt es keine Eigenschaft, die besonders auf mich zutreffen würde. Ich bin also nicht extrem wollüstig oder zornig oder hochmütig. Vielmehr verteilen sich meine Fehltritte auf alle sieben Eigenschaften. Ich tauge also zum Universalbösewicht.

»Ich würde nun auch nicht nach der Schwere des Vergehens vorgehen«, rät mir Adam. »Ich würde mich grundsätzlich bei allen Menschen entschuldigen, bei denen dir deine Verfehlung besonders auf der Seele brennt. Vor allem würde ich für jede Charaktereigenschaft eine Person wählen, bei der es dir ein besonderes Bedürfnis ist, Dinge zu bereinigen. Danach musst du natürlich mit dir selbst ins Reine kommen und versuchen, diese Sünden nicht wieder zu begehen.«

Er erklärt mir, dass der christliche Gott sich zwar mit Reue und Umkehr zufriedengebe, dass in vielen anderen Religionen aber die Wiedergutmachung ein zentraler Punkt sei. Im Judentum beispielsweise findet der zentrale Gedanke der Vergebung im Hier und Jetzt seine rituelle Entsprechung im Jom Kippur, einem der höchsten jüdischen Feiertage. Es ist der Höhepunkt und Abschluss der Periode von Reue und

Buße. Im Talmud etwa steht: »Am Versöhnungstag wird der Mensch von Sünden gegen Gott freigesprochen, aber nicht von solchen gegen seinen Mitmenschen, es sei denn, dass der ihm verzeihe.«

Ich wähle also sieben Menschen aus, bei denen ich mich gerne entschuldigen würde. Natürlich weiß ich, dass ich auch kneifen, auf eine Entschuldigung verzichten und mein Leben einfach so weiterführen könnte, ohne dass etwas Schlimmes passiert. Aber ich weiß auch, dass ich mich nur dann besser fühlen werde, wenn ich den Mut aufbringe, meine Vergehen nun offen darzulegen. Ich glaube, dass ich in meinem Leben noch nie so viel Angst hatte wie vor diesen Gesprächen.

Die Personen, bei denen ich mich zu entschuldigen habe, sind: ein Schiedsrichter, einer meiner besten Freunde, ein Kollege, ein ehemaliger Kollege, eine ehemalige Freundin, meine Frau – und ich selbst. Die Vergehen, für die ich mich zu entschuldigen habe, werde ich hier nicht aufschreiben, weil ich die Menschen, denen ich das angetan habe, respektiere und nicht möchte, dass diese Geschichten öffentlich werden.

Ich telefoniere, schreibe Mails, führe persönliche Gespräche und muss gestehen, dass ich vor jeder einzelnen Entschuldigung gehörigen Bammel habe. Weder vor der mündlichen Abiturprüfung noch vor meiner ersten Autorenlesung war ich so aufgeregt wie vor diesen Geständnissen. Es ist eine Mischung aus Peinlichkeit, Feigheit und purer Angst – vor der Reaktion meines Gegenübers und vor allem davor, dass mir keine Vergebung gewährt werden könnte.

Dabei sind die Reaktionen höchst unterschiedlich. Einmal höre ich: »*O mein Gott, daran erinnere ich mich! Ja, das war schon eine schlimme Sache, aber ich habe es schon fast wieder vergessen. Und du bist ja dafür bestraft worden. Ich finde es trotzdem schön, dass du dich nach all dieser Zeit entschuldigst. Dazu gehört eine Portion Mut, und ge-*

nau deshalb ist die Sache gegessen. Sorge nur dafür, dass so etwas nicht wieder passiert, denn es war wirklich schlimm.«

Eine andere Reaktion: »Habe erst mal geschluckt, als ich die Mail gelesen habe. Ich akzeptiere nicht nur, sondern ziehe den Hut vor Dir. Ich glaube, es gehört sehr intensive Selbstreflexion und dann Courage dazu, so etwas offen zu kommunizieren. Ich bin wirklich geplättet.« Dann folgen eine Aufzählung der gemeinsamen Erlebnisse und eine zweiseitige Auflistung der Fehler des Verfassers, bevor er den Brief schließt mit den Worten: »Ich hatte schon bei deinem ersten Buch das Gefühl, dass dich der Schreibprozess verändert. Das wird mir in Bezug auf meinen Hochmut nie so gelingen. Ich bin aber nicht neidisch auf Dich, sondern empfinde höchsten Respekt.«

Als ich diese Sätze lese, erkenne ich, dass es richtig war, das Projekt anzugehen – schon allein wegen dieses Briefes.

Ein anderer reagiert ähnlich. Er freue sich darüber, dass ich nach dieser langen Zeit über mein Leben nachdenke und bereit sei, für meine Fehler geradezustehen – und er würde es begrüßen, wenn andere das auch tun würden. Er beendet den Brief mit dem Wunsch, dass wir uns bald einmal wiedersehen.

Es gibt aber auch eine abschlägige Antwort: »Tut mir leid, aber das werde ich dir niemals verzeihen können«, erwidert einer der Angeschriebenen. »Ich denke immer noch häufig daran – und ich denke nicht, dass eine Entschuldigung das wieder gutmachen kann. So etwas kann ich einem anderen Menschen einfach nicht vergeben, zumal du dafür auch nie bestraft wurdest.«

Ich kann nicht sagen, dass ich über diese Reaktion enttäuscht oder gar verbittert bin, schließlich muss ein Mensch damit rechnen, dass ihm nicht vergeben wird, wenn er gehörigen Mist gebaut hat. Ich bin nur froh, dass mich diese Antwort per Mail erreicht und ich dem Menschen, der sie mir gegeben hat, in diesem Augenblick nicht gegenübersitzen muss.

Meine Frau reagiert nicht wütend, sondern mit detektivischem Eifer. Sie ist nicht böse, sondern fragt stundenlang herum, um die Gründe für mein Verhalten zu erfahren. Diese Fragerei ist für mich sogar unangenehmer als die Reaktion des Menschen, der mir nicht vergeben konnte. Auf der anderen Seite ist meine Frau auch – nachdem das Verhör beendet ist – relativ schnell bereit, mir zu verzeihen. Kein Tritt, keine strafenden Blicke, keine Nächte auf der Couch. Ganz ehrlich: Verglichen mit dem Lügenprojekt, war das ein Spaziergang im Park.

Zum Schluss muss ich mir selbst noch vergeben, was mir ehrlich gesagt nicht wirklich leichtfällt. Es erinnert mich ein wenig an die Begebenheit aus meiner lügenfreien Zeit, als ich versuchen musste, vollkommen ehrlich zu mir selbst zu sein. Ich habe zwar gelernt, mich so anzunehmen, wie ich bin – mit allen Unzulänglichkeiten und schlechten Charaktereigenschaften, für die ich vielleicht nicht unbedingt etwas kann, weil es eben die Karten sind, die mir vom Leben zugespielt wurden. Aber ich stelle fest, dass ich mit diesen Karten nicht immer so gespielt habe, wie ich es hätte tun können. Es geht dabei nicht um Dinge, die ich anderen Menschen angetan habe, sondern um jene, mit denen ich dafür gesorgt habe, dass mein eigenes Leben problematischer verlief und ich mir selbst Steine in den Weg gelegt habe, der mich zur Erlösung führen könnte.

Ich lege mir eine Liste zurecht mit Dingen, die ich mir selbst angetan habe, die ich mir selbst beichten muss und für die ich mich selbst um Vergebung bitten muss. Ich habe sie in *Du sollst nicht lügen* bereits ausführlich dargelegt. Wer also wissen möchte, wofür ich mich bei mir selbst zu entschuldigen habe, der möge einen Blick in dieses Buch werfen.

Danach versuche ich mithilfe der spirituellen Aktivitäten,

die ich im Lauf der Zeit erlernt habe, damit zurechtzukommen. Ich gehe in eine Kirche und spreche mit Gott über meine Fehler. Ich meditiere und nehme als Meditationsobjekt jeweils einen Gedanken, den ich verbessern möchte. Ich lege mich in ein Floatingbecken und denke ohne äußere Einflüsse über einzelne Aspekte meines Lebens nach.

Dieser Prozess dauert etwa ein halbes Jahr, und ich muss zugeben, dass ich während dieser Zeit an manchen Tagen ungenießbar bin, weil ich mich selbst nicht leiden kann und deshalb auch mit anderen Menschen nicht besonders gut klarkomme. Mir wird bewusst, dass ich doch viele Dinge ändern muss in meinem Leben, wenn ich will, dass der Film, der kurz vor meinem Tod vor meinem Augen ablaufen wird, ein gelungener ist – und vor allem einer, den man seinen Mitmenschen und nicht zuletzt der höheren Macht, die einmal über einen richten könnte, präsentieren muss.

Aber es hilft. Wobei ich sagen muss, dass mir vor allem Meditation und die Selbstgespräche mit Gott geholfen haben, mich selbst besser zu erkennen, manchen Fehler einzugestehen und einige schlimme Charaktereigenschaften zu ändern. Ich bin kein Guru geworden in dieser Zeit und führe nun wahrlich kein perfektes Leben – aber ich bin der festen Überzeugung, dass ich ein besserer Mensch geworden bin, und vor allem einer, der mit sich selbst besser zurechtkommt als je zuvor. Das zeigt mir auch der Inspirit-Test, der zwar keine Höchstwerte angibt, aber doch Zahlen, die sich im oberen Bereich bewegen.

Nun muss ich also nur noch mit den Antworten meiner Freunde zurechtkommen, die ich zu Beginn dieses Versuchs gebeten hatte, mir ihre Vergehen zu beichten.

Ganz ehrlich? Nach dem, was ich mir selbst zu vergeben hatte, und nach den Gesprächen mit den Menschen, die mir zu vergeben hatten, wirken diese Geständnisse wie lustige Erzählungen aus dem Ferienlager. Freilich nehme ich jede einzelne Mail oder SMS ernst, weil ich bemerke, dass sich manche wirklich Gedanken gemacht und mit sich gerungen haben, bevor sie mir schreiben. Es geht um Prügeleien, es geht um Verrat, es geht um böse Gedanken. Um Lästereien, um den Versuch, mich aus einer früheren Arbeit hinauswerfen zu lassen, um üble Beschimpfungen. Aber es fällt mir bei keinem Geständnis wirklich schwer, dem Täter zu verzeihen. Ganz im Gegenteil: Meistens vergebe ich mit einer Freude, die ich bei mir selbst kaum für möglich gehalten hätte.

Ich bin zwar hin und wieder sauer und selten sogar enttäuscht – aber meistens nicht wegen der Vergehen, sondern wegen der Tatsache, dass meine Freunde sie mir so lange verheimlicht haben. Das teile ich ihnen auch mit. Ansonsten versuche ich, mich nicht wie ein Richter aufzuspielen, der dem Delinquenten eine Strafpredigt hält, sondern vielmehr als das, was ich wirklich sein soll: ein Freund, der gerne verzeiht.

Vor allem aber habe ich keine Angst mehr, Fehler zuzugeben und andere Menschen um Verzeihung zu bitten. Ich muss nur dafür sorgen, dass es immer weniger Dinge werden, für die ich mich entschuldigen muss.

Kapitel 8

Weniger Sonne, mehr Wasser

Shit happens!

Scheiße passiert nun mal!

Ein einfacher, aber doch genialer Spruch, der vermutlich in den sechziger Jahren in den Vereinigten Staaten erfunden wurde. Wer ihn zuerst ausgesprochen und verbreitet hat, lässt sich nicht mehr genau rekapitulieren. Es könnte Richard Nixon in der Nacht der Präsidentschaftswahl 1960 ebenso gewesen sein wie Jimi Hendrix während seiner Zeit bei der 101. Luftlandedivision. Im Film *Forrest Gump* wird angedeutet, dass es der sympathische Simpel gewesen sein könnte, nachdem er in einen Hundehaufen getreten ist. Aber wie bei so vielen genialen Dingen ist von geringer Bedeutung, wer der Urheber ist, solange es dieses Kunstwerk gibt.

Der Ausspruch wird immer dann verwendet, wenn im Leben eines Menschen schlimme Dinge ohne besonderen Grund passieren. In Frankreich sagt man dazu »C'est la vie«, in Spanien »Asi es la vida« und im Rheinland »Et es wie et es«.

Mir gefällt die amerikanische Version nicht deshalb, wie nun mancher vermuten könnte, weil sie ein Schimpfwort enthält. Vielmehr hat sich aus dem Spruch die sogenannte »Shit List« entwickelt, die sich mit Religionen und Ideologien beschäftigt und vor allem von den Nutzern im Internet stetig weiterentwickelt wird. Ich finde sie genial, weil sie einerseits urkomisch ist, zum anderen recht interessante Dinge über Glaubensgemeinschaften und Ideologien enthält. Hier sind einige Auszüge, von mir frei übersetzt.

Die Shit List

Atheismus	Welche Scheiße?
Bahai	Es gibt immer wieder frische Scheiße.
Buddhismus	Wenn Scheiße passiert, ist es wirklich Scheiße?
Hinduismus	Diese ganze Scheiße ist schon mal passiert!
Islam	Wenn Scheiße passiert, töte den Verantwortlichen.
Judentum	Warum passiert die Scheiße immer uns?
Katholizismus	Wenn Scheiße passiert, dann hast du es verdient.
Konfuzianismus	Konfuzius sagt: »Scheiße passiert!«
Protestantismus	Lass Scheiße einem anderen passieren.
Satanismus	Triessap Eßiehcs!
Scientology	Wenn Scheiße passiert, komm zum Auditing.
Taoismus	Scheiße passiert!

Ich habe eine Version der Liste zum ersten Mal in Chicago gesehen, als ich dreizehn war. Ein Mann trug ein T-Shirt, auf dem die Liste aufgedruckt war. Er bat meinen Vater um eine Zigarette und wünschte ihm dann frohe Ostern. In meiner Naivität fragte ich meine Mutter: »Haben Religionen wirklich derart unterschiedliche Vorstellungen von der Welt?«

Ihre Antwort: »Schon irgendwie!«

Meine zweite Frage war: »Ist denn wirklich jede Religion der Ansicht, dass es auf der Welt viel Scheiße gibt? Und dass keiner wirklich etwas dagegen unternehmen kann? Ich meine, bei keiner Religion steht: Keine Sorge, wir beenden den Scheiß!«

»Anscheinend schon!«

Ich habe mir daraufhin gedacht: »Was für eine Welt ist das denn?«

Scheiße passiert – und sie passiert jeden Tag auf dieser Welt. Manchmal können wir Menschen scheinbar nur wenig dafür: Erdbeben, Wirbelstürme, Vulkanausbrüche, Hochwasser, Erdrutsche, Dürreperioden – wenn man einmal davon absieht, welche Naturkatastrophen es gibt, weil der Mensch diesen Planeten immer mehr kaputt macht. Und es gibt Dinge, für die wir Menschen direkt verantwortlich sind: Mord, Vergewaltigung, Kindesmissbrauch, Diebstahl, Betrug und noch vieles mehr. Deshalb verwundert es nicht, dass nicht nur ich, sondern viele andere auch denken: »Was für eine Welt ist das denn?«

Als ich mich zu Beginn meines Projekts aufmachte, Vergebung zu suchen, und lange darüber nachdachte, welche Fehler ich bislang gemacht hatte, wurde mir klar, dass ich für einen nicht unerheblichen Teil des Unheils, das so passiert in der Welt, auch Verantwortung zu tragen habe – und nicht selten habe ich mir während des Beichtgesprächs mit Adam gedacht: »Was für ein Mensch bin ich denn?«

Warum geschehen solche Dinge? Müsste nicht ein unendlich gütiger Gott eigentlich dafür sorgen, dass das Böse keine Chance hat auf dieser Welt? Für viele Atheisten sind die Existenz und die alltägliche Gegenwart des Bösen in der Welt einer der Hauptgründe, warum sie nicht (mehr) an Gott glauben. Zahlreiche Studien haben ergeben, dass einer Vielzahl von Austritten aus einer Kirche oder Glaubensgemeinschaft ein trauriges Ereignis vorausging, durch das die Menschen ihren Glauben verloren. Ich kann diese Argumentation nachvollziehen, denn ich weiß tatsächlich nicht, wie ich reagieren würde, wenn einem Menschen, den ich über alles liebe, unglaubliches Unglück widerfahren würde.

Oder ist der Mensch allein dafür verantwortlich, dass auf diesem Planeten jeden Tag mehr Scheiße passiert, als in eine Zeitung passt? Das wäre immerhin eine – wenngleich sehr vage – Begründung, warum es Gott trotz all der bösen Dinge geben kann und er dennoch als gütig und allmächtig gelten darf. Oder darf man tatsächlich dem Teufel die Rolle des Bösewichts zuschieben und ihn als den großen Verführer verantwortlich machen für all die schlimmen Dinge, die geschehen?

Ich muss zugeben: Mein bisheriges Leben verlief derart glücklich, dass ich die Haltung, die ich als Teenager hatte, geändert habe. Mittlerweile halte ich es mit Ernest Hemingway, der in *Wem die Stunde schlägt* schrieb: »Die Welt ist ein schöner Ort und wert, dass man um sie kämpft – und ich hasse es, sie einmal verlassen zu müssen.«

Dennoch kann ich nicht leugnen, dass es derartig viel Schlechtes auf der Welt gibt, dass man sich schon hin und wieder fragen muss, ob die Menschen den Verstand verloren haben oder Gott das Interesse an diesem Planeten. Das Böse, wenn man es so nennen mag, scheint allgegenwärtig und übt eine schier unglaubliche Verführungskraft auf die Menschen aus. Bösewichter strahlen eine nicht zu unterschätzende Faszination aus, was nicht zuletzt Peter-André Alt in seinem Buch *Die Ästhetik des Bösen* beschreibt. Wir sehen Figuren wie die des Gordon Gekko aus dem Film »Wall Street«, die des Tom Ripley in den Romanen von Patricia Highsmith oder auch die des Jokers in »The Dark Knight« – und nicht wenige sind von der Ausstrahlung dieser Menschen, deren Bandbreite vom liederlichen Halunken bis hin zum abgrundtief bösen Übeltäter reicht, zumindest fasziniert, wenn nicht gar angezogen. Wer etwas Diabolisches in sich trägt, der ist interessant. Er sollte natürlich nicht abgrundtief böse sein, aber gegen ein wenig Rebellion und ein paar Sünden haben die meisten von uns kaum etwas einzuwenden. Erst wenn es richtig schlimm wird, fragen wir: »Wie kann dieser Mensch nur so sein?«, oder: »Wie kann Gott das nur zulassen?«, oder auch: »Mein Gott, mein Gott, warum hast du mich verlassen?«

Die verschiedenen Religionen haben ganz unterschiedliche Begründungen für das Böse in der Welt.

Das Judentum etwa hält das Böse für die Fehler von im Grunde anständigen Leuten. Durch den freien Willen haben sie die Wahl – und bisweilen nutzen sie ihre Unabhängigkeit, um Böses zu tun. Dieser Ansicht sind auch Christen, Muslime und Anhänger des Zoroastrismus. Bei diesen Religionen kommt jedoch hinzu, dass der Mensch für ein verführbares Wesen gehalten wird, das von einem üblen Gegenspieler Gottes – wie etwa dem Teufel – dazu angestachelt werden kann, schlimme Dinge zu tun. Zudem sei jedem Menschen eine sündhafte Natur eigen, die es ihm ermöglicht, sich verführen zu lassen und böse zu sein.

Andere Glaubensgemeinschaften wie der Hinduismus und der Buddhismus halten das Böse für Einbildung, deshalb auch der Spruch »Ist es wirklich Scheiße?« beim Buddhismus auf der Shit List. Das Böse existiere gar nicht, unser Geist sei jedoch noch nicht so weit entwickelt, um das zu verstehen, weshalb das Leben ein unendlicher Leidensprozess sei. Als weiteren Grund nennen diese Religionen, dass uns schlimme Dinge deshalb passieren, weil wir in einem früheren Leben Mist gebaut haben und nun die Suppe auszulöffeln haben, die wir uns früher einmal eingebrockt haben.

Der Mensch hat aufgrund der verschiedenen Erklärungen auch unterschiedliche Möglichkeiten, mit dem Bösen umzugehen. Auf den Philippinen etwa dienen schlimme Ereignisse als Möglichkeit, das Leiden Christi am eigenen Leib zu verspüren, weshalb ein Unglück weniger als Unglück gesehen wird, sondern vielmehr als Chance. Das mag ein Grund dafür sein, dass die Menschen dort derart stoisch mit Katastrophen umgehen. Ein Wirbelsturm? Da müssen wir durch. Ein Vulkanausbruch? Den gibt es jedes Jahr, es ist die Gelegenheit, so damit umzugehen, wie Jesus es getan hätte. Eine Frau ist von einem bösen Geist besessen? Das ist nicht gut – und wenn es schlimmer wird, machen wir einen Exorzismus.

Im Katholizismus dagegen wird das Böse sowohl als Prüfung als auch als Strafe gesehen. So deutete etwa der Linzer Weihbischof Gerhard Maria Wagner an, dass beim verheerenden Erdbeben in Haiti ein strafender Gott am Werk gewesen sein könnte: »Gott lässt sich nicht in seine Karten schauen. Aber es ist schon interessant, dass in Haiti neunzig Prozent Anhänger von Voodoo-Kulten sind.« Auch beim Hurrikan »Katrina« merkte Wagner an, dass es kein Zufall sein könne, dass in New Orleans alle fünf Abtreibungskliniken und viele Nachtklubs zerstört wurden.

Derlei Aussagen sind natürlich nicht repräsentativ für alle Katholiken. Eine Aufforderung Jesu ist dagegen wohl jedem Christen geläufig: »Wer mein Jünger sein will, der verleugne sich selbst, nehme sein Kreuz auf sich und folge mir nach.« Leid, Kummer und Schmerz sind also Formen des Kreuzes, das der Mensch auf dem Weg ins Himmelreich zu tragen hat.

Im Islam nimmt Gott dagegen die Rolle eines liebevollen, aber auch strafenden Vaters ein: Er ist gütig und zornig zugleich. Muslime betonen jedoch die Barmherzigkeit Gottes und vertrauen darauf, ihn durch gute Taten besänftigen zu können. Das bedeutet, der gläubige Mensch muss derart gut sein, damit Gott nicht irgendwann einmal die Geduld verliert und die Erde endgültig zerstört.

Im Zoroastrismus dagegen ist Gott zwar grundsätzlich gütig, aber leider nicht allmächtig – er braucht also den Menschen, der ihn beim Kampf gegen das Böse unterstützt. Für den Gläubigen bedeutet das nichts anderes als: Tue Gutes, damit hilfst du Gott!

Der Hinduismus dagegen löst das Problem des Bösen wie die meisten polytheistischen Religionen relativ pragmatisch: Es gibt gute Götter und böse Götter, die gegeneinander kämpfen. Den Menschen kommt in diesem Fall die Rolle der Handlanger zu, die die Wahl haben, ob sie den Guten oder den Bösen helfen möchten. Der Mensch darf sich also entscheiden, auf welcher Seite er stehen möchte.

Die interessanteste Antwort auf die Frage, warum es das Böse in der Welt gibt und wie ein Mensch damit umgehen könnte, finde ich im Taoismus. Ich habe mich zuerst gewundert, warum diese Glaubensgemeinschaft auf der Shit List keinen besonderen Satz erhalten hat, sondern dass dort einfach nur steht: »Shit happens!« Das möchte ich genauer wissen.

Ich bin in der chinesischen Industriestadt Chengdu, weil dort die Weltmeisterschaften der Computerspieler ausgetragen werden. Da ich jedoch meinen Reisepass verloren habe – ich behaupte immer noch, dass er gestohlen wurde und sich nun ein besonders glücklicher Chinese mit ihm auf Weltreise befindet –, muss ich eine Woche länger bleiben. In der Stadt leben etwa zwölf Millionen Menschen, und schon nach wenigen Tagen habe ich festgestellt, dass etwa 11,99 Millionen nur Chinesisch sprechen.

Weil die Stadt außer dem wunderschönen Pandareservat kaum Sehenswürdigkeiten zu bieten hat, habe ich beschlossen, nach Konfuzius zu suchen. Ich habe ihn nicht gefunden, dafür aber Wang Li. Er ist der Verlobte einer Frau, mit der ich in den Tagen zuvor beruflich zu tun hatte.

Wang ist nicht nur Gelehrter des Taoismus und Zenmeister, sondern er hat auch den für mich nicht zu unterschätzenden Vorteil, perfekt Englisch zu sprechen. Er ist fünfunddreißig, sein Kopf hat aufgrund der extrem kurzen schwarzen Haare eine geradezu unglaubliche Rundheit, seine Statur könnte man als kompakt beschreiben. Auf seinen rechten Unterarm ist ein chinesisches Schriftzeichen tätowiert. »Dao«, sagt er. Auf dem linken Unterarm prangt ein Zeichen, das ich als Abwandlung des Taji interpretiere, des Zeichens für Yin und Yang, das in der westlichen Welt immer häufiger zu sehen ist, vor allem auf dem Rücken attraktiver Frauen. »Taji ist das Symbol für das Yin und Yang eines einzelnen Menschen«, sagt Wang. »Das Zeichen auf meinem Arm ist Hotu, das Symbol für Yin und Yang der gesamten Welt.«

Ich beschwere mich zuerst darüber, dass ich aufgrund des verlorenen Reisepasses nun einige Tage in China festsitze. Die chinesischen Beamten seien zwar unglaublich nett und kooperativ, aber häufig auch ratlos, wenn ich ihnen mit Händen und Füßen zu verstehen geben wolle, dass ich gerne so bald wie möglich nach Hause fliegen würde.

Ich schimpfe auf den Dieb und mosere darüber, dass ich nun lieber mit meinem Sohn spielen würde, als mir an einem Straßenstand gegrilltes Tier am Spieß zu kaufen, wobei die nette Verkäuferin mir durch lautes Gebrüll mitteilte, dass sie auch nicht genau wisse, ob es nun Huhn oder Katze sei. Erst gackerte sie, dann miaute sie, dann zuckte sie die Schultern. Egal, es war lecker.

»Warum bist du so ungehalten?«

Wang schenkt sich Tee ein und sieht mich mitleidig an.

»Weil ich hier festsitze und mir das nicht gefällt. So eine Scheiße!«

Er lächelt: »So etwas gehört zum Leben – und du solltest dich weder darüber aufregen noch versuchen, etwas dagegen zu unternehmen. Du wirst einen Ersatzpass bekommen und bald wieder nach Hause kommen. Und so kannst du die Zeit genießen, die dir in dieser Stadt gegeben ist.«

Mir imponiert sein Gleichmut, aber ich habe mir doch ein wenig mehr Anteilnahme erhofft. In Deutschland würde so eine Geschichte wegen meiner Tollpatschigkeit für Gelächter sorgen und anschließend für anerkennendes Schulterklopfen, weil ich mich trotz aller Widrigkeiten im Großstadtdschungel behauptet habe – wobei ich hervorheben möchte, dass Chengdu im Gegensatz zu New York diesen Begriff wahrlich verdient.

Ich rechtfertige mich mit einem Satz, den ich schon beim Aussprechen als typisch deutsch entlarve: »Aber ich werde mich doch wenigstens noch beschweren dürfen!«

»Nein, das darfst du nicht! Man erreicht nicht immer den Flug, den man gebucht hat. Das Haus, das man gebaut hat, wird irgendwann einmal in sich zusammenfallen. Und die Frau, die man liebt, könnte schon morgen mit einem anderen Mann zusammen sein wollen.«

Wang deutet auf seine Verlobte Joana, die neben ihm sitzt. Sie ist eine wunderschöne Frau, die man eher in einem asiatischen Actionfilm vermuten würde als in der Marketingabteilung einer Computerfirma, für die sie seit ein paar Monaten arbeitet. Die beiden sind seit fünf Jahren ein Paar, in ein paar Monaten wollen sie heiraten.

»Wenn sie sich jetzt in dich verliebt und deshalb beschließt, mich nicht heiraten zu wollen, und lieber mit dir zusammen sein möchte, dann muss ich das akzeptieren. Wenn sie heute Nacht mit dir in dein Hotelzimmer geht, werde ich nichts dagegen unternehmen.«

»Aber Joana ist deine Verlobte, ihr wollt euch treu sein! Wenn meine Frau mit einem anderen Mann abhauen würde, würde ich sicherlich nicht tatenlos zusehen. Ich bin mir sicher, dass ich für das, was ich dann machen würde, in manchen Ländern mit der Todesstrafe belegt würde.« Was ich nicht dazusage: Ich würde es schon allein deshalb nicht bei Joana versuchen, weil meine Frau keine Taoistin ist, sondern eine Christin, die der philippinischen Lehre von Strafe und Sühne sehr nahesteht.

Joana muss ob meiner Worte laut lachen, Wang nur ein wenig schmunzeln. Dann wird er wieder ernst.

»Warum tust du so, als würde dir deine Frau gehören?

Hast du sie gekauft und eine Urkunde bekommen, die dich als Eigentümer ausweist?«

Ich will gerade sagen, dass ich zwar keinen Ehevertrag habe, aber immerhin drei Urkunden, die unsere Ehe bescheinigen. Meine Frau und ich haben unterschrieben und vor Zeugen bestätigt, dass wir zusammengehören – und wir haben einem evangelischen Pastor, einem katholischen Diakon und später auch noch einem Bischof der Unabhängigen Philippinischen Kirche geschworen, uns zu lieben und zu ehren, bis dass der Tod uns scheide. Nicht zu vergessen der Bürgermeister unserer Heimatstadt.

Mir ist natürlich klar, dass diese Schwüre und Unterschriften bei einer anstehenden Scheidung nicht mehr viel bedeuten, und ich weiß auch, dass zahlreiche Ehen nicht einmal so lange halten, wie die lebenslange Gefängnisstrafe in Deutschland gewöhnlich dauert. Trotzdem würde ich Amok laufen, wenn meine Frau beschließen würde, an einem fröhlichen Abend einfach mal mit einem anderen Mann ins Hotelzimmer zu gehen und mich in einem Teehaus sitzen zu lassen. Das alles würde ich gerne sagen.

Doch Wang redet schon weiter.

»Die Welt verändert sich laufend. Nichts hat wirklich Bestand, alles ist immer in Bewegung. Manche Dinge fallen auseinander, andere werden aufgebaut. So ist es auch mit Beziehungen. Ich kann zwar jeden Tag versuchen, meiner Freundin der beste Mann zu sein, aber wenn jemand kommt, der besser und stärker ist als ich, dann ist es eben so. Da hilft auch kein Vertrag. Die meisten Ehen gehen doch deshalb auseinander, weil beide Partner denken, den anderen zu besitzen, und sich nicht mehr umeinander kümmern – und irgendwann fällt es einem auf, und dann beginnt die Krise.«

So viel zu den drei Urkunden.

»Gehört dieser Gleichmut zum Taoismus?«

»Harmonie erreicht der Mensch nicht durch Nachdenken, bewusste Handlungen oder gar Aggressivität, sondern durch Wu wei – das bedeutet so viel wie Nicht-Handeln, Nicht-Eingreifen und Nicht-Erzwingen. Der Mensch muss Dinge einfach geschehen lassen und dabei angemessen und vor allem nicht selbstbezogen handeln.«

»Also einfach nichts tun? Das kann ich nicht glauben!«

»Das habe ich nicht gesagt! Wu wei bedeutet höchste Aktivität und Flexibilität!«

Wang vergleicht das Tao mit einem Bach, der vom Gebirge ins Meer fließt. Scheinbar mühelos schlängelt sich das Wasser nach unten, es passt sich friedvoll seiner Umgebung an. Er zitiert aus dem *Tao-Tê-King*, einem der wichtigsten Texte für Taoisten: »Höchste Güte ist dem Wasser gleich. Wasser ist gut, es nützt den abertausend Wesen und streitet nicht. Das Niedrige, das alle Menschen verachten, bewohnt es. Darum ist es nahe dem Tao.«

Wang betont, dass diesem scheinbar ruhigen Wasser eine ungeheuere Kraft innewohnt. Wenn das Wasser den Berg hinabfließt, dann weicht es scheinbar den Steinen aus, die im Weg liegen. Wer aber nach einiger Zeit so einen Stein betrachtet, der wird sehen, dass er keine Ecken und Kanten mehr hat, sondern vom Wasser zu einem runden Kügelchen geformt wurde. Wieder zitiert Wang aus dem *Tao-Tê-King*: »Auf der ganzen Welt gibt es nichts Weicheres und nichts Schwächeres als das Wasser. Und doch kommt ihm in der Art, wie es dem Harten zusetzt, nichts gleich. Es kann durch nichts verändert werden. Dass Schwaches das Starke besiegt und Weiches das Harte, weiß jedermann auf Erden. Aber niemand vermag danach zu handeln.«

Wang vergleicht nun die Situation des Wassers mit seiner Beziehung: »Ich darf Joana nicht als gegeben hinnehmen, sondern muss sie wie Wasser umspülen. Ich muss aufmerksam sein, ich muss ihr Geschenke machen, ich muss mich um sie kümmern. Jeden Tag und mit einer Hingabe, dass es mir eher wie Freude als wie Arbeit vorkommt. Das halte ich für vernünftiger, als irgendwann einmal mit einem Hammer auf einen Stein einzuhämmern und zu hoffen, dass er so rund wird, wie es Wasser in jahrelanger Arbeit geschafft hat.«

In diesem Moment sieht Joana ihn verliebt an, und ich begreife, dass diese Frau niemals mit einem anderen Mann in ein Hotelzimmer gehen würde. Warum auch?

Und schon habe ich ein schlechtes Gewissen. Ich glaube zwar, dass ich mich durchaus darum bemühe, meiner Frau ein guter Ehemann zu sein, aber auf die Weise, wie Wang es fordert, habe ich es nicht immer getan. Ich war manchmal eher wie ein Steinmetz.

So viel zu den drei Urkunden.

»Es geht nicht um Beherrschung, sondern um Einklang«, sagt Wang. Das sei in Beziehungen ebenso der Fall wie beim Umgang mit der Natur. Als Edmund Hillary und Tenzing Norgay erstmals den höchsten Gipfel der Welt bestiegen hatten, war in den meisten westlichen Zeitungen zu lesen: »Die Eroberung des Mount Everest!« Wang erklärt: »In Asien sagte man, dass der Mensch nun mit dem Everest Freundschaft geschlossen habe!« Er berichtet von einer japanischen Gruppe, die versuchte, den Kangchenjunga, den dritthöchsten Berg der Welt, zu besteigen. Die Seilschaft beendete ihre Tour einige Meter vor dem Gipfel, was einem westlichen Bergsteiger den Satz »Das ist wahre Größe« entlockte.

»Darum geht es einem Taoisten«, sagt Wang.

Er erläutert mir, dass Tao in der westlichen Welt häufig mit »Weg« umschrieben wird, hin und wieder auch mit »Methode« und »Prinzip«. Diese Interpretationen seien aber zu kurz gefasst. »Man kann Tao nicht einfach beschreiben und schon gar keinen einzelnen Ausdruck dafür finden«, sagt er. »Will man den Begriff auf die westliche Welt übertragen, dann würde ich sagen, dass George Lucas eine ziemlich präzise Entsprechung gefunden hat.«

»George Lucas? Der Filmproduzent?«

»Ich glaube, dass Tao dem sehr nahekommt, was in den ›Krieg-der-Sterne‹-Filmen als Macht bezeichnet wird. Tao ist ein alldurchdringendes Prinzip, eine Einheit, eine Kraft, ein Gesetz. Das Tao ist kein Wesen, sondern die Vereinigung der Gegensätze. Auf die ›Star-Wars‹-Mythologie übertragen also die helle und die dunkle Seite der Macht. Und genau genommen sind die Jediritter in den Filmen Taoisten. Der Grundsatz lautet: Ein Jedi soll weder Zorn noch Hass, noch Liebe kennen! Er soll sich vielmehr von der Macht leiten lassen.«

Nun bin ich doch erstaunt, weil ich die *Star Wars*-Filme zwar für genial halte, den religiösen Aspekt jedoch nicht auf diese Weise interpretiert habe. Natürlich war mir klar, dass die Filme eine transzendente Botschaft haben, aber an Taoismus hätte ich nun wirklich als Letztes gedacht.

Wang lacht und redet einfach weiter.

»Auch ›Fight Club‹ ist hochgradig vom Taoismus inspiriert. Wenn der Protagonist etwa erklärt, dass nichts statisch sei und dass man die Dinge sich einfach entwickeln lassen sollte.«

Ich bin noch erstaunter, weil *Fight Club* zu meinen Lieblingsbüchern und -filmen gehört und ich die Hauptfigur Tyler Durden bislang eher für einen Nihilisten als für einen Taoisten gehalten habe.

»Aber Tyler Durden jagt am Ende des Films Häuser in die Luft!«

Wang lacht wieder.

»Deshalb ist er auch kein reiner Taoist. Aber der Gedanke, alle Schulden und Besitztümer zu vernichten, ist absolut taoistisch. Allerdings würde ein Taoist niemals Gewalt anwenden und auch keine Häuser in die Luft sprengen. Davon abgesehen sind die Gedanken taoistisch, und auch die Schizophrenie des Protagonisten hat taoistische Züge. Er bringt zwei Seiten in einer Person in Einklang – zumindest für einige Zeit.«

Diese Philosophie widerspricht so ziemlich allem, was mir bislang eingetrichtert wurde. Freilich gibt es auch in der westlichen Welt Begriffe wie »Altruismus«, »Pazifismus« oder »Gelassenheit«, aber ich habe doch gelernt, dass derjenige, der das Leben bei den Hörnern packt und aktiv wird, am Ende erfolgreich sein wird, und dass sich Fortschritt gewiss nicht erzielen lässt, indem man tatenlos herumsitzt und dem Leben zusieht, als wäre es ein Heimatfilm. Ich habe zudem verinnerlicht, gegen jede Form von Ungerechtigkeit notfalls auch mit Gewalt vorzugehen, und mein Vater hat mir vor allem vor Fußballspielen zu denken gegeben, dass man sein Glück hin und wieder auch erzwingen müsse.

Und nun erklärt mir einer innerhalb von wenigen Stunden die Prinzipien des Taoismus, der mir bisher nur durch populärwissenschaftliche Esoterikbücher oder Meditationskurse bekannt war sowie durch die Ankündigung meiner Frau, unser Wohnzimmer nach dem Feng-Shui-Prinzip einrichten zu wollen. Wang eröffnet mir innerhalb eines Abends eine komplett neue Welt – eine Welt, die ich gar nicht mal so schlecht finde.

»Das Wichtigste ist, alle egoistischen Gefühle beiseitezulassen, und dir auch klar darüber zu werden, dass deine erste Einschätzung vielleicht falsch sein könnte. Nicht immer ist gut wirklich gut und böse wirklich böse.«

Wang erzählt mir eine Geschichte, die bei Taoisten sehr beliebt ist: Einem Bauern ist ein Pferd weggelaufen. Als der Nachbar ihn trösten möchte, sagt der Bauer: »Wer weiß denn schon, was gut und was schlecht ist?«

Und siehe da: Am nächsten Tag kommt nicht nur das Pferd zurück, sondern bringt auch gleich noch eine Herde wertvoller Wildpferde mit. Der Nachbar gratuliert seinem Freund zu der unverhofften Bereicherung. Wieder entgegnet der Bauer: »Wer weiß schon, was gut und was schlecht ist?« Und wieder soll er recht behalten, denn als sein Sohn am nächsten Tag eines der Wildpferde reiten will, wird er abgeworfen und bricht sich ein Bein. Als der Nachbar Mitleid spenden will, bekommt er wieder zu hören: »Wer weiß schon, was gut und was schlecht ist?« Der Bauer soll ein viertes Mal recht behalten, denn am nächsten Tag kommen Soldaten, die eine Armee für den Kaiser ausheben. Als sie sehen, dass der Sohn des Bauern ein gebrochenes Bein hat, bleibt er von der Rekrutierung verschont.

Natürlich sei die Geschichte übertrieben, und natürlich führe nicht jeder Beinbruch zum Verzicht auf die Wehrpflicht, meint Wang, aber sie zeige, wie Taoisten denken. »Im Westen gibt es doch ähnliche Denkensweisen«, sagt er.

Ich muss an den Satz »Gottes Wege sind unergründlich« denken oder an den Ausspruch meiner Mutter, die bei schlimmen Ereignissen zu sagen pflegt: »Wenn Gott eine Tür schließt, dann öffnet er ein Fenster!« Oder an die Philosophie, an der meine Frau und ich uns seit Jahren jeden Tag orientieren: »Es ergibt sich immer was – und das ist meistens positiv!« Und tatsächlich ergibt sich immer etwas – und es ist meistens positiv. Aber die Konsequenz, mit der Taoisten diese Einstellung leben, ist mir neu.

»Lies das Tao-Tê-King, und wir treffen uns morgen, um gemeinsam zu meditieren«, sagt Wang, als wir uns verabschieden.

In Chengdu spricht zwar kaum jemand Englisch, aber das *Tao-Tê-King* finde ich sogar in deutscher Sprache im ersten Laden, in dem ich nach dem Buch suche. Als Autor ist Lao-tse angegeben, was so viel bedeutet wie »Der greise Weise«. Ob diese Figur tatsächlich gelebt hat, darf nach heutigem Stand der Forschung einigermaßen bezweifelt werden. Er taucht in einem anderen wichtigen Buch, dem *Dschuang-dse*, unter dem Namen Lau Dan als gebildeter Gegenspieler des Konfuzius auf. Es gibt einige Legenden über ihn, wie etwa, dass er von einer Sternschnuppe empfangen worden sei, bereits als alter Mann mit weißem Haar auf die Welt kam und zweiundachtzig Jahre lang auf dem Schoß seiner Mutter saß.

Die traditionelle Darstellung dieser wundersamen Figur geht davon aus, dass Lao-tse auswandern wollte aus Verbitterung darüber, dass sein Volk die Güte, für die er eintrat, nicht akzeptierte. Er soll auf einem Wasserbüffel nach Westen geritten sein, wo heute Tibet liegt. Ein Wächter auf dem Hankao-Pass, der erkannte, mit welch beeindruckendem Menschen er es zu tun hatte, soll ihn gebeten haben, seine Überzeugungen wenigstens schriftlich darzulegen. Lao-tse zog sich, so die Legende, daraufhin drei Tage lang zurück und überließ danach dem Wächter das *Tao-Tê-King*.

Ich setze mich auf eine Parkbank, beginne zu lesen, und bin doch einigermaßen erstaunt, als ich schon nach einer Stunde auf der letzten Seite angelangt bin. Dieses kleine Buch kommt in etwa so daher wie das Schachspiel: Es dauert nicht besonders lange, die Regeln zu lesen und es zu spielen. Aber es braucht vermutlich ein ganzes Leben, um es wirklich zu verstehen und perfekt zu beherrschen – wahrscheinlich gelingt es einem nicht einmal dann.

Ich lese es gleich noch einmal – und bleibe wieder bei Kapitel 33 hängen, weil es mich besonders fasziniert. Dort steht: »Wer die Menschen kennt, der ist klug; wer sich selbst kennt, der ist erleuchtet. Wer andere Menschen besiegt, der hat Gewalt; wer sich selbst besiegt, der ist stark. Wer Genügen kennt, der ist reich; wer vorgeht mit Gewalt, der hat Willen. Wer seinen Platz nicht verliert, der dauert; wer stirbt, ohne zu vergehen, der lebt immerdar.«

Ich denke etwa eine halbe Stunde über diesen einen Satz nach, ehe ich aufstehe und mich zum Treffpunkt mit Wang begebe. Wir unterhalten uns sehr lange über das Tao und auch über die Shit List, über die sich Wang köstlich amüsieren kann. Ich berichte ihm von meinen Vergehen und dem Vorwurf vieler Freunde, ich sei ein Egoist und würde mich wenig um andere Menschen kümmern.

»Mit dem Eingeständnis deiner Fehler und der Suche nach Vergebung hast du doch schon den ersten Schritt getan. Jetzt kannst du damit beginnen, ein besserer Mensch zu werden. Scheiße passiert, du musst nur dafür sorgen, dass du für so wenig wie möglich davon verantwortlich bist. Vielleicht hilft dir deine Frau dabei, indem sie dich auf deine Mängel hinweist.«

Das finde ich eine grandiose Idee, ich habe nur eine letzte Frage an Wang.

»Und was passiert nach dem Tod?«

»Ich glaube, dass der Mensch in dem körperlichen Zustand, in dem er sich am attraktivsten fand, und in dem Geisteszustand, in dem er am glücklichsten in seinem Leben war, ins Tao eingeht und dort für immer bleibt.«

Auch diesen Gedanken finde ich ganz wunderbar – ich muss jetzt nur Fotos herauskramen und festlegen, wann ich am schönsten war. Den Moment, in dem ich am glücklichsten war, kenne ich bereits und habe ihn schon beschrieben. Aber vielleicht kommt ja irgendwann ein noch schönerer daher, wer weiß das schon?

Scheiße passiert, aber eben auch Wunderbares. Jeden Tag.

Nach einiger Zeit bekomme ich meinen Pass und auch einen Rückflug nach München. Im Flugzeug versuche ich zu meditieren. Es passiert zwar nach wie vor nichts Besonderes, aber die Zeit vergeht schneller, und ich stelle nicht ohne Stolz fest, dass der Film, der da vor meinem geistigen Auge abläuft, mittlerweile auch nicht schlechter ist als die meisten Werke, die im Bordkino gezeigt werden.

Damit der Film am Ende meines Lebens so gelungen sein wird, dass ich ihn gerne allen Menschen vorführe, die mich kennen, möchte ich versuchen, ein wenig mehr von den taoistischen Grundprinzipien in meinem Leben unterzubringen. Ich bitte meine Frau, mir dabei zu helfen, und zwar auf eine Art und Weise, die ihr besonders zusagt. Sie dürfte zudem all jene freuen, die der Meinung sind, dass Hanni eine tapfere Frau sein muss, wenn sie an den verrückten Ideen ihres Mannes teilnehmen muss, ohne auch ihren Spaß daran zu haben.

Ich bestelle mir in einem Jagdhundshop den Ferntrainer *Numaxes Canicom Easy Dog Pulse* – ein Gerät, bei dem im Internet darauf hingewiesen wird, dass es in Deutschland nicht unbedingt zugelassen ist, um Hunde zu erziehen. Für mein Anliegen jedoch ist es ideal, denn es geht nicht um Hunde, sondern um mich.

Den Empfänger kann man sich entweder umschnallen oder in die Hosentasche stecken, mit dem Sender lassen sich verschiedene Impulse verschicken. Es gibt ein akustisches Signal, einen Vibrationsalarm – und die Möglichkeit eines kleinen Stromschlags. Außerdem kann man das Band zum Blinken bringen. »Damit man im Dunkeln sehen kann, wo der Hund ist.« Ich finde diese Zusatzfunktion ganz wunderbar, so kann mich meine Frau auch im Dunkeln finden. Wenn sie mich denn mal suchen sollte.

Ich binde mir den Empfänger um das Handgelenk und überreiche den Sender Hanni.

»Ich möchte, dass du mich jedes Mal, wenn ich einen bösen oder selbstverliebten oder arroganten Satz sage, durch den Piepton darauf hinweist. Und wenn ich dabei bin, etwas Egoistisches zu tun, dann musst du mich durch eine Vibration warnen.«

Wahrscheinlich muss ich nicht erwähnen, dass ich zuerst einmal einen kleinen Stromschlag bekomme.

»Nur um zu sehen, ob es funktioniert«, sagt Hanni.

Ich habe eine Woche lang Urlaub genommen, was bedeutet, dass meine Frau und ich fast vierundzwanzig Stunden am Tag miteinander verbringen und ich so einen guten Überblick bekomme darüber, was die Person, die mir am wichtigsten ist im Leben, für egoistisch, selbstverliebt und arrogant hält. Und natürlich versuche ich, mich im Lauf der Zeit zu bessern, denn schließlich gehört Egoismus nicht nur im Taoismus zu den eher schlechten Eigenschaften eines Menschen.

Am ersten Tag gibt es vierunddreißig Pieptöne und vierundzwanzig Vibrationen, wobei ich manchmal heftig protestiere. Dann gibt es einen Stromschlag.

»Nur um zu sehen, ob es funktioniert.«

Am zweiten Tag gibt es einunddreißig Pieptöne und sechsundzwanzig Vibrationen – und ich sehe ein, dass vieles an meinem Verhalten egoistisch und dumm ist und ich wahrlich ziemlich viel Quatsch daherrede. Ich verhalte mich manchmal wirklich wie eine Sonne: Ich stehe im Zentrum und erwarte, dass sich die anderen schön brav um mich herumdrehen, damit sie ein wenig von meinem Glanz abbekommen.

Ich beschließe, mich zu ändern. Weniger Sonne, mehr Wasser.

Ich lobe meine Frau in Momenten, die ich bisher als selbstverständlich hingenommen habe. Ich bringe freiwillig den Müll hinunter und wische die Wohnung. Ich passe auf unseren Sohn auf, damit Hanni zwei Stunden länger schlafen kann. Ich kaufe ein. Ich massiere am Abend ihre Füße. Ich habe zwar zu Beginn den Eindruck, zu Hannis Privatsklaven zu werden, erkenne jedoch nach einiger Zeit, dass die Dinge, die ich zu tun habe, absolut selbstverständlich sind. Ich habe sie nur nicht getan, weil ich zu faul dazu war und weil ich meine Frau als selbstverständlich angesehen habe, anstatt mich wirklich um sie zu kümmern.

So viel zu den drei Urkunden.

Eine Ehe, eine Beziehung oder eine Freundschaft bedeutet eben nicht, dass man sich gegenseitig besitzt, sondern dass man sich täglich umeinander zu bemühen hat, als wäre die Beziehung ein Stein und man selbst das Wasser. Diese Erkenntnis ist nun wahrlich nicht neu, aber mir wird klar, wie viele Menschen das vergessen haben – wie ich auch.

Am vierten Tag gibt es noch vier Pieptöne und drei Vibrationen – und einen Stromschlag, weil Hanni angeblich aus Versehen auf den Knopf gedrückt hat.

Den sechsten Tag überstehe ich, ohne dass Hanni den Sender benutzen muss. Am siebten Tag legt sie ihn auf den Tisch.

»Ich brauche ihn nicht mehr«, sagt sie. »Ich kann mich gerade echt nicht beschweren.«

Es funktioniert. Ich freue mich, weil ich es innerhalb einer Woche geschafft habe, auf egoistische Aussagen und Taten zu verzichten.

Hanni bittet mich dennoch, den Empfänger weiterhin zu tragen: »Nicht, dass du auf die Idee kommst, dass du von nun an wieder machen kannst, was du willst. Außerdem schadet es nicht, wenn ich die Möglichkeit habe, dir hin und wieder einen kleinen Stromschlag zu verpassen.«

Ich weiß, dass ich in Zukunft wieder egoistisch sein werde und dass meine Frau mir an manchen Tagen dafür am liebsten nicht nur einen Stromschlag verpassen, sondern gleich den Hals umdrehen würde. Aber ich habe gelernt, dass es sich lohnt, nicht nur an sich zu denken, sondern die Konzentration auch auf andere Menschen zu richten – und so leise, aber stetig zu versuchen, seine Welt ein Stückchen besser zu machen.

Wenn ich mir jetzt die Shit List anschaue, dann muss ich sagen, dass mir die Zeile beim Taoismus am besten gefällt: »Scheiße passiert!«

Ich muss nur dafür sorgen, dass ich für so wenig wie möglich davon verantwortlich bin.

Kapitel 9

Allah sei Dank bin ich Atheist

Omnia vincit amor. Die Liebe besiegt alles. Oder mit den Worten von John Lennon: All you need is love.

Ich sehe die lateinische Variante jedes Mal, wenn ich unser Wohnzimmer betrete. Der Spruch steht auf einer Kerze, die Hanni so platziert hat, dass man nicht umhinkommt, mehrmals am Tag daran erinnert zu werden. Ich habe die Innenarchitektur unserer Wohnung komplett meiner Frau überlassen, und da meine intensiven Recherchen ergeben haben, dass sie nicht nur hübsch, sondern auch schlau ist, bin ich zu dem Schluss gekommen, dass sie den Platz für die Kerze mit Bedacht gewählt hat.

Ich bin mir bloß nicht sicher, ob sie es deshalb getan hat, damit ich nur ja nie unseren Hochzeitstag vergesse, der auf der Kerze direkt unter dem Spruch zu sehen ist, oder ob sie es getan hat, um sich selbst immer wieder daran zu erinnern, dass sie mich liebt und mir deshalb meine kleinen, meine großen und meine ganz großen Fehler verzeihen muss.

Es funktioniert auf jeden Fall: Ich habe noch keinen Hochzeitstag vergessen, und meine Frau ist trotz meiner zahlreichen Makel immer noch mit mir verheiratet. Die Liebe besiegt alles.

Natürlich streiten wir ab und an, wobei ich festhalten möchte, dass es meist um unwichtige Dinge geht wie Pünktlichkeit oder die Frage, ob aus unserem Sohn Finn einmal ein Fußballprofi oder ein Make-up-Artist werden soll. Vor Jahren, als wir noch nicht verheiratet waren, sondern nur ein lose verbandeltes Paar, haben wir uns hin und wieder gefrotzelt, ob nun der Katholizismus die einzig richtige christliche Konfession sei oder ob doch die Protestanten den wahren Weg gewählt hätten. Schließlich wurde ich als Katholik erzogen, meine Frau ist evangelisch. Diese Frotzeleien mündeten hin und wieder in einen handfesten Streit und selten gar in die Erkenntnis, dass eine Hochzeit zwischen uns beiden gänzlich unmöglich sei.

Jedenfalls führten sie uns immer wieder zu der Frage, wie Menschen unterschiedlicher Religionen miteinander auskommen können, wenn sich schon Leute, die nur unterschiedlichen Konfessionen angehören, derart in die Haare bekommen können.

Unsere gemeinsame Antwort war stets: Es geht nicht.

Vor allem gehöre ich zu jener Sorte Mensch, die den kategorischen Imperativ von Immanuel Kant pervertiert. Der lautet: »Handle nur nach derjenigen Maxime, durch die du zugleich wollen kannst, dass sie ein allgemeines Gesetz werde.« Menschen wie ich denken, dass sie immer richtig handeln und dass ihre Meinung ein unumstößliches Gesetz werden sollte. Also: Alle anderen sollten so handeln, wie ich es tue. Ich weiß nicht, woher ich diese Eigenschaft habe, es gibt aber den dringenden Verdacht, dass sie von meinem Vater stammt.

Meine Frau machte zu Beginn meines Religionsprojekts die düstere Voraussage: »Eines Tages wirst du verkünden, dass du nun Buddhist bist, dann gefällt dir das Judentum, später der Taoismus. Irgendwann sehe ich dich schon, wie du nachts auf einem Friedhof herumschleichst, um an einer satanistischen Messe teilzunehmen. Und alles andere wirst du dann als Humbug abtun. Das werde ich nicht akzeptieren!«

Ich muss gestehen, dass sie recht hatte: Allein in den ersten drei Monaten des Projekts kündigte ich ungefähr sieben Mal an, die Religion wechseln zu wollen.

»Was wäre denn so schlimm daran, wenn ich zum Buddhismus konvertieren würde?«

»Weil ich dich als Christen geheiratet habe!«

Ich runzelte unwillkürlich die Stirn: »Aber Menschen werden sich doch verändern dürfen! Sie tun das jeden Tag!«

»Das schon, aber diese Frage ist für mich eine der wichtigsten in meinem Leben. Ich könnte mir nur sehr schwer vorstellen, mit jemandem zusammen zu sein, der einer anderen Religion angehört. Als Teenager habe ich es ein paarmal versucht, und es endete jedes Mal in einem Desaster. Irgendwann kommt der Punkt, an dem man sich über essenzielle Dinge streitet und dann einsehen muss, dass es nicht geht. Da kann man zu Beginn der Beziehung noch so verliebt sein.«

Ich gebe ihr grundsätzlich recht, weil sich meine Erfahrungen mit ihren decken und weil auch die Erzählungen von Bekannten und Kollegen ähnlich sind. Wenn beide Partner Religion nicht als wichtigen Teil ihres Lebens erachten, kann eine solche Beziehung durchaus funktionieren. Wenn jedoch beide ihren Glauben ernst nehmen und auch vehement dafür eintreten, kommt es früher oder später zu Komplikationen, die nicht selten in einer unschönen Trennung enden.

Dennoch möchte ich meine Frau ein wenig provozieren und spiele eine gefährliche Karte aus: »Aber das ist doch ziemlich intolerant und rassistisch...«

»Nein, ist es nicht. Ich habe gewisse Grundsätze, und dazu gehört nun einmal, dass sich mein Partner und ich in bestimmten Lebensfragen einig sind. Das hat nicht nur mit Religion zu tun. Ich möchte auch mit niemandem zusammen sein, der Drogen nimmt oder ein Dieb ist. Es sind Eigenschaften, auf die ich Wert lege und die mir wichtig sind. Wenn jemand sagt, dass er große und schlanke Blondinen bevorzugt, wird er doch auch nicht als Rassist beschimpft. Es ist eben seine Vorliebe.«

Ich akzeptiere ihre Einstellung nicht nur, sondern muss ihr auch zustimmen. Dating-Plattformen im Internet werben auch nicht damit, dass sie für Schmetterlinge im Bauch sorgen, sondern dass die ausgefeilte Software den Partner findet, der perfekt zu einem passt. Wer sich bei diesen digitalen Vermittlungsagenturen anmeldet, der kann sich seinen Traumpartner basteln, als wäre es das Computerspiel »The Sims«, wo man sich den idealen Avatar zusammenstellen kann, mit dem man dann durch ein virtuelles Leben geht. Es gibt Vorschläge und einen Prozentsatz, wie sehr der andere Kunde zu einem passen würde – als hätten Wissenschaft und Technik nicht nur einen Kampf gegen Religion zu führen, sondern auch gegen Liebe und Romantik. Der Mensch soll sich nicht mehr verlieben, ihm wird der passende Partner per Computerprogramm zugeteilt.

So ist das Leben heutzutage, aber ich möchte nicht wirklich behaupten, dass ich mich damit anfreunden kann. Ich halte die Vorstellung, dass ein Algorithmus mir sagt, mit wem ich mein Leben verbringen könnte, für unromantisch und absurd, und ich bin mir absolut sicher, dass sich meine Frau und ich niemals kennengelernt hätten, wenn wir beide vor einem Computer gesessen wären und unsere Vorstellung vom idealen Partner eingegeben hätten. Aber es ist sinnlos, sich darüber aufzuregen, schließlich kommen mittlerweile mehr als ein Drittel aller Beziehungen durch die Internet-Partnervermittlung zustande, und die Tendenz ist steigend. John Lennon würde wahrscheinlich, wäre er heute noch am Leben, den Text von *All you need is love* umschreiben in *All you need is elitepartner.de*.

Deshalb stelle ich mir ernsthaft die Frage, ob es denn für strenggläubige Menschen unterschiedlicher Religionen tatsächlich nur schwer möglich ist, ein gemeinsames Leben zu führen. Solche Menschen haben ja in den Zeiten des Internetdating kaum noch eine Chance, sich überhaupt zu treffen, wenn man schon eingeben kann, dass man keinesfalls eine Blondine haben möchte oder eine Frau, die mehr wiegt als fünfundvierzig Kilo oder jemanden, dessen Hobby »Fußballspielen« ist.

Weil ich glaube, dass keine Religion darauf eine zufriedenstellende Antwort geben kann, brauche ich einen anderen Ansatz, um herauszufinden, ob es möglich ist, für zwei Menschen unterschiedlichen Glaubens eine Beziehung zu führen. Ich treffe mich deshalb mit einem strenggläubigen Muslim, der mit einer streng ungläubigen Atheistin verheiratet ist.

Youssef habe ich vor Jahren auf einer Tagung zum Thema Religionen in Leipzig kennengelernt. Wir haben uns Vorträge angehört, an Diskussionen teilgenommen und uns drei Tage lang abends an der Hotelbar ausgetauscht. Wir haben über Politik diskutiert, über Fußball und auch über Religion – und dabei kam es nicht nur einmal zu Wortwechseln wie dem folgenden: »Herrgott, das ist aber ganz schön arrogant und engstirnig, wenn du behauptest, ich hätte als Christ deiner Meinung nach keine Chance, ins Paradies zu kommen!«

Seine Antwort: »Es tut mir leid, aber das ist die Wahrheit. Es gab vor Jahren den Vorschlag, dass sich Christen und Muslime an einem Ort versammeln und Allah nur jene verschonen möge, die den richtigen Glauben haben. Die Christen sind der Einladung nicht gefolgt. Warum nicht? Weil sie Angst hatten.«

»Tut mir leid, aber das ist doch nur eine Legende – und eine ziemlich überhebliche noch dazu.«

»Nein, es ist die Wahrheit!«

So ging das drei Nächte hintereinander. Wir haben uns trotzdem prima verstanden – aber wir wollten uns ja auch nicht ineinander verlieben oder gar heiraten.

So erfuhr ich, dass Youssef strenggläubiger Muslim ist, und ich erfuhr auch, dass er ein strenggläubiger Muslim ist, der mit Anna, einer streng ungläubigen Atheistin, verheiratet ist. Seit sechs Jahren sind die beiden ein Paar, seit zwei Jahren sind sie verheiratet.

Meine Frage an Youssef war: »Wenn deine Frau nun ein Leben führt, das den islamischen Regeln entspricht, sie jedoch auf den Glauben an Allah verzichtet, hat sie dann eine Chance auf Erlösung?«

Seine Antwort: »Nein, denn der Glaube an Allah ist das A und O.« Zur Verdeutlichung zitierte er aus dem Koran: »Allah ist der Schutzherr derjenigen, die glauben. Er bringt sie aus den Finsternissen heraus ins Licht. Diejenigen aber, die ungläubig sind, deren Schutzherren sind die falschen Götter. Sie bringen sie aus dem Licht heraus in die Finsternisse. Das sind die Insassen des Höllenfeuers. Ewig werden sie darin bleiben.«

Ich bin entsetzt: Da ist ein Mann mit einer Frau verheiratet, von der er weiß, dass sie seinem Glauben zufolge nach dem Tod nicht ins Himmelreich, sondern in die Hölle kommt – oder dass sie zumindest keine Chance auf das Paradies hat.

Nach dieser Unterhaltung mit Youssef bin ich kurz davor, meine Wette als verloren zu werten, denn wie kann ich – um wieder das Bild mit dem Roulettetisch zu bemühen – meinen Chip auf dem islamischen Feld platzieren, wenn ich zwar an einen Gott glaube, aber eben nicht zwangsläufig an Allah, den Gott des Islam? Und wenn ich gar nicht an einen personifizierten Gott glaube, sondern nur an eine höhere Macht? Ich will gar nicht daran denken, welche Qualen auf mich warten könnten.

Natürlich ist die zentrale Frage bei den meisten Religionen und Glaubensgemeinschaften dieser Welt, ob es einen Gott, mehrere Götter, ein höheres Wesen oder zumindest eine

Ordnung oder Macht gibt, an die zu glauben sich lohnt: Wer ist Gott – und wenn ja, wie viele?

Mein Mentor Timothy Iding gab deshalb schon vor dem Beginn meines Projekts, ein Alltheist zu werden, zu bedenken, dass ich grandios scheitern würde: »Religionen unterscheiden sich in den verschiedensten Dingen voneinander, vor allem aber in der Frage nach dem, was eine Religion ausmacht – nämlich an der, woran ein Mensch glaubt. Dabei geht es sowohl um die Frage nach Gott als auch um den Glauben, was nach dem Tod mit dem Menschen passiert. Es wird für dein Projekt entscheidend sein, ob du diese Frage beantworten kannst.«

Anna ist kein Mitglied einer anderen Religion, sondern eine Atheistin und glühende Verehrerin des Religionskritikers Richard Dawkins. Der schrieb in seinem Artikel »Is Science a Religion?« für das Magazin *The Humanist*: »Es ist modern, sich apokalyptisch mit der Bedrohung der Menschheit auseinanderzusetzen, die sich im Aids-Virus, im Rinderwahnsinn und in anderen Krankheiten darstellt, aber ich stelle die These auf, dass der Glaube eines der größten Übel dieser Welt ist, vergleichbar mit dem Pockenvirus, aber schwieriger auszurotten. Glaube als eine Überzeugung, die nicht auf empirischen Indizien beruht, ist der größte Makel jeder Religion.«

Anna ist Naturwissenschaftlerin, was allein sie natürlich nicht zur Atheistin macht, wie eine Umfrage von Edward Larsen und Larry Whitman aus dem Jahr 1996 verdeutlicht. Die beiden Forscher haben die Leuben-Umfrage aus dem Jahr 1916 wiederholt, bei der aus der Liste der »American Men of Science« zufällig tausend Wissenschaftler ausgewählt wurden. Die Frage war, ob sie an einen Gott glaubten, der Gebete erhört, und ob sie an ihre persönliche Unsterblichkeit glaubten. Bei der ersten Befragung vor beinahe hundert Jahren schickten 70 Prozent der Wissenschaftler eine Antwort. Davon bezeichneten sich 16,7 Prozent als Agnostiker, 41,8 Prozent antworteten mit »Ja« und 41,5 Prozent mit »Nein«. Im Jahr 1996 lag die Antwortquote bei 60 Prozent. 39,6 Prozent antworteten mit »Ja«, 45,5 Prozent mit »Nein«, und 14,9 Prozent waren Agnostiker.

Freilich haben sowohl Atheisten als auch Vertreter der Religionen die Umfrage als Triumph für ihre Ansichten ausgelegt. Viel interessanter war jedoch laut Larsen und Whitman die Tatsache, das sich das Verhältnis von Gläubigen und Ungläubigen kaum verändert hatte – und das während eines Zeitraums, in dem Wissenschaft und Technik derart fortgeschritten waren und man meinen sollte, die Anzahl derer, die sich als Atheisten bezeichnen, sei gestiegen.

Anna ist eine Atheistin, die der festen Überzeugung ist, dass es keinen Kampf zwischen Religion und Naturwissenschaft mehr gibt, sondern dass die Wissenschaft diesen Krieg längst gewonnen hat und dass die Welt nur noch über den Triumph informiert werden muss, wie es Peter Atkins, Professor für Chemie an der Universität von Oxford, in einem Artikel formuliert, den Dawkins in seinem Buch *Der Gotteswahn* zitiert: »Naturwissenschaft und Religion können nicht versöhnt werden, und die Menschheit sollte damit beginnen, die Macht dieses ihres Kindes zu schätzen und alle Kompromissversuche abzuwehren. Die Religion hat versagt, und ihr Versagen sollte offengelegt werden. Die Naturwissenschaft ist gegenwärtig erfolgreich in ihrem Streben nach universeller Kompetenz, indem sie die einfachsten Erklärungen findet. Sie ist die höchste Freude des Intellekts und sollte als Königin anerkannt werden.«

Youssef dagegen ist strenggläubiger Muslim. Er hält den Kampf ebenfalls für entschieden – nur dass er an einen Triumph der Religion und insbesondere des Islam glaubt, über den die Welt nur noch informiert werden muss. Er befolgt strikt die Regeln des Islam, liest jeden Tag eine Stunde im Koran und achtet die Scharia. Er ist überzeugt, dass er aufgrund seines Glaubens und seines Lebenswandels einmal ins Himmelreich einziehen wird, falls Allah so gnädig sein möge, ihm seine Sünden zu verzeihen. »Kein Mensch weiß, ob er in den Himmel kommt«, sagt er. »Ich kann nur auf die Gnade des Herrn hoffen und darauf, dass er nicht allzu zornig ist, wenn ich einmal sterbe. Deshalb tue ich alles, um Allah nicht weiter zu erzürnen, sondern versuche, ihn milde zu stimmen.«

Wie können zwei Menschen wie Youssef und Anna nur verheiratet sein?

Ich treffe die beiden in London, wo sie mittlerweile leben. Meine Frau und mein Sohn sind mitgekommen, weil ich es für eine prima Idee halte, Urlaub und Recherche miteinander zu verbinden.

Wir wohnen in einem Hotel in Notting Hill, unweit des »Islamic Centre of England«. Youssef führt mich ein wenig im Centre herum, einem beeindruckenden und wunderschönen Gebäude, in dem die Menschen mir extrem freundlich und zuvorkommend begegnen. Später am Abend gehen wir in ein Pub, etwa eine halbe Stunde später betritt Anna den Raum. Sie trägt Jeans und eine schwarze Winterjacke, darunter einen Pulli, der so geschnitten ist, dass deutlich zu erkennen ist, dass sie auf ihre Fitness achtet und auch möchte, dass die Menschen das sehen. Ihre dunklen Haare hat sie zu einem Zopf gebunden, sie ist leicht geschminkt und trägt keinen Schmuck. Sie begrüßt mich mit einem Lächeln und Youssef auf eine Art, durch die ich erkenne, dass der Spruch »Omnia vincit amor« auch auf ihrer Hochzeitskerze stehen könnte, wenn sie denn eine hätten.

Wir unterhalten uns zunächst über das Dartspiel, das auf einem überdimensionalen Bildschirm live übertragen wird, und über meine Verwunderung, dass diese Sportart live im Fernsehen übertragen wird. Jede Nation hat eben so ihre Sportart, die ihr wichtig ist, und ich habe den Verdacht, dass die Sportart, die einer Nation wichtig ist, viel über die Menschen dieses Landes aussagt.

Danach unterhalten wir uns über Richard Dawkins' Buch *Der Gotteswahn* und darüber, dass es auf das Werk zahlreiche Repliken von gläubigen Schriftstellern gab. Hans Küng etwa hat *Der Anfang aller Dinge* geschrieben, John Lennox das Buch *Hat die Wissenschaft Gott begraben?* und Alister McGrath das Werk mit dem einprägsamsten Titel: *Der Atheismuswahn*. Bei der Lektüre fiel mir auf, wie unversöhnlich die Debatte geführt wurde, wie der jeweils anderen Seite Arroganz, Intoleranz und mangelnde Intelligenz vorgeworfen wurde und wie der eigenen Seite der Sieg zugesprochen wurde mit dem Hinweis, dass die Welt nur noch über den Triumph informiert werden müsse.

»Ich kann mir vorstellen, dass ihr jeden Abend eine ähnliche Debatte führt und dass ihr euch mit euren Ansichten ähnlich unversöhnlich gegenübersteht.«

Bevor Anna antwortet, erzählt sie mir zunächst, wie sie und Youssef sich kennengelernt haben. Es war auf einer Universität in Deutschland, beide hatten eine Vorlesung im Fach Philosophie belegt. »Natürlich ist Youssef ein gut aussehender Mann, aber ich muss tatsächlich sagen, dass mich zuerst seine Intelligenz beeindruckt hat. Er hat in den Diskussionen kluge Dinge gesagt, das hat mich begeistert. Und ich meine, man kann sich ja nicht aussuchen, in wen man sich verliebt.«

Anscheinend hat Anna noch nie etwas von Datingplattformen gehört..

»Es war bei mir ähnlich«, ergänzt Youssef. »Schon nach der ersten Vorlesung wusste ich, dass ich sie näher kennenlernen möchte, deshalb habe ich sie sofort gefragt, ob sie mit mir einen Tee trinken geht.«

»Wir sind also erst einmal Freunde geworden, wobei ich schon zugeben muss, dass ich mich quasi im ersten Moment in Youssef verliebt habe.«

Natürlich sei Religion von Beginn an das beherrschende Thema gewesen, es sei klar gewesen, dass Youssef Muslim ist und Anna Atheistin. Und die ersten Diskussionen hätten nicht lange auf sich warten lassen.

»Er hat mir seine Religion vorgestellt und versucht, mich dafür zu begeistern«, sagt Anna. »Er hat mir den Koran gegeben und mich aufgefordert, darin zu lesen. Und er hat mir jeden Tag von den Propheten erzählt und mich eingeladen, mit ihm zu beten.«

»Aber ohne Zwang«, wirft Youssef sofort ein. »Es ist meine Pflicht, jemandem meinen Glauben vorzustellen und ihn davon zu überzeugen – doch ich darf niemals Druck ausüben oder gar Gewalt anwenden. Das habe ich auch nie getan. Alles, was sie gelesen oder sich angehört hat, hat sie freiwillig gelesen und sich angehört. Sie hat mir natürlich auch ihre Ansichten dargelegt und versucht, mir zu beweisen, dass mein Glaube nicht der richtige ist. Ich habe dann aus dem Koran zitiert und ihre Ansichten widerlegt.«

Anna verdreht die Augen. Ein bisschen Zwang war offensichtlich schon dabei.

»Während der ersten zehn Treffen bin ich fünfmal aus dem Raum gestürmt, weil ich Youssefs Ansichten für arrogant und borniert hielt und mir das nicht länger anhören wollte. Youssef ist nie aufgestanden und gegangen, es war immer ich. Es kann einen aber auch nerven, wenn jemand nicht bereit ist, auch nur einen Millimeter von seinen Ansichten abzurücken.«

Dennoch seien die beiden Freunde geworden.

»Es war eine intellektuelle Herausforderung, sich auf Youssef einzulassen«, sagt Anna. »Und aus den leidenschaftlichen Diskussionen wurde dann Zuneigung und schließlich Liebe.«

Nun bin ich es, der aus dem Koran zitiert. Ich schlage eine Stelle in Sure 4 auf und lese daraus vor: »›Sie wünschen, dass ihr ungläubig werdet, wie sie ungläubig sind, und dass ihr ihnen gleich seid. Nehmet aber keinen von ihnen zum Freund, ehe sie nicht auswanderten in Allahs Weg. Und so sie den Rücken kehren, so ergreifet sie und schlagt sie tot, wo immer ihr sie findet; und nehmet keinen von ihnen zum Freund oder Helfer.‹«

Ich sehe die beiden an und erwarte eine heftige Reaktion. Aber sie sitzen nur da und lächeln mich an – weshalb ich weiterblättere und eine Stelle aus Sure 2 vortrage: »›Und erschlagt sie, wo immer ihr auf sie stoßt, und vertreibt sie, von wannen sie euch vertrieben; denn Verführung ist schlimmer als Totschlag.« Ich sehe Anna an: »Da stehen ziemlich harte Dinge drin, was Youssef mit dir tun sollte, wenn du deine Ansichten nicht änderst – aber kein Wort davon, dass er dich heiraten sollte.‹«

Nun wird Annas Gesichtsausdruck ernst.

»Ich habe den Koran gelesen und tue es immer noch. Es ist ein faszinierendes Buch, und ich finde es ungerecht, wenn einzelne Stellen herausgepickt und aus dem Zusammenhang gerissen werden, um die negativen Seiten herauszustellen. Diese Vorgehensweise ist Quatsch. Ich wähle doch auch nicht den schlimmsten Tag im Leben eines Menschen, um ihn als Persönlichkeit zu bewerten, sondern versuche, die Gesamtheit zu beurteilen. Diese negativen Textstellen gibt es bei fast jedem religiösen Text, und auch in den Büchern von Dawkins und Atkins finden sich Passagen, die arrogant und intolerant sind. Ich akzeptiere aber deren Grundhaltung und finde, dass meine Meinung sehr stark mit der ihren übereinstimmt. Das Gleiche muss ich auch Youssef zugestehen. Ich darf nicht einzelne Passagen heranziehen, um ein ganzes Konzept verwerflich zu finden. Das ist außerdem vollkommen unwissenschaftlich.«

Ich gebe ihr recht, werfe jedoch ein, dass es trotzdem schwierig sei, eine Beziehung oder gar Ehe zu führen, wenn die Ansichten der Partner derart unterschiedlich sind und nicht selten von einem Kampf oder gar Krieg die Rede ist.

»Es ist schwierig«, sagt Youssef, der trotzdem lächelt. »Vor allem meine Eltern haben vor der Eheschließung auf eine Entscheidung von Anna gedrängt und tun es jetzt immer noch. Das macht es für uns an vielen Tagen wirklich nicht leicht. Meine Eltern wissen erst seit einem Jahr, dass wir verheiratet sind. So lange haben wir es geheim gehalten.«

»Faszinierend war, dass seine Eltern eine Entscheidung haben wollten«, sagt Anna. »Dabei habe ich doch meine Entscheidung längst getroffen: Ich bin Atheistin. Es gibt nichts zu entscheiden, aber seine Eltern taten immer so, als wäre ich in meinem Glauben nur unsicher und würde mich irgendwann sowieso zum Islam bekennen. Für sie war es lediglich eine Frage der Zeit, bis ich endlich die für sie richtige Entscheidung treffe.«

Ich kann erst einmal nichts sagen, weil ich daran denken muss, was in meiner Familie oder der meiner Frau los gewesen wäre, wenn wir unsere Hochzeit verheimlicht hätten. Die Geschichte der beiden ist für mich nur schwer zu glauben.

»Ich finde es schön, wie sich Youssef für seinen Glauben einsetzt und ihn lebt. Nur habe ich ihm sofort gesagt: Ich kann daran einfach nicht glauben. Und ich will ihm auch nichts vormachen und so tun, als würde ich glauben, nur um ihn zufriedenzustellen. Damit würde ich ihn täuschen, und das halte ich für noch schlimmer in einer Beziehung.«

Eines weiß ich sicher: Über ein Dating-Portal hätten die beiden sich definitiv nicht kennengelernt.

»Wie habt ihr die Hochzeit denn geheim halten können, und weshalb habt ihr euch entschlossen, es euren Eltern dann doch zu erzählen?«, will ich wissen.

Youssef kneift die Augen zusammen: »Wir haben am Anfang mit dieser Lüge gelebt, weil wir keinen Streit mit unseren Familien wollten. Irgendwann haben meine Eltern dann darauf gedrängt, dass ich Anna heiraten sollte. Anna und ich haben lange diskutiert und schließlich meinen Eltern gestanden, dass wir schon seit einem Jahr verheiratet sind.«

»Und die Reaktion?«

Anna senkt ihren Blick. »Sagen wir es so: Seine Eltern bezeichnen mich nach wie vor als seine ›Bekannte‹, nicht als seine Frau. Da wir nur standesamtlich verheiratet sind, erkennen sie das nicht als legitime Ehe an. Sie gilt als nicht geschlossen. Ich gehöre nicht zur Familie, werde aber als Freundin akzeptiert. Das ist nicht einfach, aber es lässt sich derzeit nicht anders lösen.«

Ich kneife die Augen zusammen. Das ist mir nun ein wenig zu viel des Guten – wenn alle so aufgeschlossen wären, warum mussten sie es dann geheimhalten?

»Und deine Eltern?«

»Denen ist es relativ egal, weil mein Vater Agnostiker ist und meine Mutter Atheistin. Sie haben mich ermutigt, nicht von meinen Ansichten abzulassen, und unterstützen mich. Ich muss aber sagen, dass sich unsere Eltern noch nie begegnet sind. Das wollen wir nachholen, wenn sie uns das nächste Mal besuchen.«

»Habt ihr keine Angst, dass es bei der Begegnung zu einer Eskalation kommen könnte, oder zumindest zu einem Streit?«

Youssef lächelt: »Nein, auf keinen Fall. Annas und meine Eltern sind intelligente und aufgeschlossene Menschen.«

Wir kommen auf das Jenseits zu sprechen, und ich erzähle, dass ich die romantische Vorstellung habe, nicht nur in diesem Leben mit meiner Frau und den Menschen, die ich gernhabe, zusammen zu sein, sondern dass ich sie auch nach meinem Tod noch sehen werde. Ich glaube, dass meine Frau eine ähnliche Ansicht hat, und ich glaube, dass dies auch einer der Gründe ist, warum sie darauf besteht, dass wir an ähnliche Dinge glauben.

Ich lege Anna und Youssef dar, dass sich nach ihrer Ansicht ihre Wege nach dem Tod trennen werden und dass auch in diesem Fall ziemlich deutlich im Koran beschrieben wird, was auf sie beide wartet. Ich lese aus Sure 44 vor: »Siehe, der Baum Zaqqum Ist die Speise des Sünders; Wie geschmolzenes Erz wird er kochen in den Bäuchen wie siedenden Wassers Kochen. 'Fasset ihn und schleifet ihn mitten in den Höllenpfuhl. Alsdann gießet über sein Haupt die Strafe des siedenden Wassers. Schmecke! Siehe, du bist der Mächtige, der Edle! Siehe, das ist's, worüber ihr in Zweifel waret.' Siehe, die Gottesfürchtigen werden sein an sicherer Stätte, In Gärten und Quellen.«

Ich sehe die beiden fragend an.

»Auch über dieses Thema haben wir uns lange und intensiv unterhalten«, sagt Youssef. »Ich würde nicht behaupten, dass sie Qualen erdulden muss, wenn sie ein rechtschaffenes Leben führt, denn Allahs Gnade kennt keine Grenzen. Ich glaube nur daran, dass ihr der Zugang zum Paradies verwehrt bleiben wird.«

Er schaut Anna lange an, dann sagt er: »Dass sie ein rechtschaffenes Leben führt, sehe ich. Sie liest im Koran, fast jeden Tag. Sie erinnert mich an mein Gebet und auch an die Barmherzigkeit. Deshalb hoffe ich im Jenseits auch für sie auf die Gnade Allahs.«

Na ja, denke ich mir, da legt sich aber auch einer seinen Glauben zurecht, wie es ihm gerade passt.

Anna geht mit diesem Thema lapidar um: »Als Atheistin glaube ich, dass mein Leben dann beendet ist, wenn ich sterbe. Für mich gibt es so etwas wie das Jenseits mit Himmel und Hölle nicht, es existiert lediglich im menschlichen Bewusstsein – also stört mich die Drohung, nicht ins Paradies zu kommen, nicht besonders. Ich merke allerdings schon, wie sich Youssef um mich sorgt. Das finde ich sehr schön, aber ich sage ihm immer, dass er sich keine Sorgen machen soll. Wenn es vorbei ist, dann ist es vorbei – und wenn es Allah tatsächlich geben sollte, was ich nicht glauben kann, dann wird er schon eine Entscheidung für mich treffen.«

Ich staune, wie ruhig die beiden mit diesen wichtigen Aspekten umgehen: ohne die Stimme zu erheben, ohne Polemik und ohne Drohgebärden. Beide legen dar, woran sie glauben, und der andere zeigt dafür Verständnis, ohne auch nur einmal verächtlich den Kopf zu schütteln oder gar zu protestieren. Die beiden sind zu schön, um wahr zu sein.

»Ich muss allerdings schon sagen, dass wir darüber auch streiten«, sagt Anna. »Fast jeden Tag! Und noch immer muss ich hin und wieder aus dem Zimmer gehen, weil ich sonst ausrasten würde. Aber ich glaube, dass Streit zu einer Beziehung gehört, weil man daran wachsen kann. Die einen streiten eben um die Kindererziehung, ums Fremdgehen oder die Wohnungseinrichtung – bei uns ist es Religion. Wichtig ist nur, dass man bei allem Streit nie vergisst, dass einem da nicht ein Feind gegenübersitzt, sondern ein Freund.«

Youssef ergänzt: »Ein Ehemann!«

Ich bin beeindruckt. Aber ich habe auch das Thema noch nicht angeschnitten, das mich am meisten beschäftigt. Bislang haben wir uns über zwei Menschen unterhalten, die einen Weg gefunden haben, eine Ehe zu führen, obwohl sie in zentralen Punkten ihres Lebens nicht übereinstimmen. Das ist nicht unmöglich, wie ich finde. Heikel wird es meiner Meinung nach erst dann, wenn eine dritte Person eingeführt wird.

»Was passiert eigentlich mit den Kindern, sofern ihr welche haben möchtet? In welchem Glauben werden die erzogen?«

Beide sehen mich ernst an, und ich merke, dass ich mit meiner Frage den wunden Punkt ihrer Beziehung getroffen habe. Ich habe ein wenig Sorge, dass die beiden das Gespräch nun beenden könnten, weil sie lange Zeit gar nichts sagen, sondern mich nur anschauen. Anna ist die Erste, die wieder zu sprechen beginnt.

»Es ist der Punkt, der uns am meisten entzweit. Das ist

auch der Grund, warum wir bisher keine Kinder haben, obwohl wir uns welche wünschen.«

Ich merke, dass sie in diesem Moment wirklich traurig und den Tränen nahe ist.

»Von meiner Familie wird in diesem Punkt Druck ausgeübt, weil meine Kinder natürlich im muslimischen Glauben erzogen werden müssen. Und auch ich übe Druck aus, weil ich ebenfalls dieser Meinung bin«, sagt Youssef. »Dagegen steht natürlich Annas Ansicht, dass unsere Kinder ohne einen Glauben aufwachsen sollten. Sie möchte nicht einmal, dass unsere Kinder sich später selbst entscheiden können, sondern sie besteht darauf, sie atheistisch erziehen zu dürfen. Was für ein Unsinn!«

»Das habe ich nicht gesagt«, wirft Anna ein, und zum ersten Mal erkenne ich so etwas wie heftigen Protest oder gar den Ansatz eines Streits während des Gesprächs. »Ich habe nur Angst, dass, wenn ich zustimme, unsere Kinder einmal die Entscheidung selbst treffen zu lassen, sie von Youssef und seiner Familie beeinflusst werden und ihnen gar keine andere Wahl bleibt, als sich zum Islam zu bekennen. Ich möchte von Youssef die Garantie haben, dass sich die Kinder wirklich selbst entscheiden dürfen und dass ich auch die Gelegenheit habe, ihnen meinen Glauben beziehungsweise den Atheismus vorzustellen. Ich möchte mich nicht auf einen Kuhhandel einlassen, bei dem ich am Ende als Verliererin dastehe.«

Youssef sieht sie an.

»Diese Garantie kann ich dir nicht geben, weil ich natürlich versuchen werde, meine Kinder zu gläubigen Muslimen zu erziehen. Aber du hast gesehen, wie ich mit deinen Ansichten umgegangen bin und dass ich keinerlei Druck auf dich ausgeübt habe. So würde ich es auch mit unseren Kindern machen. Trotzdem musst du verstehen, dass ich es nicht akzeptieren kann, wenn mein Kind ungläubig wird oder zu einem Atheisten erzogen wird.«

»Ich möchte nur nicht, dass dieser Streit auf dem Rücken unserer Kinder ausgetragen wird und dass Mutter und Vater beinahe täglich miteinander konkurrieren, welcher Religion sie denn nun angehören sollen. Gegen einen fairen Wettstreit habe ich nichts.« Anna nimmt wieder Youssefs Hand. »Wir sind in diesem Punkt schon viel weiter als vor einem Jahr. Von der Ansicht, dann eben keine Kinder zu bekommen, sind wir immerhin zu einem fairen Wettstreit vorgedrungen.«

Das glaube ich gerne, wenn ich an die Diskussionen zwischen meiner Frau und mir denke, bei denen es nur darum ging, ob unser Sohn evangelisch oder katholisch getauft werden soll.

»Ich glaube, wenn wir noch ein Jahr lang intensiv darüber diskutieren, werden wir auch dafür eine Lösung finden«, meint Youssef.

Ich sehe die beiden an, zweifle aber an dieser Aussage.

»Ich bin beeindruckt, wie respektvoll ihr mit der Religion und den Ansichten des jeweils anderen umgeht.«

Youssef schüttelt den Kopf.

»Es geht nicht um den Umgang mit Religion oder Atheismus, sondern es geht um den Umgang zweier Menschen miteinander. Darauf kommt es an im Leben. Für mich ist der Glaube an Allah das Wichtigste auf der Welt, für Anna ist es etwas anderes. Aber das bedeutet nicht, dass sich diese Menschen nicht respektieren und lieben können. Man darf nie vergessen: Man sitzt bei dieser Diskussion keinem Feind oder Monster gegenüber, sondern einem Freund oder Ehepartner.«

In diesem Moment wird mir klar, dass mein Vorhaben, sämtliche Religionen und Glaubensgemeinschaften der Welt in meine Wette einzubeziehen, scheitern wird. Religionen ähneln sich stark in ihren Vorstellungen von einem gelungenen Leben im Diesseits. In einigen Punkten unterscheiden sie sich jedoch derart grundlegend, dass es unmöglich scheint, sein Leben so zu gestalten, dass man mit ziemlicher Sicherheit alle Bedingungen aller Religionen erfüllt – oder zumindest jene, die einen der Erlösung näher bringen. Die Frage, wie sich das vereinbaren lässt, kann ich bislang allerdings nicht beantworten.

Doch ich bin darüber nicht verzweifelt – ganz im Gegenteil. Das Beispiel von Youssef und Anna zeigt mir, dass sich zwei Menschen lieben und eine harmonische Ehe führen können, obwohl sich ihre Ansichten in den essenziellen Fragen nach Gott und dem Jenseits grundsätzlich unterscheiden und es keine Aussicht gibt, dass einer von beiden jemals von seinem Weltbild abrücken wird.

Dennoch durfte ich eine glückliche und wunderbare Ehe sehen. Ob es nun die Liebe ist, die dabei alles andere besiegt, die Vernunft oder eine ganz andere Macht, von der ich noch keine Ahnung habe, ist dabei unerheblich. Ein strenggläubiger Muslim und eine strenggläubige Atheistin führen eine harmonische Beziehung, weil sie bereit sind, die Ansichten des anderen zu respektieren und sich jahrelang damit auseinanderzusetzen und darüber zu diskutieren. Weil sie sich als Freunde begegnen, nicht als Feinde.

Und ganz ehrlich: Die Hoffnung, die diese Ehe macht für die Welt, ist für mich am Ende von größerer Bedeutung als die Frage, ob ich tatsächlich Erfolg haben werde mit meiner Wette.

Kapitel 10

Das Wort Gottes

Wäre ich Autor bei *Wer wird Millionär?*, dann könnte ich Günther Jauch eine nahezu unlösbare Frage präsentieren. Sollte ein Kandidat die 500 000-Euro-Hürde gemeistert haben und noch über alle drei Joker verfügen, könnte Jauch diese Frage einstreuen, wenn er partout nicht möchte, dass an diesem Abend jemand eine Million Euro gewinnt. Natürlich wäre es immer noch möglich, mit dem 50:50-Joker die Antwortmöglichkeiten zu reduzieren – aber ich bin der festen Überzeugung, dass der Kandidat auch dann noch raten müsste, weil er es einfach nicht wissen *kann*.

Die Frage lautet: *Aus welcher Religion stammt folgendes Zitat:* »*Mit Weibern und Knechten ist doch am schwersten auszukommen! Tritt man ihnen nahe, so werden sie unbescheiden. Hält man sich fern, so werden sie unzufrieden.*«

Sie ist deshalb so knifflig, weil so ein Satz, bei dem sich ein westlich geprägter Mensch im 21. Jahrhundert verwundert am Kopf kratzt und Menschen wie Alice Schwarzer eine Halsschlagaderzerrung bekommen, in fast jeder Religion auftaucht, mit der ich mich bislang beschäftigt habe.

Natürlich könnte man nun einwenden, dass es eben Länder und Kulturen gibt, in denen es überhaupt nicht als chauvinistisch gilt, wenn eine Frau nicht wählen darf, wenn ihr Bildung verweigert wird oder sie nur als Dienerin ihres Ehemanns gilt – und dass sich der Außenstehende nicht einzumischen hat. Natürlich ist das Frauenbild ein Punkt, der immer zieht, wenn man eine Religion kritisieren will. Weil es sich bei den meisten Religionen um historische Religionen handelt und Geschichte meist von Männern geschrieben wurde, kommen Frauen dabei häufig nicht besonders gut weg. Ich wundere mich deshalb, dass viele Menschen so gerne mit dem Finger auf die jeweils andere Religion zeigen. Denen möchte ich hin und wieder sagen: »Lest ihr eigentlich, was da so in eurer eigenen heiligen Schrift steht oder was euer Religionsstifter angeblich verbreitet haben soll?«

Das Zitat für die Millionenfrage stammt übrigens von Konfuzius, jenem Mann, dem wir gerne weise Sprüche wie diesen zuschreiben: »Ich habe noch keinen gesehen, der moralischen Wert liebt ebenso, wie er die Frauenschönheit liebt.« Oder auch: »Der Edle ist ruhig und gelassen, der Gemeine ist immer in Sorgen und Aufregung.« Oder auch: »Wenn du es eilig hast, dann gehe langsam.«

Und dennoch ist das konfuzianische Weltbild geprägt von männlicher Dominanz. Das feminine Yin wird gemeinhin mit Dunkelheit, Kälte, Angst und Tod assoziiert, und zwei der fünf konfuzianischen Beziehungen – Vater/Sohn und Ehemann/Ehefrau – drücken die maskuline Hegemonie aus. Tu Weiming, Professor für chinesische Geschichte, Philosophie und Konfuzianismus an der Harvard University, schrieb deshalb in einem Artikel: »Die eklatante Unempfindlichkeit und Abwertung der Gleichstellung der Geschlechter spiegelt eine ostasiatische Mentalität wider mit tiefen konfuzianischen Wurzeln.«

Doch bevor nun die Mitglieder der Religionen mit dem moralischen Finger aufeinander zeigen, möchte ich feststellen, dass ich bei meiner Recherche kaum eine Religion kennengelernt habe, die ein Frauenbild entworfen hat, mit dem sich eine moderne Frau und damit auch ein moderner Mann in der westlichen Welt zufriedengeben könnten.

Der Religionshistoriker Friedrich Heiler hat die Weltreligionen einmal als »Männerreligionen« bezeichnet. Er wollte damit keineswegs zum Ausdruck bringen, dass Frauen keine Bedeutung in diesen Religionen hätten, sondern dass sie die männliche Dominanz in der Gesellschaft religiös legitimieren.

Ich schreibe dieses Kapitel nicht, weil ich damit Kritik üben oder die Werte einer Glaubensgemeinschaft infrage stellen möchte. Sollte sich eine Frau in der ihr zugeteilten Rolle innerhalb ihrer Religion wohlfühlen, so möchte ich mit meinen Ausführungen keineswegs ihre Gefühle verletzen oder sie in ihrem Glauben beleidigen. Wer in seinem Leben glücklich ist, der möge in seinem Leben glücklich sein.

Meine Meinung ist: Eine Frau ist glücklich, wenn sie wirklich glücklich ist – und nicht, wenn ein religiöses Gesetz oder ein Mann ihr sagt, dass sie gefälligst glücklich zu sein hat. Jeder muss für sich entscheiden, ob er zufrieden ist mit seinem Leben – und er muss sich dann auch gegen die wehren, die etwas anderes behaupten.

Bei YouTube etwa gibt es den Kanal Eily311, der von einer jungen Amerikanerin betrieben wird. In liebevoll gestalteten Videos gibt sie Schminktipps, mittlerweile haben mehr als 34000 Menschen ihre Sendung abonniert. Sie hat studiert und ist neben ihrem Beruf als Lehrerin auch Maskenbildnerin. Das Problem, das offensichtlich viele Menschen mit ihren Filmen haben: Eily ist Muslima, trägt bei ihren Auftritten stets ein Kopftuch, und unter fast jedem Video sind Kommentare zu finden – sowohl von Muslimen als auch von Mitgliedern anderer Religionen, die sie deswegen beschimpfen. Die einen regen sich darüber auf, dass sie sich als Muslima schminkt, und die anderen beschweren sich, dass sie doch bitte das Kopftuch abnehmen möge. Mittlerweile hat sie auf ihrer Homepage ein schönes Statement veröffentlicht: »Ja, ich bin eine Muslima, und ich bin ein Make-up-Artist. Wenn du damit nicht umgehen kannst, dann drücke den X-Knopf auf deinem Browser.«

Es gibt übrigens ein interessantes Zitat zum Thema Kopf-tuch: »Eine Frau entehrt ihr Haupt, wenn sie betet oder prophetisch redet und dabei ihr Haupt nicht verhüllt. Sie unterscheidet sich dann in keiner Weise von einer Geschore-nen. Wenn eine Frau kein Kopftuch trägt, soll sie sich doch gleich die Haare abschneiden lassen. Ist es aber für eine Frau eine Schande, sich die Haare abschneiden oder sich kahl scheren zu lassen, dann soll sie sich auch verhüllen.« Ich habe diese Stelle nicht im Koran gefunden, sondern im 1. Brief des Apostels Paulus an die Korinther.

Ich schreibe dieses Kapitel auch, weil ich durch das Ge-spräch mit Youssef und Anna gelernt habe, wie heikel es ist, aus den jeweiligen heiligen Schriften einer Religion zu zitie-ren und einzelne Sätze aus dem Zusammenhang zu reißen. Es geht mir deshalb weniger um das Frauenbild in den ein-zelnen Glaubensgemeinschaften, sondern vielmehr darum, wie Religionen gesellschaftliche Normen legitimieren be-ziehungsweise wie andere Religionen dadurch diskreditiert werden. Das Frauenbild ist dabei nur eines von vielen Bei-spielen. Ich habe es deshalb ausgewählt, weil Frauenbild immer geht – und nicht zuletzt deshalb, weil sich meine Frau köstlich darüber aufregen kann, wenn sie Sätze hört wie den von Konfuzius.

Während meines Projekts habe ich zahlreiche religiöse Schriften gelesen und mich mit vielen Gelehrten, Gläubigen und Nichtgläubigen unterhalten. Dabei bin ich auf ein in-teressantes Phänomen gestoßen, das meiner Meinung nach viel zu den Konflikten beiträgt, die Glaubensgemeinschaf-ten untereinander haben und womit auch religiöser Funda-mentalismus begründet wird.

Die Gläubigen nehmen ihre jeweilige heilige Schrift wört-lich, wenn der Spruch, ein Wort oder auch nur ein Satz-zeichen in eine bestimmte Philosophie passt. Wenn es um Stellen in den Texten geht, die einen moralischen Wert transportieren, der auch in der heutigen Zeit vertretbar ist, dann ist die Forderung zumeist, diese Passage unbedingt wörtlich zu nehmen. Der Journalist Heribert Prantl schreibt dazu in einem großartigen Essay in der *Süddeutschen Zeitung*: »Das gilt für die jüdischen Siedler in Hebron, die sicher sind, dass Gott ihnen das israelische Großreich versprochen hat. Das gilt für die bibeltreuen Christen, die Homosexualität und Evolutionstheorie als Frevel wider den Schöpfer brandmarken. Das gilt für den Staatsislamismus in Iran, das gilt für die Taliban, das gilt für die islamistischen Attentäter. Sie haben den Drang, den öffentlichen Raum nach ihrer eigenen Glaubensüberzeugung einzurichten. Sie halten sich für die Ingenieure des göttlichen Bauplans und tun so, als habe Gott ihnen die Blaupause für sein Königreich auf Erden in die Hand gedrückt.«

Wenn der Spruch zur Lebenseinstellung passt, dann beginnen die Sätze der Gläubigen meist mit »Schließlich steht in der Bibel…« oder »Im Koran steht wörtlich« oder auch »Konfuzius sagt«. Und ich war bislang immer beeindruckt, wie gut die Menschen ihre eigenen Schriften und Gesetzbücher kennen. Das hätte mir bei genauerem Nachdenken aber schon seit meiner Kindheit bewusst sein müssen, denn auch meine Mutter kennt für jede Lebenslage einen Spruch aus der Bibel.

Diese Begebenheiten machten mir aber auch meine eigene Unzulänglichkeit bewusst, weil ich einerseits nichts gegen die zitierten Passagen sagen konnte, denn ich kannte mich in den Schriften anderer Religionen ja nicht aus. Ich schämte mich aber auch ein bisschen, weil ich – obgleich doch christlich geprägt und erzogen – meist keinen passenden Merksatz aus meiner Religion parat hatte, um zu kontern. Im Gegenteil: In vielen Fällen bekam ich von Mitgliedern anderer Glaubensgemeinschaften einen Bibelsatz um die Ohren gehauen, bei dem ich objektiv gesehen meinem Diskussionspartner recht geben musste: In der Bibel stehen tatsächlich ziemlich schlimme Sachen, und der Gott, an den ich glauben soll, wird mehrfach als wütender Massenmörder porträtiert.

Es ist nicht selten so, dass die Anhänger einer Religion daran glauben, ihr Gott habe ihnen die Blaupause für sein Königreich auf Erden und eine genaue Anleitung für die Erlösung nach dem Tod gegeben – und im Umkehrschluss glauben sie daran, dass den Mitgliedern anderer Glaubensgemeinschaften die Baupläne für ein Haus überreicht wurden, das unweigerlich in sich zusammenfallen muss. Sie zitieren zur Untermauerung dann besonders grausame Passagen, chauvinistische Stellen oder menschenfeindliche Aussagen.

Wenn nun die Gläubigen mit einer unbequemen Aussage konfrontiert werden, dann setzt das dritte Phänomen ein, das ich immer wieder beobachten konnte: Wenn sie schon nicht beweisen können, dass ihre Schrift oder ihr Gesetzbuch eine Blaupause aus Gottes Feder ist, dann möchten sie zumindest darauf beharren, dass es sich um einen Bauplan handelt, bei dem das zu konstruierende Haus zwar kleinere Mängel aufweisen könnte, insgesamt gesehen aber auf einem sicheren Fundament errichtet wird. Wenn also in der jeweiligen Schrift eine Passage auftaucht, die einem objektiven Leser zumindest widersprüchlich oder gar hanebüchen erscheint, dann sind die beiden Sätze, die ich am häufigsten hörte und in meinem Leben geschätzte fünftausendmal auch selbst ausgesprochen habe: »Das ist natürlich ein Bild, das interpretiert werden muss.« Oder: »Natürlich muss man verstehen, dass dieser Text zu einer Zeit geschrieben wurde, in der die Gesellschaft eine andere war als heutzutage.« Und noch ein schöner Satz: »Das ist aus dem Zusammenhang gerissen!«

Die heilige Schrift einer Religion soll doch Gottes Wort oder mindestens eine Anleitung für die Gläubigen sein, wie sie sich korrekt zu verhalten haben und wie sie Erlösung im

Diesseits und Jenseits finden können. Und dann sollen jene Stellen, die einem genehm sind, eine Blaupause von Gottes Plänen sein, während Passagen, die unangenehm oder wissenschaftlich widerlegt sind, das Werk kreativer Schriftsteller gewesen sein sollen und der Interpretation bedürfen? Das kommt mir ein bisschen vor, als würde man in einem Katalog blättern und immer wieder sagen: »Will ich haben – will ich nicht haben.«

Das Frauenbild vieler Religionen ist deshalb so ein gutes Beispiel für den Umgang von Gläubigen mit ihrer jeweiligen heiligen Schrift, weil über kaum ein anderes gesellschaftliches und religiöses Thema öfter und heftiger diskutiert worden ist – mit ebenjenen drei Phänomenen, die ich gerade beschrieben habe. Mir ist durchaus bewusst, dass sich viele Religionen und Glaubensgemeinschaften mit dem Konflikt, einerseits ihre heilige Schrift wörtlich nehmen zu wollen und andererseits ein frauenfeindliches Weltbild begründen zu müssen, zumindest teilweise arrangiert haben. Ich weiß auch, dass es innerhalb vieler Religionen zahlreiche Strömungen und Entwicklungen gibt, weshalb Kritik selbstverständlich nicht alle Gläubigen innerhalb einer Gemeinschaft treffen soll.

Ich möchte deshalb ohne Interpretation, ohne Vorwurf und ohne Lob den Gedanken der Millionenfrage bei Günther Jauch noch ein wenig weiterspinnen und einige Textstellen aus religiösen Büchern aufzählen, die mir in den vergangenen Jahren zum Thema Religion und Frauen besonders aufgefallen sind. Ob aus dem Zusammenhang gerissen oder nicht – diese Sätze existieren.

Jeder möge für sich selbst entscheiden, ob diese Passagen als Gottes wortwörtliche Forderung an die Menschen zu verstehen sind, ob sie einer eingehenden Interpretation bedürfen oder ob sie gar etwas ganz anderes bedeuten.

Wer möchte, kann gerne versuchen, die jeweilige Glaubensgemeinschaft zu erraten. Die richtigen Antworten gibt es am Ende dieses Kapitels.

1. »Auch wenn er in seinen Tugenden hilflos ist oder Vergnügen anderswo sucht oder es ihm an guten Qualitäten mangelt, so muss der Ehemann doch dauerhaft von seiner treuen Frau als Gott verehrt werden.«

2. »Es war ein Anfang des Alls, das als die Mutter des Alls angesehen werden kann. Durch ihre Mutter können wir die Söhne erkennen. Wenn ihr die Söhne erkannt habt, haltet euch an die Mutter. So kann das ganze Leben vor Schaden bewahrt werden.«

3. »Wie es in allen Gemeinden der Heiligen üblich ist, sollen die Frauen in der Versammlung schweigen [...]. Sie sollen sich unterordnen, wie auch das Gesetz es fordert. Wenn sie etwas wissen wollen, dann sollen sie zu Hause ihre Männer fragen; denn es gehört sich nicht für eine Frau, vor der Gemeinde zu reden.«

4. »Immer wieder finde ich die Ansicht, stärker als der Tod sei die Frau. Denn: Sie ist ein Ring von Belagerungsstürmen, und ihr Herz ist ein Fangnetz, Fesseln sind ihre Arme. Wem Gott wohlwill, der kann sich vor ihr retten, wessen Leben verfehlt ist, wird von ihr eingefangen.«

5. »Narren lüstet es nach Weibern. Wie läufige Hunde kennen sie kein Halten. Sie sind wie Fliegen, die sich gierig auf Erbrochenes stürzen, wie eine Schweineherde ganz versessen ist auf Mist. Leicht können Frauen die Gebote der Reinheit ruinieren. Es fällt ihnen nicht schwer, Tugend und Ehre zu missachten.«

6. »Die Männer sind den Weibern überlegen wegen dessen, was Allah den einen vor den anderen gegeben hat. [...] Diejenigen aber, für deren Widerspenstigkeit ihr fürchtet – warnet sie, verbannet sie in die Schlafgemächer und schlagt sie.«

7. »Eine Frau soll sich still und in aller Unterordnung be-
lehren lassen. Dass eine Frau lehrt, erlaube ich nicht,
auch nicht, dass sie über ihren Mann herrscht.«

8. »Weil ich von der Unreinheit des Frauenkörpers befreit
sein will, werde ich den schönen und gesunden Körper
eines Mannes annehmen.«

9. »Die Frauen sind wie ein Schiff aus Holz, wer sich
auf sie einlässt, ist zum Untergang verurteilt. Traue
keiner Frau, dann wirst du nicht enttäuscht. Glaube
ihren Versprechungen nicht, denn schnell ändern sie
ihre Meinung. Die Intrigen der Frauen sind so mächtig,
dass meine Flucht niemals enden wird. Sie gürten sich
mit Nattern und schmücken sich mit Skorpionen.«

Diese neun Textausschnitte möchte ich gerne unkommen-
tiert lassen. Nur so viel: Ich kann für mich sagen, dass ich
seit der Lektüre zahlreicher heiliger Schriften ein wenig vor-
sichtiger im Umgang mit wörtlichen Zitaten geworden bin.
Ich kann sowohl mit der einen Seite wenig anfangen, die
Zitate verwendet, um das eigene Weltbild, die gesellschaft-
lichen Normen und zahlreiche Gesetze dadurch zu legitimieren, dass es in der jeweiligen Schrift einen Satz gibt, der
passt. Ich kann aber auch der anderen Seite nur wenig abgewinnen, die Andersgläubige deshalb in Misskredit bringt,
weil es in deren Schrift Passagen gibt, die nicht zu den eigenen Überzeugungen oder den herrschenden gesellschaft-
lichen Normen passen.

Und ich kann als einigermaßen aufgeklärter Mensch im
21. Jahrhundert nur ganz wenig damit anfangen, wenn ich
aufgefordert werde, einen Text als Anleitung für ein Leben
und für das Erlangen von Erlösung anzuerkennen, aber
gleichzeitig darauf hingewiesen werde, dass ich die Umstände berücksichtigen muss, unter denen er entstanden ist.
Dann möge doch bitte jemand eine moderne Fassung dieser
Bücher schreiben und von den höchsten Instanzen abseg-

nen lassen, damit sie auch in der heutigen Zeit unmissverständlich gelesen werden und ohne Interpretation verstanden werden können.

Vielmehr ist ein kritischer Umgang mit den heiligen Texten notwendig, die vielen Menschen unglaublich viel bedeuten. Wir brauchen einen vernünftigen Dialog vernünftiger Menschen und keine Parolen und kniffligen Zitate, die man in Talkshows einstreut, um die Zuschauer zu schockieren oder Gesprächspartner in Verruf zu bringen. Das, so glaube ich, ist eine der größten Herausforderungen unserer Zeit.

Sollte Günther Jauch noch einen Autor für die Millionenfragen in seiner Sendung suchen, dann kann er mich gerne anrufen, ich hätte da ein paar Ideen. Und sollte jemand eine Millionenfrage beantworten können, weil er nun die Antworten auf einige der kniffligsten Fragen kennt, dann sei ihm hiermit gesagt, dass ich mich als kleinen Dank über eine Ausgabe seiner heiligen Schrift mit persönlicher Widmung sehr freuen würde.

Und dies sind die Lösungen:

1. Manusmriti: Kapitel V, 154; Hinduismus
2. *Tao-Tê-King*: Vers 52; Taoismus
3. Bibel: 1. Brief an die Korinther, 14,33 ff.; Christentum
4. Kohelet: Kapitel 7, Vers 26; Judentum
5. Zitat Buddha in: Diana Y. Paul: *Die Frau im Buddhismus*; Buddhismus
6. Koran: Sure 4, Vers 38; Islam
7. Bibel: 1. Brief an Timotheus, 2,11 f.; Christentum
8. Zitat Buddha in: Diana Y. Paul: *Die Frau im Buddhismus*; Buddhismus
9. Marokkanisches Volksgedicht

Kapitel 11

Der heilige Apfel

Es funktioniert nicht. Wirklich nicht.

Dabei habe ich fast alles versucht, was mir in den vergangenen drei Stunden in den Sinn gekommen ist: ausprobieren, fluchen, im Internet nach Lösungen fahnden, wieder ausprobieren, verzweifeln, einen begabten Freund anrufen, die Gebrauchsanleitung lesen, heftiger fluchen, einen noch begabteren Bekannten anrufen, gegen eine Wand treten. Selbst die Kombination »verzweifelt fluchen und dabei mit der Gebrauchsanleitung in der Hand gegen eine Wand treten« klappt nicht. Und ich dachte immer, ich wäre ein Homo digitalis, also ein Kulturoptimist, der sich als Freund technischen Geräts bezeichnen darf. Aber es funktioniert nicht. Ich kann die Kontaktdaten nicht einfach so von meinem alten Mobiltelefon auf das iPhone übertragen.

Meine Frau Hanni hat sich mein Verhalten mit einer Mischung aus Schadenfreude und Verwunderung angesehen, dann sagt sie: »Es muss sich um einen Anwenderfehler handeln.«

Ich bin kurz versucht, die eben ausprobierten Flüche auf sie anzuwenden, doch sie sagt nur: »Apple ist unfehlbar.«

Bei meiner Suche nach Erlösung bin ich an einem Punkt angelangt, an dem ich mich ernsthaft frage, was überhaupt eine Religion ist. Freilich wäre nun die einfache Antwort, dass alle Glaubensgemeinschaften, denen der Status einer religiösen Gemeinschaft zugebilligt wird, als Religion anzusehen sind. Das ist aber nicht so einfach, weil etwa das Druidentum in Großbritannien seit 2010 offiziell als steuerbefreite Religion anerkannt wird, hierzulande aber nicht. Ähnlich verhält es sich etwa mit Scientology, einer Gemeinschaft, die in unterschiedlichen Ländern einen unterschiedlichen Status genießt.

Ich könnte auch Youssef fragen, der voller Überzeugung antworten wird, dass nur die abrahamitischen Religionen als Religionen anzusehen sind, also das Christentum, das Judentum, der Islam und unter Umständen auch die Religion der Bahai – wobei ich wohl nicht zu betonen brauche, dass Youssef es für eine tolle Idee hielt, als ich ihm eröffnete, alle Religionen einem Test unterziehen zu wollen. Als ich allerdings hinzufügte, dass dazu auch Buddhismus und Konfuzianismus gehören würden, schüttelte er mitleidig den Kopf und sagte: »Aber das sind doch keine Religionen!«

Es gibt keine wissenschaftlich allgemein anerkannte Definition von Religion, weshalb ich mich schwertue, eine Entscheidung zu treffen. In seiner Einleitung zu der Textsammlung *Was ist Religion?* schreibt der Herausgeber Jens Schlieter über die Schwierigkeit, den Begriff zu definieren: »Will man den Wandel des europäischen Verständnisses von ›Religion‹ in einem Satz zusammenfassen, könnte dieser ungefähr so lauten: Die Bezeichnung ›Religion‹ beginnt mit einer Vorstellung von einer regelmäßigen Kultpraxis der Götterverehrung, nimmt weiter die Bestimmung des wahren Gottesglaubens und spaltet sich gleichzeitig in Vorstellungen von wahrer und falscher Religion, wird dann in Klöstern mit moralischen Vorstellungen der richtigen Lebensführung des Ordens angereichert, um sich schließlich in der Reformation zur tiefsten Innerlichkeit des gottgläubigen Menschen zu wandeln, bis schlussendlich über die Kritik von Religion überhaupt und die Idee einer aufgeklärten Vernunft-Religion der Plural ›Religionen‹ geläufig wird.«

Es wäre möglich, ein paar Grundpfeiler in den Boden zu rammen, die von vielen Menschen als das akzeptiert werden, was eine Religion ausmacht: ein Messias oder zumindest ein Stifter der Religion – in manchen Fällen können diese beiden identisch sein. Außerdem muss es eine Gemeinschaft von Menschen geben, die an etwas glauben und die sich auf eine gemeinsame Geschichte berufen oder auf eine heilige Schrift und die sich dem jeweiligen Glauben fast bedingungslos unterwerfen. Diese Gemeinschaft muss sich abgrenzen vom Kreis der Ungläubigen. Und es gibt ein Heilsversprechen, das sich entweder auf das Diesseits oder das Jenseits bezieht.

Bei dieser Definition stehen die Eckpfeiler allerdings derart weit auseinander, dass fast jede Glaubensgemeinschaft zwischen ihnen Platz findet, und es ist erstaunlich, was sich danach alles als Religion bezeichnen ließe. Betrachtet man die Verehrung, die Jugendliche ihren favorisierten Popstars entgegenbringen, so kommt man nicht umhin, diese Anhänger als eine Gruppe zu bezeichnen, die einer religiösen Gemeinschaft sehr ähnlich ist. Wer einmal ein Heimspiel von Schalke 04 besucht und danach einen Abend mit den Fans verbracht hat, der wird sich ernsthaft fragen, wo denn nun der Unterschied liegt zwischen diesem Verein und einer Religion. Und hat nicht der Lebenswandel eines Wall-Street-Brokers, der siebzig Stunden pro Woche dafür aufwendet, immer mehr Geld zu verdienen, viel gemein mit einem gläubigen Menschen – nur dass er statt eines personifizierten Gottes das Kapital verehrt und darauf hofft, Erlösung darin zu finden, irgendwann ein Strandhaus in Malibu zu besitzen?

Natürlich könnte auch ich versuchen, ein wahrer Kapitalist zu werden, doch glaube ich, dass mir sowohl das Talent fehlt als auch der Ehrgeiz, der dafür erforderlich ist.

Und aus dem Alter, einen Popstar anzuschmachten, bin ich heraus, obwohl ich mir das selbst nur schwer eingestehen kann. Ich möchte deshalb Jünger einer der Gemeinschaften werden, die gemeinhin als Ersatzreligionen bezeichnet werden.

Es soll eine Ersatzreligion sein, mit der ich bislang nur wenig zu tun hatte, bei der sich aber die Frage, ob es nun eine Marke, ein Kult oder doch eine Religion sei, seit Jahren hartnäckig hält. Dabei bin ich auf Apple gestoßen, und das vor allem wegen der Studie *How the iPhone became divine: New Media, Religion and the Intertextual Circulation of Meaning* der amerikanischen Wissenschaftler Heidi Campbell und Antonio La Pastina. Die Studie besagt, dass es bei Apple nicht um den Glauben an das Göttliche gehe, sondern um eine stillschweigende Übereinkunft: »Säkulare Artefakte werden mit religionsartiger oder heiliger Bedeutung durchtränkt«, schreibt Campbell. In der popkulturellen Diskussion gebe es einen interessanten Zusammenhang zwischen Technologie und Religion – etwa dann, wenn Apples neues Telefon von den Anhängern als »Jesus phone« bezeichnet wird. »Weltliche Praktiken können dann eine religiöse Funktion übernehmen«, so Campbell in ihrem Blog. Das führe dazu, dass unter den Fans eine Loyalität entstehe, die der Anhängerschaft an eine religiöse Gemeinschaft sehr nahekäme. Campbell behauptet in ihrer Studie nicht, dass Apple eine neue Religion sei. Apples Produkten indes würde religiöse Ehrfurcht entgegengebracht, konstatiert sie.

Bastian, einer meiner besten Freunde, aktualisierte einmal seinen Facebook-Status so: »Liebt sein Macbook Pro jetzt noch mehr, nachdem er einfach mal zum Spaß einen Virenscanner drüberlaufen hat lassen. Knapp eine Million Objekte wurden gescannt – o Schadensoftware. Zwei Jahre, null Viren. Virenscanner wird wieder gelöscht. Tipp für eine bessere Welt: Festplatte ausbauen und PC einfach raus in den Schnee legen! Danach Festplatte in einen Mac einbauen und den Ordner C:/Windows/löschen!«

Unter diesem Status war diese Antwort zu lesen: »Apple ist wie Zen-Buddhismus: Jedes Produkt ist eine Erleuchtung.«

Ein bekannter Journalist dagegen schrieb zur Eröffnung eines Apple Stores, dass es sich dabei mitnichten um eine Kirche des 21. Jahrhunderts handle, sondern dass es das stinknormale Geschäft eines Unternehmens sei, das so viel Geld wie möglich von den Kunden haben möchte. Genau diese gegensätzlichen Ansichten machen die Sache für mich so interessant.

Deshalb beschließe ich: Ich möchte ein Anhänger von Apple werden.

Die Frage, ob man Apple als Religion zu betrachten hat, ist natürlich nicht neu – sie geht sogar noch weiter zurück, als ich zunächst vermutet habe. Der frühere Generalmanager von Apple Frankreich, Jean-Louis Gassée, sagte bereits im Jahr 1987 bei einem Vortrag: »Im Alten Testament gab es den ersten Apfel, die verbotene Frucht vom Baum der Erkenntnis, der mit nur einem Bissen Adam, Eva und die gesamte Menschheit auf ihren historischen Kurs geschickt hat. Der zweite Apfel war der von Isaac Newton, das Symbol unseres Eintritts in die Ära der modernen Wissenschaft. Das Symbol der Apple-Computer wurde nicht zufällig ausgewählt, es repräsentiert den dritten Apfel: jenen, der die Pfade des Wissens erweitert, die in die Zukunft führen.« Das hörte sich schon damals nach ziemlich religiösem Anspruch an. Gassée hat nur vergessen, Apple Records zu erwähnen, das Plattenlabel der Beatles – jener Gruppe, über die es bei der Einführung der Songs bei iTunes hieß: »Die Band, die alles verändert hat.«

Der italienische Schriftsteller Umberto Eco charakterisierte im Jahr 1994 die Rivalität zwischen Microsoft und

Apple in einem Artikel als »religiösen Krieg«, wobei er Apple die Rolle des Katholizismus zuschrieb. Apple sei »fröhlich, freundlich, versöhnlich, es erzählt den Gläubigen, wie sie Schritt für Schritt – wenn schon nicht das himmlische Königreich – jenen Moment erreichen, in dem ihr Dokument gedruckt wird«. Den Konkurrenten Microsoft beschrieb er als protestantisch oder calvinistisch. Am Ende fügte er noch hinzu, dass Apple eine einfache Philosophie vertrete: »Jeder hat das Recht auf Erlösung.«

Freilich ist Apple ein börsennotiertes Unternehmen, und die genießen nicht einmal in Kalifornien den Status einer religiösen Gemeinschaft. Vielmehr zielt die Firma wie viele andere auch darauf ab, den Gewinn zu maximieren. Firmengründer Steve Jobs wendet seit Jahren bekannte Mechanismen der Massenpsychologie an, um seine Firma so ertragreich wie möglich zu machen. Das gelingt ihm, und ich werfe meinem Vater heute noch vor, dass er sich vor zwanzig Jahren keine Anteile an Apple gesichert hat, sondern welche an der Commerzbank und später an der Deutschen Telekom.

Die Befürworter der Religionstheorie führen zahlreiche Vergleiche an, die Apple durchaus als Firma mit religiösen Zügen ausweisen. Steve Jobs, der selbst Buddhist ist, kommt dabei weniger die Rolle eines Gottes oder Messias zu, sondern vielmehr die des Religionsstifters. Er ist nicht Allah, sondern Mohammad. Um seinen Aufstieg ranken sich zahlreiche Legenden, die Gemeinde berichtet davon, dass er einst Kalligrafiekurse am Reed College besuchte und dass es ohne diese Erleuchtung viele Dinge in Macintosh-Computern nicht geben würde.

Jobs ist offenbar ein Mensch, der gegen alle Widerstände an seinem Glauben und seinen Visionen festgehalten hat und der entschlossen gegen scheinbare Übeltäter wie Microsoft kämpft. Für seine Anhänger ist bei all diesen Geschichten unerheblich, wie es wirklich gewesen ist, die Legende genügt. Die Gläubigen freilich sind die Kunden, wobei hier doch strikt getrennt wird zwischen den Anhängern der quasi-ersten Stunde und jenen, die erst nach der Einführung des iPod konvertiert sind, als sich aus der Untergrundvereinigung eine Massenbewegung entwickelt hat.

Als wichtigsten Grund für die Theorie, Apple als Religion zu verstehen, nennt der Journalist Peter Michalzik in einem Artikel in der *Frankfurter Rundschau* das Heilsversprechen des Unternehmens: »Du hast vollständigen Zugang zur unübersehbaren, hyperkomplexen Welt aller Medien, ohne dass dir die Technik Widerstand entgegensetzt. Apple-User führen ein glückliches, weil sozusagen technikfreies Leben, sie kennen keine Hotline-Nöte, keine Bedienungsprobleme, keine Gerätekomplikationen. Im iphone und dem ipod Touch ist dieses paradoxe Versprechen sozusagen Fleisch geworden. Ein Gerät, das mich von alleine versteht.«

Ich spiele derzeit die Rolle des ignoranten Frevlers, weil ich mit Apple-Produkten bislang nur in Berührung gekommen bin, wenn es keine andere Möglichkeit gab. Während des Studiums in den Vereinigten Staaten musste ich meine Semesterarbeiten auf einem Mac schreiben, weil in den öffentlichen Computerräumen keine PCs standen. Mein Handy und mein Musikspieler sind von anderen Unternehmen, mein Laptop ist gar von einer Firma, die Jobs als extrem verhasst gilt – er soll seinen Mitarbeitern gar eine persönliche Mail geschrieben haben, als Apple an der Börse endlich mehr wert war. Meine Filme leihe ich, indem ich einfach in eine Videothek fahre.

Meine Frau dagegen gehört zum inneren Kreis der Apple-Jünger. Sie hat bereits im Vor-iPod-Zeitalter auf dem Mac gearbeitet und versucht seit Jahren, mich durch eifriges Missionieren zur Konversion zu überreden – sei es durch subtile Hinweise wie den, dass sie eine Strichliste in meinem Arbeitszimmer angebracht hat, auf der sie die Abstürze meines PCs vermerkt. Meine Frau kann ihren missionarischen Eifer aber auch sehr direkt ausdrücken, etwa indem sie einen Apple-Sticker auf meinem Bildschirm platziert.

Ich habe ihre Versuche bislang erfolgreich abgewehrt, doch nun bin ich im Rahmen meines Projekts bereit, mich auf ihren Glauben einzulassen. Ich habe so lange gewartet, bis an meinem Handy derart viele Teile abstehen, dass es in der Jackentasche zu einer gefährlichen Waffe wird. Mein Computer braucht mittlerweile länger als zehn Minuten, um überhaupt hochzufahren, bei meinem CD-Player ist die Stereofunktion ausgefallen, und das Modell meines DVD-Spielers wird mittlerweile bei ebay als Antiquität angeboten. Es ist also tatsächlich an der Zeit, neue Produkte zu kaufen – wobei ich betonen möchte, dass kein Mensch ein neues Handy, einen neuen Computer oder einen neuen MP3-Player braucht. Es geht hier nicht ums Brauchen, sondern ums Habenwollen. Fast immer im Leben geht es nicht ums Brauchen, sondern ums Habenwollen.

Ich besuche also den Apple Store in München. Es ist der erste in Deutschland, der 251. weltweit. Bei der Eröffnung im Dezember 2008 haben viertausend Leute vor den großen Glastüren gewartet. Der Münchner Laden ist keine Apple-Kathedrale wie in New York oder Tokio, sondern eher eine kleine Kapelle. An den Wänden sind Flachbildschirme eingelassen, die Geräte glänzen, hin und wieder blinkt etwas.

Über dem gläsernen Eingang prangt ein riesiger Apfel, darunter warten junge Mitarbeiter in blauen und roten Shirts. Das Lächeln wirkt, als hätte es ihnen jemand ins Gesicht getackert und hinter den Ohren festgezurrt. Sie vermitteln mir tatsächlich das Gefühl, dass sie auf mich gewartet haben, und nur auf mich. Sie begrüßen mich nicht wie einen Kunden, sondern wie einen Freund – womöglich denken sie, dass ich bereits zum Kreis der Gläubigen gehöre. Wahrscheinlich würde ich mich sofort entlarven, wenn ich den Mund aufmache, weil spätestens beim dritten Wort klar wäre, dass ich nicht wirklich Ahnung habe.

Die Menschen im Laden drücken derart geschäftig auf den ausgestellten iPods und iPads und iPhones herum, wie ich es bisher nur bei Kindern in der Spielwarenabteilung riesiger Kaufhäuser gesehen habe. Im ersten Stock schütten Kunden den Mitarbeitern ihr Herz aus, es gibt Gruppenkurse und persönliche Betreuung. Es gibt sogar eine Kinderecke, aber da sitzt kein spielendes Kind, sondern ein Erwachsener mit einem MacBook.

Ich bin fasziniert von diesen Räumlichkeiten. Wer behauptet, dass so ein Apple Store ein stinknormales Geschäft sei, der kann noch nie in einem gewesen sein.

Nach etwa zehn Minuten ist es so weit. Ich spreche einen Mitarbeiter an.

»Guten Tag, ich brauche bitte einmal fast alles!«

Er sieht mich verdutzt an, so wie ein Kellner einen ansehen würde, wenn man ihm mitteilt, dass man alles haben möchte, was auf der Karte steht. Er lächelt aber.

»Ich brauche keinen Laptop, weil der alte noch prima funktioniert – und ich möchte auch kein iPad. Den Rest hätte ich gern.«

Er lächelt immer noch. Ich merke, dass sich in seinem Gehirn gerade ein riesiges Fragezeichen formt.

»Ich hätte gerne einen Mac mit Time Capsule, möglichst vielen Programmen und allem, was sonst so dazugehört. Dazu würde ich gerne Apple TV kaufen und zwei iPods. Ach ja, ein neues iPhone brauche ich auch noch, aber nur für meine Frau. Ich bekomme eine ältere Version von meinem Freund Bastian, also brauche ich das nicht.«

Meine Frau steht neben mir mit einem seligen Grinsen, das ich zuletzt gesehen habe, als ich ihr in der philippinischen Kirche einen Ring an den Finger gesteckt habe. Danach gibt sie den Dolmetscher und erklärt dem immer noch verdutzten Mitarbeiter, dass ich neu sei in der Apple-Welt, und erläutert ihm, was genau wir brauchen. Sie unterhalten sich in einer Sprache, von der ich die Hälfte nicht verstehe und die andere Hälfte überhaupt nicht verstehe. Hin und wieder lachen sie – und ich weiß zwar, über wen (über mich), aber ich weiß nicht, warum.

Am Ende kaufen wir alle Produkte – wobei ich gestehen muss, dass wir nur eine Bestellung aufgeben können, weil ich nicht in der Lage bin zu bezahlen. Der zu entrichtende Betrag würde das Limit meiner Kreditkarte sprengen.

Das also ist die Kirchensteuer bei Apple.

Als ich dann im Büro mein neues Telefon präsentiere, ist es tatsächlich so, als würde ich in einen Klub aufgenommen. Es gibt keinen Handschlag und keine spektakuläre Initiation, es ist vielmehr die stillschweigende Übereinkunft, dass nun auch ich auf der hellen Seite der Macht stehe. Es ist weniger die Zugehörigkeit zu einer religiösen Gemeinschaft, es ist eher wie damals an der Schule, als man plötzlich alt genug war, um nicht mehr hinter den Bäumen rauchen zu müssen, sondern mit den anderen in der Raucherecke stehen durfte. Oder als einen die gleichaltrigen Mädchen nicht mehr deshalb abservierten, weil die zwei Jahre älteren Jungs ein cooles Auto fuhren. So geht es mir mit dem neuen Telefon: Ich bin dabei, die Apple-Jünger identifizieren mich als einen der Ihren.

Der eine schickt mir sogleich per Skype jene Applikationen, die ich mir dringend herunterladen muss, um ein glücklicheres Leben zu führen. Darunter sind die Auskunft der Deutschen Bahn über Zugverbindungen, ein Dienst für das Fernsehprogramm und sämtliche sozialen Netzwerke. Dazu ein Dienst, mit dem sich die Porträtfotos von Freunden so bearbeiten lassen, dass sie aussehen, als wären sie in den siebziger Jahren gemacht worden. Ebenfalls dabei: ein Spiel, bei dem man ein berüsseltes Knubbeltierchen von Plattform zu Plattform hüpfen lassen muss. Ich spiele zehn Minuten lang, dann bin ich nicht erleuchtet, sondern genervt, weil meine Figur immer wieder abstürzt und ich von vorn beginnen muss. Geduld zählt eben nicht zu meinen Tugenden.

Dass ich nun zur Avantgarde gehöre, wird mir nicht nur im Umgang mit anderen iPhone-Besitzern klar, sondern in einem ruhigen Moment in der U-Bahn. Ich bin nicht mehr nur immer und überall zu erreichen wie mit einem gewöhnlichen Mobiltelefon, ich bin auch stets online. Während der Fahrt kann ich meine Mails lesen, meinen Facebook-Status aktualisieren und nachsehen, welch unterirdische Sendungen heute im Fernsehen gezeigt werden – und natürlich fällt mein Rüsselfreund wieder von der Plattform. Neben mir sitzen Menschen in meinem Alter, die ähnlich wie ich in ihr Telefon starren. Zum ersten Mal seit Chuck Palahniuks Roman *Die Kolonie* zähle ich nicht die Stationen bis zur Ankunft, sondern bin die gesamte Fahrt über beschäftigt und ärgere mich, als ich aussteigen muss, weil ich doch noch so viel zu tun hätte.

Auch das Leben in unserer Wohnung verändert sich, wobei ich nicht ohne eine gewisse Verwunderung plötzlich erkenne, dass meine Frau unseren Lebensraum schon vor meinem Glaubenswechsel nach den Regeln des Apple-Feng-Shui eingerichtet hat. Unser komplettes Wohnzimmer ist mit weißen Möbeln bestückt, die so platziert sind, dass sich Eleganz und Funktionalität wunderbar ergänzen. Fehlt nur ein Apfel auf jedem Möbelstück.

Wir sind schon seit Langem Apple – nur habe ich das bisher nicht bemerkt.

Und wir werden in den folgenden Wochen immer mehr Apple, weil sich die Produkte wunderbar miteinander synchronisieren lassen. Stecke ich mein Telefon ein, um den Akku aufzuladen, so wird es mit einem Knopfdruck synchronisiert, es werden aktuelle Fotos, Videos und Musikstücke daraufkopiert. Der Computer ist mit Apple TV verknüpft, sodass unser Bildschirmhintergrund stets aktuelle Familienfotos zeigt, die ich mir ansehe, während dazu die Musik der neuen Eminem-Platte läuft, die ich mir über iTunes heruntergeladen habe. Abends sehen wir uns Serien an, die uns von Apple TV empfohlen werden.

Selbst meine Verzweiflung mit dem iPhone werte ich zuerst als Fehler meinerseits und dann als erleuchtenden Hinweis darauf, was in meinem Leben bislang verkehrt lief. Ich kann, wie bereits erwähnt, die Kontaktdaten nicht einfach so von meinem alten Handy auf das iPhone übertragen. Mehrere Kollegen versichern mir, dass dies ohne Probleme möglich sei und dass es sich um einen Anwenderfehler handeln müsse. Ich sei eben noch ein Neuling und müsse lernen, mit der neuen Technologie umzugehen. Ich solle einfach auf Apple vertrauen, und alles werde gut.

Es wird aber nicht gut, also schreibe ich die meiner Meinung nach wichtigsten fünfzehn Telefonnummern auf einen Zettel und gebe sie dann per Hand ins iPhone ein. Den Hinweis meiner Frau, dass ich diese Kontakte auch auf dem Computer erstellen und dann auf das Telefon spielen könne, überhöre ich. Ich nehme mir vor, die restlichen Kontakte später zu übernehmen – in einer ruhigen Minute, weil ich ja davon überzeugt bin, dass Apple mein Leben derart verändern wird, dass ich bald viele ruhige Minuten haben werde.

Nach vier Wochen stelle ich fest, dass ich immer noch keine einzige Nummer von meinem alten Telefon auf das iPhone übertragen habe. Es ist nicht so, dass ich keine Zeit dafür gehabt hätte – ich brauche ganz einfach keine anderen Telefonnummern als die fünfzehn, die ich von Hand auf meinem iPhone gespeichert habe. Natürlich hätte es mir geholfen, manche Nummer griffbereit zu haben, aber es muss nicht sein. Es geht auch bei Kontaktdaten nicht ums Brauchen, sondern ums Habenwollen.

Fast immer geht es im Leben nicht ums Brauchen, sondern ums Habenwollen.

Meine Frau sagt: »Siehst du, das neue Telefon hat dir gezeigt, dass nicht jeder Kontakt, den man gespeichert hat, auch ein wichtiger Kontakt ist.« Dagegen zu argumentieren, ist ungefähr so ergiebig, als würden sich zwei Kinder darüber streiten, wer den cooleren imaginären Freund hat.

Mein zweites Problem hat eher mit meiner Physiognomie zu tun: Ich habe ernsthafte Schwierigkeiten, die Buchstaben auf dem Touchpad zu treffen. Statt »pokern« steht da plötzlich »ükwrn« oder statt »Feierabend« ist »Geierabrnd« zu lesen. In den ersten Tagen macht mich meine Unfähigkeit, schnell Nachrichten zu verschicken, wahnsinniger als der Absturz des Rüsselspringers von der Plattform. Mein Neffe jedoch beruhigt mich: »Keine Sorge, da gewöhnt man sich dran.« Ich eröffne ihm, dass ich zu einer Generation gehöre, die sich einst von einem Wählscheibentelefon auf Tasten umstellen musste. Er entgegnet: »Siehst du, es ist also dein Problem, wenn du damit nicht zurechtkommst.«

Ich spiele meinen letzten Trumpf aus: »Aber während des Autofahrens ist das Tippen unmöglich, weil man ständig auf den Bildschirm sehen muss, um sich nicht zu verschreiben.«

Seine Antwort: »Beim Autofahren ist es ohnehin verboten, das Handy zu benutzen. Also zwingt dich Apple, endlich ein gesetzestreuer Bürger zu sein.«

Es ist, als würden sich zwei Kinder darüber streiten, wer den cooleren imaginären Freund hat – und der eine sagt plötzlich, dass sein Freund ein vom Himmel gesandter Engel sei.

Ich beschließe, einfach aufzugeben und mitzumachen, wo doch selbst mein Sohn, der zu diesem Zeitpunkt achtzehn Monate ist, Apple als Lernhilfe verwendet. Weil auf den Bildern, die ständig über den Bildschirm unseres iMacs laufen, alle Familienmitglieder und Freunde zu sehen sind, hat er sich zu einem Meister in der Kunst entwickelt, sich Namen und Gesichter zu merken. Mein Neffe ist einigermaßen erstaunt, als Finn ihn – nachdem er ihn monatelang nicht gesehen hat – begrüßt mit den Worten: »Jörg! Tattoo! Arm!« Und er kann im Alter von neunzehn Monaten zwar noch keine Farben unterscheiden, aber er weiß, wie man ein iPhone entsperrt und Papa anruft.

Als Höhepunkt der Apple-Begeisterung meiner Familie mache ich den Moment aus, als ich auf der Toilette sitze und statt des Romans *Twelve* von Nick McDonell erst eine E-Mail lese und dann eine SMS von meiner Frau bekomme, dass ich auf dem Rückweg doch eine Flasche Wasser mitbringen solle. Hanni sitzt übrigens auf der Couch im Wohnzimmer. Entfernung Luftlinie: sieben Meter.

Selbst kleinere Rückschläge erschüttern mich nicht in meinem neuen Glauben. Den wiederholten Absturz meines webbasierten Mailprogramms werte ich als teuflischen Einfall des Microsoft-Beelzebubs, weil Outlook eben nicht kompatibel zu sein scheint mit einem Mac. Dass die meisten Serien auf Apple TV erst dann zu sehen sind, wenn sie im deutschen Free-TV gelaufen sind, halte ich für eine Freundlichkeit von Apple den deutschen Sendern gegenüber, dass sie – wenn sie schon einmal qualitativ hochwertige Sendungen zeigen – auch ihren Anteil vom Kuchen haben sollen. Ich bin also relativ glücklich mit meinem Leben als Apple-Jünger.

Probleme gibt es erst nach einigen Wochen, als sich die Begeisterung über die Produkte gelegt hat und sich eine gewisse Unruhe einstellt. Meine Frau hat das aktuelle iPhone, mein Freund Basti die schlankere Version von Apple TV, und mein Kollege Ralf erzählt mir jeden Tag, wie begeistert er vom iPad ist und dass er sogar in der Badewanne damit im Internet surft. Schon bin ich unzufrieden – nicht, weil ich diese anderen Produkte unbedingt bräuchte, sondern weil ich sie unbedingt haben will.

Ich könnte mir diese Neuheiten natürlich kaufen und somit die nächste fällige Kirchensteuer entrichten. Ich könnte es aber auch einfach bleiben lassen.

Spätestens jetzt wird mir klar, dass Apple wie vielen anderen Ersatzreligionen die Beständigkeit fehlt und die Transzendenz. Erlösung, das ist ein kurzzeitiges Vergnügen, wenn man ein neues Produkt bekommt oder wenn der Fußballverein eine Meisterschaft gewinnt. Doch ein paar Wochen später beginnt eine neue Saison, in der der Klub vielleicht gegen den Abstieg kämpft oder das Unternehmen die neue Version eines Produkts einführt.

In dieser Phase ist es für mich an der Zeit, wieder einmal den Inspirit-Test durchzuführen, wobei ich mich darauf konzentriere, Apple als implizierte Religion wahrzunehmen, Steve Jobs als Propheten und die Produkte als wunderbare Devotionalien. Mein INSPIRIT liegt bei 17,5, was genau dem Durchschnitt entspricht, beim Wohlbefinden liege ich mit 3,88 ein wenig unter dem Durchschnitt, was womöglich daran liegt, dass ich mir derzeit neue Produkte wünsche und nicht mehr mit den alten zufrieden bin. Neid und das Bedürfnis, etwas unbedingt haben zu wollen, wirken sich negativ auf meine Psyche aus. Mein Problem dabei: Ich will immer etwas haben – und wenn ich es bekomme, dann will ich gleich wieder etwas Neues haben.

Es wird Zeit, das zu ändern. Ich beschließe, mit dem Einkaufswahn aufzuhören und mir zuerst einmal keine neuen Produkte zuzulegen, weil ich bei realistischer Betrachtung einsehen muss, dass die Sachen, die ich besitze, ganz wunderbar funktionieren. Manche vereinfachen mein Leben, und manche machen es komplizierter. Sollte ich irgendwann einmal feststellen, dass es doch an der Zeit wäre, mich wieder dem technologischen Fortschritt zu stellen, dann werde ich mich jedoch nicht daran orientieren, ob auf dem Produkt ein Apfel abgebildet ist oder nicht.

Das Schöne daran: Ich kann einfach aufhören. Ich muss nicht austreten, weil sich Apple ja selbst nicht als Religion definiert.

Apple ist, wenn überhaupt, eine Religion des Diesseits. Das Unternehmen verspricht nicht einmal die Aussicht auf eine bessere Welt, sondern nur eine Verbesserung des diesseitigen Lebens. Das hat, wie ich zugeben muss, bei mir funktioniert. Ich bin zu einem Sympathisanten geworden, aber gewiss nicht zu einem fanatischen Anhänger. Die nämlich werden sich irgendwann einmal streiten, wie es mit ihrer Religion weitergeht, wenn der Stifter aus der Firma ausscheidet. Dann werden sich Überzeugung und die Gier nach Macht mischen – und es ist derzeit kaum abzusehen, welche Gesinnung über die andere triumphieren wird und wie es weitergeht.

Ich persönlich würde Apple überhaupt nicht als Religion bezeichnen, auch nicht als säkularen Ersatz des 21. Jahrhunderts. Ich würde das Unternehmen aufgrund seiner technischen Entwicklungen und seines herausragenden Images mit Naturwissenschaft vergleichen und damit eher in die Nähe von Gelehrten wie Richard Dawkins rücken, der ja bekanntlich die Abschaffung aller Religionen fordert. Jeden Tag gibt es neue Erkenntnisse und Forschungen und Studien – und was wir heute Morgen als feststehende Tatsache geglaubt haben, kann am Abend schon widerlegt sein.

Was mir an der Einstellung mancher Apple-Jünger und an den Büchern von Richard Dawkins missfällt, ist deren herablassende Arroganz, verbunden mit einer sarkastischen Häme. Die einen sind der Meinung, dass die Welt ein besserer Ort wäre, wenn jeder Mensch seinen PC aus dem Fenster werfen und sich einen Mac zulegen würde. Der andere vertritt die Ansicht, dass Religionen aussterben sollten, mit einer Selbstgefälligkeit, die Mohammad Ali zur Ehre gereicht hätte. Technischer und wissenschaftlicher Fortschritt bringen den Menschen Erlösung, die Menschheit müsse über diesen Triumph nur noch informiert werden, meint Dawkins.

Es gibt jedoch keine Beständigkeit und keine Aussicht auf Erlösung, sondern nur die Gewissheit, dass der Mensch ständig mehr erfährt über das Leben, das Universum und den ganzen Rest. Das finde ich grundsätzlich eine schöne Sache, sie hat jedoch einen Haken: Der Mensch gibt sich damit natürlich nicht zufrieden, er will immer mehr wissen oder forscht immer weiter – nicht, weil er diese neuen Erkenntnisse wirklich braucht, sondern weil er sie haben will.

Fast immer geht es im Leben nicht ums Brauchen, sondern ums Habenwollen.

Kapitel 12

Spiel deine Karten!

Die Frau streckt mir ihren Arm entgegen und sieht mich lächelnd an. Sie möchte ein paar srilankische Rupien haben oder Euros oder was auch immer. Jede Währung scheint akzeptabel zu sein – in ihrem Hut jedenfalls liegen Scheine, die ich noch nie zuvor gesehen habe. Sie ist in Lumpen gehüllt, ihre Haut sieht aus wie die Oberfläche einer vertrockneten kubanischen Zigarre, in ihrem Mund ist kein einziger Zahn mehr. Ihr Unterkiefer bebt, ihre Füße zittern, die Haare sind strähnig und unordentlich. Sie sieht nicht verzweifelt aus, sondern eher wie jemand, der sich damit abgefunden hat, keine Zähne mehr zu haben und mit zittrigen Füßen vor einem Laden für Designerklamotten zu liegen, um zu betteln.

Sie dreht sich kurz um, als eine andere Frau aus dem Laden kommt und an ihr vorbeigeht, ohne sie auch nur einmal anzusehen. Als wäre sie gar nicht da. Die Haare der anderen sitzen perfekt, ihre Haut sieht aus wie belgische Schokolade. Sie trägt eine Robe, die mit goldenen Ornamenten verziert ist. Dazu ein Diadem auf dem Kopf und an sechs Fingern jeweils einen Ring, in den mindestens ein Stein eingearbeitet ist. Ich kann das sehen, weil die Steine so groß sind, als wären sie direkt vom Bergwerk in die goldenen Fassungen gefallen. Die zwei Tüten des Designerladens, aus dem sie gerade gekommen ist, sind prall gefüllt.

Sie lächelt nicht, sie sieht nicht besonders glücklich aus. Sie sieht aus wie eine Frau, der es nicht besonders viel bedeutet, dass sie gerade wahrscheinlich mehr ausgegeben hat, als die Bettlerin in ihrem ganzen Leben eingenommen haben wird.

Wir sind am Flughafen von Colombo auf Sri Lanka, weil meine Frau es für eine tolle Idee hält, auf dieser Insel südwestlich von Indien Urlaub zu machen und innerhalb von zehn Tagen so viele Elefanten wie möglich zu sehen. Ich möchte etwas über Hinduismus lernen, weshalb die Reise eine Win-win-Situation für unsere Ehe ist. Es ist der 1. Januar 2008, wir sind seit anderthalb Jahren verheiratet und denken nicht einmal im Traum daran, innerhalb der nächsten sieben Jahre ein Kind zu bekommen. Wir wollen ein Ehepaar ohne Verpflichtungen und Verantwortung sein.

Wie man sich im Leben manchmal doch irren kann.

Wir sind gerade gelandet, haben unser Gepäck geholt und den Mann getroffen, der uns zu unserem Hotel bringen soll. Wir laufen durch den Terminal, als ich diese arme Frau sehe, wie sie vor dem Laden eines berühmten amerikanischen Designers sitzt in der Hoffnung, dass ihr jemand ein bisschen Geld gibt. Als die reiche Frau an ihr vorbeigeht, sieht sie ihr nicht einmal neidisch hinterher. Sie beschwert sich nicht, kein Geld bekommen zu haben. Sie sitzt einfach da.

Ich denke mir: Da gibt es zwei Frauen, sie sind in etwa gleich alt und leben wahrscheinlich in derselben Stadt. Die eine muss um jede Rupie betteln, während sich die andere keine zehn Meter weiter mit teuren Klamotten eindeckt. Und keine von beiden denkt daran, dass dieses Leben ungerecht sein könnte. Sie nehmen ihre Situation zur Kenntnis, so wie ich es zur Kenntnis nehme, wenn mein Nachbar gerade Schnee schaufelt.

Ich denke mir: Was für komischer Ort!

Der Taxifahrer stellt unser Gepäck sorgfältig in den Kofferraum, dann hält er die Tür auf und bittet uns einzusteigen. Bevor er den Motor anlässt, spricht er ein Gebet. Anschließend navigiert er das Fahrzeug aus der Parklücke und auf die Straßen von Colombo.

Der Verkehr ist in etwa wie zur Rushhour in Manhattan, wenn die Mitarbeiter der U-Bahn streiken. Nur ist die Qualität der Straßen nicht mit Manhattan, sondern eher mit der in Detroit südlich der 8 Mile Road zu vergleichen und der Fahrstil der Verkehrsteilnehmer mit dem der römischen Taxifahrer. Sagen wir es so: In den ersten fünfzehn Minuten zog mein Leben viermal an mir vorbei.

Unser Fahrer chauffiert uns durch den Verkehr, als hätte er gerade ein wenig Valium genommen. Ein römischer Taxifahrer hätte in diesem Zeitraum die Haltbarkeit der Hupe unter Extrembedingungen getestet, vier andere Fahrer wüst beschimpft und mindestens einmal ins Lenkrad gebissen. Unserer sitzt einfach nur da, und ich bin kurz versucht zu testen, ob er vielleicht eingeschlafen ist.

Nach einer halben Stunde hält er plötzlich am Straßenrand. »Excuse me for one second, please!« Er steigt aus und geht zu einem kleinen Schrein am Straßenrand. Dort wirft er sich auf den Boden, legt etwas hin, kehrt gut gelaunt zum Auto zurück, setzt sich hinters Steuer, fährt los und verfällt wieder in Apathie.

Meine Frau und ich sehen uns an, dann zucken wir beide die Schultern.

Zwanzig Minuten später wiederholt sich das Schauspiel an einem anderen Schrein.

»Entschuldigen Sie bitte, können Sie mir vielleicht sagen, was Sie da gerade gemacht haben?«, will ich von ihm wissen.

Er lächelt. »Ich habe gebetet, für meine Familie. Immer wenn ich hier vorbeikomme, dann bete ich. Auf unterschiedlichen Routen bete ich für verschiedene Dinge.«

Meine Frau und ich sehen uns an, dann zucken wir wieder die Schultern.

Während der zweistündigen Fahrt hält er noch zweimal an, jedes Mal betet er etwa fünf Minuten lang und kehrt dann zum Auto zurück.

Ich denke mir: Was für ein komisches Land.

Das Hotel, das meine Frau gewählt hat, lässt grundsätzlich keinerlei Wünsche offen. Wir liegen jeden Tag auf der Wiese der Hotelanlage, zweimal pro Woche kommt ein Mann mit einem Elefanten vorbei, auf dem man reiten darf. Meine Frau freut sich, vor allem deshalb, weil der Elefant sie locker mit seinem Rüssel hochhebt, während er bei mir doch seine Probleme hat. Die einzige Information zu landestypischen Besonderheiten, die der Hotelmanager uns gegeben hat, war diese: »Auf dem Hotelgelände werden Sie niemals belästigt werden. Der Strand allerdings ist nicht im Besitz des Hotels, dort könnten Sie angesprochen werden.«

Als meine Frau und ich das hören, sehen wir uns an – dann zucken wir beide die Schultern.

Einen Tag später sehe ich, was der Hotelier damit gemeint hat: Am Strand lungern junge Männer herum, die den Touristen Kurztrips in die Nationalparks verkaufen möchten oder Massagen durch Schönheiten, die immer gezeigt werden, wenn es um ayurvedische Behandlungen geht. Und es lungern junge Männer herum, die den Touristen ihren Körper für die kommende Nacht verkaufen möchten.

Wir liegen auf ergonomisch perfekt geformten Liegen, schlürfen perfekt gemixte Drinks, es gibt sogar jemanden, der alle zwei Stunden die Kissen aufschüttelt und dann fragt, ob wir gerne noch etwas trinken möchten. Und wir sehen Menschen zu, wie sie darauf warten, ihre Körper zu verkaufen.

Wieder denke ich mir: Was für ein komischer Ort!

Natürlich gibt es auch an anderen Orten der Welt Bettler, und es werden Körper verkauft, doch mir wird es erst während dieser Zeit an diesem Ort derart klar vor Augen geführt.

Dabei schrieb der Religionsforscher Friedrich Max Müller schon im 19. Jahrhundert in seinem Werk *Indien in seiner weltgeschichtlichen Bedeutung* über den Hinduismus: »Wenn ich gefragt würde, unter welchem Himmel der menschliche Geist am tiefsten über die größten Probleme des Lebens nachgedacht und für einige von ihnen Lösungen gefunden hat, die sehr wohl Aufmerksamkeit auch jener verdienen, die Plato und Kant studiert haben – ich würde auf Indien deuten. Und wenn ich mich fragte, von welcher Literatur wir, die wir fast ausschließlich mit den Gedanken der Griechen und Römer und denen einer semitischen Rasse, der Juden, aufgewachsen sind, das Korrektiv nehmen können, das wir am nötigsten brauchen, um unser inneres Leben zu einem vollkommeneren, umfassenderen, universelleren, kurz, zu einem im eigentlichen Sinne menschlicheren Leben zu machen... wieder würde ich auf Indien deuten.«

Die Wahrnehmung des Hinduismus in westlichen Ländern schwankt offensichtlich zwischen zwei Extremen. Auf der einen Seite gibt es diese bunte Welt mit Tausenden von Göttern und kitschigen Filmen und schönen Ritualen. Und dann gibt es das Kastensystem und die Witwenverbrennung und die Bettler, denen es anscheinend nichts ausmacht, dass sie betteln müssen. Die Spiritualität und die Philosophie werden hochgeschätzt und als vernünftige Lehre für die gesamte Menschheit betrachtet. Nicht ohne Grund zog es in den sechziger und siebziger Jahren des vergangenen Jahrhunderts viele Menschen, die den westlichen Lebensstil ablehnten, nach Indien oder Sri Lanka. Auf diese Weise hat sich der Hinduismus, der ursprünglich ein relativ geschlossenes System war, stark internationalisiert.

Und dann gibt es eben Szenen wie die am Flughafen oder am Strand.

Und ich denke: Was für eine komische Religion!

Ich unterhalte mich mit Coco, einem der Männer, die am Strand warten, um Ausflüge in die Nationalparks anzubieten. Meine Frau ist begeistert, weil sie bei diesem Ausflug zahlreiche Elefanten sehen darf und ungefähr viertausend Fotos schießt – wobei ich ein wenig gekränkt bin, dass sie hinterher auf Facebook bei jedem Foto einen Elefanten mit meinem Namen verknüpft. Sie findet es urkomisch, dass beim Googeln meines Namens anschließend eine Woche lang nur Elefanten zu sehen sind.

Coco und ich sprechen über Bollywood-Filme, über Yoga, über Schönheiten und ayurvedische Massagen. Wir unterhalten uns kurz über die verschiedenen Kasten, über Brahmanen, Kshatriyas, Vaishyas und Shudras. Coco stellt klar, dass es sich bei den Kasten nicht etwa um ein starres System handelt, sondern um einen lebendigen Organismus – und dass er grundsätzlich niemals einen Menschen nach seiner Kastenzugehörigkeit fragen würde: »Oder fragen Sie in Europa einen Menschen, den Sie gerade kennengelernt haben, nach dessen Steuerklasse?« Es gebe – wie in westlichen Ländern auch – Wege und Mittel, die Kaste oder die soziale Stellung herauszufinden. Der Beruf etwa sei ein guter Hinweis. Und er weist mich darauf hin, dass es in Europa zwar keine Kasten gebe, dass aber auch dort bei vielen Menschen qua Geburt und Erziehung festgelegt werde, was aus ihnen einmal wird.

Mich interessiert das Kastensystem zunächst nur am Rande. Zum einen, weil darüber schon schlauere Menschen als ich berichtet haben, und zum anderen, weil ich Coco recht gebe mit seiner Vermutung, dass es auch in meiner westlich geprägten Welt eine abgeschwächte Form des Kastensystems gibt. Ich selbst beispielsweise wurde in eine mittelständische Familie hineingeboren und bin in einer

Kleinstadt aufgewachsen. Mein Vater war Angestellter bei einer Bank. Mittlerweile bin ich Angestellter bei einem Verlag. Ich könnte natürlich auch Milliardär sein, wenn ich vor wenigen Jahren die Idee gehabt hätte, dass Menschen Suchmaschinen und soziale Netzwerke und Smartphones ganz toll finden. Ich könnte aber auch drogenabhängig sein und unter einer Brücke schlafen. Bislang habe ich mein Leben noch nicht verzockt, ich kann aber auch nicht sagen, dass ich meine Möglichkeiten vollkommen ausgereizt hätte. In gewisser Weise bin ich in meiner Kaste geblieben.

Coco sagt darauf einen Satz, der mir nicht mehr aus dem Kopf gehen will: »Das Leben hat dir Karten gegeben, du musst und darfst mit ihnen spielen. Wichtig dabei ist: Du musst – und du darfst!«

Man kann die hinduistische Philosophie tatsächlich, wenn auch vereinfacht, mit einem riesigen Texas-Hold-'em-Pokerspiel vergleichen. Man bekommt zwei Karten zugeteilt, die allerdings im Gegensatz zum richtigen Pokerspiel nicht verdeckt sind, sondern für jedermann sichtbar. Es gibt Millionen von Spielern, alle wissen von Beginn an, mit welchen Karten sie selbst und alle anderen spielen müssen. Die einen halten eben zwei Asse in Händen, während die anderen einen Buben und eine Zehn bekommen haben und wieder andere eine Sieben und eine Zwei in unterschiedlichen Farben, die schlechteste Starthand bei dieser Pokervariante. Dazu hat jeder Spieler eine unterschiedliche Anzahl an Chips vor sich liegen, und ungerechterweise haben die mit den zwei Assen die meisten Chips, während die mit den schlechten Karten nur einen oder gar keinen haben.

Dann wird gesetzt, und natürlich werden die privilegierten Spieler – die mit den Assen und dem vielen Geld – sofort setzen, um ihre gute Hand zu schützen. Nun kann sich der Spieler mit den weniger guten Karten entscheiden: Er darf die Karten wegwerfen, sein Schicksal akzeptieren und auf ein Spiel verzichten. Und warum sollte jemand mit einer schwachen Hand auch gegen jemanden mit einer sogenannten Monsterhand spielen wollen? Er wird sich, wenn überhaupt, mit jemandem messen wollen, der ähnliche Karten hat. Er gewinnt nichts und verliert nichts und darf am Ende des ersten Spiels darauf hoffen, beim nächsten Mal bessere Karten zu bekommen. So geht es weiter, bis er endlich selbst die beiden Asse bekommt und sein ganzes Geld setzen darf und endlich den Jackpot gewinnt.

Das Faszinierende an der Philosophie der Hindus ist: Die Spieler haben ein unglaublich schlechtes Gedächtnis. Sie wissen nicht, was sie verbrochen oder geleistet haben, damit sie nun gerade diese Karten in Händen halten. Aber sie akzeptieren, dass es nun einmal so ist. Man kann die Karten nicht einfach umtauschen, wenn sie einem nicht gefallen. Und keiner kann sich über seine Karten beschweren, weil sich kaum jemand an sein früheres Leben erinnert.

Ich bin dabei immer ein wenig erstaunt, dass Hindus nicht in Scharen zu Hypnotiseuren pilgern, um sich in ein früheres Leben zurückführen zu lassen und den Grund für die ihnen zugeteilten Karten zu erfahren. Wäre ich Hypnotiseur, würde ich in eine Gegend ziehen, in der vor allem Hindus leben.

Ein Aspekt wird jedoch meist vernachlässigt, wenn über den Hinduismus gesprochen wird – und dabei ergibt er sogar eine sehr schöne Analogie zum Pokerspiel: Es ist dem Spieler nicht verboten, seine Hand zu spielen und Geld zu setzen. Natürlich sind die Aussichten auf einen Gewinn bei einer ungünstigen Starthand wie Vier und Acht denkbar gering, und selbst wenn der unwahrscheinliche Fall eintritt, dass der Spieler eine stärkere Hand wie etwa Ass und König schlägt, bekommt er nur ein bisschen dazu, weil er ja nicht genug Geld hatte, um wirklich mitzuspielen. Aber er darf dabei sein, darf seine Karten ausreizen und versuchen, nicht nur beim nächsten Spiel ein bisschen mehr Geld und etwas bessere Karten zu bekommen, sondern das aktuelle

Spiel auch zu genießen. Er muss nur daran denken, dass er, wenn er sein Blatt überreizt und sein Geld verliert, ziemlich blöd dasteht. Dann muss er damit rechnen, beim nächsten Spiel noch schlechtere Karten und noch weniger Chips zu bekommen.

Der amerikanische Religionswissenschaftler Huston Smith schreibt in seinem Werk *Die sieben großen Religionen der Welt*: »Wollen wir den Hinduismus als Ganzes nehmen – seine riesige Literatur, seine komplizierten Rituale, seine wuchernden Volksbräuche, seine opulente Kunst – und versuchten wir, ihn in einer einzigen Aussage zusammenzufassen, so würde diese lauten: Du kannst bekommen, was du willst.« Die Frage ist nur: Was wollen wir Menschen?

Der Hinduismus geht davon aus, dass das vier Dinge sind. Zuerst einmal wollen wir Lust und Vergnügen. Darüber bin ich ein wenig erstaunt, habe ich diese Religion bislang eher für asketisch und lust- und lebensfeindlich gehalten. Doch das stimmt ganz und gar nicht. Der Hinduismus hat nichts dagegen einzuwenden, dass der Mensch nach Lust und Genuss strebt, er behauptet nur, dass das dem Menschen irgendwann nicht mehr genügt. Der Philosoph Sören Kierkegaard stützt diese These. Er hat einmal versucht, ein hedonistisches Leben zu führen, um dann zu dem Schluss zu kommen, dass eine Lust nur die nächste nach sich ziehe und sich danach nur Langeweile und Qual einstellen würden.

Es ist also grundsätzlich nicht verkehrt, nach den schönen Dingen des Lebens zu suchen. Nach einiger Zeit wird sich der Mensch jedoch ein anderes Ziel setzen: Erfolg. Damit ist gemeint, dass der Mensch nach Reichtum, Ruhm und Macht strebt. Dieser zweite Punkt muss einem westlich geprägten Menschen nicht erklärt werden, weil sich hierzulande viele über ihr Bankkonto definieren, über ihren Bekanntheitsgrad und über die Anzahl an Personen, denen sie

Befehle erteilen dürfen. Dieses Denken wird perfekt ausgedrückt durch den Werbespot »Mein Haus, mein Auto, mein Boot«, den eine Bank vor wenigen Jahren schaltete.

Auch gegen dieses Streben nach Erfolg hat der Hinduismus wenig einzuwenden, er merkt lediglich an, dass dieser Erfolg vergänglich ist. Und dann entsteht eine Leere, die in Gier nach noch mehr Erfolg mündet – ein Umstand, den westliche Menschen nur zu gut kennen und der durch mehrere Studien belegt ist. Wir genießen unseren Erfolg nicht, sondern wir wollen immer mehr und mehr und mehr und fühlen uns ärmer und ärmer, wenn wir unseren Status nicht ständig verbessern. Plato beschreibt dieses Phänomen so: »Die Armut besteht nicht darin, dass wir weniger besitzen, sondern darin, dass wir gieriger werden.« Die Hindus sagen dazu: »Das Streben nach Reichtümern durch Geld zu stillen ist so, als wollte man Feuer löschen, indem man Butter hineinwirft.« Und selbst wenn uns der Erfolg in diesem Leben befriedigt, so wird uns doch spätestens dann, wenn dieses Leben seinem Ende zugeht, klar, dass wir diesen Erfolg nicht hinüberretten können in die Zeit danach.

Was auf diese beiden Wünsche folgt, kann man getrost als eine der zentralen Fragen des Lebens bezeichnen und als Grund, warum es überhaupt Religionen gibt. Huston Smith formuliert es in seinem Buch über die sieben Weltreligionen so: »Könnte sein Leben nicht aus seiner Trivialität befreit werden, wenn er Teil eines größeren, bedeutungsvolleren Ganzen würde?« Aldous Huxley, der nicht nur *Schöne neue Welt* geschrieben hat, sondern sich auch kurz vor seinem Tod von seiner Frau hundert Mikrogramm LSD verabreichen ließ, sagte es ein wenig provozierender: »Es kommt eine Zeit, da fragt man selbst bei Shakespeare und selbst bei Beethoven: Ist das alles?«

Ich glaube, dass sich diese Frage schon jeder Mensch einmal gestellt hat, der über das Leben nachgedacht hat: »Ist das alles?«

Genau an diesem Punkt kommt nicht nur der Hinduismus ins Spiel, sondern auch viele Religionen dieser Welt. Der Mensch ist neugierig. Er will nicht nur den neuesten Klatsch über seine Nachbarn erfahren, sondern er will auch Dinge erforschen, er will wissen, warum die Welt so ist, wie sie sich zeigt. Er möchte wissen, wo er hergekommen ist und wo er hingehen wird. Und er möchte wissen, ob dieses Leben vielleicht doch einen Sinn in sich trägt.

Der Hinduismus führt deshalb eine dritte Sache ein, die der Mensch gerne haben möchte. Er fordert zunächst, die Vergötzung der eigenen Person aufzugeben und die Gemeinschaft zu betrachten. Es ist ein großer Schritt für einen Menschen, wenn er das Streben nach Lust und Erfolg zurückstellt und das Geben und Dienen in den Vordergrund seines Lebens rückt.

Aus diesen drei Dingen, die der Mensch gerne hätte, resultieren jene Dinge, die er *wirklich* haben möchte: Er will leben, er will wissen, er will sich freuen. Und er möchte das im besten Falle – das ist die vierte Sache – für alle Zeiten.

Ich befinde mich derzeit zwischen der zweiten und der dritten Phase, weshalb meine Frau kürzlich behauptete, dass die Fernsehserie *Two and Half Men* nach meinem Vorbild entstanden sei: Als Kind war ich wie Jake, als Student wie Charlie und mittlerweile bin ich wie Alan. Wäre ihre Behauptung nicht gegen mich gerichtet, könnte ich darüber vielleicht lachen.

Aber sie hat in gewisser Weise recht: Als Teenager und junger Erwachsener suchte ich das zumeist kurze Vergnügen des Lust- und Genussgewinns. Seit ich arbeite, hechle ich beruflichem Erfolg hinterher, als würde ständig jemand mit einem Fünf-Euro-Schein vor meiner Nase herumwedeln. Ich bin süchtig nach Anerkennung.

Genau deshalb frage ich mich seit nicht allzu langer Zeit: »Ist das alles?«

In der Poker-Metapher entdecke ich weitere Parallelen

zu meinem Leben in der westlichen Welt. Auch mir wurden bestimmte Karten zugeteilt, und mit denen muss ich spielen. Wenn ich mein Leben so betrachte, so halte ich zwei Zehnen in der Hand. Ich bin nicht der Sohn eines Königs oder eines Millionärs, ich bin auch nicht der schönste Mensch auf der Welt und schon gar nicht der schlaueste, aber ich glaube, dass ich es insgesamt doch ganz gut getroffen habe. Ich habe diese Karten bislang gespielt, wenn auch sehr vorsichtig. Ich habe dabei meist an meinen persönlichen Vorteil gedacht und an den jener Menschen, die mir nahestehen – und daran, wie ich die Chips, die vor mir liegen, vermehren könnte.

Vor allem aber bin ich stets neidisch auf jene gewesen, von welchen ich glaubte, dass sie es besser getroffen hätten als ich. Ich habe das immer für ungerecht gehalten. Komischerweise habe ich mich aber nur selten darüber gefreut, dass ich es besser getroffen habe als viele andere.

Beim Thema Neid bin ich also ein typischer Deutscher, aber auch ein typischer Amerikaner, weil Neid nicht selten die Antriebsfeder für mich war, mich noch mehr anzustrengen: Ich wollte ja unbedingt das haben, worum ich andere Menschen beneidete. Und so kommt es, dass meine Frau zwar meinen Ehrgeiz bewundert, sich aber tierisch darüber aufregen kann, wenn ich mich wieder mal darüber beschwere, dass andere Menschen scheinbar unverdienterweise reich oder glücklich oder erleuchtet sind.

Nach der Sri-Lanka-Reise meinte Hanni: »Du redest immer davon, dass du so ruhig sein willst wie eine Hindu-Kuh. Mir würde es schon reichen, wenn du dich hin und wieder wie ein Hindu-Mensch benehmen würdest. Du musst dich ja nicht in ein Kastensystem eingliedern lassen, aber ein bisschen mehr Zufriedenheit würde dir nun wirklich nicht schaden.«

Wieder sehe ich ein, dass ich mich ändern muss – und zum zweiten Mal kommt der Hunde-Ferntrainer *Numa-*

xes Canicom Easy Dog Pulse zum Einsatz. Sollte ich mich darüber beschweren, dass ein anderer Mensch unverdientermaßen etwas erreicht hat, gibt es ein akustisches Signal. Sollte ich neidisch sein und etwas haben wollen, das ein anderer hat, warnt mich meine Frau mit dem Vibrationsalarm.

»Sollten beide Ereignisse zusammenfallen, gibt es einen Stromschlag«, sagt sie und testet sogleich, ob die Taste immer noch funktioniert.

Am ersten Tag gibt es fünfundvierzig Piepser, einunddreißig Vibrationsalarme und sage und schreibe hundertdrei Stromschläge. Ich muss allerdings zu meiner Rettung sagen, dass es sich um einen Samstag handelt, an dem zuerst Werder Bremen unverdient verliert und Bayern München unverdient gewinnt – und wir abends bei Freunden zum Pokern eingeladen sind und ich mich ständig darüber aufregen muss, dass ich nun wirklich andauernd schlechte Karten bekomme, während die anderen mir das Geld abnehmen.

»Du musst eben deine Karten spielen«, sagt meine Frau, als sie mal wieder auf die Taste mit dem Stromschlag drückt. Die anderen stimmen ihr zu und versichern mir, dass meine Karten ganz wunderbar seien und ich einfach nur zu schlecht sei, um gegen meine Mitspieler bestehen zu können. Diese Aussage führt zu einem klitschkoesken Wutanfall meinerseits, der mit zahlreichen Stromschlägen bestraft wird.

Am zweiten Tag sind es deutlich weniger Warnungen, aber immer noch genug, dass ich mir auch in diesem Fall erst durch die Hinweise meiner Frau darüber klar werde, was ich für ein Neidhammel bin. Ich selbst hätte es gar nicht bemerkt.

Ich muss endlich einsehen, dass mir das Leben Karten gegeben hat, für die ich nichts kann und mit denen ich nun einmal zu spielen habe. Und ich muss akzeptieren, dass die nach und nach aufgedeckten Karten nicht unbedingt zu denen passen, die ich in der Hand halte – und dass ich damit ebenfalls umgehen muss. Ich kann nicht einfach zum Geber gehen und neue Karten fordern. Wenn das ginge, würden wir alle mit zwei Assen dasitzen und darauf warten, dass sich daraus ein Straight Flush entwickelt. So funktioniert das nur leider nicht.

Man muss und darf mit seinen Karten spielen – und man hat nicht das Recht, sich ständig darüber zu beschweren. Vielmehr sollte man froh sein, überhaupt Karten bekommen zu haben. Diese Ansicht vertritt nicht nur der Hinduismus, sondern sie findet sich auch in fast alle Religionen, mit denen ich mich beschäftigt habe. Selbst Richard Dawkins schreibt in seinem Buch *Der entzauberte Regenbogen* diese wunderbaren Zeilen: »Wir alle müssen sterben, das heißt, wir haben Glück gehabt. Die meisten Menschen sterben nie, weil sie nie geboren werden. Die Männer und Frauen, die es rein theoretisch an meiner Statt geben könnte, sind zahlreicher als die Sandkörner in der Sahara. Und unter diesen ungeborenen Geistwesen sind mit Sicherheit größere Dichter als Keats, größere Wissenschaftler als Newton. Das wissen wir, weil die Menge an Menschen, die aus unserer DNA entstehen können, bei Weitem größer ist als die Menge der tatsächlichen Menschen. Und entgegen dieser gewaltigen Wahrscheinlichkeit gibt es gerade Sie und mich in all unserer Gewöhnlichkeit.«

Wenn ich also ein rechtschaffener Alltheist werden möchte, dann muss ich lernen, meinen Neid unter Kontrolle zu bringen. Und ich muss lernen, das Leben nicht nur von meinem Standpunkt aus zu betrachten. Vielleicht sollten wir hin under wieder in einen Hubschrauber steigen und erkennen, dass da andere Menschen herumlaufen, deren Leben genauso viel wert ist wie unseres. Und vielleicht wäre ein Raumschiff nicht schlecht, um zu erkennen, dass es Milliarden von Planeten gibt.

Natürlich freue ich mich, wenn ich Glück habe – aber warum sollte das Leben alles Glück der Welt auf mich häufen? Haben nicht andere auch etwas verdient? Und vielleicht haben sie es nicht verdient, aber sie benötigen es dringender als ich.

In den ersten Tagen fällt es mir ziemlich schwer, meinen Neidreflex unter Kontrolle zu bringen. Aber immerhin gebe ich mir Mühe.

Warum soll ich mich für den Kollegen freuen, wenn der Ball beim Tischfußball über drei Banden in mein Tor kullert und er deshalb gewinnt? Ich rede mir ein, dass er vielleicht einen schlimmen Tag in der Arbeit hat und einen Erfolg beim Kickern ganz gut gebrauchen kann.

Warum sollte ich mich nicht ärgern, wenn ich erfahre, dass ich wieder keinen Sechser im Lotto hatte, sondern irgendjemand aus Baden-Württemberg? Ich denke daran, dass er das Geld vielleicht dringender braucht als ich und dass er damit vernünftigere Dinge anstellt, als ich es tun würde.

Warum sollte ich mich für einen Freund freuen, der Urlaub auf Kuba macht, während ich im Büro sitze? Ich begrenze meinen Neid dadurch, indem ich daran denke, wie hart er für diese Reise arbeiten musste und dass er sie sich wirklich verdient hat.

So geht das eine Woche lang, und ich erkenne, wie hilfreich es sein kann, die Welt nicht mit den Augen eines Pokerspielers zu betrachten, der auf die Maximierung seines persönlichen Gewinns aus ist, sondern aus der Sicht des Gebers. Dabei bemerke ich, dass es zwar Ungerechtigkeiten gibt auf dieser Welt, dass manche davon wahrlich zum Himmel schreien und dass der Mensch sich bemühen sollte, gegen viele dieser Ungerechtigkeiten vorzugehen. Ich sehe aber auch, dass es sich in den seltensten Fällen lohnt, sich aufzuregen. Ich weiß gar nicht, wie viele Menschen sich glücklich schätzen würden, wenn sie die Karten in Händen halten dürften, die ich vom Leben bekommen habe. Und ich erkenne, dass viele Begebenheiten, die ich bislang für ungerecht gehalten habe, nur von meinem Weltbild verzerrt wurden.

Ich rege mich auf, wenn ein anderer ein Tor über drei Banden schießt oder beim Pokern zwei Asse bekommt. Aber ich rege mich nicht darüber auf, wenn das zufälligerweise einmal mir passiert. Und Pokern und Kickern sind wirklich nur die kleinen, unwichtigen Beispiele im Leben. Bei den wichtigen Dingen verhält es sich meist ähnlich, und es gibt keinen Grund, sich über jede kleine Ungerechtigkeit zu beschweren.

Ich habe auch gelernt, jeden Tag über die Karten nachzudenken, die mir das Leben zugeteilt hat, und darüber, was ich mit ihnen anstellen könnte. Ich werde kein Popstar mehr werden, weil ich zum einen ein miserabler Sänger bin und mir zu anderen auch nicht das Talent als Rampensau gegeben ist. Aber ich kann versuchen, ein besserer Autor zu werden und mit jedem Text besser zu werden.

Ähnlich ergeht es mir im Privatleben und auf meiner spirituellen Suche nach Erlösung, und natürlich habe ich auch noch Träume – denn wer keinen Traum hat, der kann sich auch keinen erfüllen. Ich möchte diese Träume hier nicht preisgeben, aber ich glaube, dass es die Menschen in meinem Umfeld schon mitbekommen werden, wenn sich mal wieder einer erfüllt hat. Schließlich ist ja auch jedem die Veränderung meiner Persönlichkeit aufgefallen, seit wir einen Sohn haben. Und sollte sich ein Traum nicht erfüllen, so habe ich gelernt, damit umzugehen und mich für jene zu freuen, bei welchen ein Traum Wirklichkeit geworden ist.

Beim meinem nächsten Inspirit-Test gibt es keine besonderen Werte, er liegt im Durchschnitt, das Wohlbefinden kratzt an der Fünf. Ich darf also zufrieden sein.

Wütend werde ich nur ein paar Wochen später, als Bayern München völlig unverdient gegen Werder Bremen gewinnt. Irgendwo hat der Verzicht auf Neid doch seine Grenzen …

Kapitel 13

Es ist doch nur Geld ...

Der Gedanke an das, was ich nun vorhabe, ist ein wunderbares Gefühl, das jedoch von einer schrecklichen Unsicherheit überlagert wird. Es ist einerseits einer der schönsten Tage in meinem Leben, und ich hoffe, dass es nur wenige Momente geben wird, in denen ich mich noch besser fühlen werde als in ein paar Minuten. Dennoch habe ich Angst.

Ich werde gleich das komplette Guthaben von meinem Girokonto abheben. Einfach so und ohne zu wissen, wie viel Geld überhaupt auf dem Konto ist. Und dann werde ich diese Summe weitergeben an Menschen, die das Geld dringender benötigen als ich. Ohne Spendenquittung. Ohne zu wissen, wer mein Geld bekommt.

Barmherzigkeit gehört zu den Punkten, an denen ich arbeiten möchte, wobei ich mich zunächst gefragt habe, wo denn der Unterschied liegt zwischen Egoismus und mangelnder Barmherzigkeit. Meine Freunde klärten mich bei der Beurteilung meiner Fehler auf, dass ich mich zwar sehr wohl um die Belange der Menschen kümmern würde, die mir nahestehen oder die ich zumindest als Bekannte bezeichne. Ich helfe Kollegen beim Umzug, biete älteren Menschen einen Sitzplatz in der U-Bahn an, gebe meiner Schwester Geld oder überweise einen Teil meines Gehalts an die Familie meiner Frau auf den Philippinen.

Ich bin also ein Mensch, der sich gerne um andere kümmert. Aber ich lege Wert darauf, dass meine Hilfsbereitschaft nicht unbeachtet bleibt und mir zumindest gedankt wird. Und natürlich erwarte ich, dass die Menschen, denen ich helfe, mir auch helfen werden, wenn ich es brauche und sie darum bitte. Und wenn ich einmal alt sein werde, hoffe ich, dass auch ich einen Sitzplatz im Bus oder in der U-Bahn angeboten bekomme.

Ich habe jedoch noch nie angerufen, wenn eine Spendengala im Fernsehen lief, bei der Geld gesammelt wurde für die Opfer einer Katastrophe. Ich bin noch nie in ein Krisengebiet gereist, um den Menschen beim Wiederaufbau zu helfen. Ich habe auch noch nicht, wie es meine Eltern einmal getan haben, einen hohen Betrag dafür aufgewendet, dass irgendwo in Afrika ein Brunnen gebaut werden konnte.

Barmherzigkeit ist eine der wichtigsten Eigenschaften aller Religionen. Jene Gemeinschaften, welche an die Existenz eines oder mehrerer Götter glauben, leiten sie direkt von der höheren Macht ab, wie diese schöne Geschichte beschreibt: Ein rechtschaffener Mann erreicht nach seinem Tod das Himmelreich und bekommt von Gott vorgeführt, wie er die verschiedenen Probleme seines Lebens gelöst hat. Am Ende fragt der Mann: »In den Zeiten, als es mir gut ging, sah ich zwei Fußspuren und erkannte, dass du neben mir gegangen bist. In schlechten Zeiten aber sah ich nur eine Fußspur. Warum, mein Gott, hast du mich verlassen, als ich dich am dringendsten gebraucht habe?« Und Gott antwortete: »Siehe, in guten Zeiten bin ich neben dir gegangen, um dir den rechten Weg zu weisen. Doch in schlechten Zeiten habe ich dich getragen.«

Ähnliche Geschichten finden sich in jeder Religion, sodass jede Glaubensgemeinschaft eine Antwort anbietet, wie ein Mensch barmherziger werden könnte. Die schönste und meiner Meinung nach beeindruckendste Antwort finde ich im Judentum, einer Religion, die ich vor Beginn meines

Projekts immer für etwas elitär, exklusivisch und hochnä-
sig gehalten hatte. Meine Vorurteile wurden aber komplett
widerlegt, als ich mich intensiv mit diesem Glauben ausein-
andersetzte – vor allem, weil das Judentum auf meine Frage,
wie ich nicht nur den Menschen helfen kann, die ich kenne,
eine wunderbare Antwort anbietet. Weil wir alles nur von
Gott geliehen haben, ist es unsere Pflicht, die Geschenke
des Herrn mit jenen zu teilen, die nicht genug haben, wie
im fünften Buch Mose beschrieben wird: »Es wird immer
Arme in eurem Land geben. Deshalb befehle ich euch: Helft
den Menschen großzügig, die in Armut und Not geraten
sind.« Weinberge und Felder sollten nicht vollständig ab-
geerntet werden, damit arme Menschen auch etwas davon
bekamen. Alle sieben Jahre sollten Schulden erlassen und
Leibeigene in die Freiheit entlassen werden. Damit sollte
das Ideal der *tzedaka*, wie Barmherzigkeit auf Hebräisch
heißt, umgesetzt werden.

Es ist kein Gebot im Judentum und auch kein Ansporn,
barmherzig zu sein. Es ist eine Pflicht. Bei meinen Recherchen stieß ich auf ein Traktat des spanischen Rabbis und
Philosophen Maimonides, der vor mehr als achthundert
Jahren lebte. Darin beschreibt er die acht Stufen der Barmherzigkeit:

1. Widerwillig geben
2. Nicht genug geben, immerhin aber in guter Absicht
3. Auf Nachfrage geben
4. Geben, ohne gefragt zu werden
5. Geben, ohne den Empfänger zu kennen – der Empfänger jedoch kennt den Geber
6. Geben und den Empfänger kennen – aber der Empfänger kennt den Geber nicht
7. Geben, und keiner kennt den anderen
8. Einem Menschen so zu helfen, dass er unabhängig
   wird und künftig keine Gaben mehr benötigt

Ich finde diese Liste hochinteressant und stelle fest, dass ich auf den ersten vier Stufen bereit tätig geworden bin. Die Stufen fünf und sechs sind nur schwer zu definieren. Wie etwa soll man jene Spende einordnen, die ein Mensch per Telefon während einer Spendengala gibt? Er weiß, wohin sein Geld fließen soll, kennt aber mit an Sicherheit grenzender Wahrscheinlichkeit nicht den Namen dessen, dem wirklich geholfen wird. Und derjenige, der das Geld empfängt, kennt womöglich den Namen der Hilfsorganisation, aber nicht den des Spenders. Außerdem ist mit einem Anruf in einer Fernsehsendung meist verbunden, dass der Name während der Sendung unten auf dem Bildschirm eingeblendet wird, was auch eine Form der Entlohnung oder zumindest Bestätigung bedeutet.

Deshalb möchte ich mich um die beiden höchsten Stufen der Barmherzigkeit bemühen, wobei natürlich nur schwer zu definieren sein wird, ob einem Menschen tatsächlich derart geholfen wurde, dass er niemals mehr Hilfe benötigt – zumal ich ja in der siebten Stufe darauf verzichte, es nachzuprüfen. Aus diesem Grund habe ich eine Vereinbarung mit meiner Frau getroffen: Ich werde unser Girokonto komplett abräumen und ihr das Geld übergeben. Sie wählt aus, wer es bekommen soll, und wir verlieren nie wieder ein Wort darüber.

Ich muss vielleicht kurz erklären, wie meine Frau und ich die Finanzen unserer Familie zu verwalten pflegen. Das dauert nicht lange, weil es eigentlich nur zwei Regeln gibt: Ist Geld auf dem Konto, geben wir es aus. Ist kein Geld auf dem Konto, sparen wir. Mit dieser Philosophie bin ich einunddreißig Jahre lang ziemlich gut gefahren, obwohl ich meinen Vater damit regelmäßig in den Wahnsinn treibe. Ich weiß nur in den seltensten Fällen, wie viel Geld gerade auf meinem Konto ist, nämlich dann, wenn ich beim Geldabheben zufällig auf die Taste »Kontostand anzeigen« komme. Das passiert ungefähr alle acht bis zwölf Wochen einmal.

Es klingt ziemlich zynisch, wenn jemand behauptet, seinen Kontostand nicht zu kennen. Und es ist wirklich nicht so, dass ich so viel Geld hätte, dass ich mir das leisten könnte. Ich war einmal ziemlich erstaunt und der Schockstarre nahe, als der Automat mir nüchtern mitteilte, dass auf meinem Girokonto 4575 Euro seien – nur stand leider ein Minus davor und dahinter die Ankündigung, dass ich mir keine 500 Euro auszahlen lassen könne, weil mein Dispo nur 5000 Euro betrage.

Unserer Familie geht es dennoch ziemlich gut. Wir haben keine Kredite abzubezahlen, wir haben sogar ein bisschen angelegt, um auch dann sicher über die Runden zu kommen, sollte es uns einmal schlechter gehen als jetzt. Wir sind gut versichert, wir haben private Rentenverträge und sogar einen Bausparvertrag. Wir sind wahrlich keine reiche Familie, aber wir sind auch nicht arm. Das Geld, das sich derzeit auf dem Girokonto befindet, haben wir gerne, aber wir brauchen es nicht wirklich. Die Miete für diesen Monat ist bezahlt, wir haben vor zwei Tagen einen Großeinkauf im Supermarkt gemacht, und wir haben so viele Windeln, dass mein Sohn sogar seinen Teddybären wickeln kann. Mehr brauchen wir derzeit nicht. Wie ich schon vorher festgestellt habe, geht es im Leben nur selten ums Brauchen, sondern meistens ums Habenwollen.

Ich fahre also zum Bankautomaten und sehe nach, wie viel auf dem Konto ist. Es sind exakt 1934,54 Euro. Da der Automat nur glatte Beträge ausgibt, runde ich auf und fordere 2000 Euro an. Ich habe Glück, weil das exakt der maximal verfügbare Betrag ist. Dann überlege ich noch kurz, was ich mir oder meiner Familie von diesem Geld alles kaufen könnte: eine einwöchige Urlaubsreise für zwei Personen in ein Luxushotel. Anderthalb Prada-Handtaschen. Den ferngesteuerten Hubschrauber, den ich gerne so lange einfliegen würde, bis mein Sohn selbst damit spielen kann. Winterreifen. Eine neue Couch.

Um ehrlich zu sein: Mir fallen nur Dinge ein, die ich gerne hätte, und kein einziges, das ich jetzt wirklich brauchen würde. Und es ist in etwa die Summe, mit der ich für mein Vorhaben zurechtkomme. 1934,54 Euro – das ist nicht so viel, dass es mir die Tränen in die Augen treiben würde, aber genug, dass es mir doch ein wenig wehtut, es einfach wegzugeben.

Ich übergebe das Geld meiner Frau, und sie verspricht mir, nie wieder ein Wort darüber zu verlieren oder irgendjemandem zu erzählen, wofür sie es verwendet hat, weil ich es wirklich nicht wissen und auch der Gefahr entgehen möchte, es über Dritte zu erfahren.

Es ist ein komisches Gefühl, nicht zu wissen, was mit dem Geld nun passiert. Schließlich macht es für mich in diesem Moment keinen Unterschied, ob damit nun ein armer Mensch seine finanzielle Unabhängigkeit erreicht – in manchen Ländern reicht dieser Betrag dafür durchaus aus – oder ob ich es einfach zum Fenster hinausgeworfen habe. Es ist aber auch ein wunderbares Gefühl, weil ich sehe, dass man mit Geld nicht nur das Habenwollen befriedigen kann, sondern dass es auch Menschen gibt, die es wirklich brauchen, sodass man ein echtes Bedürfnis befriedigt. Und weil ich nicht weiß, wohin das Geld geht, kann ich mir die schönsten Dinge vorstellen.

Deshalb mache ich nach der Übergabe sofort den Inspirit-Test, um zu sehen, ob sich in meiner Wahrnehmung etwas verändert hat. Mein Wert liegt weiterhin im Durchschnitt, es war also keine besonders spirituelle Erfahrung, die siebte und vielleicht achte Stufe der Barmherzigkeit des Rabbis Maimonides zu erreichen. Allerdings schnellt der Wert für mein Wohlbefinden auf 5,21. Es ist der bislang höchste Wert bei meinem Projekt, sieht man vom Erlebnis mit meinem Sohn auf meinem Bauch einmal ab.

Ich möchte auch gar nicht mehr Worte darüber verlieren. Es geht mir prächtig – und alles, was ich dafür tun musste, war, ein bisschen Geld zu verschenken, das ich nicht wirklich brauchte. Und sollte ich wieder einmal einen Anfall bekommen, eine Sache unbedingt haben zu wollen, dann werde ich vielleicht einfach wieder das Geld nehmen und es verschenken. Es ist nämlich auch eine Form von Habenwollen, wenn man erreichen möchte, dass es anderen Menschen besser geht – auch wenn man nie erfährt, wer sie eigentlich sind.

Kapitel 14

»Guten Tag, ich bin Sektenboss!«

»Du wirst in der Hölle schmoren!«

Ich erschrecke vor mir selbst über das, was ich da gesagt habe. Habe ich wirklich gerade die Höllenkarte gespielt und einem meiner besten Freunde verkündet, dass auf ihn die ewige Verdammnis wartet? Das letzte, verzweifelte Argument, wenn es darum geht, jemanden vom Glauben zu überzeugen? Es ist die Pascal'sche Wette auf die negative Art: Wer nicht glaubt und dann feststellt, dass es doch etwas gibt, der könnte gewaltig bereuen, dass er nicht geglaubt hat.

Bevor ich länger darüber nachdenken kann, sage ich den Satz gleich noch einmal: »Du wirst in der Hölle schmoren!«

Ich sage nicht: »Du könntest…«, ich sage: »Du wirst!«

Was ist nur in mich gefahren?

Ich bin auf einem Teichfest, von dem es in der nördlichen Oberpfalz jedes Jahr im Oktober gefühlte fünfhundert gibt. Das Bierzelt sieht ein wenig so aus, als hätte man ein Oktoberfestzelt zu heiß gewaschen, die hundertfünfzig Menschen an den zwanzig Biertischen führen skurrile Bewegungen auf, weil aus den Lautsprechern ein Lied ertönt, in dem es um einen geht, der so stark ist wie ein Tiger und so hoch wie eine Giraffe. Er springt und schwimmt und nimmt jemanden bei der Hand, weil er sie oder ihn besonders mag.

Ich mache auch mit, obwohl ich das Lied doof finde, aber dem Gruppenzwang in bayerischen Bierzelten kann man sich nur schwer entziehen.

Außerdem bietet das Rumgehüpfe und Geschwimme eine dringend nötige Pause bei der Diskussion, die ich gerade führe: Ich möchte einen Atheisten zum Glauben bekehren – und es ist mein letzter Versuch in einer langen Reihe von Versuchen. Ich will ihn nicht zum Christentum führen oder zum Buddhismus oder zu Scientology. Ich möchte lediglich erreichen, dass er kein Atheist mehr ist und dass er keine blasphemischen Bemerkungen mehr macht, sobald er eine Kirche betritt. Im besten Fall hoffe ich, dass er sich meinem Projekt anschließt und ebenfalls Alltheist wird.

Aus meiner Wette, die ich wegen des Erwartungswerts begonnen habe, ist inzwischen Überzeugung geworden. Ich glaube, dass Alltheismus eine erfüllende Lebensform sein kann. Ich möchte eintreten für meinen Glauben, ich möchte ihn anderen Menschen vorstellen und sie ebenfalls dafür begeistern.

Meine Werbeversuche dauern schon ein halbes Jahr – und nun habe ich ihm gedroht, obwohl ich es doch durch das Beispiel von Youssef und Anna besser wissen sollte. Ich war noch nie als Missionar im spirituellen oder gar religiösen Sinn tätig. Ich stand noch nie an einer Straßenecke und versuchte, den *Wachtturm* zu verteilen oder ein Buch von L. Ron Hubbard zu verkaufen. Ich war noch nie in Afrika und habe den Menschen erklärt, dass eine Kondomlieferung keine sinnvolle Sache ist und dass die Menschen besser zum katholischen Glauben konvertieren sollten.

Zur Vorbereitung auf meine Arbeit spreche ich zunächst mit Brian Barrons. Er ist seit dreißig Jahren Mitglied des Maryknoll-Missionsordens, begann seine Tätigkeit in Tansania und fungiert derzeit als Leiter des Klosters in Hongkong. »Ich finde, dass alle Menschen dazu aufgerufen sind, missionarisch tätig zu sein, ob wir nun zu Hause arbeiten oder in einem fremden Land«, sagt er. »Ich hatte immer das Gefühl, dass ich an einen Ort gehen muss, an dem ich nicht gewollt bin, aber gebraucht werde, und dass ich so lange dort bleiben muss, bis ich nicht mehr gebraucht, aber gewollt werde.«

Er berichtet mir von den Problemen, in einem fremden Land tätig zu sein, die Kultur nicht ausreichend zu kennen und vor allem sprachliche Barrieren überwinden zu müssen. »Mir ist bewusst, dass man in einer anderen Sprache nur einen geringen Prozentsatz seines wahren Potenzials nutzen kann«, sagt er. »Eine Predigt mag auf Chinesisch zwar gut sein, aber es ist natürlich wenig im Vergleich zu dem, was ich in englischer Sprache erreichen könnte.«

Er erzählt ein wenig von den Schwierigkeiten, mit denen ein Missionar zu kämpfen hat, versichert mir aber, dass er während seiner gesamten Zeit als Missionar stets offen zeigen durfte, dass er Christ ist. »Ja, sogar in China«, sagt er.

Ich eröffne ihm, dass es mir nicht gerade leichtfällt, andere Menschen von meinem Glauben zu überzeugen, und dass ich mich immer ein wenig unwohl fühle, wenn ich es versuche.

»Es geht gar nicht so sehr darum, einen Andersgläubigen davon zu überzeugen, zum Christentum zu konvertieren«, beruhigt er mich. »Natürlich sehen wir das Christentum nicht als eine unter vielen gleichberechtigten Religionen an, aber es hat sich herausgestellt, dass eine vernünftige Diskussion am fruchtbarsten ist.« Gleichwohl gibt er zu, dass er sich unglaublich freut, wenn jemand seinen christlichen Standpunkt akzeptiert: »Ich würde es mit der Freude beschreiben, die der verkrüppelte Mann verspürt, der während einer Messe geheilt wurde und sofort freudig herumtanzte.«

Als wichtigsten Ratschlag gibt er mir sein interessantestes Erlebnis als Missionar mit auf den Weg: Als er gerade schöne Erfolge erzielt hatte, sprach er mit einem erfahreneren Priester darüber und brachte seine Freunde zum Ausdruck, dass er Gott zu diesen Menschen bringen dürfe. Der Priester lachte und sagte: »Denke immer daran, dass Gott schon hier war, bevor du angekommen bist!«

Barrons' Überzeugung und Charisma machen mir Mut, es selbst einmal als Missionar zu versuchen. Natürlich habe ich nicht die Ausbildung und die Qualifikation, um in ein fremdes Land zu gehen und viele Menschen von meinem Glauben zu überzeugen. Aber ich will es aufrichtig probieren und dabei die Ratschläge von Barrons befolgen: für seinen Glauben eintreten, vernünftig diskutieren, liebevoll überzeugen – und nicht bleiben, solange man gewollt ist, sondern solange man gebraucht wird.

Objekt meines Missionierungsversuchs soll jemand sein, von dem meine Freunde behaupten, es sei leichter, den Papst zum Satanismus zu bekehren als ihn von seinen Überzeugungen abzubringen – mein alter Bekannter Ludwig. Ich will ihn davon überzeugen, dass Alltheismus eine schöne Sache sein kann, dass es ein Leben nach dem Tod gibt und dass der Mensch nicht, wie Ludwig immer behauptet, am Schluss »in einem dunklen Loch liegt und endlich seine Ruhe hat«. Woran er glauben möchte und welche Vorstellungen er von einem Leben nach dem Tod hat – ob Himmel, Nirwana oder glückliche Kuh –, das soll er selbst entscheiden. Ich bin demnach kein Missionar einer bestimmten Religion, ich bin ein Missionar gegen Nihilismus und für Alltheismus.

Zunächst versuche ich es bei einem gemeinsamen Bier mit Freunden. Ich lasse mir von Ludwigs stressigem Job erzählen, von seinem turbulenten Privatleben und zahlreichen Umzügen. Ich frage ihn, ob er sich denn nicht nach ein wenig Ruhe sehnen würde, nach Ausgeglichenheit und mehr Freizeit. Er denkt kurz nach und meint dann: »Ja, das wäre gar nicht so schlecht.«

Auf diese Antwort habe ich gewartet, weil ich ihm nun meinen Versuch darlegen darf und versuchen kann, ihn zu überzeugen. Ich erzähle ihm von der Pascal'schen Wette und wie man sie auf die verschiedenen Religionen übertragen kann, von der Möglichkeit, andere Glaubensformen kennenzulernen und davon, dass er vielleicht Ruhe finden könnte, indem er ebenfalls verschiedene Varianten der spirituellen Aktivität ausprobiert und sich dann für eine entscheidet, die zu ihm passt.

»Weißt du, Jürgen, ich finde das ja immer ziemlich lustig, wenn du so was ausprobierst, und meine Freundin ist ein richtiger Fan davon. Aber für mich ist das nichts.«

Ich frage ihn, wie er Entspannung findet.

»Ganz einfach: Wenn ich auf meinem Motorrad durch eine schöne Landschaft fahre.«

Dagegen gibt es für mich wenig einzuwenden, weil ich das selbst entspannend finde. Wir unterhalten uns eine Stunde lang über Motorräder und andere Dinge, die uns wichtig sind. Ich erkenne, dass wir zwar noch weit von meinem Ziel entfernt sind, dass wir aber zumindest darüber reden, woran der andere glaubt. Brian Barrons würde dieses Gespräch durchaus als positiv werten, weil immerhin ein fruchtbarer Dialog entstanden ist und Ludwig und ich nun wissen, worum es uns beiden geht. Auch Youssef und Anna wären mit mir zufrieden. Also werte ich meinen ersten Versuch, Ludwig zu missionieren, auch erst einmal als Erfolg.

Die aktive Verbreitung des Glaubens gilt bei vielen Religionen als zentrale Aufgabe für die Mitglieder. Böse Zungen behaupten, Missionierung sei nichts anderes als das Expandieren eines Unternehmens, um es profitabler zu machen. Ganz böse Zungen behaupten, es sei das Metastasieren eines Krebsgeschwürs, durch das die Welt zugrunde gehen wird. Denn nicht selten beginnt Missionierung als friedlicher Dialog, wächst heran zu einer bitter geführten Diskussion und endet dann in einem Konflikt, der gewaltsam ausgetragen wird.

Als eine der ältesten missionierenden Religionen gilt der Zoroastrismus. Zarathustra war Ende des 2. Jahrtausends vor Christus der erste, der andere Religionen als falsch bezeichnete und begann, seinen Glauben aktiv und vehement vom Iran aus zu verbreiten. Der Überlieferung zufolge wollte er, dass Dörfer, Distrikte und ganze Länder so denken, sprechen und handeln sollten, wie er es gepredigt hatte.

Man darf die Wirkung dieser ersten Missionierung nicht unterschätzen, die Lehren Zarathustras sind über das Judentum auch in das Christentum gelangt. Begriffe wie »Himmel« oder »Hölle« waren zuvor im Judentum unbekannt, der Teufel als Bösewicht der Geschichte geht vermutlich auf Ahriman zurück, jene Macht, die in der zoroastrischen Theologie für Zerstörung steht. Hätte es damals schon so etwas wie Copyright gegeben, so wäre der Zoroastrismus wohl die reichste Vereinigung der Welt.

Auch im Buddhismus wurde bereits im 3. Jahrhundert vor Christus missioniert. Der indische Herrscher Ashoka sandte sogenannte Dharma Bhanaks aus, die den buddhistischen Glauben verbreiten sollten. Einer von ihnen, Dharmaraksita, drang gar bis nach Griechenland vor. Noch heute kann der Buddhismus als missionierende Religion gesehen werden. Tenzin Gyatso, der aktuelle Dalai-Lama, hat aufgrund seines herausragenden Charismas dafür gesorgt, dass der Buddhismus inzwischen zu den beliebtesten Religionen weltweit gehört.

Eine der prominentesten Missionierungsreligionen ist freilich das Christentum, das sich auf den ausdrücklichen Befehl Jesu zur Missionierung beruft. Im Evangelium nach Matthäus sagt Jesus zu seinen Jüngern: »Darum geht zu allen Völkern und macht alle Menschen zu meinen Jüngern; tauft sie auf den Namen des Vaters und des Sohnes und des

Heiligen Geistes und lehrt sie, alles zu befolgen, was ich euch geboten habe.«

Besonders tun sich dabei freilich die Zeugen Jehovas hervor, die nicht nur auf öffentlichen Plätzen werben, sondern hin und wieder sogar Hausbesuche machen. Ich empfange die Missionare sehr gerne – vor allem, seit ich im *Wachtturm* die Anleitung zur Ausrottung eines Dorfes gefunden habe. Der Artikel ist zwar eine Anklage gegen Massenmord, er schildert allerdings derart detailreich, wie dabei vorzugehen ist und wo genau die Granaten zu platzieren sind, dass ich nicht umhinkam, es für eine ziemlich präzise Anleitung zu halten. Die beiden Damen konnten mir das auch nicht erklären, sie versicherten mir aber, dass sie noch nie ein Dorf ausgerottet hätten und dass das auch kein Mitglied der Zeugen Jehovas vorhabe.

Im Judentum wird Missionierung als nicht besonders wichtig angesehen, die Religion vertritt offenbar eher die Ansicht, dass Qualität der Quantität vorzuziehen sei. Diese Form der Exklusivität nach dem Motto »Wir nehmen nicht jeden« kann auf Menschen eine nicht zu unterschätzende Anziehung ausüben. Gleichwohl gibt es Bestrebungen, nichtjüdische Kinder von interreligiösen Ehepartnern mit dem Judentum in Berührung zu bringen und jene zu begrüßen, die sich mit der Religion auseinandersetzen möchten.

Im Islam gibt es den Begriff *da`wah*, was in etwa »Ruf«, »Aufforderung« und »Einladung« bedeutet. In Sure 2,256 heißt es zwar: »Es sei kein Zwang im Glauben«, doch in Sure 34, 28 ist wörtlich zu lesen: »Und wir entsandten dich nur zur gesamten Menschheit als einen Freudenboten und Warner, jedoch wissen es die meisten Menschen nicht.« Die Regierung Saudi-Arabiens soll bislang etwa fünfundvierzig Milliarden Euro dafür ausgegeben haben, in anderen Ländern Moscheen und islamische Schulen einzurichten. Im Koran ist unter Sure 4,89 sogar ziemlich deutlich niedergelegt, was Prophet Mohammad von Missionaren anderer Religionen hält. »Sie wünschen, dass ihr ungläubig werdet, wie sie ungläubig sind, und dass ihr ihnen gleich seid. Nehmet aber keinen von ihnen zum Freund.« So viel zum Thema, warum friedvolle Missionierung ausarten kann in gewaltsame Konflikte.

Ich finde die Idee der Missionierung dennoch schön, weil sie zunächst einen liebevollen Gedanken in sich trägt: Eine glückliche gläubige Person möchte einem anderen Menschen das nahebringen, was sie selbst so glücklich macht. Ich halte es zunächst einmal für einen Akt der Nächstenliebe: Man hat für sich einen Weg entdeckt, sein Leben sinnvoll und glücklich zu gestalten, und möchte nun diesen Weg nicht selbstsüchtig für sich behalten, sondern andere Menschen daran teilhaben lassen.

Genau das versuche ich mit Ludwig nach unserem ersten Gespräch. Ich schreibe ihm zahlreiche Textnachrichten, in denen ich erkläre, wie gut es mir tut, hin und wieder zu meditieren, wie sehr mir der Besuch eines Gottesdienstes gefallen hat und dass der Mensch auch dann Ruhe finden kann, wenn er nicht mit zweihundertfünfzig Stundenkilometern auf einem Motorrad über eine Autobahn braust. Dabei lege ich Wert darauf, Ludwigs Ansichten nicht infrage zu stellen, sondern vielmehr logisch zu argumentieren und ihm die schönen Seiten meiner Einstellung darzulegen.

Die ersten Nachrichten beantwortet er freundlich, dann wird der Tonfall barscher, und ich kann mir regelrecht vorstellen, wie er die Buchstaben wütend in sein Handy hackt. Irgendwann schreibt er: »Gib's auf, bei mir erreichst du da ohnehin nichts.« Dann antwortet er erst einmal gar nicht mehr.

Er ist eine harte Nuss, aber ich bemerke, dass es mir Spaß macht, ihn zur Umkehr zu rufen, und entwickle einen gewissen Ehrgeiz. Ich spüre, dass ich vielleicht nicht gewollt, aber doch gebraucht werde.

Freilich ist das, was so manche Glaubensgemeinschaft aus der Idee des Missionierens gemacht hat, nicht mehr mit Nächstenliebe zu rechtfertigen. Besonders unerhört finde ich allerdings, wie viele Medien mit dem Drang nach Verbreitung bei verschiedenen Glaubensgemeinschaften umgehen. Ich möchte in diesem Fall keine Wertung der Qualität einer einzelnen Religion vornehmen, finde es indes doch sehr interessant, wie unterschiedlich Religionen behandelt werden, obwohl sie grundsätzlich einmal das Gleiche tun.

Ein aktuelles Beispiel ist das verheerende Erdbeben, das sich am 12. Januar 2010 in Haiti ereignete. Schätzungen der Vereinten Nationen zufolge forderte die Katastrophe mehr als dreihunderttausend Tote, mehr als 1,2 Millionen Menschen wurden obdachlos, der finanzielle Schaden wurde auf etwa acht Milliarden Euro geschätzt. Die öffentliche Ordnung in der Krisenregion brach zusammen, es kam zu brutaler Gewalt und Plünderungen.

Sofort liefen internationale Hilfsmaßnahmen an, und es war beeindruckend, zu sehen, dass die Menschen weltweit trotz Finanzkrise bereit waren, den Bewohnern Haitis in schweren Zeiten beizustehen. Allein die Deutschen spendeten mehr als achtundzwanzig Millionen Euro von ihren privaten Ersparnissen. In den Vereinigten Staaten waren es gar mehr als 148 Millionen Euro, und selbst aus dem kleinen Land Namibia kamen mehr als vierhunderttausend Euro durch Spenden von Privatleuten zusammen. Wohlgemerkt: Die Menschen spendeten trotz einer der schlimmsten Finanzkrisen aller Zeiten.

Zwei Bilder haben mich dann stutzig gemacht: Das eine zeigt eine Helferin der christlichen Wohltätigkeitsorganisation »Food for the Poor«. Sie trug ein T-Shirt, auf dem ein Kreuz aufgedruckt war, und gab an, den in Not geratenen Menschen helfen, ihnen dann aber auch den christlichen Glauben näherbringen zu wollen. Wörtlich sagte sie: »Wir versuchen, den Menschen die Liebe Gottes zu zeigen, durch unsere Arbeit.« In zahlreichen Artikeln wurde die Arbeit der christlichen Helfer gewürdigt. Zu Recht. Ich fand es mutig und beeindruckend und nachahmenswert, wie vor allem junge Menschen freiwillig in diese Region reisten, um zu helfen.

Wenn jemand freiwillig als Wohltäter in ein Krisengebiet reist, um den Menschen zu helfen, dann kann man dies nicht genug unterstützen, vor allem aber sollte man es keinesfalls kritisieren. Oder doch?

Zur gleichen Zeit nämlich flog ein Hollywoodschauspieler seine eigene Boeing 707 von Florida nach Haiti, im Gepäck vier Tonnen Essensrationen und Medikamente. »Wir haben die Möglichkeit zu helfen und etwas zu bewirken«, sagte John Travolta vor dem Abflug. »Also sehe ich keinen Grund, warum wir nicht mein Flugzeug verwenden sollten.« An Bord waren auch freiwillige Helfer, auf ihren T-Shirts war ebenfalls ein Kreuz abgebildet – doch stand darüber »Scientology«. Die österreichische Zeitung *Der Standard* schrieb über die Ankunft: »Leidgeprüften Haitianern bleibt nichts erspart: Nach der Katastrophe kommt Scientology.« In der englischen Zeitung *Guardian* war zu lesen: »Don't panic Haiti, the Scientologists are coming!« Und selbst auf der Internetseite der *New York Times* stand ein sarkastischer Kommentar zu Travoltas Aktion.

»Warum sind die nicht einfach froh, dass wenigstens jemand hilft?«, fragt meine Frau immer noch, wenn wir über Travoltas Flug nach Haiti sprechen. Die Familie meiner Frau stammt von den Philippinen, wir wissen aus eigener Erfahrung, wie dramatisch die Lage für Menschen nach einer Naturkatastrophe sein kann und wie sehr die Betroffenen jede Form von Hilfe benötigen. Ein Filipino allerdings würde sich niemals einen sarkastischen Kommentar erlauben über jemanden, der bereit ist zu helfen – selbst die kleinste Spende wird mit einem persönlichen Brief beantwortet, der meist mit den Worten »We love you, may

God bless you and your family« endet. Aus welchen Motiven jemand hilft, ist ihnen zunächst einmal egal. Sie verfahren nach dem Motto: Wenn dich jemand anlächelt, dann lächle zurück.

Wenn diese Hilfe allerdings missbraucht wird, um Menschen zu zwingen, zu einem anderen Glauben überzutreten, dann stimmt meiner Meinung nach etwas nicht. Was in den Berichten jedoch nicht zu lesen ist: Die Konflikte und Attacken gegen Voodoo-Priester auf Haiti finden nicht in den Regionen statt, wo Scientology tätig ist, sondern dort, wo evangelikale Prediger aus den USA an Einfluss gewonnen haben.

Über Scientology weiß ich nur das, was ich in Fernsehsendungen, Zeitungsartikeln und Büchern von Aussteigern darüber gelesen habe, also habe ich ein sehr negatives Bild von dieser Glaubensgemeinschaft, wie ich schon beim Drei-Sekunden-Test feststellen musste. Wenn jemand zu mir kommen und sich als Scientologe vorstellen würde, dann würden die Synapsen in meinem Gehirn erst einmal Funken sprühen und eine Warnung an alle anderen Zellen in meinem Körper schicken – und zwar in einer Heftigkeit, wie es wohl sonst nur passieren würde, wenn ich einem Braunbären im Wald begegnete. Wie schon gesagt: Scientology hat hierzulande wirklich ein beschissenes Image.

Doch sind diese Vorbehalte gerechtfertigt oder übertrieben?

Ich beschließe, Scientology in mein Projekt aufzunehmen und näher kennenlernen zu wollen. Zu diesem Zweck vereinbare einen Termin mit Jürg Stettler, Chef von Scientology in der Schweiz und Pressesprecher für den deutschsprachigen Raum. Ich habe ihn in der Sendung *Hart aber fair* gesehen, wo er seinen Glauben und sein Unternehmen gegen die Ansichten von Fernsehpfarrer Jürgen Fliege, dem damaligen bayerischen Innenminister Günther Beckstein und einem

Aussteiger verteidigen musste. Ich habe nicht vor, eine weitere Enthüllungsgeschichte über Scientology zu produzieren, Berichte von verzweifelten Aussteigern und motivierten Undercover-Journalisten gibt es meiner Meinung nach genügend. Vielmehr möchte ich der Aufforderung von Stettler nachkommen, die er am Ende der Sendung von Frank Plasberg ausgesprochen hat: »Kommen Sie doch einfach mal vorbei, und sehen Sie sich alles an. Die Kirche von Scientology ist jederzeit offen.«

Als ich meiner Frau verkünde, dass ich einen Termin bei Scientology habe, bemerke ich, dass bei ihr nicht nur die Synapsen Funken sprühen, sondern dass jeder einzelne Körperteil eine Warnung sendet. Die Ankündigung im Büro hat zur Folge, dass mein liebster Kollege Ralf der festen Überzeugung ist, ich würde als aktiver Scientologe zurückkehren, und dass mein nächstes Buch davon handelt, wie die Organisation mich um hunderttausend Euro gebracht, meine Ehe zerstört und mich dadurch unter den Zwang gesetzt hat, nun dringend einen Bestseller schreiben zu müssen, um nicht unter der Brücke zu landen. Ich treffe mich trotzdem mit Stettler.

Der Scientology-Manager ist ein knuffiger Mann mit treuherzigen Augen, er empfängt mich am Eingang der Scientology-Kirche im Münchner Stadtteil Schwabing. Sein Händedruck ist sanft, er spricht mit leichtem Schweizer Akzent, die meisten seiner Sätze beendet er mit diesem sympathischen »oder?«, das die Schweizer so gerne verwenden. Um ehrlich zu sein: Würde ich ihn auf einer Party oder im Büro kennenlernen, dann würde ich ihn sofort für einen netten Menschen halten. Am Eingang des Scientology-Gebäudes bleibt jedoch dieses unbehagliche Gefühl, weil mein Gehirn mir ständig die Botschaft schickt, dass ich vorsichtig sein muss und dass der Pressesprecher von Scientology natürlich nett ist zu einem, der in seine Kirche kommt, um sich einmal umzusehen.

Stettler führt mich sofort in einen großen Raum, in dem Menschen sitzen und Bücher lesen. Manche sitzen sich gegenüber und üben an einem elektronischen Gerät. »Das ist ein E-Meter, wir können das gleich einmal versuchen«, sagt er.

Mich durchströmt eine Mischung aus Neugier und Vorsicht: Ich will das Ding ausprobieren, habe aber Angst, bei einer Berührung sofort zu Scientology bekehrt zu sein und allein durch meine Fingerabdrücke sämtliche Kontodaten zu übermitteln. Doch dann beschließe ich, dass ich das offene Herz und die Unvoreingenommenheit, die ich mir zu Beginn meines Projekts vorgenommen habe, nun auch bei Scientology anwenden muss – obwohl es mir zugegebenermaßen schwerfällt. Ich umfasse die beiden silbernen Zylinder, die wie leere Konservendosen aussehen, Stettler spielt ein wenig an den Knöpfen herum. Die Nadel schlägt aus.

»Sie müssen mir nicht sagen, woran Sie gedacht haben – aber das Gerät signalisiert, dass etwas Sie beschäftigt.«

Ich denke mir: Natürlich werde ich dir, nachdem wir uns gerade mal drei Minuten kennen, nicht auf die Nase binden, woran ich gerade denke.

Also sage ich: »Mhm.«

»Dieses Gerät misst die Änderungen des elektrischen Widerstands, aber es ist kein Lügendetektor. Wenn ich Sie fragen würde: ›Haben Sie jemals Äpfel gestohlen?‹, dann kann das Gerät etwas anzeigen. Das kann bedeuten, dass Sie sich schuldig fühlen, weil Sie die Äpfel tatsächlich gestohlen haben. Sie können sich aber auch darüber echauffieren, dass ich Ihnen eine derart dreiste Frage stelle.«

Ich bin ein wenig enttäuscht, weil ich glaube, dass man den Grad der Erregung auch am Puls oder der Körpertemperatur ablesen kann – ein geschulter Mensch vielleicht sogar an der Mimik oder der Rötung des Halses, wie in nicht wenigen Bestsellern ausführlich beschrieben wird. Ich bin aber auch neugierig, zumal der Abschlussbericht der Enquetekommission des Deutschen Bundestags das Gerät als »wissenschaftlich wertlos« bezeichnete. Es sei aber wirtschaftlich höchst wertvoll – die Herstellungskosten sollen bei etwa hundertsiebzig Euro liegen, verkauft wird es für mehr als siebentausend Euro. Laut Scientology liegen die Herstellungskosten deutlich höher, und der Verkaufspreis beträgt 2850 Euro. John Travolta, Priscilla Presley und Tom Cruise schwören auf das Gerät, mit dem trainierte Auditoren angeblich verborgene Verbrechen aufdecken können. Auf dem Patentantrag steht zwar der Name von Scientology-Gründer L. Ron Hubbard, die Erfindung soll jedoch auf den Chiropraktiker Volney Mathison zurückgehen, der sein Gerät »Mathison Quiz Meter« als Hilfe für die psychoanalytische Arbeit vermarktete und damit im Gegensatz zu dem stand, was Scientology lehrt.

»Was muss ich jetzt tun?«

»Denken Sie an eine Person, mit der Sie Probleme haben und mit der Sie sich beschäftigen.«

Er betont wieder, dass ich ihm nicht sagen muss, an wen ich denke. Ich sage es ihm nicht, denke aber an einen ungeliebten Menschen, mit dem ich in den vergangenen Wochen so manchen Zwist ausgetragen habe. Die Nadel schlägt aus, bis ganz nach rechts.

Stettler guckt verblüfft: »Oh, das ist wohl eine starke Emotion.«

Ich bin nicht allzu verblüfft, das habe ich auch ohne E-Meter gewusst. Er dreht ein wenig an den Knöpfen herum, um den Nullpunkt einzustellen, wie er sagt.

»Nun denken Sie an jemand anderen, mit dem Sie Emotionen verbinden.«

Wieder der Hinweis, ihm nicht sagen zu müssen, wer das ist. Ich denke an Ludwig, den ich sehr mag und den ich ja gerade zu missionieren versuche – die Nadel schlägt ein wenig aus.

»Gut«, sagt Stettler. »Und nun an eine Person, mit der Sie ein paar positive Emotionen verbinden.«

Ich will schummeln und denke an eine Person, mit der ich starke positive Emotionen verbinde: Ich denke an meine Frau. Die Nadel schlägt aus – aber nicht so stark wie vorher beim ungeliebten Kollegen.

Ich würde gerne fragen: »Ist meine Abneigung etwa größer als meine Zuneigung?« Ich lasse es aber, weil Stettler dann herausfinden würde, dass ich geschummelt habe und ich vielleicht unangenehme Fragen beantworten müsste.

Nach dieser Vorführung zeigt Stettler mir die Kirche. Es ist wahrlich kein prachtvolles Gebäude und hat kaum etwas gemein mit den Prunkbauten, die man sieht, wenn man das Wort »Scientology« bei Google eingibt. Es wirkt eher wie die Zentrale eines mittelständischen Unternehmens, dem es derzeit nicht besonders gut geht. Überall wuseln geschäftig Menschen umher oder sitzen erwartungsfroh an Tischen, als hätten sie nur darauf gewartet, dass ich reinkomme und sie mir etwas erzählen dürfen. Sie tragen keine Anzüge oder Designerklamotten, sie sehen eher aus wie Mitarbeiter eines mittelständischen Unternehmens, dem es derzeit nicht besonders gut geht.

Was mir auffällt: Wenn wir einem Menschen auf dem Gang begegnen, dann lächelt er oder sie uns an und begrüßt uns fröhlich. Es passiert einem ja nicht jeden Tag, dass man als Fremder derart herzlich empfangen wird. In der katholischen Kirche meines Heimatorts stehen sich Fremde schweigend gegenüber, man begrüßt grundsätzlich nur jene Menschen, die man seit Jahren kennt.

Mein Kollege Ralf wird später über die Freundlichkeit der Scientologen sagen: »Na klar sind die nett zu dir – die wollen unbedingt, dass du mitmachst! Das ist ein Teil von deren Taktik.« Ralf hat noch nie in seinem Leben mit einem Scientologen gesprochen, noch nie ein Buch von Hubbard gelesen oder ein Auditing absolviert – und doch scheint er sich bestens auszukennen mit der Verführungstaktik von Scientologen. Ich frage mich, woher er sein umfassendes Wissen hat.

Der Kommentar meiner Frau: »Es ist doch schön, wenn erst einmal jemand nett zu einem ist – man muss nur vorsichtig sein.«

Stettler zeigt mir offen das Organigramm der Kirche, und mir wird klar, dass es sich definitiv nicht um ein mittelständisches Unternehmen handelt, dem es derzeit nicht besonders gut geht. Das Organigramm sieht eher so aus, als wäre jemand in eine militärische Einrichtung eingebrochen und hätte den Dienstgradplan geklaut.

Stettler erklärt mir die verschiedenen Stufen auf der »Brücke zur Freiheit«, dem Mantra von Scientology, und präsentiert mir die Bibliothek mit Büchern und Videos von und über Hubbard. Überhaupt ist der Gründer omnipräsent, im Zimmer eines Justin-Bieber-Fans sind nicht mehr Fotos des Popstars zu finden wie hier Bilder von Hubbard.

Beim Blick auf die »Brücke zur Freiheit« allerdings wird sofort mein Ehrgeiz geweckt. Es sieht ein wenig aus wie die Gewinnstufen bei *Wer wird Millionär*, wobei eine prägende Stufe das »Clear« darstellt. Ich denke sofort: Sollte ich jemals bei Scientology einsteigen, dann höre ich nicht eher auf, bevor ich diesen Status erreicht habe.

Über dem »Clear« stehen die Stufen der sogenannten »Operating Thetans«. Das sollen jene Menschen sein, die Kontrolle haben über das sogenannte MEST – ein Begriff, der sich aus den Anfangsbuchstaben der englischen Wörter »matter«, »energy«, »space« und »time« zusammensetzt, also Materie, Energie, Raum und Zeit. Um es frei nach Douglas Adams zu sagen: Eine Operating Thetan hat Kontrolle über das Leben, das Universum und den ganzen Rest. In der Scientology-Broschüre »Source Nr. 124/1999« wird Scientology-Gründer Hubbard folgender Satz zugeschrieben: »Nur Clears und Operating Thetans werden diesen

Planeten überleben, und wir sind die Einzigen, die sie hervorbringen können.«

Ich finde diesen Ansatz arrogant, wie ich es auch bei anderen Religionen arrogant finde, wenn sie den Anspruch der Erlösung exklusiv für sich reklamieren. Er steht nämlich im Gegensatz zu meiner Wette und auch zu meinem Weltbild. Ich bin der Meinung, dass nicht eine Religion alle Antworten auf alle Fragen zu bieten hat, aber dass es möglich sein könnte, dass alle Religionen gemeinsam zufriedenstellende Antworten auf die wichtigen Fragen des Lebens haben. Was mich allerdings zusätzlich abschrecken würde, einen Chip auf Scientology zu setzen: der finanziell zu erbringende Einsatz.

Der Religionspsychologe Benjamin Beit-Hallahmi gab an, dass die Kosten bis zur höchsten OT-Stufe etwa 270 000 Euro betragen würden. Ganz ehrlich: So viel Geld habe ich nicht übrig und werde ich wohl niemals übrig haben – und mein Ehrgeiz wird doch arg gedämpft, wenn ich schon vorher weiß, dass die höchste Stufe für mich so oder so nicht erreichbar sein wird. Diese höchste Stufe wird mit »OT 15« klassifiziert, bislang seien aber offiziell nur die Stufen bis OT 8 erreicht worden. Tom Cruise müsste laut Stettler OT 7 sein, er selbst gibt an, den Status OT 5 erreicht zu haben. Ich möchte dennoch wissen, wie viel es mich kosten würde, zumindest den »Clear«-Status zu erreichen.

»Wenn Sie schnell und gut arbeiten, dann kostet es etwa fünfzehntausend Euro.«

Die Summe klingt realisierbar, und eine schnelle Kosten-Nutzen-Rechnung zeigt mir, dass der Preis doch relativ gering ist, wenn man dafür tatsächlich Kontrolle über das Leben, das Universum und den ganzen Rest bekäme. Außerdem habe ich kürzlich ausgerechnet, dass meine Frau und ich bis zur Rente mehr als achtzigtausend Euro an Kirchensteuer bezahlt haben werden. Das ist nun auch nicht gerade wenig. Aber mir wird natürlich klar, dass ich – um wirklich

Kontrolle zu erlangen – danach weitermachen müsste, um auch die OT-Stufen zu erreichen.

Doch in genau dem gleichen Moment muss ich daran denken, was meine Frau wohl dazu sagen würde, wenn ich nun zusätzlich mindestens fünfzehntausend Euro in Scientology investieren würde. Vielleicht erinnert sich der eine oder andere Leser daran, wie Hanni reagierte, als ich meine Steuererklärung vollkommen ehrlich ausfüllte und wir deshalb 1700 Euro weniger herausbekamen. Deshalb beschließe ich, dass auch diese Summe für mich zunächst einmal nicht erschwinglich ist.

Nach der Führung unterhalten Stettler und ich uns noch sehr lange in einem Café in Schwabing. Auf dem Weg dorthin wird er von einer atemberaubend hübschen Frau begrüßt. »Ein Model«, sagt er lapidar. »Sie besucht auch Kurse bei uns.« Sollte sie zufällig vorbeigekommen sein, wäre ich beeindruckt. Sollte sie nur deshalb an der Straßenecke gewartet haben, um Stettler zu begrüßen, während er mit einem potenziellen Neukunden ins Café geht, wäre ich noch beeindruckter. Ich bin kurz versucht, mich für den nächsten Kurs einzuschreiben, an dem diese Frau teilnimmt, doch dann erinnere ich mich daran, dass ich kein zwanzigjähriger Singlestudent mit Samenkoller mehr bin, sondern ein glücklich verheirateter Mann mit einem wunderbaren Sohn.

Wir sprechen über das Jenseits, weil doch gerade darin das Ziel meines alltheistischen Versuchs liegt: Erlösung zu finden, welche auch immer. Wer sich bei Scientology verpflichtet, der tut das meist für sehr lange Zeit. Die Mitglieder der »Sea Org« etwa, einer klosterähnlichen Bruderschaft von Scientology, sollen einen Vertrag unterzeichnen, in dem sie sich für die nächsten eine Milliarde Jahre zum Dienst in der Kirche verpflichten. Das ist eine unanständig lange Zeit, und mein Gedanke ist, dass da nach dem Tod ja etwas kommen muss, weil sonst ein Vertrag mit einer

Laufzeit von hundert Jahren auch vollkommen ausreichend wäre.

Unter der Rubrik »Häufig gestellte Fragen« heißt es bei Scientology, dass die »Seele wiedergeboren wird, im Fleisch eines anderen Körpers«. Die geistige Substanz, der Thetan, verlässt den Körper, als wäre es ein sinkendes Schiff. Darin unterscheidet sich Scientology nicht wirklich von anderen Religionen: Substanzdualismus und Reinkarnation sind nun wirklich keine revolutionären Gedanken.

Was mich jedoch stutzig macht: Scientology ist eine verhältnismäßig junge Religion, weshalb kaum jemand bei einer Rückführung in ein früheres Leben, die Scientology den Gläubigen anbietet, feststellen wird, dass er bereits im 17. Jahrhundert Scientologe war. Oder im 18. Jahrhundert. Oder im 19. Jahrhundert.

Meine kindlich naive Frage wäre also: Wie kann ein Mensch, der damals Scientology noch nicht kannte und deshalb keine Chance hatte, die Stufen auf der »Brücke zur Freiheit« zu erklimmen, anständig wiedergeboren werden? Und kann es nicht sein, dass ein Scientologe, der heute stirbt, morgen als Buddhist oder Hindu wiedergeboren wird?

»Das kann möglich sein, aber genau beantworten lässt sich das nicht«, sagt Stettler. Ich bin relativ froh über diese Antwort, weil er mir anscheinend keine Versprechungen machen möchte, die er am Ende nicht halten kann. Immerhin. Aber ich tue mich doch arg schwer damit, wenn eine derart junge Glaubensgemeinschaft über die Vergangenheit spricht. Wobei: Ich tue mich schwer, wenn *irgendeine* Religion darüber spricht, was vor ihrer Zeit war.

Ich frage ihn deshalb nach dem Verhältnis zwischen Diesseits und Jenseits. Für einen Gläubigen liegt das Beruhigende an einer Religion wie dem Christentum oder dem Hinduismus darin, dass er die Hoffnung haben darf, dass nach dem Tod, so komisch und grausam und unbefriedigend das Leben auf der Erde auch sein mag, eine Belohnung auf ihn wartet. Oder er zumindest Angst vor einer Verschlechterung haben sollte.

»Natürlich beschäftigen wir uns auch mit den Fragen: Woher komme ich? Wohin gehe ich einmal? Aber ich denke, das Verhältnis bei Scientology liegt bei 90:10 im Diesseits«, sagt Stettler. »Das Auditing hilft natürlich, die spirituellen Ebenen zu erreichen, aber das Ziel ist auch dort, effektiver, spirituell freier im Diesseits zu sein.«

Diese Antwort verwundert mich dann doch. Natürlich versprechen viele andere Religionen auch eine Verbesserung des aktuellen Lebens, und viele spirituelle Aktivitäten wie Yoga oder Meditation wurden säkularisiert, wie ich bereits feststellen konnte. Der Fokus liegt aber dennoch bei den meisten auf dem, was nach dem Tod des Körpers auf uns warten könnte. Und jetzt bekomme ich erzählt, dass es bei Scientology fast ausschließlich um das aktuelle Leben geht.

Ich erfahre, dass auch Riten, die bei anderen Glaubensgemeinschaften essenziell sind, bei Scientology kaum gepflegt werden – das Beten oder Meditieren etwa. »Es gibt bei uns eigentlich kein Pendant zum Beten«, sagt Stettler. »Das Auditing ist ein Zwiegespräch, um mehr über sich herauszufinden und sich als geistiges Wesen besser zu verstehen. Das kann natürlich sehr in die Tiefe gehen und ist sehr individuell. Es gibt einige Übungen, die das Ziel haben, sich in die Gegenwart zu bekommen und nur im Hier und Jetzt zu sein.« Das Verhältnis zwischen dem Auditing und den einzelnen Kursen liege jedoch bei 20:80. Es gibt auch nur wenige gemeinschaftliche Aktionen wie etwa den Gottesdienst bei Christen oder das gemeinsame Meditieren bei Buddhisten. »Wir haben in den meisten Kirchen jeweils eine Sonntagsandacht, das ist aber nicht unbedingt eine Riesensache«, sagt Stettler. »Es gibt regelmäßige Mitgliedermeetings, bei denen die News oder Kursabschlüsse mitgeteilt werden. Ansonsten gibt es die Kurse und das Auditing.«

Nun, in meiner Arbeit gibt es auch eine Wochenkonferenz, bei der die News und Abschlüsse mitgeteilt werden. Auch das ist meistens nicht unbedingt eine Riesensache. Und die Scientology-Kurse, die ich im Internet absolviert habe, haben mich eher an meine Studienzeit erinnert als an eine spirituelle Erfahrung.

Ich gewinne ein wenig den Eindruck, dass es sich nach meiner persönlichen Definition bei Scientology weniger um eine Religion handelt als vielmehr um ein florierendes Wirtschaftsunternehmen, das zum Ziel hat, den Mitgliedern Lebenshilfe anzubieten. Nach meinen Erfahrungen liegt der Fokus der Lehre und auch der der spirituellen Aktivitäten allzu sehr auf dem Diesseits, als dass ich wirklich von einer Religion sprechen möchte – und meine Chips möchte ich am Ende meines alltheistischen Projekts nur auf jene Felder setzen, die ich als Religion bezeichnen würde.

Diesen Eindruck vermittelte mir auch L. Ron Hubbards Buch *Scientology – Die Grundlagen des Denkens*, das als Standardwerk für Scientologen gilt und wegen dem ich im Zug wiederholt schief angesehen wurde – eine Frau hat sich deshalb gar woandershin gesetzt.

Zwar steht schon auf der ersten Seite der schöne Satz: »Für einen Scientologen ist die Dummheit die wirkliche Barbarei auf Erden.« Dem würde wahrscheinlich jeder Mensch zustimmen, denn nichts auf der Welt ist so gerecht verteilt wie der Verstand: Es gibt wohl kaum jemanden, der zugibt, zu wenig davon abbekommen zu haben. Und die meisten beschweren sich darüber, dass nicht sie Chef einer Firma oder eines ganzen Landes sind, sondern ein Mensch, den sie für dümmer halten. Die Band Muse hat diese Verzweiflung zum Ausdruck gebracht in dem Lied *Knights of Cydonia* und der wunderbaren Textzeile: »How can we win when fools can be kings.«

Die ersten 168 Seiten von Hubbards Buch beschäftigen sich damit, den Menschen Lebenshilfe anzubieten und dafür zu sorgen, dass sie ein besseres Leben führen. Erst im Epilog wird Scientology als Religion eingeführt mit dem Satz: »Da der Mensch jetzt mit Waffen ausgerüstet ist, die ausreichen, um die ganze Menschheit auf der Erde zu zerstören, ist das Aufkommen einer neuen Religion, die in der Lage ist, den Menschen in Ordnung zu bringen, lebenswichtig. Scientology ist eine solche Religion.« Und ein wenig später heißt es: »Sie ist für die Verbesserung des Menschen gedacht. Der wichtigste Wettlauf der Erde findet heute nicht zwischen einer Nation und der anderen statt. Der einzige Wettlauf, auf den es ankommt, findet heute zwischen Scientology und der Atombombe statt.«

Das ist natürlich drastisch formuliert, hat aber wieder eher mit der Veränderung des Menschen zu tun als damit, was ein Mensch nach dem Tod erreichen kann – was für meine These spricht, dass Scientology ein überaus erfolgreiches Wirtschaftunternehmen ist, das sich darauf spezialisiert hat, Lösungen für Probleme im Diesseits anzubieten. Der Glaube der Scientologen ist meiner Einschätzung nach eine Dienstleistung, und das meine ich weder positiv noch negativ.

Stettler und ich sprechen ein wenig über Scientology, den nicht gerade berauschenden Ruf hierzulande, die Beobachtung durch den Verfassungsschutz und die Probleme, neue Mitglieder anzuwerben. Denn Scientology ist nun wahrlich keine riesige Glaubensgemeinschaft. Die Church of Scientology gab im Jahr 2005 zwar an, dass es weltweit etwa acht Millionen Mitglieder gebe, davon 3,5 Millionen in den Vereinigten Staaten. Eine Umfrage der City University of New York aus dem Jahr 2008 ergab jedoch, dass sich gerade einmal fünfundzwanzigtausend Amerikaner zu Scientology bekennen.

Freilich hängt die Schwierigkeit der Rekrutierung hierzulande auch damit zusammen, dass es beinahe täglich Meldungen über Aussteiger gibt, die Scientology vorwerfen, sie abhängig gemacht und in den finanziellen Ruin getrieben zu haben. Und dann gibt es natürlich Bücher wie *Inside Scientology: How I Joined Scientology and Became Superhuman* von Robert Kaufman, der zuerst über Xenu berichtete. Das ist jener Herrscher einer galaktischen Konföderation aus sechsundzwanzig Sternen und sechsundsiebzig Planeten, dessen grausame Taten vor fünfundsiebzig Millionen Jahren (er hat angeblich Leute auf der Erde abgesetzt und dann Wasserstoffbomben in Vulkanen gezündet) das Leben auf der Erde maßgeblich beeinflusst haben sollen.

Ich persönlich halte die Geschichten von Xenu ebenso wenig für beweisbar wie die Existenz eines Gottes – aber in Verbindung mit den Geschichten von Aussteigern oder Undercover-Berichten wie dem meines Kollegen Philipp Mattheis sorgen sie vor allem in Deutschland dafür, dass viele Menschen Scientology für Humbug halten und Angst vor einer Mitgliedschaft haben.

Während in den Vereinigten Staaten viele Prominente wie etwa die Schauspieler Leah Remini, Tom Cruise oder Kirstie Alley ihre Mitgliedschaft zu Scientology bekunden und auch als Repräsentanten auftreten, hat sich hierzulande nur der Schauspieler Franz Rampelmann zu Scientology bekannt. »Er hat seitdem mit zahlreichen Problemen zu kämpfen«, sagt Stettler. Er bekam weniger Angebote für Rollen, auch die Grünen – die er als Nichtmitglied bei mehreren Wahlkämpfen unterstützt hatte – distanzierten sich nach Bekanntwerden seiner Scientology-Mitgliedschaft von ihm.

»Auch ich habe ab und zu mit Diskriminierung zu kämpfen, genauso wie andere Mitglieder, wenn sie öffentlich machen, dass sie Scientologen sind«, räumt Stettler ein. Ich muss an die Zugfahrt denken und den Moment, als sich die Frau umgesetzt hat, nur weil ich in einem Buch von Hubbard geblättert habe. »Aber ich habe für mich herausgefunden, dass ein fruchtbares Gespräch dann entsteht, wenn ich offen auf die Menschen zugehe«, sagt Stettler und lacht. »Wenn mich jemand im Zug fragt, was ich so mache, dann sage ich auch schon mal: Ich bin Sektenboss! Und schon beginnt eine lebhafte Diskussion, weil es die Menschen interessiert.«

Da es mir bei meiner Suche auch darum geht, wie Glaube verbreitet wird, spreche ich mit ihm darüber, wie Scientology missioniert und versucht, neue Mitglieder zu gewinnen. »Es ist ein Aufruf an alle Scientologen«, sagt Stettler und fügt ein wenig sarkastisch hinzu: »Wenn sie es denn nur alle täten.« Es sei jedem Scientologen überlassen, wie aktiv er sein möchte, es gebe keine Strafen bei Inaktivität, bei der Situation in Deutschland würden sich eben viele Menschen lieber zurückhalten.

Die bekannteste und beinahe täglich zu erlebende Form der Missionierung findet meiner Erfahrung nach an öffentlichen Plätzen statt, an kleinen Ständen wie dem, den ich einmal in Bonn gesehen habe. Zwei Frauen mittleren Alters standen an einem Klapptischchen, davor war eine Liege aufgebaut, die man eher in der Praxis eines Masseurs vermuten würde. Vom Tisch hing ein Zettel herunter, auf dem mit der Hand geschrieben »STRESS-TEST« stand. Auf dem Tisch lagen ein E-Meter und zahlreiche Werke von L. Ron Hubbard. Schon damals dachte ich mir, wie nervig es für Scientology-Mitarbeiter sein muss, den ganzen Tag da herumzustehen, zu versuchen, Menschen zu einem Stresstest zu überreden und ihnen dann Bücher oder gar einen Kurs aufzuschwatzen. Schon ein Versicherungsvertreter, der von Haustür zu Haustür zieht, muss ein dickes Fell haben. Aber aktiv für eine Organisation zu werben, der in Deutschland die meisten Menschen negativ gegenüberstehen – dazu gehört schon eine Portion Mut. Sie werden schief angesehen und nicht selten beschimpft, und ich habe den Eindruck, dass die Erfolgsquote doch arg gering sein muss.

Das Beispiel der Frauen macht mir indes Mut. Ich will doch noch einmal versuchen, Ludwig zu missionieren. Bei unserer letzten Begegnung habe ich quasi einen Stresstest mit ihm durchgeführt und einen fruchtbaren Dialog begonnen, anschließend habe ich ihn mit Textnachrichten bezirzt. Nun, im Bierzelt auf dem Teichfest, will ich zum entscheidenden Schlag ausholen, um ihn für mein Projekt zu begeistern.

Vor allem aber erhoffe ich mir, meinen Inspirit-Index deutlich zu steigern, wenn ich bei Ludwig tatsächlich Erfolg haben sollte. Denn das haben mir die Gespräche mit missionarisch tätigen Menschen gezeigt, ob es nun der Christ Brian Barrons in China war, die beiden Scientologenfrauen in Bonn oder mein taoistischer Lehrmeister Wang. Sie alle berichten von einer schier unermesslichen Freude, wenn sie bemerken, dass da jemand offen ist für ihren Glauben und am Ende gar konvertiert. Diese Freude würde ich gerne erleben.

Kurz zuvor habe ich noch das Buch *The Secret – Das Geheimnis* von Rhonda Byrne gelesen. Darin steht, dass man Dinge schon im Voraus als gelungen betrachten und sich so verhalten soll, als wären sie bereits geschehen. Wer also hunderttausend Euro haben möchte, der soll daran glauben, dass er sie bereits auf dem Konto hat, und so leben, als wären sie bereits verbucht. Das Buch steht seit Jahren auf den Bestsellerlisten, weshalb ich mich wundere, dass nicht unglaublich viele Menschen plötzlich unglaublich reich sind – oder unglaublich verschuldet, weil sie so leben, als hätten sie viel Geld. Irgendetwas scheint da nicht zu funktionieren. Aber ich rede mir ein, dass es heute Abend auf jeden Fall klappen wird, Ludwig zu missionieren – und tatsächlich fühle ich mich schon vor dem Gespräch beschwingt.

Ludwig sieht ein wenig aus wie Atze Schröder und verhält sich in vielen Momenten auch so. Die ersten vierzehn

Jahre seines Lebens war er Protestant, den Bruch mit der Kirche beschreibt er so: »Ich hatte mir den Arm gebrochen und war gerade im Krankenhaus, um den Gips abgeschnitten zu bekommen. Deshalb kam ich fünf Minuten zu spät zum Konfirmandenunterricht. Der Pastor schnauzte mich an und sagte, dass er mich nicht konfirmieren werde, falls ich noch einmal zu spät käme. Da habe ich gesagt: ›Wissen Sie was? Dann lassen Sie es eben!‹ Ich bin zur Behörde geradelt und ausgetreten.«

Manche Menschen ringen monatelang mit sich selbst, ehe sie aus der Kirche austreten – bei anderen geht es eben schneller.

Ludwig ist ein herzensguter Mensch, dem ich nicht nur mein Auto und meine PlayStation anvertrauen würde, sondern auch meine Frau und meinen Sohn. In den vergangenen Monaten musste Ludwig, wie schon gesagt, berufliche und private Stresssituationen verarbeiten, weshalb ich glaube, dass er meinem missionarischen Eifer durchaus positiv gegenübersteht, wenn ich ihm nicht nur Erlösung nach dem Tod, sondern vor allem ein wenig Lebenshilfe anbiete. Außerdem habe ich heute Abend ein wahrlich olympisches Gefühl, dass es klappen könnte.

»Wie geht es dir?«

»Passt schon!«

Für Menschen, die mit der nordbajuwarischen Gesprächskultur nicht vertraut sind: Das Eis ist gebrochen.

Wir sprechen ein wenig über die vergangenen Wochen, er berichtet mir von einer besonders stressigen Zeit, zu der Trennung und Wiedervereinigung ihm nahestehender Personen, das Zusammenziehen mit seiner aktuellen Freundin und Ärger in der Arbeit gehören. »Ich bin nur noch früh aufgestanden und in die Arbeit gegangen. Danach irgendjemandem helfen oder Dinge für mich erledigen, und dann bin ich einfach ins Bett gefallen.«

Nicht wenige Missionare würden Ludwig wohl als idealen Kandidaten beschreiben. Ich erkenne meine Chance und führe erneut einen kleinen Stresstest mit ihm durch, den er nicht besteht. Um ehrlich zu sein, bestand der Test nur aus der Frage »Bist du gestresst oder was?« und der gegrunzten Antwort: »Ich arbeite mir seit einem halben Jahr den Arsch ab, natürlich bin ich voll gestresst!«

»Du bräuchtest mehr Ruhe!«

»Ich bin ruhig!«

Er sagt diesen Satz genau so, wie ihn auch der Präsident der Rockervereinigung in den Werner-Comics von Brösel sagt.

»Ich meine, innere Ruhe.«

Ich finde diesen Ansatz ziemlich gelungen, während meine Frau die Augen derart verdreht, dass sie als Chamäleon durchgehen könnte.

Ludwig verdreht die Augen, dass er als schielendes Chamäleon durchgehen könnte.

»Was willst du denn jetzt schon wieder?«

Ich bleibe vollkommen ruhig.

»Du brauchst etwas, das deinem Leben Sinn und Spaß gibt.«

»Das habe ich schon: meine Arbeit, meine Freundin, mein Motorrad. Nächstes Jahr kaufe ich mir eine Harley!«

Ich erkenne: Mit weltlichen Argumenten komme ich hier nicht weiter.

»Ich will ja nicht, dass du mit mir einen Gottesdienst besuchst...«

»Da würdest du mich auch nicht reinbekommen!«

»Aber wir könnten doch meditieren oder nachdenken!«

»Hör mir bloß auf mit dem Scheiß, das sind alles Verbrecher!«

Es folgt ein fünfzehnminütiger Monolog von Ludwig darüber, welche Gauner die Vertreter der Religionen doch seien, dass es sich bei Würdenträgern allesamt um Halunken handeln würde, die nur auf eigenen Profit aus seien und sich lieber den Allerwertesten mit Seidenpapier säubern würden, anstatt den Menschen wirklich zu helfen.

Ich möchte zu bedenken geben, dass es sich hierbei um eine jugendfreie Zusammenfassung handelt von dem, was Ludwig so sagt.

Ich versuche, ein wenig abzulenken.

»Aber du brauchst einen Sinn im Leben. Was glaubst du denn, wie es nach deinem Tod weitergeht?«

»Ist mir egal!«

»Wie meinst du das?«

»Von mir aus kann ich wiedergeboren werden, das würde mir passen! Sie können mich aber auch in einem dunklen Loch verscharren, in dem ich meine Ruhe habe.«

Ich merke, dass ich sauer werde. Mein beschwingtes Gefühl ist verflogen, ich fühle mich wie ein Boxer, der einen Kampf dominiert hat und von den Punktrichtern dennoch zum Verlierer erklärt wird. Ich kann sehr gut akzeptieren, dass sich jemand als Atheist bezeichnet, wenn er seine Entscheidung begründet und konsequent danach lebt, so wie ich akzeptiere, dass jemand Christ ist oder Buddhist oder Scientologe. Ich muss aber zugeben, dass ich mit Gleichgültigkeit nur schwer umgehen kann. Es ist wie mit den Menschen, die sich als »Agnostiker« bezeichnen – und dann bei einer Nachfrage nur lapidar erklären: »Ich weiß gar nicht, was das Wort wirklich bedeutet. Sagen wir einfach, dass es mir total egal ist.«

Das E-Meter würde jetzt wahrscheinlich bis zum äußersten Wert ausschlagen.

»Es kann einem doch nicht egal sein, was nach dem Tod mit einem passiert!«

»Doch, mir schon!«

Es folgt ein fünfminütiger Monolog von Ludwig, von dem mir keine jugendfreie Zusammenfassung gelingen will. Er beschimpft noch einmal alle Religionen und bezeichnet die Mitglieder quasi als Idioten.

Ich bin derart sauer, dass ich meinen ruhigen Ansatz vergesse und die Höllenkarte ausspiele.

»Du wirst in der Hölle schmoren!«

Er sieht mich nur mitleidig an.

»Dann sehen wir uns vielleicht da!«

Die Diskussion ist beendet, weil sich Ludwig wieder den Menschen zuwendet, die mit ihm über Bier, Motorräder und Musik sprechen wollen – und ich fühle mich schrecklich. Ich kenne jetzt zwar nicht das Gefühl, das einen durchströmen muss, wenn man einen Andersgläubigen von seinen Ansichten überzeugen konnte, aber ich weiß nun sehr genau, wie es sich anfühlt, wenn man es wirklich und aufrichtig versucht und am Ende grandios scheitert. Ich komme mir vor wie ein Boxer, der einen Kampf dominiert und nicht nach Punkten verliert, sondern in der zwölften Runde mit einer krachenden Rechten ausgeknockt wird.

Ob das den Mitgliedern von Scientology, die da jeden Tag an der Straßenecke stehen, auch so geht, wenn sie wieder einmal beschimpft werden? Oder Brian Barrons, wenn er einsehen muss, dass seine hervorragende Predigt auf Chinesisch auf keinen fruchtbaren Boden gefallen ist?

Um ehrlich zu sein: Dieses Versagen ist eines der schlimmsten Gefühle, die ich in meinem Leben bisher hatte, und es wird dadurch verstärkt, dass ich am Ende nicht mehr in der Lage war, mit Argumenten zu überzeugen, sondern doch tatsächlich versucht habe, den anderen durch eine schlimme Drohung auf meine Seite zu ziehen.

Bis zum Ende des Abends kann ich mich nicht mehr beruhigen und absolviere völlig aufgelöst zu Hause den Inspirit-Test. Ich brauche nur ein paar Minuten, um die Antworten einzugeben, weil ich mich noch derart schäme, dass ich Zwang ausüben wollte und dabei gescheitert bin. Ich versuche, mich in die Rolle eines Missionars einzufühlen, der den ganzen Tag herumstand und keinen Erfolg hatte, neue Mitglieder zu werben.

Mein Inspirit-Wert an diesem Abend ist zehn – auf einer Skala von sieben bis achtundzwanzig. Ich bin also am absolut unteren Ende. Beim Wohlbefinden ist mein Ergebnis 2,41 auf einer Skala von eins bis sieben, also ebenfalls am unteren Ende. Mein Stresslevel liegt bei siebzehn von dreiunddreißig Punkten, was noch als normal zu werten ist.

Ich lege mich ins Bett und bin den Tränen nahe. Ich schwöre mir, niemals mehr Zwang auszuüben auf jemanden, der eine andere Ansicht vertritt als ich selbst – oder ihm gar zu drohen. Ich will lieber versuchen, beim nächsten Mal wieder einen fruchtbaren Dialog mit Ludwig zu führen. Ob ich ihn überzeugen kann, werden wir sehen. Denn schließlich will ich ja nicht, dass er nach seinem Tod in einem Loch liegt und seine Ruhe hat, sondern dass er im Himmel oder im nächsten Leben Harley fahren darf.

Kapitel 15

Mit Ruhe und Gemütlichkeit

Plötzlich bin ich ruhig. Es ist, als hätte jemand dem Hamster, der auf einem Laufrand in meinem Kopf herumwuselt, um mein Gehirn mit Strom zu versorgen, ein Beruhigungsmittel verabreicht und an meinem Herz eine Maximalfrequenz von achtzig Schlägen pro Minute eingestellt. Ich bin so was von Zen, mein buddhistischer Mentor wäre stolz auf mich.

Schauplatz dieses für mich denkwürdigen Augenblicks ist der Flughafen London-Heathrow, um mich herum ist Chaos ausgebrochen. Meine Frau versucht gerade, einen Lufthansa-Mitarbeiter zu beißen, nachdem sie ihm zwei Stunden lang erklärt hat, dass wir nicht erst am 25. Dezember zurück nach München möchten und dass uns der kleine Umweg über Birmingham sehr wohl etwas ausmachen würde, zumal der Mitarbeiter meiner Frau erläutern wollte, dass wir die dreihundert Euro für die Taxifahrt selbst zu bezahlen hätten. Wir sind nur deshalb in diesem Terminal, weil uns der Mann am Telefon der Airline-Hotline geraten hatte, »doch einfach mal zum Flughafen zu fahren, weil es dort bestimmt mehr Informationen« für uns geben würde. Die wertvollste Information, die wir bisher bekommen haben: »Hauen Sie ab, hier ist die Hölle los!«

Mein Sohn versucht gerade, ein britisches Kind zu schubsen, nachdem er ihm eine halbe Stunde lang klarzumachen versuchte, dass dies sein Beruhigungssauger ist und er ganz wenig von Schnuller-Sharing hält.

Hinter mir diskutieren zwei Russinnen, dass so etwas in Moskau noch nie passiert sei und auch nie passieren würde, weil der Russe Schnee gewöhnt sei und U-Bahnen, Busse und Flugzeuge auch bei vierzig Grad minus starteten.

Neben mir beschweren sich zwei deutsche Urlauber, dass sie nun die zweite Nacht in Folge in diesem Terminal übernachten müssten, und motzen dann, wie deutsche Urlauber eben motzen. Ich bin kurz versucht, zu ihnen zu gehen und einfach mitzumotzen, schließlich bin auch ich ein deutscher Urlauber und finde, dass ich mir ein paar Minuten Motzerei durchaus verdient habe. Ich lasse es dann lieber, weil die beiden offenbar Profimotzer sind und ich ihnen die Stimmung mit meinen amateurhaften Beiträgen nicht vermiesen will.

Auf den Anzeigetafeln sind nur Flüge zu sehen, die abgesagt wurden, und über das Internet habe ich erfahren, dass derzeit etwa sechshunderttausend Menschen ihre Reise nicht antreten können. Mir scheint, dass all diese sechshunderttausend gerade in diesem Terminal stehen. Ich muss übrigens deshalb im Internet nachsehen, weil das Krisenmanagement der Flughafenbetreiber und der Fluglinien – um es höflich auszudrücken – absolut beschissen ist. Die Menschen bekommen keine Informationen, sie bekommen kein Wasser, sie bekommen keine Nahrung. Am Flughafen in New York gibt es in solchen Situationen wenigstens Burger und Chicken Wings von den verschiedenen Schnellrestaurants. Das sagt zumindest einer der deutschen Urlauber, der als Profimotzer über solche Dinge natürlich informiert ist. Hier gibt es nicht einmal fish and chips. Hin und wieder prügeln sich die Gestrandeten um freie Liegen und Decken.

Und ich stehe nur ruhig da. Handgemessener Puls: sechsundsiebzig.

Ich bin grundsätzlich anarchistisch veranlagt. Mir macht es gemeinhin überhaupt nichts aus, wenn ein Plan nicht funktioniert, weshalb ich niemals für die Rolle des Hannibal Smith im neuen *A-Team*-Film infrage käme. Ich bin jedoch ein Mensch, den Kleinigkeiten vollkommen aus der Bahn werfen können – vor allem dann, wenn sie mit Unpünktlichkeit zu tun haben. Wenn mein Zug fünfzehn Minuten zu spät in den Bahnhof einfährt, dann ist das für mich ungefähr so katastrophal, als würde ich mir ein Bein brechen. Wenn meine Frau mit dem Packen ihrer Schminksachen so lange braucht, dass wir nicht rechtzeitig vor dem Feierabendverkehr auf der Autobahn sind, ist das für mich so schlimm, als würde sie fremdgehen, wobei ich bei der Anzahl der Trödeleien meiner Frau mittlerweile an eine handfeste Affäre glaube. Jeder hat eben so seine Neurosen, die ihm wichtig sind.

Die Reise nach London, deren Grund ich bereits vorher beschrieben habe, setzt sich aus einer Anzahl kleinerer Verspätungen zusammen, die normalerweise dafür gesorgt hätten, dass jemand einen Priester rufen muss, um bei mir einen Exorzismus durchzuführen.

Dabei habe ich vor Reiseantritt den Raum im Terminal zwei des Münchner Flughafens besucht, der für Gebet und Meditation reserviert ist. Am Eingang sind die Symbole fünf großer Religionen zu sehen, im Vorraum steht eine kleine hölzerne Bank, auf der jemand schläft. Der Ruheort selbst ist ein Raum gewordenes Apple-Produkt: ein strahlend weißer Würfel, dessen transparente Wände von einem weißen Licht angestrahlt werden. Senkrecht im Raum steht der Stamm eines hundertdreißig Jahre alten Baumriesen als Zeichen der Schöpfung. Er hat einen Durchmesser von mindestens einem Meter und reicht bis zur Decke. Es ist ein wunderschöner Ort, und ich ärgere mich, dass ich diesen Raum nicht schon viel früher besucht, sondern mich lieber im Duty-free-Shop mit Zigaretten und Alkohol eingedeckt habe. Ich beschließe, von nun an vor jeder Reise kurz in diesen »Raum für Stille und Gebet« zu gehen, und dass ich in meiner nächsten Wohnung dringend ein Zimmer brauche, das so eingerichtet ist.

An der einen Seite kniet ein Mann auf einem Gebetsteppich, direkt neben ihm verharrt eine Frau in einer Position, die ich noch vom Yoga kenne, in der Ecke sitzt eine Frau friedlich mit einem Rosenkranz in der Hand. Die Stille hier am Münchner Flughafen, wo es gewöhnlich so zugeht wie in einem Ameisenhaufen, der in Brand gesteckt wurde, ist beeindruckend. Ich hätte zu gerne ein Foto oder ein Video gemacht von dieser Situation und es all jenen geschickt, die der Ansicht sind, dass Religionen nicht friedlich nebeneinander existieren können und dass so etwas wie Interreligiosität oder Alltheismus törichte Ansichten seien.

Auf dem Baumstamm haben die Menschen Botschaften hinterlassen. Es stehen Psalmen darauf, Sprüche des Konfuzius oder einfach nur der Hinweis, dass Allah der Größte sei – wobei ich nicht unerwähnt lassen möchte, dass jemand daruntergeschrieben hat, dass Gott genauso groß sei.

Wohlgemerkt: Nicht größer, sondern genauso groß.

Ich verbringe fünfzehn Minuten damit, auf dem Baum die von Hand geschriebenen Mitteilungen der Menschen zu lesen, die vor mir hier gewesen sind, dann schließe ich kurz die Augen, um meiner Familie und mir eine sichere Reise zu wünschen. Am Ausgang nehme ich noch ein kleines Büchlein mit, in dem verschiedene Reisegebete aufgeschrieben sind, obwohl ich mir zu diesem Zeitpunkt sicher bin, es nicht zu benötigen.

Weil meine Frau vor der Abfahrt gleichzeitig mit ihrem Schminkkoffer und dem Handgepäck meines Sohnes flirtete, kamen wir meiner Meinung nach zu spät zum Check-in. Dann verschob sich unser Flug um 125 Minuten. An der Gepäckausgabe in London mussten wir zuerst exakt 93 Minuten warten, bis sich das Rollband mit den Koffern in

Bewegung setzte. Da Finns Buggy auf dem Flug beschädigt worden war, musste ich an der Reklamation anstehen, was genau 48 Minuten dauerte, weil vor mir ungefähr dreißig Menschen standen und sich darüber beschwerten, dass ihre Koffer verloren gegangen waren.

Normalerweise hätte ich irgendwo zwischen Rollband und Reklamation einen Tobsuchtsanfall Donald Duck'schen Ausmaßes bekommen, meine Frau erwartete ihn schon im Flugzeug, als der Pilot den Passagieren wutentbrannt – und in einer Lautstärke, mit der er keinen Lautsprecher gebraucht hätte – mitteilte, dass der Abflugslot verpasst wurde, weil die Koffer nicht rechtzeitig geliefert wurden. Ich hatte keinen Anfall, sondern applaudierte lieber dem Piloten ob dessen kleinen Wutausbruchs.

Ich war selbst erstaunt, wie ruhig ich blieb. »Das ist mir unheimlich«, sagte meine Frau, als wir endlich durch die Zollabfertigung in London gingen. »So kenne ich dich gar nicht, und irgendwie erwarte ich und wünsche mir, dass du jetzt ausrastest. Dann weiß ich wenigstens, dass du noch lebst.« Ich sah sie nur verwundert an. »Ich habe Angst, dass dann irgendwann der große Ausbruch kommt«, fügte sie zur Erläuterung hinzu.

Aber dieser Ausbruch kommt nicht. Immer, wenn die Versuchung nach einem Anfall stärker wird, schließe ich die Augen und versuche zu meditieren, wobei ich mich nicht nur an die Worte meines Lehrmeisters erinnere, sondern auch an das, was ich in dem lustigen Buch *Meditation für Dummies* gelesen habe. Darin steht, dass Meditation wahrlich keine große Kunst sei: »Sie können die Grundlagen der Meditation in fünf Minuten erlernen. Setzen Sie sich einfach bequem hin, richten Sie Ihren Rücken auf, atmen Sie tief durch und beobachten Sie Ihren Atem. So einfach ist das!«

Genau das tue ich. Ich halte mich an die Grundregeln der Meditation und bin erstaunt, wie sie plötzlich wirken.

Die Übungen in Meditation zeigen mit einem Mal Wirkung. Wang wäre stolz auf mich.

Ich bleibe die gesamte Reise über ruhig, obwohl die Menschen in England das Warten zur Kunst erhoben haben und Geduld, wie schon erwähnt, nicht zu meinen Tugenden gehört. Wenn am Taxistand siebzig Menschen anstehen, dann stellt sich der Brite eben in die Schlange, ohne sich wie ein Durchschnittsdeutscher darüber zu beschweren, warum zur Hölle das so lange dauert. Wenn der Kassierer bei Harrods zehn Minuten braucht, um einen Kunden zu bedienen, dann diskutiert der Brite nicht über dessen Unfähigkeit, sondern über das Wetter, die Fußballergebnisse oder die schöne Weihnachtsdekoration. Ich stelle mich an diesen Tagen ruhig in die Schlange und diskutiere mit den anderen Wartenden über Fußball und den Schnee. Die Debatte über die Weihnachtsdekoration übergehe ich, so weit ist es dann doch noch nicht mit meiner Gelassenheit.

Ein wenig ungehalten werde ich nur, als mir meine Frau irgendwann einen Taschenspiegel vor die Nase hält, um zu testen, ob er sich beschlägt. Das Ergebnis zeigt ihr, dass ich noch lebe.

Selbst die Situation am Flughafen am Tag unseres geplanten Abflugs kann mich nicht aus der Ruhe bringen.

Wir wollten am 20. Dezember zurück nach München fliegen, nun wird uns entweder der 22. Dezember ab Birmingham oder der 25. Dezember ab London angeboten, vorausgesetzt natürlich, dass sich das Wetter bessert und nicht noch weitere Flüge gestrichen werden.

Weihnachten in London zu feiern wäre an sich ja nicht das Schlimmste, nur sind sämtliche Hotels ausgebucht, und schön langsam gehen uns Windeln und Gläschen für unseren Sohn aus. Auch das wäre nicht besonders schlimm, wenn das Krisenmanagement der Fluglinien und des Flughafens zumindest ausreichend wäre. Am Flughafen gibt es nämlich nicht nur keinen Fisch und keine Chips, sondern auch keine Babynahrung mehr und keine Utensilien, in die Finn die Babynahrung nach der Verdauung entsorgen könnte.

Während also meine Frau und mein Sohn mit Airline-Mitarbeiter und britischem Kleinkind beschäftigt sind, schließe ich kurz die Augen und versuche, alle externen Einflüsse an mir abtropfen zu lassen, als wäre ich eine Teflonpfanne. Es gibt auch in Heathrow mehrere Gebetsräume – es gibt sogar ein Totem, wo Technikfreaks des Fortschritts gedenken können –, aber bei dieser Wuselei habe ich keine Chance, einen der Räume zu finden. Also gehe ich kurz vor die Tür und zünde mir eine Zigarette an. Ich gebe einem älteren Herrn Feuer, er sieht mich kurz an, dann sagt er mit einer tiefen und ruhigen Stimme: »Hell of a day, huh?«

Normalerweise würde nun eine Assoziationskette starten, die nach mir benannt sein könnte, die aber wahrscheinlich jeder Mensch schon einmal gebraucht hat. Zuerst einmal wäre ich stinksauer auf das Wetter, das natürlich ausgerechnet dann schlecht ist, wenn ich einen Flug bekommen möchte. Danach wäre ich sauer auf die Airline, die sich weigert, bei diesem nun wahrlich nicht garstigen Wetter Flugzeuge starten zu lassen – und die es dann nicht einmal hinbekommt, nachts zu fliegen, um die ausgefallenen Flüge wieder hereinzufliegen. Dann wäre ich sauer auf meine Frau, die mich dazu überredet hat, kurz vor Weihnachten eine derartige Reise anzutreten, wobei sie eigentlich nur gefragt hat: »Sollen wir nicht mal meine Schwester Kerstin in London besuchen?« Ganz am Ende meiner Assoziationskette wäre ich sogar sauer auf meinen Sohn, der ja nun wirklich gar nichts dafür kann. Im Gegenteil, ich müsste stolz sein, wie vehement und doch gewaltlos er seinen Schnuller gegen den aufdringlichen Briten verteidigt, und wie tapfer er an diesem stressigen Tag ist. Aber egal, er wäre in der Nähe, und damit wäre er wie die ganze Welt überhaupt schuld an dem Dilemma, dass ich nun in London hocke und nicht nach Hause darf.

Diese Assoziationskette würde ich dem Mann normalerweise entgegenschleudern und dann sagen: »Not only one hell of a day, but one shitty world!« Mein Puls wäre dann bei ungefähr hundertsiebzig.

Nun aber nicke ich nur und sage: »Yeah, one hell of a day!« Dann gehe ich wieder hinein. Handgemessener Puls: vierundachtzig.

Als ich meine Frau und meinen Sohn sehe, wie sie ohne Airline-Mitarbeiter und britisches Baby dastehen und miteinander spielen, bin ich wahrscheinlich der bestgelaunte Mensch im gesamten Terminal. Dabei habe ich nur eine Minute lang die Augen geschlossen und dabei tief ein- und ausgeatmet. Das war alles. Ich habe nicht an fröhliche Dinge gedacht, ich habe kein Gebet gesprochen und auch niemanden um Hilfe angefleht, sondern einfach nur ein paar Sekunden Ruhe inmitten dieser Hektik genossen. Es war so einfach, wie es klingt.

In den Monaten zuvor habe ich immer wieder verschiedene Meditationstechniken ausprobiert, nachdem mich Wang in China in die Kunst des Meditierens eingeführt hatte. Es ging mir dabei vor allem um Techniken, die den Geist beruhigen und die mich von Gefühlsausbrüchen, Verwirrungen und Ängsten befreien. Es ging mir weniger um Erleuchtung, Befreiung aus dem Elend meiner Existenz oder das Finden meines innersten Zentrums, sondern eher darum, mich nicht ständig von Emotionen leiten zu lassen und auszurasten. Ich habe mich auf meinen Atem konzentriert, ich habe es mit Meditationsobjekten versucht, ich habe die verschiedensten Stellungen ausprobiert, ohne wirklich Erfolg zu haben. Natürlich habe ich mich entspannt, aber wirklich gelassen war ich dabei nicht – was in mir den Verdacht aufkommen ließ, dass ich einfach nicht geschaffen sei für Meditation.

Und nun, inmitten dieser Hektik am Londoner Flughafen, inmitten von keifenden und kreischenden Menschen, habe ich diesen Moment, in dem eine kurze Meditation funktioniert.

Was ich besonders beeindruckend an meiner Gelassenheit finde, ist die Tatsache, dass ich mich eben *nicht* fühle, als hätte mir jemand Valium oder Beruhigungspillen verabreicht. Es ist auch kein Fatalismus. Ich denke nicht: »Hach, nun sind wir im Flughafen gefangen und kommen an Weihnachten nicht nach Hause. Das Leben ist schon ein unendlicher Leidensprozess, aber man kann ja ohnehin nichts dagegen machen, also bleibe ich einfach mal ruhig. Irgendjemand wird mich irgendwann schon aus dieser misslichen Lage befreien.«

Ganz im Gegenteil: Ich bin gleichmütig, aber meine Lage ist mir nicht gleichgültig. Es ist nur so, dass die unwichtigen Dinge wie die keifenden Menschen, der Lärm von zusammenkrachenden Liegen und der Streit mit Airline-Mitarbeitern irgendwohin verschwinden, wo sie keine Rolle mehr spielen. Also ungefähr an die Stelle in mein Gehirn, wo gerade der Hamster von seinem Laufrad gefallen ist und friedlich schlummert.

Auf die Frage, wie ich mehr Gelassenheit in mein Leben bringe, liefert die buddhistische Meditation die beste Antwort. Die wichtigen Dinge sehe ich klar vor mir. Was ich nicht ändern kann, belastet mich nicht. Was ich ändern kann, ändere ich.

Mir ist bewusst, dass wir einen Platz zum Schlafen benötigen, dass mein Sohn irgendwann etwas essen muss und dass wir irgendwie nach Birmingham kommen müssen, sollten wir Weihnachten tatsächlich mir unserer Familie in Deutschland feiern wollen. Nur begegne ich diesen Aufgaben nicht wie sonst mit einer Mischung aus Panik und Aggressivität, sondern mit Ruhe und Gemütlichkeit.

Ich rufe meinen ehemaligen Studienkollegen und Fußballkumpel Mike an. Mit ihm und vier weiteren Studenten, die sich die horrende Studiengebühr mit Sport finanzierten, habe ich mir an der Universität von Michigan ein Haus geteilt. Falls Sie nicht wissen, was das bedeutet, werde ich es an dieser Stelle auch nicht verraten. Mike geht ans Telefon, und ich frage ihn: »Könnten wir heute bei dir übernachten?« Seine Antwort: »Klar, ihr könnt auch fünf Nächte bleiben. Soll ich Bier besorgen?« Ich sage: »Unbedingt, und vielleicht noch ein bisschen Babynahrung.«

Ich rufe meine Schwägerin an: »Kerstin, unser Flug wurde gestrichen, könnten wir vielleicht eine Nacht bei dir bleiben? Heute Nacht sind wir bei Mike!« Ihre Antwort: »Kein Problem, ihr könnt auch heute schon kommen, das macht uns gar nichts aus.« Ich sage: »Cool, kannst du schnell die Züge nach Birmingham checken und uns dann sagen, ob wir den Flug am 22. Dezember erreichen können?« Zwei Minuten später meldet sie sich: »Züge fahren jede Stunde, und es dauert ungefähr fünfundsiebzig Minuten. Ich kann euch gleich Sitzplätze reservieren.«

Wenn das Ganze nun ein schöner buddhistischer Traum gewesen wäre, hätte ich in diesem Moment auch noch den Taxifahrer angerufen, der mir vor zwei Tagen seine Karte zugesteckt hat, als ich ihm in einem Anfall von Großzügigkeit zehn Pfund Trinkgeld gegeben habe. Ich hätte gesagt: »Aps, kannst du uns von Heathrow abholen und zu meiner Schwägerin fahren? Ist echt ein Notfall!« Er hätte gesagt: »Du hast Glück! Ich bin ohnehin auf dem Weg dorthin. Ich bin in drei Minuten da!«

Da dies aber kein buddhistischer Traum ist, sondern eine Geschichte aus meinem Leben, sagt Aps: »Bist du verrückt, Mann? Ich komme hier in London keine drei Meter weit, was will ich denn in Heathrow? Willst du mich umbringen? Du willst mich umbringen! Sag mir, dass du mich umbringen willst! Der will mich umbringen!« Ich muss dazu sagen, dass er seine Aussage mit fünf Schimpfwörtern garniert, die ich zwar äußerst kreativ finde, hier aber nicht aufschreiben möchte – zum einen, weil sie unübersetzbar sind, und zum anderen, weil in diesem Buch so wenig Schimpfwörter vorkommen sollen, wie es einem Menschen wie mir möglich ist. Vor allem in einem Kapitel, in dem es um Gelassenheit geht.

Ich gehe zu meiner Frau, nehme sie kurz in den Arm und sage: »Wir haben zwei Plätze zum Schlafen, entweder bei Mike oder bei Kerstin. Beide haben schon Babynahrung besorgt und sich um mögliche Zugverbindungen nach Birmingham gekümmert. Das könnte also funktionieren, also nehmen wir doch den ersten Flug, der uns nach Hause bringt. Wir brauchen nur noch ein Taxi, das uns von hier wegbringt.«

Sie sagt: »Was ist nur los mit dir? So kenne ich dich gar nicht. Normalerweise würdest du jetzt motzend durch den Terminal laufen auf der Suche nach irgendeinem Grund, dich in Selbstmitleid zu suhlen und auf mich und die ganze Welt sauer zu sein. Und nach zwei Stunden würden wir immer noch hier sitzen. Ich wünsche mir schon fast, dass du mich anmotzt.«

Irgendwas muss ich in den einunddreißig Jahren meines Lebens bisher richtig falsch gemacht haben.

Ich antworte: »Ich habe keine Ahnung. Meditation wirkt anscheinend doch bei mir.«

Die Menschenschlange, die vor dem Terminal auf Taxis wartet, entspricht in Metern ungefähr der Anzahl meiner Pulsschläge pro Minute: vierundachtzig. Wir warten anderthalb Stunden, wobei ich meinen Sohn mindestens dreißigmal vom Ende der Schlange zum Anfang jagen muss und so mancher Wartende begeistert johlt und nur deshalb nicht mit seinem Vordermann auf den Sieger wettet, weil ich immer verliere.

Wir bleiben zwei Tage bei meiner Schwägerin, wir essen

fish and chips und allerhand indische Köstlichkeiten. Meine Frau kann der Verzögerung unseres Abflugs weitere positive Seiten abgewinnen, weil ich in einem Anfall von Extremgelassenheit zustimme, dass ich auf Finn aufpasse, während sie einkaufen geht.

Nach diesen beiden entspannten Tagen müssen wir uns an den Bahnhof begeben, von dem aus wir zum Flughafen nach Birmingham fahren sollen.

In der Bahnhofshalle glaube ich zum ersten Mal in meinem Leben, ein Déjà-vu-Erlebnis zu haben, weil es exakt so zugeht wie auf dem Flughafen vor zwei Tagen. Fast alle Züge kommen verspätet an, die meisten Verbindungen werden abgesagt. Die Menschen keifen, sie sprinten durch die Halle, wenn tatsächlich mal ein Zug aufgerufen wird, hin und wieder prügeln sie sich um Sitzplätze auf einer Bank. Und ich glaube tatsächlich, die beiden Russinnen wiederzusehen, wie sie darüber diskutieren, dass so etwas auf dem Moskauer Bahnhof niemals passieren würde. Und deutsche Urlauber sind natürlich auch da. Ich glaube, sie sprechen darüber, dass am Bahnhof in Madrid wenigstens Tapas verteilt würden.

Bei dem Zug, den wir nehmen sollen, steht auf der Anzeigetafel: *Cancelled*.

Ich erkundige mich sogleich bei einem britischen Bahnbeamten nach den nächsten Zügen, doch er grinst mich nur an, als hätte ihm gerade jemand einen köstlichen Witz erzählt. Dann schaut er meine Frau und meinen Sohn an und grinst, als hätte ihm jemand den köstlichsten Witz aller Zeiten erzählt.

»Heute ist gar nichts sicher. Niemand weiß, ob ein Zug einfährt oder abfährt.«

Meine Frau sieht ihn an, als hätte er ihr einen Witz erzählt, in dem er sie beleidigt.

Er grinst weiter und sagt: »Dann erleben Sie wahrscheinlich Weihnachten in London.«

Ich merke, dass meine Frau kurz davor ist, ihn zu beißen.

»Ist der stoned oder was? Findet er das lustig, dass wir hier mit einem Baby am Bahnhof sitzen und nicht weiterwissen? Sag mir, dass er das lustig findet, und ich trete ihn.«

Ich beruhige meine Frau und finde es einen schönen Moment, weil es in neunundneunzig Prozent unserer gemeinsamen Zeit bislang so war, dass sie *mich* beruhigen musste. Dann wende ich mich an den Beamten und sage: »Wissen Sie was? Ich würde lieber durch den Ärmelkanal schwimmen, als Weihnachten in diesem Chaos zu verbringen. Bei allem Respekt: In Ihrem Job sind Sie eine absolute Null!«

Immerhin: Ich habe mich gebessert und ihn im Gegensatz zu meinem Lügenprojekt nicht eine arrogante Schnepfe oder einen unfähigen Vollidioten genannt, sondern eine absolute Null – was angesichts seines Verhaltens wahrlich keine Übertreibung oder Beleidigung ist.

Er grinst nicht mehr. Immerhin.

Auf der Anzeigetafel finde ich einen Zug, der uns ebenfalls nach Birmingham bringen könnte. Ich zeige dem Beamten unsere Tickets.

»Mit diesen Tickets können Sie nicht in diesen Zug steigen, da brauchen Sie neue. Die können Sie da drüben kaufen.«

Er zeigt zu den Fahrkartenschaltern, wo jeweils mindestens dreißig Menschen anstehen.

»Das werden Sie nicht schaffen – aber ich glaube ohnehin, dass auch dieser Zug ausfallen wird.«

Und schon erscheint *cancelled* auf der Anzeigetafel.

Der Beamte grinst wieder.

»Ich habe es doch gesagt.«

Meine Frau vollführt Lufttritte gegen den Beamten, die mein Sohn nachmacht.

Ich sehe einen weiteren Zug, mit dem wir fahren könnten – aber ich sehe auch ein *cancelled* daneben. Und ich sehe noch eine Verbindung – und noch ein *cancelled*.

Meine Frau tippelt von einem Fuß auf den anderen,

während mein Sohn einen unglaublich schlecht gekleideten Weihnachtsmann entdeckt. »Nikolaus«, ruft mein Sohn und drängt darauf, dass wir ein wenig Geld in die Büchse werfen, mit der er für eine wohltätige Organisation sammelt. Ich werfe mein ganzes Kleingeld hinein, dann führe ich meine Familie zu zwei Sitzplätzen.

»Ich kümmere mich darum.«

Ich bin nach neunzig Minuten Wartezeit am Bahnhof immer noch vollkommen gelassen, weil ich alle dreißig Minuten die Augen schließe und meditiere.

In der Warteschlange diskutiere ich nicht mit den anderen Menschen über das Wetter oder die Weihnachtsdekoration des Bahnhofs, sondern schließe wieder die Augen und versuche, alle äußeren Einflüsse von mir abtropfen zu lassen.

»Es gibt etwas, das ich für Sie tun kann«, sagt die Beamtin am Schalter. »Kommen Sie in fünf Minuten wieder.«

Ich bin kurz davor, sie zu umarmen.

Draußen zünde ich mir eine Zigarette an, die ich nach einem Zug einer Bettlerin überlasse. Sie hat mich nach einer Zigarette gefragt – aber weil das meine letzte war, beschloss ich, ihr einfach die zu geben. Dann schließe ich wieder für ein paar Sekunden die Augen und konzentriere mich auf meinen Atem. Anschließend gehe ich zurück zum Schalter.

»In ein paar Minuten fährt ein Zug in den Bahnhof, den wir nach Birmingham weiterschicken. Laut den Informationen, die ich habe, wird dieser Zug mit leichter Verspätung von London aus abfahren. Mit dem können Sie fahren, Ihre Tickets sind weiterhin gültig.«

»Und wie sicher sind Sie, dass er fährt?«

»Sehr sicher. Wenn nicht irgendetwas Unvorhersehbares passiert, fährt dieser Zug in fünfzehn Minuten zum Flughafen Birmingham.«

In den vergangenen Tagen sind einige unvorhersehbare Dinge passiert.

»Geben Sie mir eine Prozentzahl!«

»Fünfundneunzig Prozent. Aber ich habe auch nicht mehr Informationen.«

Nun würde ich die Frau am liebsten abknutschen, aber ich lasse es lieber und wünsche ihr nur ein schönes Fest.

Ich gehe zurück zu meiner Frau, die vollkommen hibbelig unter der Anzeigetafel sitzt.

»Wir können in fünfzehn Minuten fahren, ich habe das geregelt.«

Sie sieht mich an.

»Geregelt? Du hast was geregelt? Also: DU *hast was geregelt*?«

Nun würde ich sie gerne treten, aber ich erinnere mich daran, dass ich ja vollkommen gelassen bin und deshalb nicht empfänglich für negative Gefühle.

Ich nehme die Koffer und meinen Sohn, dann gehen wir zum Bahnsteig und werden tatsächlich nach Birmingham chauffiert – mit insgesamt zwei Stunden Verspätung, aber wir sind rechtzeitig am Flughafen Birmingham. Dass der Flug nach München noch eine Verspätung von fünfundsiebzig Minuten hatte und unser Parkticket vom Automaten verschmäht wurde, ist dann wirklich ohne jegliche Bedeutung. Wir haben die Reise überstanden – und was noch viel wichtiger ist: Wir haben sie überstanden, ohne dass meine Frau und ich uns gestritten haben. Und mein Sohn ist sowieso immer gut gelaunt.

Während meines Projekts habe ich mich immer wieder mit dem Buddhismus beschäftigt. Ich habe zahlreiche Bücher gelesen und mich mit Gläubigen und Mönchen unterhalten, um anschließend meist festzustellen, dass ich diese Religion keinesfalls in ihrer Gesamtheit verstehen werde und dass ich vor allem niemals die einzelnen Strömungen wirklich werde unterscheiden können, so wie ich auch beim Christentum die einzelnen Konfessionen und Splittergruppen niemals vollkommen werde unterscheiden können.

Ich habe aber auch gelernt, dass der Buddhismus keineswegs die Religion der Gelassenheit und des Friedens ist, als die sie gerne verklärt wird. Im Buch *Buddhist Warfare* von Michael Jerryson und Mark Jürgensmeyer etwa werden auch die dunklen Seiten beleuchtet. Es war beruhigend, diese acht Essays zu lesen, weil sie für mich den Buddhismus menschlicher und greifbarer gemacht haben. Zuvor war der Buddhismus als Religion für mich zu schön, um wahr zu sein. Nun ist er einfach nur schön.

Wie schon gesagt, habe ich zudem verschiedene Formen der Meditation versucht – ohne eine Form der Erleuchtung zu erfahren. Erst habe ich mich gelangweilt, danach habe ich Ruhe gefunden, und nach einiger Zeit ist es mir gelungen, während der Meditation Dinge zu erkennen, die ich zuvor nicht erkannt habe, wobei ich gestehen muss, dass meine Erkenntnisse meist sehr profaner Art waren und keinesfalls von tief greifender Einsicht. Ich habe den Tempel in Kandy auf Sri Lanka besucht, in dem Buddhas linker Eckzahn aufbewahrt wird, ohne dabei eine spirituelle Erfahrung zu machen. Es war für mich ein schöner Ort, wie es auf der Welt viele schöne Orte gibt – und um ehrlich zu sein, war der Besuch des Gebetsraums am Münchner Flughafen eine intensivere Erfahrung als die Reise zum Tempel des heiligen Zahns.

Es brauchte eine Reise nach und von London mit zahlreichen Verspätungen, um wirklich gelassen zu werden und zumindest für einen kurzen Moment die Welt ziemlich klar zu sehen. Ich möchte wirklich nicht behaupten, dass ich in dieser Sekunde am Londoner Flughafen eine Epiphanie hatte, aber es war definitiv ein Moment der Klarheit. Ich habe erkannt, dass Ausraster und Wutanfälle nun wahrlich sinnlos wären – schon allein deshalb, weil etwa dreitausend Menschen um mich herum gerade ebenfalls ausrasten und wütend sind. Klar ist die Erkenntnis, dass Wutanfälle einen Menschen nicht wirklich weiterbringen, kein Durchbruch moderner Philosophie, und sie wird die Welt auch nicht unbedingt verändern – aber es ist ein Fortschritt in meinem Leben.

Natürlich ist mir bewusst, dass mein Problem mit einem verspäteten Flug wahrlich gering ist im Vergleich zu dem, was andere Menschen jeden Tag erdulden müssen. Mein Leben verlief bislang derart positiv, dass so etwas wie der Ausfall eines Fluges und Wartezeit am Gepäckband schon zu den eher schlimmeren Erfahrungen gehört. Aber diese Zeit am Londoner Flughafen hat mich gelehrt, worauf ich meine Energie lenken muss, wenn es denn tatsächlich mal nicht läuft.

Das Beste, so meine Erfahrung aus diesem Erlebnis, war, dass ich meine Energie ganz und gar darauf verwendete, meine Familie ruhig und sicher von diesem chaotischen Ort wegzubringen und dafür zu sorgen, dass wir den Weihnachtstag gemeinsam verbringen konnten. Ob das nun in München war, in meinem Heimatort oder in London, war dabei völlig unerheblich. Und wenn es uns nicht gelungen wäre, wäre es auch nicht besonders schlimm gewesen. So harmonisch wie an diesen Tagen ging es in unserer Familie jedenfalls schon lange nicht mehr zu.

Nichts im Leben ist so schlimm, dass wir uns in meiner Familie darüber streiten oder gar daran verzweifeln müssten. Gar nichts ist wirklich schlimm, nicht einmal die Tatsache, dass das Leben irgendwann einmal vorbei sein wird. Genau das ist es, was mich am Buddhismus fasziniert.

Jeder Mensch braucht gewisse Dinge, um am Leben zu bleiben, doch zum Sterben braucht niemand viel: Man muss nur ausatmen und nicht mehr einatmen. Auf meine Frage, wie ich mit diesem Moment des Todes umgehen könnte, liefert der Buddhismus die meiner Meinung nach schönste Antwort: Dies ist mein Leben, und es endet mit jeder Sekunde, die vergeht. Ist die Zeitkoordinate nur lange genug, dann sinkt die Überlebenschance eines jeden Menschen auf null. Natürlich wissen wir alle, dass wir einmal sterben müssen und dass der Tod unvermeidlich ist – und doch habe ich nicht erst bei der Lektüre von *Fight Club* festgestellt, dass die Menschen zumindest in den ersten beiden Dritteln ihres Lebens sich so verhalten, als wären sie unverwundbar und unsterblich.

Mir ging es vor allem als Teenager so. Natürlich hätte ich auf die Frage, ob ich irgendwann einmal sterben werde, auch damals schon mit »Ja« geantwortet, nur war dieses »irgendwann« für mich unendlich weit weg, und es ist ein Unterschied, ob man rein intellektuell versteht, dass jeder Mensch einmal sterben muss, oder ob man wirklich begreift, dass man früher oder später selbst von dieser unvermeidlichen Tatsache betroffen sein wird. Denn als Teenager verhielt ich mich nicht wirklich so, als könnte mein Leben jederzeit vorbei sein. Ich fuhr betrunken Auto, ich trank, wie ein Student eben trinkt, ich nahm an irrsinnigen Mutproben teil. Dass ich immer noch lebe und von schlimmer Krankheit verschont geblieben bin, kann nur bedeuten, dass ich entweder tatsächlich unsterblich und unverwundbar bin – oder dass ich bisher einfach unglaubliches Glück hatte.

Erst zum Ende hin kommt nach und nach die Einsicht, dass sich dieses Leben doch nicht in die Unendlichkeit verlängern lässt. Und dann setzt bei vielen Menschen das Nachdenken darüber ein, was denn nun nach dem Tod mit einem passieren wird. Nachdem die Religionen bei der wichtigen Frage »Wo kommen wir eigentlich her?« zumindest nach dem gegenwärtigen Stand der Forschung nicht gegen die Naturwissenschaft ankommen, können Glaubensgemeinschaften zumindest bei der ebenfalls sehr wichtigen Frage »Wohin gehen wir einmal?« ihre höchste Trumpfkarte ausspielen.

Es ist eines der wichtigsten und schönsten Elemente von Religion, den Menschen Hoffnung anzubieten, dass der Tod nicht das Ende ist, sondern nur eine Zwischenstation oder bestenfalls gar ein neuer Anfang, in welchem Sinn auch immer. Die einen haben eine relativ klare und bisweilen beängstigende Vorstellung davon, wie es nach dem Tod weitergehen könnte. Andere sind unentschieden oder lassen Raum für Interpretation, jedoch immer mit dem Hinweis, dass die Existenz des Menschen nicht endet, wenn dieses Leben vorbei ist. So wird aus einer an sich katastrophalen Situation ein spannender Moment – weil der Mensch nicht weiß, wie es nun wirklich weitergeht. Diese Hoffnung oder Aussicht ist für mich der schönste Aspekt, den Religion abseits von moralischen Werten zu bieten hat.

Irgendwo habe ich einen ziemlich schönen Satz gelesen, wie der Buddhismus den Tod betrachtet. Freilich gibt es auch im Buddhismus viele verschiedene Einstellungen zum Tod, jede Tradition hat ihre eigenen Vorstellungen über den Prozess des Sterbens entwickelt.

Der Satz, der mir so gut gefiel, lautet: »Man stirbt beim Sterben.«

Das klingt banal, doch steckt genau darin die Tiefe dieses Satzes.

Mit der Einsicht, beim Sterben zunächst einmal einfach nur zu sterben, beginnt man auch, bewusst über das Leben nachzudenken und darüber, was man mit dieser Zeit auf der Welt so alles anfangen könnte. Genau dazu nämlich ermutigt der Buddhismus jeden einzelnen Menschen, und er tut dies mit dem schönen Gleichnis einer blinden Schildkröte in einem riesigen Ozean. An der Wasseroberfläche schwimmt ein goldenes Halsband, das vom Wind und den Strömungen hin und her getrieben wird. Die blinde Schildkröte haust in den Tiefen des Ozeans, einmal alle hundert Jahre schwimmt sie nach oben und streckt ihren Kopf kurz aus dem Wasser. Die Wahrscheinlichkeit, dass sie bei diesem einmaligen Auftauchen tatsächlich ihren Kopf durch die

Öffnung des Halsbands streckt, ist außerordentlich gering. Der Buddhismus gibt nun vor, dass manche Chancen im Leben äußerst selten daherkommen und dass der Mensch die Gelegenheiten, die sich ihm jetzt bieten, nutzen muss. Die Chance, jemals wieder eine optimale Situation vorzufinden, könnte noch geringer sein als die der blinden Schildkröte, zu genau der rechten Zeit am richtigen Ort ihren Kopf aus dem Wasser zu strecken.

Der buddhistische Lehrer Stephen Levine hat ausgiebig mit Sterbenden gearbeitet und eine Möglichkeit der Meditation entwickelt, mit dem Tod umzugehen. Dabei soll man sich ruhig und bequem hinsetzen und seine Aufmerksamkeit auf das Kommen und Gehen des Atems richten. Dann soll man sich vorstellen, vom Arzt einen Anruf zu bekommen, in dem er einem mitteilt, dass Krebs den eigenen Körper heimgesucht habe und dass man schätzungsweise noch ein Jahr zu leben habe. Nun soll man die Gefühle beobachten, die nun in einem hochkommen: Wut, Furcht, Traurigkeit, vielleicht sogar Bedauern.

Dann soll man den Geist zu den vielen Fehlern führen, die man im Laufe seines Lebens gemacht hat und für die man sich am liebsten noch entschuldigen würde. Oder zu den Orten, die man gerne noch sehen würde und den Menschen, die man gerne noch treffen würde. Und vielleicht auch zu den Dingen, die man gerne noch erledigen würde. Oder zu dem erschreckenden Gedanken, dass man vollkommen alleine sterben könnte und dass danach alles vorbei ist.

Danach soll man sich darauf konzentrieren, welche Dinge einem in diesem Moment am wichtigsten erscheinen, um sich komplett zu fühlen. Was muss passieren, damit der Mensch keinesfalls fürchten muss, etwas unerledigt gelassen zu haben? Wenn er wirklich nur noch ein Jahr Zeit hätte – was würde er ändern wollen in seinem Leben, und was wären die Dinge, die unbedingt noch getan werden müssten? Und warum fängt man nicht einfach sofort damit an?

Dann soll man sich selbst zehn Minuten Zeit geben, um die Gedanken festzuhalten und darüber nachzudenken.

Ich habe diese Form der Meditation wiederholt versucht. Und ich muss zugeben, dass mir die ersten Male einen gehörigen Schrecken eingejagt haben, weil sich in meinem Gehirn derart viele Dinge manifestierten, dass ich mindestens zehn Jahre brauchen würde, um sie wirklich auszuführen. Manche wären im kommenden Jahr unmöglich umzusetzen, wie etwa der Wunsch, meinem Sohn dabei zuzusehen, wie er als Teenager sein erstes Date hat, wie er mal von zu Hause auszieht oder wie ich als Rentner mit meiner Frau den Weihnachtsbaum schmücke und darauf warte, dass mein Sohn heimkommt.

Nach einigen Wiederholungen wird mir bewusst, dass es nicht darum geht, unerfüllbaren Wünschen nachzutrauern, sondern vielmehr darum, die erfüllbaren Sehnsüchte umzusetzen und nicht damit zu warten, bis es zu spät ist, weil die Fragilität des Lebens dafür sorgen kann, dass es schon morgen zu spät sein könnte. Es gibt eine schöne asiatische Abschiedsformel: »Bis morgen oder im nächsten Leben – je nachdem, was eher kommt.«

Natürlich werde ich mit dieser Erkenntnis niemals einen Nobelpreis gewinnen, weil sie doch arg banal ist und sie mir auch vorher schon bekannt war. Doch in dieser Klarheit wird mir die Endlichkeit des Lebens erst bewusst, als ich wiederholt meditiere, und vollkommen klar wird sie mir an diesem Nachmittag am Londoner Flughafen.

Es gibt Dinge, die ich erledigen kann – und die sollte ich auch erledigen.

Ich weiß, dass ich irgendwann einmal sterben muss. Den Zeitpunkt kenne ich nicht, weshalb ich mir auch bewusst bin, dass manche Dinge unmöglich zu erreichen sind. Sollte ich mit fünfunddreißig Jahren sterben, dann möchte ich all das getan haben, was einem Fünfunddreißigjährigen mit meinen Voraussetzungen möglich war. Sollte ich mit fünfzig

Jahren sterben, dann möchte ich all das getan haben, was einem Fünfzigjährigen mit meinen Voraussetzungen möglich war. Und sollte mein Leben trotz meines ungesunden Lebenswandels im Teenageralter hundertzehn Jahre dauern, dann will ich eben alles gemacht haben, was mir in einem hundertzehn Jahre dauernden Leben möglich war.

Und dann hoffe ich, dass ich in dem Moment, in dem ich sterbe, nicht bereuen muss, etwas nicht getan zu haben – sondern voller Spannung darauf warten kann, was danach passiert.

Kapitel 16

Erleuchtete Kühe im Himmel

Es gibt einen wunderbaren Sketch des amerikanischen Bauchredners Jeff Dunham, bei dem er sich mit einem Skelett mit Turban unterhält, das auf seinem Schoß sitzt. Das Skelett ist Ahmed, der tote Terrorist. Dunham spricht mit Ahmed über Rekrutierung, Ausbildung und Alltag eines Suizidbombers. Irgendwann wird Ahmed klar, dass er tot ist und er nun im Himmel sein muss. »Nun bekomme ich endlich meine zweiundsiebzig Jungfrauen!« Er zeigt auf das Publikum: »Seid ihr meine Jungfrauen? Ich hoffe nicht!«

Als Dunham wissen möchte, warum er mit dieser Auswahl nicht einverstanden ist, sagt Ahmed: »Weil da ein Haufen grottenhässlicher Menschen dabei ist!«

Dunhams Antwort: »Wer sagt eigentlich, dass die versprochenen Jungfrauen allesamt weibliche Jungfrauen sein müssen?«

Ahmed erschrickt und stellt fest: »Wenn das hier das Paradies ist, dann wurde ich richtig verarscht!«

Zur Beliebtheit der Pascal'schen Wette über die Jahrhunderte gehört der Erwartungswert des Gewinns für den Fall, dass der Mensch sich entschließt, an Gott zu glauben. Blaise Pascal formulierte es so: »Wägen wir den Verlust dafür ab, dass Sie sich dafür entschieden haben, dass es Gott gibt: Wenn Sie gewinnen, gewinnen Sie alles, wenn Sie verlieren,

verlieren Sie nichts. Setzen Sie also ohne zu zögern darauf, dass es ihn gibt.«

Jemand, der sich mit Religion beschäftigt, wird irgendwann einmal feststellen, dass es in den unterschiedlichen Religionen vollkommen unterschiedliche Vorstellungen davon gibt, was den Menschen nach dem Tod erwarten könnte. Nicht nur die Wege sind unterschiedlich, sondern auch die jeweiligen Ziele. Und wer wie ich vorhat, seine Chips so verantwortungsvoll wie möglich zu setzen, der wird sich sicherlich fragen: »Was gewinne ich eigentlich, wenn ich mich für den Glauben an Gott entscheide? Was muss ich dafür einsetzen?« Und die wirklich entscheidenden Fragen für einen Suchenden lauten: »Was gewinne ich, wenn ich mich für die eine und gegen die andere Religion entscheide? Und was habe ich zu verlieren – sowohl im Diesseits als auch im Jenseits?«

Wir befinden uns auf einem spirituellen Marktplatz, wo die verschiedenen Religionen und Glaubensgemeinschaften ihre Antworten auf diese Fragen feilbieten und versuchen, uns damit zu überzeugen. Die einen versprechen ein Leben in ewiger Glückseligkeit, die anderen die Befreiung aus dem Zyklus der Wiedergeburt, die dritten die Vermischung mit der Ordnung des Universums. Es gibt Bilder und Metaphern davon, wie das Leben nach dem Tod aussehen könnte, und die verschiedensten Künstler haben durch die Jahrhunderte hindurch versucht, uns einen bildlichen Eindruck davon zu vermitteln, wie sie denn sein könnte, diese Ewigkeit.

Wobei ich sagen muss, dass ich bei manchen Bildern durchaus verstehen könnte, wenn es einer mit der Angst zu tun bekäme oder Albträume hätte. Denn anders als auf einem Jahrmarkt preist so manche Religion sich selbst nicht nur mit dem Versprechen einer ewigen Glückseligkeit an, sondern verweist gerne darauf, wie schlimm es kommen könnte, wenn man sich ihr nicht anschließt und nach ihren Regeln lebt. Es ist ein wenig so, als würde der legendäre Aale-Dieter auf dem Hamburger Fischmarkt bei seiner Show irgendwann einmal sagen: »Wenn Sie meine Fische nicht kaufen, bekommen Sie morgen eine Fischvergiftung!«

Ich habe mich nun ein paar Jahre lang mit Religionen beschäftigt und versucht, mein Leben zu ordnen. Es hat sich gelohnt, finde ich. Ich habe Dinge gelernt, von denen ich nicht einmal wusste, dass es sie gibt. Deshalb bin ich jetzt bereit, ein Alltheist zu werden, nicht mehr aus Berechnung, sondern aus Überzeugung. Dennoch würde ich gerne wissen, welche Belohnung dafür auf mich warten könnte.

Wie ich bereits dargelegt habe, kämpfen einige Religionen mit einem gewaltigen Imageproblem auf diesem spirituellen Marktplatz, während es sich andere gemütlich machen können und gelassen darauf warten dürfen, dass die Menschen zu ihnen kommen. Genauso wie es coole und uncoole Firmen gibt, so gibt es in der westlichen Welt derzeit coole und uncoole Religionen. Eine Zigarettenfirma wie Lucky Strike beispielsweise muss kreative Werbeplakate mit verschieden gestalteten Packungen und lustigen Sprüchen aufhängen, während bei Apple ein kurzes Erscheinen von Steve Jobs auf einem Podium reicht, um einen Hype auszulösen. Die Mitglieder von Scientology und den Zeugen Jehovas stehen einsam an Straßenecken und veranstalten unangemeldete Hausbesuche, während beim Buddhismus meist ein Auftritt des charismatischen Dalai-Lama genügt, um die Menschen in Scharen zu begeistern.

Manchmal wundere ich mich, warum die verschiedenen Religionen keine PR-Agenturen beschäftigen, warum sie keine Plakate aufhängen oder während des WM-Finales Werbefilme senden. In den Vereinigten Staaten sind derartige Werbespots oder überdimensionale Plakate entlang der Highways mit dem Hinweis, dass Jesus an der nächsten Ausfahrt auf einen warten würde, keine Seltenheit. Aber hierzulande ist kreative Werbung für Religionen nur selten zu sehen. Dabei müssten die Religionen ihre Botschaft vielleicht nur kurz und knackig verpacken, um die Menschen zum Eintritt zu bewegen.

Irgendwann kommt mir die Idee, dass *ich* diese Aufgabe übernehmen könnte.

Zu diesem Zweck treffe mich mit dem Creative Director einer Werbeagentur in New York. Er möchte seinen Namen nicht in einem Buch lesen, das mit Religionen zu tun hat, was weniger mit dem Buch und den Religionen zu tun hat als vielmehr mit der Tatsache, dass er in seiner Agentur Kunden der verschiedensten Religionen und Konfessionen betreut und nicht möchte, dass jemand aufgrund einer eigentlich lustigen, aber vielleicht missverständlichen Bemerkung abspringt. Er hat Werbestrategien für Automarken entworfen, für Sportartikelhersteller und Tabakkonzerne. Von Religionen hat er sich bisher ferngehalten. Wenn ich mir sein Büro betrachte, das größer ist als die Wohnung meiner Familie in München, dann muss ich zugeben, dass es sich für ihn bislang gelohnt hat.

Ich will ihn, weil er seinen Namen hier nicht lesen möchte, einfach Greg nennen. Diesen Namen habe ich im Lauf der Zeit oft geändert, und weil mir keiner gefallen wollte, könnte es auch sein, dass Greg sogar sein wirklicher Name ist.

Greg kenne ich über den Freund eines Studienkollegen, er hat von meiner Buchidee gehört und war davon angetan. Als ich ihn frage, ob er mir helfen könnte, so etwas wie einen Slogan oder ein Plakat für die verschiedenen Religionen zu entwerfen, ist er sofort interessiert. »Ich weiß aber nicht, ob ich wirklich helfen kann«, sagt er bescheiden. Er kann sich diese Koketterie leisten, schließlich laufen die Werbespots seiner Agentur zu den besten Sendezeiten.

Greg sieht für die Position, die er bekleidet, erstaunlich

jung aus. Er scheint aus unerfindlichem Grund im falschen Jahrzehnt geboren zu sein, weil seine Frisur, seine Art sich zu kleiden und sein Verhalten eher auf einen Mann aus den fünfziger Jahren schließen lassen denn auf einen kreativen Kopf aus dem neuen Jahrtausend.

Gemeinsam mit Greg möchte ich einen Slogan finden, mit dem eine bestimmte Religion auf Gläubigenfang gehen könnte. Einen prägenden Satz, einen Claim, wie ihn viele Firmen haben. »Nichts ist unmöglich« etwa, »Auf diese Steine können Sie bauen« oder »Vertrauen ist der Anfang von allem« – wobei mir bei der Recherche aufgefallen ist, wie viele Firmen mit religiösen Elementen werben, um ihre Kunden für sich zu begeistern. Natürlich denken viele Menschen bei den drei genannten Slogans an eine Autofirma, an ein Bausparunternehmen und an eine Bank, doch kommt der erste Satz im Lukasevangelium vor, der zweite in dem nach Matthäus, und der dritte wurde vom Evangelisten Johannes niedergeschrieben. Warum also nicht Sätze finden, um damit für die eigene Religion zu werben?

Danach möchte ich meine Frau, die Grafikerin und Mediengestalterin ist, bitten, mir zu diesem Slogan ein Plakat zu entwerfen, das ich am Ende dieses Kapitels präsentieren kann. Ja, ich möchte gerne Werbeplakate für die verschiedenen Religionen machen – nicht für alle, aber zumindest für jene, mit denen ich mich am intensivsten beschäftige und zu denen mir wirklich ein Spruch einfällt.

»Es gibt in der Werbung ein paar Grundregeln: Ein guter Slogan muss in aller Kürze die wichtigste emotionale Botschaft transportieren. Kein Geschwafel und keine Erklärungen, dafür ist kein Platz und keine Zeit«, sagt Greg. »Auch negative Aspekte sollte man möglichst weglassen, außer man möchte darauf aufmerksam machen, was einem entgeht, wenn man sich *nicht* anständig benimmt und deshalb das Produkt *nicht* bekommt«, fährt er fort. »Negative oder selbstironische Werbung kann zwar unglaubliche Effekte erzielen, aber sie birgt immer ein großes Risiko. Ein Risiko, das ich bei Religionen nicht eingehen würde.«

Man solle also bei einer Zigarettenwerbung keinesfalls einen hustenden Menschen zeigen, meint Greg, selbst wenn manche Menschen das vielleicht sympathisch ehrlich finden würden. »Die negative Assoziation wäre zu stark und würde die an sich lustige Werbung kaputt machen.«

Womit also könnten die Religionen und Glaubensgemeinschaften dieser Welt locken?

Das, was man dafür braucht, nennt man in der Verkaufspsychologie *Alleinstellungsmerkmal.* Der englische Begriff »Unique selling proposition« wurde bereits im Jahr 1940 vom amerikanischen Werbepionier Rosser Reeves eingeführt, der zwölf Jahre später Dwight D. Eisenhower zur Präsidentschaft verhalf, weil er ihn wie ein Stück Seife vermarktete. Das Alleinstellungsmerkmal soll dafür sorgen, dass sich der Käufer genau deswegen für das eine Produkt entscheidet und gegen das andere. Im Fall von Religionen soll der Gläubige etwas in der Glaubensgemeinschaft entdecken, das er bei anderen nicht oder zumindest nicht so ausgeprägt findet.

Kurz gesagt: Die zu vermarktende Religion muss sich abheben von anderen Glaubensgemeinschaften, es muss jene Eigenschaft hervorgehoben werden, die andere Anbieter nicht vorweisen können.

»Das ist allerdings nicht so einfach«, meint Greg, nachdem wir uns zwei Stunden lang über Religionen unterhalten haben. »Bei Religionen befinden wir uns nicht mehr in der Einführungs- oder Wachstumsphase des Produktlebenszyklus. Sie sind schon eingeführt – und zumindest die Grundzüge sind den meisten Menschen bekannt.«

Wir stellen außerdem fest, wie schwer es ist, für eine Religion zu werben, wo es doch bei den meisten unzählige Konfessionen und Absplitterungen gibt. Der Satz, das Wort muss also eine Botschaft enthalten, die zumindest den meisten dieser Untergruppierungen gerecht wird.

»Es ist unmöglich«, sagt Greg irgendwann und fügt hinzu: »Unmögliche Dinge dauern eine Stunde länger.«

Außerdem sind Religionen nicht einfach mit Produkten zu vergleichen. Wie gesagt – der Mensch wird von seinen Eltern und Mitmenschen in einem bestimmten Glauben erzogen. Auch bei Atheisten ist das der Fall, weil sie ihre Kinder in dem Glauben erziehen, dass es keinen Gott gibt und dass es sich nicht lohnt, sich einer Religionsgemeinschaft anzuschließen.

»Es ist ein bisschen wie in der amerikanischen Politik«, erklärt mir Greg. »Republikanische Eltern erziehen ihre Kinder zu Republikanern, Demokraten ihre zu Demokraten – und unentschlossene Eltern bringen unentschlossene Kinder hervor.« Beim Rauchen sei es ähnlich: »Wer unbedingt rauchen möchte, der wird das irgendwann einmal tun. Wer wirklich aufhören will, der wird es auch schaffen. Die Kunst liegt darin, einen Marlboro-Raucher zu einem Lucky-Strike-Raucher zu machen.«

Es gebe deshalb drei verschiedene Strategien, erläutert mir Greg: »Man muss die Mitglieder, die man hat, behalten. Man muss die Argumente der feindlichen Partei entkräften und deren wechselunwillige Anhänger begeistern. Und man muss die Unentschlossenen auf die eigene Seite ziehen.«

»Unentschlossene gibt es im Falle der Religionen genug«, werfe ich ein.

»Das sehe ich ähnlich«, meint Greg. »Die müssen wir gewinnen, ohne die vorhandenen Mitglieder zu verärgern. Das wäre nämlich fatal.«

Ich sehe ihn ein wenig verwundert an. »Wie meinst du das?«

»Ein abstraktes Beispiel: Wir werben für die katholische Kirche mit dem Slogan, bald Kondome nach Afrika liefern zu wollen. Das würden viele Unentschlossene mit Sicherheit begrüßen. Aber wie viele Menschen würden sich aufgrund dieser Öffnung tatsächlich der Kirche anschließen? Und wie viele Mitglieder würden im Gegenzug irritiert austreten, weil durch den Kurswandel wichtige Werte ihrer Konfession verletzt würden?«

Mittlerweile ist es zehn Uhr abends. Greg wollte schon vor einer Stunde bei einem Kunden sein, hat den Termin aber abgesagt. Anscheinend spielt er mit dem Gedanken, tatsächlich Slogans für Religionen zu entwerfen – nicht um Geld zu verdienen, sondern weil es ihm Spaß macht. Seinen Namen möchte er aber immer noch nicht in diesem Buch lesen.

»Wenn man Religionen vermarkten möchte, dann muss man sie behandeln wie Produkte, die es schon lange gibt, scheinbar immer. Man braucht den Menschen nicht mit neuartigen Begriffen zu kommen, sondern muss ihre Aufmerksamkeit mit Wörtern wecken, die sie kennen. Das mag zwar im ersten Moment plump und einfach erscheinen, doch genau darin liegt der Wiedererkennungswert. Der Mensch muss sagen: ›Klar, das kenne ich doch schon, das habe ich immer gewusst!‹ Aber er muss das, was er schon immer gewusst hat, als positiv erachten und sich stets daran erinnern.«

Auf der Suche nach Alleinstellungsmerkmalen von Religionen schlage ich Greg den Zoroastrismus vor, weil er eine der ersten Religionen war, die sich mit dem Jenseits beschäftigten und auch einen Blick warfen auf das Leben nach dem Tod – also auf ein Thema, das die Menschen seitdem ständig beschäftigt. Im Zoroastrismus gibt es das Paradies, in dem all jene prachtvoll leben, die mustergültig gelebt haben. Es gibt eine Art Fegefluss, in dem all jene Seelen stecken bleiben, deren Tod auf Erden beweint wurde. Und es gibt eine Hölle, in die all jene müssen, die ein zu langes Sündenregister haben – wobei als Sünde im Zoroastrismus nicht nur Mord, Lüge und Diebstahl gelten, sondern auch das Urinieren im Stehen und das Gehen mit nur einem Schuh.

»Das ist zwar kein richtiges Alleinstellungsmerkmal, aber der Zorastrismus könnte zumindest so etwas wie ein fiktives Copyright auf Himmel, Hölle und Fegefeuer anmelden«, sagt Greg. »Nur so ein Gedanke!«

Wir diskutieren die anderen Glaubensgemeinschaften und erkennen, dass der Mensch doch eine ziemlich große Auswahl hat, wie er die Ewigkeit gerne verbringen möchte. »Da geht es ja tatsächlich zu wie auf einem Jahrmarkt«, meint Greg. »Jeder darf sich aussuchen, was er am liebsten hätte.«

Als wir beim Konfuzianismus anlangen, stellen wir fest, dass sich der Religionsstifter Konfuzius relativ wenig um das Jenseits scherte. Diese Form der Gleichgültigkeit findet Greg faszinierend, weil sie den Menschen auf der einen Seite beruhigt, dass es schon irgendwie weitergehen könnte, ihm andererseits aber auch nicht mit schlimmen Dingen droht, falls er sich zeit seines Lebens nicht an die vorgegebenen Regeln gehalten hat.

»Ein Spruch wäre: ›Take it easy!‹«

Ich entgegne: »Das finde ich zu einfach!«

»Und warum nicht nur ein Wort? Das fände ich ohnehin die elegantere Lösung!«

»Ein Wort für die Jenseitsvorstellung einer Religion und den Weg dorthin? Das ist absolut unmöglich und verrückt!«

Er lacht. »Absolut unmögliche und verrückte Dinge dauern zwei Stunden länger!«

Von diesem Moment an sind wir uns einig, nach nur einem Wort pro Religion zu fahnden und das Plakat so einfach wie möglich zu halten.

Ich stelle begeistert fest, dass Greg plötzlich beginnt, einen Ehrgeiz an den Tag zu legen, als ginge es um den Werbeetat eines Großkonzerns.

»Das Plakat darf nicht opulent sein, keine unnötigen Informationen! Es darf nur das Nötigste zu sehen sein! Der Mensch soll sich an dieses eine Wort erinnern und eine kleine Zeichnung. Und vielleicht das Logo der Religion. Das war es schon! Das musst du deiner Frau sagen, wenn sie die Plakate entwirft.«

»Und welches Wort würdest du für den Konfuzianismus wählen?«

»Das überlegen wir später. Wir schreiben alle Begriffe auf, die uns einfallen – und später wählen wir dann.«

Wir machen also den Drei-Sekunden-Test, nur dass Greg die drei Sekunden auf jeweils fünf Minuten ausweitet. Er verbietet zusätzlich alle negativen Begriffe und alle Wörter, die keine Emotionen in sich tragen.

Nach einer Stunde haben wir vierhundert Wörter aufgeschrieben.

Greg wandert durch das Zimmer, er schaut aus dem Fenster, manchmal klatscht er in die Hände oder lässt sich auf seine Couch fallen, um gleich danach wieder aufzuspringen.

»Wir sind so blöd!«, ruft er nach einiger Zeit und schlägt sich mit der flachen Hand vor die Stirn.

Ich schaue ihn verwundert an, weil zumindest ich in den vergangenen Stunden den Eindruck gewonnen habe, dass in mir doch ein kreativer Kopf steckt und dass ich vielleicht tatsächlich eine Chance gehabt hätte, wenn ich mich nach dem Studium bei einer der großen Werbeagenturen beworben hätte, wie ich es eigentlich mal vorhatte. Greg ist offensichtlich anderer Ansicht.

»Wir haben uns die ganze Zeit auf *eine* Religion konzentriert, anstatt das große Ganze im Auge zu behalten.«

Plötzlich halte ich es für eine grandiose Idee, dass ich mich damals nicht bei einer der großen Werbeagenturen beworben habe und doch lieber Journalist geworden bin.

»Warum? Was haben wir denn falsch gemacht?«

Greg deutet wie wild auf unsere Zettel mit den Begriffen, die wir an die Pinnwände geheftet haben.

»Die Begriffe haben allesamt miteinander zu tun!«

Ich strenge mich wirklich an, kann aber beim besten Willen keinen Zusammenhang erkennen.

»Meinst du damit, sie wären austauschbar? Also, dass jeder der Begriffe auf jede Religion passen würde?«

Greg schlägt die Hände über dem Kopf zusammen.

»Nein! Überhaupt nicht! Jede Religion ist für sich einzigartig, und auf einigen Zetteln stehen Begriffe, die auf einem anderen Zettel auf gar keinen Fall stehen dürften. Aber ich erkenne ein Muster!«

Ich erkenne kein Muster.

»Wir müssen die Begriffe so wählen, dass sie einerseits zu dieser Religion passen, andererseits aber auch ein großartiges Gesamtbild ergeben, wenn man alle Plakate nebeneinander aufhängen würde.«

Plötzlich sehe ich es auch.

»Du hast recht! Es gibt ein schönes Muster.«

Greg strahlt, als hätte er gerade den Werbeetat eines Großkonzerns gewonnen.

»Es ist Werbung für eine einzelne Religion – und zusammen betrachtet ist es Reklame für Religion an sich. Das ist zwar absolut unmöglich und vollkommen verrückt, aber gerade deshalb könnte es funktionieren.«

Jetzt strahle ich, als hätte ich damals eine Bewerbung an eine der großen Werbeagenturen geschickt, und mir wäre eine Stelle als Creative Director angeboten worden.

Ich sage: »Ein einfaches Wort, ein einfaches Zeichen, der Name der Religion. Und wenn man alle Plakate nebeneinander oder untereinander sieht, dann wird eine große Werbung daraus.«

Greg nickt.

Er geht zu seinem Schrank und holt eine Flasche Scotch heraus: »Von dem gibt es nur zu besonderen Anlässen einen Schluck.«

Wir stoßen kurz an, trinken aus und machen uns sogleich an die Auswahl der Begriffe, wobei ich sagen muss, dass nun alles ganz schnell geht. Wir haben beim Judentum beispielsweise dreiundfünfzig Begriffe aufgeschrieben, dazu einige schöne Sätze und mögliche Slogans. Ich fände alle Wörter gelungen, weshalb wir noch einmal recherchieren. Im jüdischen Glauben gibt es keine klaren Jenseitsvorstellungen, aber es gibt verschiedene Interpretationen von Gelehrten, was nach dem Tod mit einem Menschen passieren wird. Zentral im Judentum ist indes die Hoffnung, dass ein Messias kommen wird, um die Menschen zu erlösen und sie von allem Übel und Leiden zu befreien. Es wird Gerechtigkeit geben, sowohl im Diesseits als auch im Jenseits. Das identifizieren Greg und ich nun als Herzstück des jüdischen Glaubens.

Offensichtlich gefällt Greg meine Idee, er streicht sofort alle anderen Begriffe weg, nur »Gerechtigkeit« bleibt stehen.

Wir sehen, dass wir den Begriff auch im Zusammenhang mit anderen Religionen aufgelistet haben, aber wir sind uns einig, dass er zu keiner Religion derart gut passt wie zum Judentum.

Freilich wissen wir, dass dieser eine Begriff einer so komplexen Religion niemals gerecht werden kann, doch darum geht es nicht. Ziel ist es, dass der Mensch beim Blick auf das Plakat die Begriffe »Gerechtigkeit« und »Judentum« im Kopf behält, er kann sich dann in Erinnerung rufen, welche Dinge diese Glaubensgemeinschaft noch ausmachen.

Nachdem der Weg nun klar ist, gehen wir bei den anderen Religionen ähnlich vor. Wir recherchieren, ich krame meine Notizblöcke hervor und spiele die Gespräche mit Gläubigen und Gelehrten noch mal auf meinem Diktiergerät ab. Meistens deutet dann nur einer von uns auf ein Wort, und der andere nickt begeistert. Es dauert keine zwanzig Minuten, dann sind wir fertig.

»Das war großartig«, sagt Greg, als wir das Bürogebäude verlassen. Inzwischen ist es vier Uhr morgens und damit zu spät für einen guten New Yorker Burger und zu früh für

Pancakes. »Ich freue mich schon darauf, die Plakate deiner Frau zu sehen.«

Ich bedanke mich für seine Hilfe und frage noch einmal vorsichtig, ob er nicht doch im Buch auftauchen möchte.

Er schüttelt den Kopf. »Das ist nun wirklich unmöglich!«

Ich sage: »Unmögliche Dinge dauern eine Stunde länger.«

Er lacht und meint: »Bei der tausendsten Auflage deines Buches darfst du meinen Namen nennen.«

Zu Hause in München präsentiere ich das Ergebnis unseres Meetings meiner Frau. Sie guckt zunächst verdutzt auf meine Schmierereien. Ich glaube, sie fragt sich in diesem Moment, ob diese DIN-A4-Seite tatsächlich das Ergebnis einer kompletten Nacht sein könnte. Aber als ich ihr kurz drei Sätze dazu sage, lächelt sie plötzlich und nickt: »Doch, es könnte funktionieren.«

Ich lasse sie in Ruhe ein paar Wochen arbeiten, bis sie mit den fertigen Plakaten im Miniaturformat zu mir kommt.

Jetzt glaube auch ich, dass es funktionieren könnte. Vor allem aber dienen mir die Miniversionen ihrer Entwürfe in den folgenden Monaten als Inspiration und Erinnerung, wenn ich während meines Projekts nicht weiterweiß oder fast an der Vorstellung verzweifle, dass ich scheitern könnte.

In solchen Phasen hole ich die Seite mit den kleinen Plakatentwürfen hervor, und schon weiß ich, dass es sich lohnt, dieses Projekt zu Ende zu führen. Denn wenn ich daran glaube, erlöst zu werden, dann macht mir jeder einzelne dieser Begriffe so viel Mut, dass ich schon fast keine Sorge mehr haben muss, welche Religion die richtige ist. Ich fände jede einzelne Form der Erlösung irgendwie schön.

Ich brauche auch keine zweiundsiebzig Jungfrauen wie Achmed, der Terrorist. Wenn nur einer dieser Begriffe nach meinem Tod eine Bedeutung haben wird, dann reicht mir das vollkommen.

Gerechtigkeit — Das Judentum

Befreiung — Der Buddhismus

Vergebung — Das Christentum

Erneuerung — Bahai

Barmherzigkeit

Der Islam

Herzensgüte

Der Konfuzianismus

Einheit

Der Taoismus

Verbesserung

Der Hinduismus

Kapitel 17

Mein Leben als Alltheist

Es ist so weit. Nach einer Vorbereitungszeit von mittlerweile mehr als vier Jahren glaube ich, dass ich bereit bin. Ich habe viele verschiedene Religionen kennengelernt, habe mein Leben ziemlich auf den Kopf gestellt und nicht selten dramatische Kämpfe mit mir selbst ausgefochten. Ich habe Diskussionen geführt, die mich und meine Gesprächspartner an den Rand der Verzweiflung trieben. Von dem, was meine Frau während dieser Zeit alles erdulden musste – auch wenn es ihr angeblich hin und wieder großen Spaß gemacht hat –, möchte ich gar nicht reden.

Ich habe gelernt, dass es keine Religion gibt, die alle Antworten bereithält auf die Fragen, die ich ans Leben habe. Ich habe aber auch gelernt, dass Religionen kein Selbstbedienungsladen sind oder ein Katalog, aus dem man sich herauspicken kann, was einem so gefällt. Ich betrachte die unterschiedlichen Glaubensgemeinschaften als Teile eines großen Puzzles, das mir insgesamt befriedigende Antworten liefert.

Es ist Neujahr 2011, und ich glaube, dass ich mich nun guten Gewissens als Alltheist bezeichnen darf.

Eigentlich will ich diesen Moment feierlich verkünden, aber meinen Freunden liegt um Mitternacht mehr daran, zuerst auf das neue Jahr anzustoßen, danach ein paar Raketen abzufeuern und schließlich *Dinner for One* zu gucken. Also verzichte ich auf eine Verkündung und auch auf eine pompöse Initiation, und vollziehe stattdessen das Bekenntnis in aller Stille. Meine Frau hält das für eine gute Idee, weil sie der Meinung ist, dass es meine Freunde nun wahrlich nicht interessiert und dass ich, da ich dieses Projekt über die Jahre weitestgehend geheim gehalten habe, auch aus diesem Moment keine große Sache machen müsste.

Also ziehe ich mich nur kurz in das Zimmer zurück, in dem mein Sohn friedlich schlummert, obwohl es draußen blitzt und kracht und donnert. In einer Mischung aus Meditation, Gespräch mit Gott und Nachdenken rekapituliere ich, was mir so passiert ist in den vergangenen Jahren. Ich glaube, dass diese Erlebnisse einen ziemlich lustigen Film ergeben, den ich selbst gerne ansehen würde.

Es gibt nur noch eine Sache, die ich machen möchte: Ich will eine Zeit lang versuchen, nicht nur die ethischen Werte der einzelnen Religionen zu achten, sondern auch die Riten und Gesetze des alltäglichen Lebens zu befolgen. Ich habe bislang, so glaube ich jedenfalls, die Trennung zwischen Religion als Idee und Religion als Institution ganz gut hinbekommen, musste aber auch erkennen, dass so eine Trennung auf Dauer nur schwer möglich ist. Außerdem finde ich das Buch *Die Bibel und ich* von A. J. Jacobs, in dem er beschreibt, wie er ein Jahr lang sämtliche Regeln der Bibel befolgte, derart spannend, dass ich es mir in den Kopf gesetzt habe, es mit den von mir ausgewählten Religionen zu versuchen. Zwar kein ganzes Jahr, aber immerhin ein paar Wochen lang. Ich möchte es wissen: Ist es möglich, sich an die Regeln so vieler Religionen wie möglich zu halten?

Um dieses Vorhaben in die Tat umzusetzen, muss ich dafür sorgen, dass ich einen Monat lang nicht ins Büro gehen muss. Natürlich war ich zu feige, meinen Traum zu realisieren und wirklich so lange Urlaub zu beantragen, dass ich sämtlichen Feiertagen der Religionen Tribut zollen kann. Es wäre zwar eine nette Begebenheit gewesen, aber ich halte schon viel von der Tatsache, dass mich meine Vorgesetzten als einigermaßen zurechnungsfähig bezeichnen, weshalb mein Urlaubsantrag damit begründet ist, dass ich noch zahlreiche Urlaubstage auf meinem Konto habe und außerdem die zusätzlichen Dienste, die ich während der Olympischen Spiele in Vancouver und der Weltmeisterschaft in Südafrika geleistet habe, abfeiern müsse. Meine Chefs unterschreiben den Antrag, ohne mit der Wimper zu zucken. Ich glaube nicht, dass sie das getan hätten, wenn ich als Begründung die verschiedenen Feiertage angegeben hätte.

Einen Monat lang möchte ich mich an die Gebote und Riten der einzelnen Religionen halten, obwohl es Leute gibt, die sich gerne einen Spaß daraus machen, sie zu persiflieren. Eines der berühmtesten Beispiele war die Reaktion eines Amerikaners auf die Moderatorin Laura Schlesinger, die Menschen in ihrer Radioshow Lebenshilferatschläge erteilt. Einmal sagte Schlesinger, dass sie als achtsame Christin die Homosexualität unter keinen Umständen befürworten könne, da diese nach Leviticus 18,22 ein Gräuel sei. Der offene Brief des Hörers, der sich selbst Jake nannte, kursierte lange Zeit im Internet. Jake fordert darin von Schlesinger Ratschläge in Lebensfragen, zu denen er bei Leviticus und in anderen Büchern der Bibel passende Gesetze gefunden hat. Unter anderem schreibt er: »*Ich würde gerne meine Tochter in die Sklaverei verkaufen, wie es in Exodus 21:7 erlaubt wird. Was wäre Ihrer Meinung nach heutzutage ein angemessener Preis?*«

Oder: »*Ich habe einen Nachbarn, der stets am Samstag arbeitet. Exodus 35,2 stellt deutlich fest, dass er getötet werden muss. Allerdings: Bin ich moralisch verpflichtet, ihn eigenhändig zu töten?*«

Oder: »*Ich weiß aus Leviticus 11,16, dass das Berühren der Haut eines toten Schweins mich unrein macht. Darf ich aber dennoch Football spielen, wenn ich dabei Handschuhe anziehe?«*

Ich finde diesen Brief urkomisch und eine geniale Reaktion auf die Aussage einer offensichtlich borniertem Anhängerin des Christentums. Er ist aber auch hilfreich bei meinem Projekt, ein alltheistisches Leben nach den Regeln der meisten Religionen zu führen, die ich bislang kennengelernt habe. Er lehrt mich zum einen, nicht blind Regeln zu vertrauen, nur weil sie in einem religiösen Buch vorkommen und dort aus dem Zusammenhang gerissen werden könnten. Der Brief bewahrt mich aber auch davor, einzelne Gesetze zu persiflieren und sie respektlos zu behandeln.

Im Judentum gibt es 613 *Mitzwot*, an die sich der gläubige Mensch zu halten hat. Sie teilen sich auf in 365 Verbote und 248 Gebote. Wer sich diese 613 *Mitzwot* einmal durchliest, der findet zwar allerhand Regeln, die skurril erscheinen, wie etwa die Forderung, einem dreschenden Ochsen nicht das Maul zu verbinden oder dass ein Mann keine Frauenkleider tragen soll oder dass ein König nicht allzu viele Pferde besitzen soll. Auch die Gesetze zum Krieg stimmen nicht unbedingt mit der Genfer Konvention überein. Doch in seiner Gesamtheit hält der Leser so etwas wie die erste Verfassung der Menschheit in der Hand mit dreißig Gesetzen über Wirtschaftsmoral und dreiundvierzig Passagen über die Rechtsprechung, die auch heute noch Gültigkeit haben. Dazu gibt es einen Moralkodex und Regeln für Rituale und Ausübung der Religion.

Im Islam prägen zwei Begriffe den Alltag gläubiger Muslime: *halal* und *haram*. Diese Begriffe besagen, was erlaubt und verboten ist, wobei sie sich grundsätzlich an den fünf Säulen des Islam orientieren. Dazu gibt es die Scharia, das religiöse Gesetz, das alle Beziehungen des öffentlichen und privaten Lebens regelt. Diese Einheit von Religion und Recht fordert deshalb auch eine Einheit von Religion und

Staat, die sich in muslimischen Staaten durchaus bemerkbar macht. Auch hierzulande wird derzeit in den Medien heftig diskutiert, ob die Scharia mit dem Grundgesetz vereinbar sei. Es gibt Publizisten, die halten nur das Dschungelcamp für gefährlicher für unsere Gesellschaft als den Islam – und es gibt welche, die diese Warnungen als Panikmache bezeichnen.

Christen halten sich grundsätzlich an die Zehn Gebote, doch gibt es eine kaum zu überschauende Anzahl an weiteren Regeln. Dass es auf alle Fälle sehr viele sind, zeigt allein schon das Beispiel von Vergebung und Buße – es gibt keine Erwähnung in den Zehn Geboten, und doch sind Vergebung, Schuld und Buße wesentliche Bestandteile des christlichen Alltags. Es gibt auch ein Glaubensdogma zur unbefleckten Empfängnis von Maria durch ihre Mutter Anna, das Papst Pius IX. am 8. Dezember 1854 in seiner Bulle *Ineffabilis Deus* verkündete. Für mein Leben als Alltheist ist dieses Dogma von untergeordneter Bedeutung, aber ich finde es doch interessant, dass es innerhalb der katholischen Kirche einen jahrhundertelangen Streit darüber gab, ob Maria nun ohne Erbsünde war oder nicht, und dass deswegen eine päpstliche Bulle vonnöten war.

Bei den Hindus ist der Alltag von Tausenden von religiösen Handlungen durchdrungen, die von Stadt zu Stadt unterschiedlich sein können. Wichtig ist dabei, dass die Gläubigen in allem, was sie tun, dem Pfad des Dharma folgen, der natürlichen Ordnung der Welt. Dazu gehören die rituelle Reinigung, Atemübungen, das Rezitieren heiliger Verse und das Einhalten der vier Lebensstadien, die ein Mensch zu durchlaufen hat. Ich selbst habe *Brahmacharya* (Studium und Schülerschaft) und *Grihastya* (Eintritt ins Berufsleben und Familiengründung) bereits hinter mir, weshalb ich mich auf dem Sprung zur *Vanaprastya* befinde, der Einsiedlerschaft.

Im Buddhismus gibt es, vereinfacht ausgedrückt, fünf Regeln, vier edle Wahrheiten und den achtfachen Pfad. Es geht dabei um nichts Geringeres, als dass der Mensch von dort abgeholt wird, wo er sich gerade befindet. Durch lange und disziplinierte Übung soll der Mensch von *Duhka*, einem aus dem Fugen geratenen Leben, befreit werden. Diese Übung wird in acht Schritte unterteilt: rechte Einsicht, rechte Gesinnung, rechte Rede, rechte Tat, rechter Lebenserwerb, rechte Anstrengung, rechte Achtsamkeit und rechte Sammlung.

Zunächst hört sich das relativ einfach an, wird aber bei näherer Betrachtung verzwickt. Bei weltweiter Anwendung wären die Berufe Metzger, Bierbrauer und Steuereintreiber verboten – und ich weiß nicht, ob die Berufe Journalist und Autor als rechter Lebenserwerb gesehen werden dürfen. Auch die Forderung, keine berauschenden Stoffe zu sich zu nehmen, schränkt mich sehr ein: kein Alkohol, keine Zigaretten. Und bei der Regel, keine Beziehungen zu unterhalten, die Leiden für andere oder sich selbst verursachen, muss ich nun doch öfter an meine Frau denken, ob sie denn wirklich glücklich ist, mit einem wie mir verheiratet zu sein.

Im Konfuzianismus gibt es auf die Frage, wie das soziale Leben aussehen soll, fünf Schlüsselbegriffe: *Jen* (Herzensgüte), *Chun tzu* (reife Persönlichkeit), *Li* (Anstand), *Tê* (Macht) und *Wen* (Friedenskünste). Auch das hört sich einfacher an, als es ist, denn Konfuzius selbst sagte, dass er etwa das *Jen* niemals vollkommen verwirklicht erlebt habe. Zu diesen fünf Begriffen kommen die fünf menschlichen Elementarbeziehungen: Vater – Sohn, Herrscher – Untertan, Ehemann – Ehefrau, Freund – Freund und älterer Bruder – jüngerer Bruder. Die Tatsache, dass sich drei dieser Elementarbeziehungen innerhalb der Familie befinden, zeigt die Konzentration des Konfuzianismus auf die Familie.

Ganz im Gegensatz zu den Dogmen und Regeln vieler Religionen steht der Taoismus. Im *Tao-Tê-King* gibt es einundachtzig Verse, die darauf hinweisen, wie sich ein

Mensch zu verhalten hat, um das Tao zu finden – jedoch lehnen Taoisten jede Form von Formalismus und der peinlich genauen Beachtung von Regeln ab. Jedes ausgeklügelte System und jede Bestrebung, das Leben in eine ordentliche Form zu bringen, seien sinnlos. Ich habe dieses Phänomen schon beim Besuch der Tempelanlage in Chengdu beobachten können. Es waren keine prächtigen Bauwerke, die sich von ihrer Umgebung abhoben wie viele Gebäude anderer Religionen. Pomp und Extravaganz gelten im Taoismus als töricht. Die Tempel schmiegen sich an, sie ducken sich fast unter Bäume, im Idealfall verschmelzen sie mit dem sie umgebenden Raum.

Wie schwer es werden könnte, möglichst gleichzeitig nach den Regeln vieler Religionen zu leben, zeigt sich schon bei der Gestaltung meines Speiseplans für die kommenden Tage. Im Hinduismus gilt die Kuh als heiliges Tier, dessen Fleisch nicht gegessen werden darf. Im Judentum dagegen darf der Gläubige nur jene Tiere essen, welche im Deuteronomium als erlaubt geführt werden. Eine der Regeln des Buddhismus besagt, dass überhaupt kein Leben eines fühlenden Wesens zerstört werden soll, weshalb ich vorsichtshalber beschließe, während dieser Zeit als Vegetarier zu leben, um nur ja keinen Fehler zu machen. Ich muss mich außerdem darauf konzentrieren, ein besonderes Gebot der Hindus nicht zu missachten: Ich darf nur mit der rechten Hand essen, die linke gilt als unrein, weil sie für die Reinigung nach dem Toilettengang benötigt wird.

Dass es eine logistisch höchst anspruchsvolle Zeit werden könnte, wird mir am 5. Januar bewusst. Ich stehe um sieben Uhr auf und spreche ein paar Gebete. Dann wasche ich mich gründlich und bereite mir einen Tee zu. Anschließend ziehe ich mich in mein Arbeitszimmer zurück, das ich in einen Gebets- und Ruheraum umfunktioniert habe. Dort befinden sich ein Kruzifix, eine Buddhafigur, ein Poster mit dem Yin und Yang, ein schöner Teppich und zahlreiche andere Devotionalien. Darauf, einen raumhohen Baumstamm in der Mitte aufzustellen wie im Gebetsraum des Münchner Flughafens, habe ich nur deshalb verzichtet, weil es mir der Familienrat verboten hat. Immerhin gibt es einen Christbaum mit einem Meter Höhe.

Ich trage ein Kreuz um den Hals und ein Konfuzius-Fan-Shirt mit der goldenen Regel darauf und lese ein wenig im Pentateuch, im Koran und im *Tao-Tê-King*, ehe ich eine Zeit lang meditiere und mich im Yoga versuche. Danach möchte ich mich den Menschen zuwenden, deren an diesem Tag gedacht werden soll. Es geht mir zunächst um Guru Gobind Singh Ji, dessen Geburt an diesem Tag gefeiert wird, obwohl ich in vielen Quellen gelesen habe, dass sein Geburtstag auch am 22. Dezember 1666 gewesen sein könnte. Singh war der zehnte und letzte Guru des Sikhismus, sein Vater wurde hingerichtet, weil er den Hinduismus gegen muslimische Machthaber verteidigen wollte. Gobind Singh gilt den Sikhs als perfektes Beispiel eines Mannes: Er war gebildet, ein guter Reiter, ausgebildet in den Kriegskünsten, ritterlich im Verhalten und großzügig den Mitmenschen gegenüber. Er löste sich sowohl vom Hinduismus als auch vom Islam, vielmehr sollte seine Religion als Brücke zwischen den beiden anderen Religionen dienen. Er erklärte sowohl das Kastensystem für abgeschafft als auch die Gleichberechtigung von Mann und Frau als eingeführt. Kurz: Gobind Singh war ein großer Mensch.

Nach seiner Forderung sollen alle Sikhs fünf Symbole tragen, die im Punjabi allesamt mit dem Buchstaben »K« beginnen: ungeschnittene Haare als Zeichen der Heiligkeit, einen hölzernen Kamm als Zeichen der Sauberkeit, Baumwollunterhosen als Zeichen der sexuellen Mäßigung, einen Stahlarmreif als Erinnerung an die Verpflichtung zur Wahrheit und einen Dolch als Zeichen dafür, dass Sikhs Arme und Unschuldige verteidigen. Ich verzichte jedoch auf die fünf Symbole – nicht, weil ich etwas dagegen hätte, sondern weil ich kein Sikh bin und das Tragen der Symbole anmaßend fände.

Danach gedenke ich des Todestags von Johannes Nepomuk Neumann, einem Heiligen der katholischen Kirche. Er wurde 1852 zum Bischof von Philadelphia ernannt, während seiner Amtszeit begann er mit dem Bau einer Kathedrale, gründete mehr als hundert Kirchen und ebenso viele Schulen. Durch die Einrichtung eines Priesterseminars legte er den Grundstein für das heutige Pfarrschulsystem in den USA. Es war ihm ein besonderes Anliegen, dass auch einfache und arme Menschen Bildung erlangen konnten, weil seiner Meinung nach eine Schulausbildung der Grundstein sei, das Leben von sozial schwachen Menschen zu verbessern. Auch in diesem Fall stelle ich fest: Johannes Nepomuk Neumann war ein großer Mensch.

Beide Menschen, deren an diesem Tag gedacht wird, sind Idole für die Gläubigen der jeweiligen Religion, sie machen einem aber auch die eigene Unzulänglichkeit bewusst. Kein Mensch wird fünf Symbole an seinem Körper tragen, weil ich es fordere – und ich werde wohl auch niemals den Grundstein für eine Kathedrale legen. Das bedeutet jedoch nicht, dass ich neidisch wäre auf Neumann oder Singh, sie dienen mir vielmehr als Ansporn, mehr aus meinem Leben zu machen, als ich es bisher getan habe.

Mittlerweile ist es zwölf Uhr geworden. Ich spreche nach muslimischem Ritus mehrere Gebete und gehe dann hinüber ins Wohnzimmer, wo mein Sohn schon auf mich wartet, um mit mir zu spielen. Aber zuerst muss ich mich nach konfuzianischer Tradition um meine Frau kümmern, indem ich ihr Essen koche und sie ein wenig massiere. Dann spiele ich mit meinem Sohn und bin erstaunt, weil der kleine Kerl in jeder Stunde neue Dinge lernt, die er stolz seinem Papa präsentiert. An diesem Tag ist es die Kunst, in der Küche ein

Päckchen Zucker zu verschütten und anschließend seinen Vater aufzufordern, den Raum doch bitte zu reinigen. »Papiii! Küche schmutzig! Putzen!« Schön dabei ist, dass er darauf besteht, selbst wischen zu dürfen – und ich mir noch einmal überlege, einen Vaterschaftstest durchführen zu lassen. Der kleine Mann ist zu putzig, als dass da viele meiner Gene im Pool sein könnten. Zum anderen ist er dermaßen ordentlich und reinlich, dass ich den Verdacht hege, dass kein einziges meiner Gene in dem Pool ist.

Nach diesem netten Spiel gehe ich in die Stadt. Ich will Geschenke für meine Eltern kaufen, um ihnen eine Freude zu machen, weil das Ehren älterer Menschen zu den Grundtugenden des Konfuzianismus gehört. In einer Kirche mache ich einen Zwischenstopp, um kurz zu beten. Nach dem Kirchenbesuch lege ich mich in einen Floatingtank, treffe mich kurz mit einem christlichen Geistlichen zum Gespräch und stelle bei der Ankunft zu Hause fest, dass ich den ganzen Tag über noch nichts gegessen habe. Da ich im Kühlschrank nichts finde, bei dem ich mir absolut sicher bin, dass ich es guten Gewissens essen darf, beschließe ich, an diesem Tag einfach Nulldiät zu machen und mich an Tee zu halten.

Ich gehe in mein Arbeits-und-Gebetszimmer und absolviere einen Scientologykurs im Internet, was fast drei Stunden dauert. Danach gehe ich mit meinem Sohn in die Badewanne und stelle fest, dass er viel von der Reinigung seines Körpers hält und auch viel davon, seinem Vater Wasser über den Kopf zu kippen. Vor dem Einschlafen lesen wir noch sein Lieblingsbuch, in dem es darum geht, dass ein Maulwurf wissen möchte, wer ihm auf den Kopf gemacht hat. Danach sagt er: »Papi, heia! Nehmen!« Das bedeutet, dass er gerne in meinen Armen einschlafen würde, was ich für eine prima Idee halte, denn schließlich hatte ich den schönsten Moment meines Lebens, als der kleine Mann auf meinem Bauch lag und ich endlich einmal an nichts denken durfte. Aber dieser Moment lässt sich nicht auf Knopfdruck wiederholen. Wir liegen beide nur da, irgendwann schläft er ein, und ich erlebe eine halbe Stunde Ruhe und Stille, schöner als in jedem Floatingtank.

Anschließend gehe ich wieder ins Arbeitszimmer und kommentiere die Statusmeldungen meiner Freunde bei Facebook. Es ist zwar kein persönlicher Kontakt, aber immerhin wissen meine Freunde auf diese Weise, dass ich an ihrem Leben teilhabe und mich für das interessiere, was sie so tun. Als ich auf die Uhr sehe, stelle ich erschrocken fest, dass es elf ist. Ich kuschle mich zu meiner Frau auf die Couch, eine Stunde später gehen wir zu Bett, wobei ich kurz vor dem Einschlafen noch einmal kurz über diesen Tag nachdenke.

Und mir wird klar: Ich werde grandios scheitern.

Ich war nun wirklich nicht untätig, dennoch habe ich nur die Hälfte der Dinge geschafft, die ich mir vorgenommen habe – genauso, wie ich an den vier Tagen zuvor nur die Hälfte der Dinge geschafft habe, die ich mir vorgenommen habe. Und ich musste noch nicht einmal ins Büro gehen, sondern hatte wirklich den ganzen Tag Zeit. Ich hatte Hunger, ich hätte gerne ein Bier getrunken, mich gelüstete nach einer Zigarette. Ich hätte gerne mehr Zeit mit meiner Frau verbracht, ich hätte gerne eine Stunde Sport getrieben und hätte mich gerne mit Freunden getroffen. Das alles habe ich nicht geschafft.

Aber sollte es nicht eines der Ziele des Alltheismus sein, mehr Ruhe in sein Leben zu bringen, mehr Sinn und mehr Ordnung?

Stattdessen eile ich von spiritueller Aktivität zu spiritueller Aktivität, als wären es Termine, die man zu absolvieren hat. Freilich machen manche Dinge Spaß, aber dennoch ist es vor allem die Erfüllung von Pflichten.

Ich befolge Regeln, ohne mich wirklich mit ihrem Sinn auseinanderzusetzen.

Ich denke mir in diesem Moment: Was für ein bescheuertes Projekt!

Ich gebe auf.

Es geht beim Alltheismus nicht darum, möglichst viele Regeln blind zu befolgen in der Hoffnung, dass die spirituelle Reise einen von selbst ans Ziel bringt, wie immer dieses Ziel auch aussehen mag. Es geht vielmehr darum, die Reise aufmerksam zu verfolgen und zu erkennen, welche Dinge man währenddessen lernen kann und auch die Irrfahrten und Umwege in Kauf zu nehmen, die damit verbunden sind.

Ich habe in China nach Konfuzius gesucht und den Taoismus gefunden, das Erleben eines Exorzismus auf den Philippinen hat mir wichtige Erkenntnisse über Vergebung geliefert, und das Gespräch mit einem muslimisch-atheistischen Ehepaar hat mir die Augen für Respekt von Menschen untereinander geöffnet.

Es geht beim Alltheismus nicht um die Einhaltung möglichst vieler Regeln, sondern um das Befolgen jener, die dafür sorgen, dass der Mensch auf seiner spirituellen Reise nicht dauernd vom Weg abkommt und irgendwann einmal mit Totalschaden im Straßengraben landet. Es ist auch nicht das Ziel eines Alltheisten, allen Menschen zu gefallen, wie eine schöne Geschichte aus dem Konfuzianismus belegt. Der Meister sagte: »Der wahre Edelmann ist freundlich, aber nicht vertraulich; der niedere Mann ist vertraulich, aber nicht freundlich.« Daraufhin fragte ihn sein Schüler Tsu King: »Was würdest du von einem Menschen halten, der in seiner Stadt von allen geliebt wird?« Die Antwort des Konfuzius: »Das genügt nicht. Besser ist es, wenn die Guten in seiner Stadt ihn lieben und die Schlechten ihn hassen.« Die Kunst ist es herauszufinden, wer die Guten sind und wer die Schlechten.

Nach fünf Tagen ist mir klar: Es ist kein übertriebener Selbstversuch notwendig, um das eigene Durchhaltevermö gen zu testen und jeden Tag erschöpft ins Bett zu fallen in der Gewissheit, doch nicht alles geschafft zu haben, was man sich vorgenommen hat. Ich habe nun einen mehrere Jahre dauernden Selbstversuch absolviert und habe das Gefühl, dass dieser eine Extremversuch alles kaputt machen könnte.

Diesen Fehler habe ich schon einmal gemacht, als ich während meines Projekts, vierzig Tage lang nicht zu lügen, derart versessen war auf Ehrlichkeit, dass ich nur noch Schimpfwörter benutzte und dabei vergaß, dass es außer Ehrlichkeit noch andere Tugenden gibt – und dass der Mensch auch ehrlich sein kann, ohne andere gleich beleidigen zu müssen.

Und so wie ich damals meine Lehre daraus gezogen habe – dass etwa Ehrlichkeit nicht gleichbedeutend mit Beleidigen ist oder dass es noch andere Tugenden als die Ehrlichkeit gibt und dass es verschiedene Formen von Ehrlichkeit gibt –, ziehe ich sie nun auch. Wer zu sehr damit beschäftigt ist, Regeln und Riten einzuhalten, der könnte den Blick dafür verlieren, was ihm wirklich wichtig ist.

Was wirklich wichtig ist, ist ein verantwortungsvoller Umgang mit sich selbst, mit den Menschen im eigenen Umkreis und mit dem Glauben. Damit kann der einzelne Mensch die Grundlage für die gesamte Gesellschaft legen, wie schon Konfuzius wusste: »Wenn im Herzen Rechtschaffenheit ist, dann ist Schönheit im Charakter. Wenn Schönheit im Charakter ist, dann ist Harmonie im Heim. Wenn Harmonie im Heim ist, dann ist Ordnung in der Nation. Wenn Ordnung in der Nation ist, dann ist Frieden in der Welt.«

Nach fünf Tagen muss ich den Versuch abbrechen, nach den Regeln möglichst vieler Religionen zu leben – aber ich bin nicht enttäuscht. Im Gegenteil: Jetzt bin ich wirklich bereit, Alltheist zu werden.

Kapitel 18

Alltheismus als Lebensform

Wie soll man ein »Schlusskapitel« schreiben über etwas, das noch gar nicht abgeschlossen ist?

Ich habe zwar durch meine Tätigkeit als Sportjournalist gelernt, dass es aufgrund des Redaktionsschlusses manchmal nötig ist, einen Text während eines Fußballspiels so zu schreiben, als würde man das Ergebnis bereits kennen. Ich habe aber auch gelernt, dass es einen ziemlich aus der Bahn werfen kann, wenn kurz vor Schluss der Ausgleich fällt und gleich darauf doch noch der Siegtreffer für eine Mannschaft. Ich habe das bei der EM 2008 gesehen, als meine Vorgabe war, kurz nach Schlusspfiff einen fertigen Text abzuliefern, dann aber im Halbfinale die Türkei erst zum 2:2 ausgeglichen hatte, ehe Philipp Lahm noch zum 3:2 traf.

Ich bin gerade mal einunddreißig Jahre alt und hoffe, noch nicht einmal bei der Halbzeit meines Lebens angekommen zu sein – im Gegenteil: Ich bin optimistisch, dass mein neues Leben gerade erst begonnen hat.

Dass ich versagen würde, haben mir alle Menschen prophezeit, die in dieses Projekt eingeweiht waren. Ein Mensch, der derart viele Bereiche seines Lebens umzukrempeln versucht, der *muss* scheitern, das wird einem jeder Verhaltensforscher bestätigen. Mehr als 80 Prozent der Menschen schaffen es nicht einmal, einen einzigen guten Vorsatz dauerhaft umzusetzen, knapp ein Viertel gibt schon in der ersten Woche auf. Das ergab eine Studie aus dem Jahr 2007 – und warum sollte gerade ich zum Kreis der Erleuchteten gehören, denen alles gelingt, was sie sich vornehmen?

Es wird mir in diesem Leben keinesfalls möglich sein, auf jede Religion dieser Welt gleich viele Chips zu setzen, obwohl es ein kindlich-naiver und dennoch erwachsen-berechnender Gedanke zu Beginn des Projekts war. Es gibt eine Schnittmenge bei den unterschiedlichen Religionen, die derart groß ist, dass es vernünftigerweise zu keinen größeren Konflikten kommen sollte. Es gibt aber eben auch unvereinbare Unterschiede, die bei pervertierter Auslegung zu Konflikten führen können.

Gleichwohl liegt es sehr wohl im Bereich meiner Möglichkeiten, die Chips verantwortungsvoll zu verteilen in einer Anordnung, die ich für vertretbar halte. Wenn ich möchte, kann ich alle Chips auf ein Feld häufen und mich dadurch einer einzigen Religion verschreiben. Aber ich habe mich dazu entschlossen, die Chips gerecht zu verteilen, weil für mich nicht eine Religion die einzig wahre ist, sondern viele verschiedene zusammengenommen. Die Verteilung auf meinem Spielfeld sieht meiner Meinung nach ziemlich gut aus, und ich kann beruhigt und voller Spannung darauf warten, wohin die Kugel letztendlich fällt.

Ich möchte jedoch meine persönliche Verteilung nicht verraten – zum einen deshalb, weil es sich dabei um eine höchst individuelle Angelegenheit handelt, und ich finde, dass es für jemanden, der selbst auf der Suche nach der richtigen Anordnung seiner Chips ist, von relativ geringer Bedeutung ist, wie ausgerechnet *ich* meine Chips platziere.

Zum anderen habe ich festgestellt, dass meine Verteilung beinahe täglich variiert, weil mein Projekt nicht abgeschlossen ist, sondern weitergehen wird bis ans Ende meines Lebens. Jede Struktur, die ich nun verraten würde, wäre nur eine Momentaufnahme, die einen Tag später schon wieder hinfällig sein könnte. So gesehen ist es ein wenig wie Wissenschaft und Technik: Was heute als gegeben gilt, kann morgen schon überholt sein durch etwas, das noch vernünftiger klingt.

Ich habe außerdem gelernt, dass Alltheismus, wenn man ihn in der Konsequenz leben möchte, sämtliche Regeln und Riten zu beachten, eine stressige Angelegenheit sein kann, bei der man schnell an seine psychischen und logistischen Grenzen stößt. Um alle Aufgaben gewissenhaft zu erledigen und alle Gesetze befolgen zu können, bräuchte man das ganze Jahr über Urlaub – wobei ein Jahr aus sechshundert Tagen bestehen müsste, um es zeitlich einigermaßen hinzubekommen. Es ist schon ein ziemlich unmögliches Vorhaben, nur die Regeln einer einzigen Religion zu befolgen, und es ist ganz und gar unmöglich, alle Regeln aller Religionen umzusetzen. Und manche unmöglichen Dinge dauern eben nicht zwei Stunden länger, wie Greg das formulieren würde, sondern sind wirklich unmöglich. Aber ich habe eine beständige Mitte gefunden, was im Konfuzianismus mit *Zhong Yung* umschrieben wird. Es ist ein Weg, der beständig in der Mitte zwischen undurchführbaren Extremen liegt.

Bei diesem Projekt habe ich viel gelernt über Religion und auch darüber, was ich als Religion bezeichnen würde. Für Thomas von Aquin lag etwa die reinste Form der Religion darin, dass sich jemand aus dem weltlichen Leben zurückzieht und konsequent ein Leben führt, das Gott gewidmet ist. Diese Ansicht vertritt nicht nur er, sie kommt in vielen anderen Religionen vor, bei denen die höchste Stufe der Geistlichkeit dann erreicht ist, wenn der Mensch bereit ist, sich von den weltlichen Dingen zu lösen. Im Buddhismus oder im Hinduismus beispielsweise ist das der Fall.

Für mich trifft eher die Herleitung des Begriffs »Religion« durch Cicero zu, der sie als »wiederholtes Lesen«

bezeichnete. Der Mensch möge sich durch aufmerksames Studium und spirituelle Aktivitäten immer wieder ins Gedächtnis rufen, dass es Gott, eine höhere Macht oder eine bedeutende Ordnung im Universum gibt, fordert Cicero. Aus diesem Studium ergibt sich für den Menschen zum einen der Glaube an etwas Unbeweisbares und zum anderen die Verpflichtung zu tugendhaften Handlungen. Ich möchte an diesem Leben teilhaben und mich nicht von der Welt zurückziehen. Gleichwohl möchte ich mich mit den Ebenen des Lebens beschäftigen, die unerklärlich sind.

Es ist nicht notwendig, als Alltheist gleichzeitig allen Religionen zu folgen, sondern einen Weg zu finden, durch Religion Antworten zu bekommen auf die Fragen, die man an sein Leben hat. Eine alltheistische Variante habe ich bei meinem Besuch in China kennengelernt: Bei ethischen Vorstellungen und in der Öffentlichkeit ist mancher Chinese Konfuzianist, im Privaten folgt er dem Taoismus, hin und wieder vertraut er sich der schamanischen Volksreligion an – und zum Zeitpunkt des Todes wird er Buddhist. Mein Lehrer Wang hat es so formuliert: »Der Chinese trägt einen konfuzianischen Hut, taoistische Gewänder und wandelt in buddhistischen Sandalen.«

Egal, wie sehr sich der Mensch bemüht – es ist unmöglich, die Geheimnisse jeder Glaubensrichtung vollkommen zu erfassen. Ich glaube, dass es schon nicht möglich ist, auch nur die Geheimnisse einer einzigen Religion zu begreifen. Eine Deutschlehrerin in der Schule versicherte mir einmal, dass kein Mensch von sich behaupten könne, all das gelesen zu haben, was Goethe und Schiller jemals geschrieben haben – und man könne keineswegs alles verstehen und deuten, was die beiden verfasst haben. Wie soll ein Mensch dann all das lesen und verstehen, was jemals zu seiner eigenen Religion geschrieben wurde? Und wie soll er all das lesen und verstehen, was zu den anderen Religionen dieser Welt geschrieben wurde? Kurz: Es geht nicht.

Mir wurde dieser Makel schon zu Beginn meines Projekts bewusst, als ich erkannte, dass ich zwar zahlreiche Bibelstellen kannte, weil sie mir im Unterricht oder im Gottesdienst vorgestellt wurden, dass ich dieses Buch aber niemals von vorn bis hinten durchgelesen hatte. Ich hatte auch schon Zitate aus dem Koran und dem Talmud gehört, meistens waren es besonders schöne oder besonders grausame, aber auch diese Bücher hatte ich nie gelesen. Ähnlich war es mit den Schriften der anderen Religionen.

Während meines Projekts habe ich versucht, diese Bildungslücke zu beseitigen und so viele Schriften wie möglich zu durchforsten, muss nun aber eingestehen, dass ich insgesamt vielleicht ein Millionstel von dem gelesen habe, was jemals zu den verschiedenen Religionen der Welt geschrieben wurde.

Ich bin wahrlich nicht zu einem Experten in vergleichender Religionswissenschaft geworden, aber ich weiß heute deutlich mehr, als ich vorher wusste. Von den neunzig Fragen zu den verschiedenen Religionen der Welt kann ich jetzt nicht mehr nur einundfünfzig richtig beantworten, sondern immerhin neunundsiebzig. Dies zeigt mir einerseits, dass ich mein Wissen zwar erweitern konnte, dass es indes immer noch Mängel gibt, die es zu beheben gilt. Die Lektüre hat meinen Blick geweitet, mein Weltbild hat sich verändert und auch meine Einstellung zu den verschiedenen Religionen dieser Welt. Manche Vorurteile wurden bestätigt, andere widerlegt, neue sind hinzugekommen.

Auch der Test, welche Religion am besten zu mir passen könnte, liefert nun andere Ergebnisse als noch zu Beginn des Projekts. Bei der Frage »Bei welcher Religion habe ich noch Defizite?« stehen mittlerweile Konfuzianismus und Taoismus ganz oben, danach folgen Hinduismus, Buddhismus, Islam und Christentum. Ich kann auch nicht ohne Stolz behaupten, bei keiner der Religionen, mit denen ich mich beschäftigt habe, eine Übereinstimmung von weniger als 50 Prozent zu erzielen. Beim Atheismus erreiche ich gerade einmal 10 Prozent, Agnostizismus rangiert mit 25 Prozent ebenfalls weit unten, und Satanismus, vor dem Projekt noch unter den Top Drei, ist nun weit nach hinten gerutscht. Auch beim zweiten Fragebogen, den ich ausfülle und der auch abseitige Religionen enthält, erreiche ich bei sämtlichen Religionen einen Wert von mehr als 50 Prozent. Und war nicht genau das eines der Ziele meines Experiments?

An meinem Glauben hat das Projekt nur wenig verändert, weil ich mich nach wie vor als Agnostiker bezeichnen würde – trotz der Übereinstimmung von nur 25 Prozent bei einem der Tests. Ich glaube immer noch, dass sich die Existenz Gottes oder einer anderen höheren Macht nicht beweisen lässt. Es lässt sich aber auch nicht beweisen, dass es so etwas *nicht* gibt.

Habe ich mich deshalb einfach nur im Kreis bewegt, und stehe ich nun wieder dort, wo ich schon vor fast fünf Jahren stand? Das ist möglich. Aber es hat sich doch etwas verändert. Drastisch verändert. Ich sehe nämlich deutlich, *warum* ich dort stehe, wo ich stehe – oder wie es der Humanist Thomas Stearn Eliot einmal formulierte: »Wir lassen nie vom Suchen ab, und doch, am Ende allen unseren Suchens sind wir am Ausgangspunkt zurück und werden diesen Ort zum ersten Mal erfassen.« Wobei ich festhalten möchte, dass ich mich nicht am Ende meiner Suche befinde, sondern mittendrin. Heute ist nicht der letzte Tag eines Experiments. Ich bin lediglich an einem Punkt angelangt, an dem ich kurz zurückblicken darf und dann wieder nach vorne schauen muss. Mir ist als Mensch die Fähigkeit des Glaubens gegeben, und diese Fähigkeit möchte ich nicht vernachlässigen, sondern daran arbeiten und sie verfeinern.

Im Buddhismus etwa geht es beim achtfachen Pfad im dritten Schritt um die rechte Rede. Der Religionsphilosoph Huston Smith schreibt darüber: »Statt uns nun gleich vorzunehmen, immer nur die Wahrheit zu sagen – ein Vorsatz, der sich wahrscheinlich, weil er zu anspruchsvoll ist, anfangs als wirkungslos erweisen wird –, tun wir gut daran, noch weiter zurückzugehen und einmal versuchen aufzupassen, wie oft wir im Laufe des Tages von der Wahrheit abweichen, um uns anschließend darüber klar zu werden, was die Gründe dafür waren. Ebenso verfahren wir mit liebloser Sprache. Beschließen Sie nicht als Erstes, nie mehr ein unfreundliches Wort zu sagen, sondern beobachten Sie, was Sie sagen, um sich über die Gründe der Unfreundlichkeit klar zu werden.«

Ich habe dieses Prinzip schon bei meinem Lügenprojekt angewendet, als ich feststellte, dass eine Welt ohne Lügen nicht funktionieren würde. Am Ende ging es nicht mehr darum, die Lüge auszurotten, als vielmehr ein gutes Verhältnis von Ehrlichkeit und Lüge zu finden.

Ähnlich verhält es sich mit dem Versuch, Alltheist zu werden. Es geht nicht darum, jene Religion zu finden, die am besten in das persönliche Weltbild passt. Und es geht auch nicht unbedingt darum, jenen Gott oder jene höhere Macht herauszufiltern, mit dem oder der man sich am besten identifizieren kann. Wir befinden uns zwar auf einem spiritueller Marktplatz, aber nicht in einem Selbstbedienungsladen, in dem man sich die schönsten Sachen einfach herauspickt. Es geht zunächst einmal darum, zu erforschen, warum der Mensch an etwas glaubt – und wie er mit dieser Erfahrung verantwortungsbewusst umgeht.

Ich selbst bin durch mein Projekt ein gläubiger Agnostiker geworden. Guten Gewissens kann ich behaupten, dass Gott oder eine höhere Macht oder das Tao, die ich bisher als Variable in meiner Glaubensgleichung eingesetzt habe, zu Konstanten in meinem Weltbild geworden sind. Ich werde nie beweisen können, dass es Gott gibt, und werde aber wohl auch nie beweisen können, dass es Gott *nicht* gibt. Und ich bezweifle ernsthaft, dass irgendeinem Menschen, und wenn er noch so lange forscht, ein allgemein anerkannter Beweis gelingen wird.

Glaube ist eine höchst individuelle Erfahrung – und die Erfahrung, die ich ganz persönlich gemacht habe, ist jene, dass ich an alles glaube, weil ich alles für möglich halte. Das mag paradox klingen, doch genau das ist die Kernaussage des Alltheismus.

Ich glaube daran, dass Allah der Gott sein könnte, neben dem es keinen anderen Gott gibt. Ich glaube an die Möglichkeit, dass der Mensch in einem endlosen Kreislauf von Geburt und Wiedergeburt gefangen ist, aus dem sich der Einzelne nur selbst befreien kann. Ich glaube an die Möglichkeit, dass es keinen Gott und kein Jenseits gibt und dass es das Ziel eines jeden Menschen sein muss, ein verantwortungsbewusstes Leben im Diesseits zu führen.

Mein Experiment hat mich befreit aus der Bequemlichkeit zu denken, dass es mir aufgrund der Unmöglichkeit eines Beweises relativ egal sein könnte, ob es so etwas gibt wie Gott oder eine höhere Macht, und dass ich mich auf meinem agnostischen Standpunkt ausruhen und apathisch darauf warten könnte, was wohl nach dem Tod passieren wird. Diese Apathie ist gewichen, es hat sich vielmehr eine Vorfreude eingestellt auf das, was passieren wird.

Ich habe derart viel gelernt bei diesem Projekt, dass ich manches schon wieder vergessen habe. Doch war dieses Lernen und Nachdenken über mein Leben wichtig. Schon Konfuzius sagte: »Lernen ohne zu denken ist sinnlos; aber denken ohne zu lernen ist gefährlich.« Was ich behalten habe, ist die Erkenntnis, dass auf jene Fragen, die ich persönlich an das Leben haben kann, nicht eine einzelne Religion alle zufriedenstellenden Antworten liefern kann und dass der Anspruch eines allein selig machenden Glaubens doch arg arrogant ist. Ich bin begeistert von der Kraft der Worte Jesu Christi und seinem Willen, zu vergeben und Vergebung zu suchen. Ich bin fasziniert von der Bescheidenheit des Buddha, der Gelassenheit von Lao-tse und der Weisheit von Konfuzius. Ich bewundere den Willen Mohammads, die Geduld vieler Hindus und den Gerechtigkeitssinn der Juden. Sie alle haben mich gelehrt, in meinem Leben nach dem zu streben, was im Konfuzianismus *Jen* genannt wird, die nach der Lebensauffassung des Konfuzius höchste Tugend. *Jen* umschreibt eine erhabene, transzendentale Vollkommenheit, die Konfuzius nie voll verwirklicht gesehen hat, nach der es aber zu leben lohnt. Diese Großherzigkeit kennt keine Grenzen, denn wer *Jen*-begabt ist, der wird laut Konfuzius erkennen, dass »alle Menschen, die zwischen vier Meeren wohnen, Brüder und Schwestern sind«.

Die entscheidende Frage meines spirituellen Lebens hat sich geändert. Sie lautet nicht mehr: »Soll ich glauben – und wenn ja: woran?« Sie heißt nun: »Warum glaube ich?« Und ich kann mir derzeit, obwohl meine Suche weitergehen wird bis ans Ende meines Lebens, sogar eine Antwort darauf geben: Ich glaube, weil ich in mir die Hoffnung trage, dass dieses Leben einen Sinn haben könnte, der über meine Zeit auf dieser Welt hinausgeht. Und ich glaube, weil es schon auf dieser Welt derart viele unerklärliche Dinge gibt, dass die Wahrscheinlichkeit, dass es außerhalb dieser Welt noch viel unerklärlichere Dinge gibt, doch unwahrscheinlich hoch ist.

Nassim Nicholas Taleb hat in seinem unterhaltsamen Buch *Der Schwarze Schwan – Die Macht höchst unwahrscheinlicher Ereignisse* dargelegt, dass es sich durchaus lohnt, an etwas zu glauben, das die Mehrzahl der Menschen und auch wir selbst kaum für möglich halten – und dass gerade diese unwahrscheinlichen Ereignisse das Leben eines Einzelnen oder auch die ganze Welt verändern können. Ein Sechser im Lotto ist nahezu unmöglich zu erreichen, dennoch geben Woche für Woche Millionen von Menschen ihre Tippscheine ab, weil es ja doch einmal passieren und sich das Leben drastisch ändern könnte. Und so etwas wie das

Internet gibt es nicht, weil es das schon immer gab, sondern weil ein paar scheinbar Verrückte vor Jahren daran geglaubt haben, dass es einmal so etwas geben könnte. Sie haben die Welt verändert.

Ich würde mein gesamtes bisheriges Leben als schwarzen Schwan bezeichnen, also eine Kette höchst unwahrscheinlicher Ereignisse, die kaum jemand vorhersehen konnte. Das ist schon damit zu begründen, dass ich beinahe täglich zu hören bekomme, dass es doch unmöglich und unerhört sei, dass ein Mensch wie ich eine derart tolle Frau wie Hanni abbekommen konnte. Es ist noch nie ein Plan von mir genau so aufgegangen, wie ich ihn mir vorgestellt hatte, immer geschahen unwahrscheinliche und unbegreifliche Dinge, die einen überaus großen Einfluss darauf hatten, was letztendlich passierte. Dinge, die wir für unwahrscheinlich oder gar unmöglich halten, sind möglich. Nur deshalb hält sich der Glaube an einen Gott oder eine höhere Macht, obwohl zahlreiche Wissenschaftler und Gelehrte versichern, dass diese Existenz unwahrscheinlich oder gar unmöglich sei.

Aus diesem Glauben resultiert auch die Antwort auf eine der entscheidenden Fragen meiner Existenz: »Wie werde ich in diesem Leben glücklich?« Es ist natürlich möglich, ohne den Glauben an eine höhere Macht oder eine ordnende Kraft im Universum ein glückliches Leben zu führen – und wer sein Leben als glücklich betrachtet, der braucht daran nichts zu ändern.

Ich persönlich habe auf meiner spirituellen Reise viele Dinge erlebt und viele faszinierende Persönlichkeiten getroffen. Deshalb gibt mir der Glaube daran, dass da etwas sein könnte, die Kraft, mein Leben so zu gestalten, dass ich am Ende meines Lebens der Regisseur eines Filmes sein könnte, den nicht nur ich wohlwollend betrachten kann, sondern den auch meine Mitmenschen und ein mögliches höheres Wesen nicht schlecht fänden.

Ohne arrogant wirken zu wollen: Ich glaube, dass Gott mich mittlerweile mag – obwohl ich natürlich ständig daran arbeiten muss, dass er mich im Lauf der nächsten Jahre noch besser leiden kann. Und damit gebe ich die Antwort auf die zweite entscheidende Frage, die ich mir immer wieder stelle: »Wie muss ich leben, damit ich auch nach meinem Tod noch glücklich bin?« Ich vergleiche meine Einstellung mittlerweile mit einem Haus, das ich permanent zu renovieren habe. Das Fundament und der Keller bestehen aufgrund meiner Erziehung aus dem Christentum, darüber habe ich Mauern aus dem Judentum und dem Islam errichtet. Der erste Stock ist der Hinduismus, darüber befinden sich der Konfuzianismus, der Buddhismus und der Taoismus. Es gibt einige Zimmer mit Ersatzreligionen, die ich immer seltener betrete, und der Dachstock besteht aus der Bahai-Religion, dem Sikhismus und dem Jainismus. Im Garten stehen verschiedene Naturreligionen, in dem sich auch Götter der griechischen und römischen Mythologie vergnügen. So ungefähr sieht es aus, mein spirituelles Zuhause.

Es gibt Menschen, bei denen wird in der Kindheit ein christliches oder muslimisches oder buddhistisches Fundament errichtet, und sie bauen ihr Leben lang an diesem Haus im Sinne dieser Religion weiter. Warum auch nicht? Wer glauben kann, dass eine einzelne Religion alle Antworten liefert, der führt ein glückliches Leben. Nur vermag ich selbst daran nicht zu glauben, sondern suche nach Antworten in vielen verschiedenen Religionen.

Nicht wenige Menschen hören nach der Errichtung des Fundaments auf, an ihrem Haus zu bauen, und nicht wenige haben irgendwann in ihrem Leben das komplette Haus abgerissen und fühlen sich wohl in einem perfekt gestalteten Garten. Auch das ist möglich. Ich habe für mich jedoch beschlossen, das Haus zu renovieren, auszubauen und ständig daran zu arbeiten – und auch jeden hereinzulassen, der es sich gerne ansehen möchte.

Ich habe bei meinem Projekt viele Menschen kennengelernt, die mir geholfen haben, an diesem Haus zu bauen.
Es waren so viele, dass ich sie nicht alle einzeln aufzählen
kann. Es gab auch Menschen, die über mein Haus geläs-
tert haben, und welche, die versuchten, es zu bombardie-
ren oder zumindest einzelne Stockwerke einzureißen, um
schließlich das komplette Haus zum Einsturz zu bringen. Es
waren so wenige, dass ich sie aufzählen könnte – aber das
möchte ich nicht.

Dabei möchte ich betonen, dass sich die Klugen und
Hilfsbereiten und Verständnisvollen nicht in einer Religion
versammeln und auch die Arroganten und Ignoranten und
Zerstörerischen mitnichten allesamt einer Glaubensgemeinschaft zuzuordnen sind. Auch unter Atheisten finden sich
ebenso viele Vernünftige wie Unvernünftige. In jeder Religion habe ich nette Menschen getroffen, und in jeder Religion sind mir Idioten begegnet – und das Verhältnis ist in
fast jeder Religion gleich, wobei ich sagen muss, dass die
Idioten deutlich in der Minderheit sind.

Der Terrorismusexperte Bruce Hoffman hat in seinem
Buch *Terrorismus – Der unerklärte Krieg* dargelegt, dass
sich kriegerische Handlungen nicht auf bestimmte Religionen beschränken. Es gibt nicht nur islamistische Attentäter,
vielmehr diagnostiziert Hoffman einen »jüdischen Terrorismus«, und er berichtet von einem erschreckenden Weltbild
»christlicher Patrioten«, die von der Überlegenheit der weißen Rasse predigen und 1995 ein Gebäude in Oklahoma
City in die Luft sprengten. Er schreibt von der buddhistisch
motivierten Aum-Sekte, deren Mitglieder Nervengift in der
U-Bahn von Tokio freisetzten, und von Hindus, die 1990
den Tempel in Ayodhya stürmten, wobei mehr als 2000
Menschen starben. Hoffman legt aber auch dar, dass zwischen 1998 und 2004 nur 8 Prozent aller terroristischen
Akte von religiösen Fanatikern verübt wurden. In einer
Welt ohne Religion würden demnach immer noch 92 Pro-

zent aller Anschläge verübt werden. Solche Statistiken frei-lich findet man in keinem Buch von Richard Dawkins.

Ich glaube, dass es am Ende nicht darum geht, wer das prächtigste Haus errichtet oder das, in dem es keinen Gott und keine Religion gibt und alles technisch perfekt funktio-niert. Es geht darum, sein eigenes Haus zu bauen, in dem man sich ruhig und sicher fühlt – und dass der Mensch ver-sucht, die Häuser der anderen Menschen respektvoll zu be-trachten. Dabei finde ich eine Textstelle aus dem Koran be-sonders beeindruckend: »Vielleicht, dass Allah zwischen euch und denen unter ihnen, die euch feind sind, Liebe setzt. Denn Allah ist verzeihend und barmherzig. Nicht verbietet euch Allah gegen die, die nicht in Sachen des Glaubens ge-gen euch gestritten oder euch aus euren Häusern getrieben haben, gütig und gerecht zu sein. Siehe, Allah liebt die ge-recht Handelnden. Allah verbietet euch nur mit denen, die euch in Sachen des Glaubens bekämpft und euch aus eu-ren Wohnung vertrieben und bei eurer Vertreibung gehol-fen haben, Freundschaft zu machen.« Wer dem Islam also respektvoll begegnet, der hat nach den Regeln des Korans auch nichts zu befürchten. So gesehen kann der Islam für unsere Gesellschaft keine Gefahr bedeuten – sofern Mus-lime sich auch an ihre heilige Schrift halten und den Men-schen, die ihnen respektvoll begegnen, ebenfalls respektvoll begegnen.

Das Fundament meines Hauses besteht also aus dem Christentum, weil ich von meinen Eltern als Katholik erzo-gen wurde und vieles, was sie mir beigebracht haben, noch heute mein Weltbild und meine Philosophie prägt. Wäre ich der Sohn von Hindus, so wäre mein Fundament der Hun-duismus, und wären meine Eltern Taoisten, dann wäre mein spirituelles Haus auf dem Fundament des Taoismus erbaut. Schon allein deshalb ist es meiner Meinung nach töricht, eine andere Religion als minderwertig abzutun. Vielmehr sollte sich der gläubige Mensch hin und wieder fragen, was aus ihm geworden wäre, wenn das Fundament ein anderes gewesen wäre. Aus diesem Grund finde ich den Unterbau des Hauses zwar wichtig. Entscheidender ist jedoch, dass der Mensch an seiner spirituellen Heimat weiterbaut und dabei nicht vergisst, mit anderen Hausbesitzern zu sprechen.

Ich finde den Dialog zwischen den Religionen wichtiger als je zuvor, nur sollte er nicht stattfinden mit Begriffen wie »Integration« und »Toleranz« – weil diese Begriffe implizieren, dass es da einen Stärkeren gibt, der einen Schwächeren toleriert. Die Schlagwörter sollten vielmehr »Gleichberechtigung«, »Respekt« und »Vernunft« lauten, denn nur so kann der spirituelle Kampf des 21. Jahrhunderts gewonnen werden.

Der nämlich findet nicht statt zwischen Menschen, die verschiedenen Religionen angehören und damit vollkommen unterschiedliche Häuser errichtet haben. Er findet statt zwischen jenen, die verantwortungsvoll mit ihren Bauwerken umgehen und die Häuser der anderen respektieren, und jenen, die nichts Besseres zu tun haben, als ihre Religion für die einzig wahre zu halten und zu versuchen, alle anderen Häuser zum Einsturz zu bringen. Und dabei halte ich es schon für eine Form des Fundamentalismus, wenn andere Religionen despektierlich behandelt werden und deren Mitglieder als minderwertig angesehen werden.

Ich fühle mich derzeit sicher in meinem Haus, und ich hoffe, dass dies auch immer so bleiben wird. Mein Haus steht trotz aller Reisen, die ich unternommen habe und noch vorhabe, die meiste Zeit in Deutschland. Ich kann mich sehr gut identifizieren mit dem Grundgesetz. Wer sich damit nicht identifizieren kann, der möge sich ein Land suchen, in dem Gesetze herrschen, mit denen er sich identifizieren kann.

Voltaire schrieb einst: »Nicht der Atheismus stachelt

die blutigen Leidenschaften an, sondern der Fanatismus.« Man müsste diesen Satz erweitern: Nicht der Atheismus und nicht Religion stacheln die blutigen Leidenschaften an, sondern der Fanatismus. Die Besitzer der unterschiedlichen Häuser müssen sich deshalb zusammentun und einen Kampf mit all jenen ausfechten, die nur auf Zerstörung aus sind. Es ist ein Kampf derer, die Religion ernst nehmen und deshalb jeden anderen Menschen, der Religion ebenfalls ernst nimmt, respektieren – und all jener, die Religion pervertieren. Und da ich glaube, dass die vernünftigen Hausbesitzer in der Überzahl sind, bin ich der festen Überzeugung, dass sie durch einen gemeinsamen Kampf die Zerstörer besiegen können. Dabei müssen die Vernünftigen jeden Tag und in jeder Stunde dafür kämpfen – denn die Unvernünftigen nehmen auch nie einen Tag frei.

Ich habe mich dem Alltheismus verschrieben, nicht mehr aus Berechnung wie zu Beginn meines Projekts, sondern aus Überzeugung, und ich kann nur jedem raten, der wie ich auf der Suche nach einem sicheren Haus ist, einen Blick zu werfen in mein Haus, um sich Inspiration zu holen für seine eigene Architektur.

Im Alltheismus gibt es wenige Regeln, und die sind sehr weit gefasst. Aber es lohnt sich, sie zu befolgen. Deshalb habe ich für mich ein paar Sätze aufgeschrieben, die mir bei der steten Renovierung meines spirituellen Hauses dienlich sind, und es würde mich freuen, wenn auch andere Menschen damit etwas anfangen könnten.

Sollte ich es nach meinem Tod tatsächlich in den Himmel schaffen, dann würde ich mich freuen, möglichst viele meiner Freunde dort zu sehen – und ich wäre glücklich, wenn ich einige Menschen, die dieses Buch nun in ihren Händen halten, dort kennenlernen dürfte. Und sollte ich als Kuh wiedergeboren werden, dann hoffe ich, dass mein Besitzer ein Hindu sein wird.

Kapitel 19

Glaubensbekenntnis eines Alltheisten

Eines Tages werde ich sterben, was zunächst einmal bedeutet, dass ich Glück gehabt habe, weil ich leben durfte. Das Leben hat mir Karten gegeben, mit denen ich spielen darf und spielen muss. Mir wurden die Fähigkeit des Glaubens gegeben und die Freiheit, an das zu glauben, was ich für richtig halte. Für diesen Glauben trete ich ein, werde aber niemals jemanden zwingen, an das zu glauben, woran ich glaube. Ich werde nie einen Menschen anders behandeln, nur weil er an etwas anderes glaubt, und ich werde die Gesetze des Landes achten, in dem ich mich aufhalte. Ich lasse mich aber auch von keinem Menschen anders behandeln, nur weil ich an etwas anderes glaube.

Ich bin nicht der Mittelpunkt des Universums, sondern einer von Milliarden von Menschen auf einem Planeten, von denen es unzählige gibt. Wer meine Hilfe braucht, wird sie bekommen. Meine Worte und meine Taten sind nicht immer richtig, ich will jedoch dafür sorgen, dass so viele meiner Worte und Taten wie möglich richtig sind. Ich bin bereit, zu vergeben und um Vergebung zu bitten. Die Dinge, für die ich verantwortlich bin, werde ich gewissenhaft ausführen, und jene, die außerhalb meiner Verantwortung liegen, demütig hinnehmen. Das Leben betrachte ich nicht nur von meinem Standpunkt als Spieler, sondern auch von dem des Gebers. Die Welt verändert sich, und auf diese Veränderungen reagiere ich gleichmütig, aber nicht gleichgültig. Ich bin bereit, meine Meinung zu ändern.

Es ist mein Recht und meine Pflicht, in diesem Leben glücklich zu sein, weshalb ich im Hier und Jetzt lebe, aber nicht vergesse, dass vor mir Menschen gelebt haben und auch nach mir Menschen auf diesem Planeten leben möchten. Deshalb behandle ich Menschen, Tiere und Pflanzen mit Respekt. Ich vertraue darauf, dass spirituelle Aktivität mir helfen kann, in diesem Leben glücklich zu sein und Kontakt zu einer anderen Ebene des Lebens herzustellen.

Dass ich sterben werde, erfüllt mich nicht mit Angst, sondern ich bin gespannt auf das, was danach passiert. Denn ich vertraue darauf, dass ein großer Tag kommen wird. Vielleicht morgen, vielleicht im nächsten Leben, vielleicht nach meinem Tod.

Daran glaube ich.

Nachwort und Dank

Natürlich handelt dieses Buch wieder von einem Selbstversuch. In *Mein Bauch gehört mir* ging es um den Körper, in *Du sollst nicht lügen* um den Geist und im vorliegenden Buch *Ich will in den Himmel* um den Sinn des Lebens. Dieses Buch steht zwar am Ende von drei Selbstversuchen, doch war die Idee, ein religiöser Mensch zu werden, eigentlich der Startpunkt für die anderen Versuche.

»Immersion journalism« heißt diese journalistische Form, in Deutschland wird sie eher despektierlich Stunt-Journalismus genannt oder noch schlimmer Gonzo-Journalismus, weil die journalistische Objektivität aufgegeben wird und der Autor selbst zum Teil der Geschichte wird. Im Buddhismus gibt es dagegen den Leitsatz, alles einer direkten Nachprüfung zu unterziehen. In allen Fragen soll die persönliche Erfahrung das letzte Wahrheitskriterium sein, ein wahrer Schüler muss selbst Gewissheit erlangen.

Der schottische Schriftsteller Robert Louis Stevenson schrieb in seinem Buch *Reise mit dem Esel durch die Cevennen*: »Worauf es ankommt, ist, in Bewegung zu sein, die Notwendigkeiten und die Hindernisse unserer Existenz unmittelbarer zu spüren, dieses bequeme Feldbett der Zivilisation zu verlassen und festzustellen, dass der Boden unter den Füßen aus Granit besteht und mit scharfen Kieseln bestreut ist.«

Deshalb ist für mich Immersion journalism ein rechtschaffener und wichtiger Weg beim Versuch, die Welt und das Leben ein Stück weit besser zu begreifen. Ich unternehme diese Experimente zunächst einmal für mich, um einen differenzierteren Blick auf die Welt und mich selbst zu bekommen. Meine Erlebnisse und Ergebnisse mögen völlig konträr sein zu den Erfahrungen anderer. Ich schreibe sie auf, weil ich hoffe, dass es Menschen gibt, die auch gerne experimentieren oder zumindest gerne über solche Experimente lesen.

In diesem Buch gibt es eine Reihe kleinerer Experimente, die mir helfen sollen, ein großes Ziel zu erreichen: ein besserer Mensch zu werden. Die Versuche sind übertrieben, verrückt und vielleicht auch absurd, und ich fordere niemanden auf, etwas Ähnliches zu probieren oder mich gar allzu ernst zu nehmen – denn das tue ich selbst auch nicht. Es ist meine Art zu versuchen, die Welt zu verstehen und mein Leben und das meiner Mitmenschen ein wenig angenehmer zu gestalten.

Ich habe mich nun mehrere Jahre mit Religionen auseinandergesetzt und muss doch feststellen, dass ein Buch, das auf nicht einmal vierhundert Seiten derart viele Religionen und Gemeinschaften behandelt, oberflächlich bleiben muss. Mein Projekt war kein Versuch, Religionen zu vergleichen oder gar eine über alle anderen zu stellen. Diesen Versuch würde ich töricht und respektlos nennen. Es erhebt auch nicht den Anspruch, Religionen komplett zu erfassen, ihre Verwurzelungen in den sozialen Zusammenhängen darzulegen und einen Weltatlas der Glaubensrichtungen zu erstellen. So ein Buch würde ich gerne lesen, aber nicht schreiben.

Mein Versuch beschränkte sich auf das, was mein tägliches Leben betrifft und das meiner Mitmenschen – und ich glaube, dass es viele Menschen gibt, die ähnlich wie ich auf der Suche sind. Ich würde mich freuen, wenn dieses Buch manchen inspiriert, ein wenig nachzudenken, Herz und Verstand zu öffnen und anderen mehr Respekt entgegenzubringen. Ich würde mich aber auch schon freuen, wenn jemand an manchen Stellen schmunzeln würde. Auf jeden Fall freue ich mich bereits jetzt wieder auf Post und anregende Diskussionen mit Menschen, die ähnlich denken – und auch und vor allem mit Menschen, die anders denken. Denn nur durch Zuhören und Lesen kann man voneinander lernen. Wer nur spricht und schreibt, wird kaum etwas lernen.

Ich habe mir immer gewünscht, so viele Dinge wie möglich in meinem Leben ausprobieren zu dürfen. Und ich habe mir gewünscht, Autor zu werden. Meine Frau hat sich das nicht gewünscht, mein Sohn auch (noch) nicht. Aber sie müssen mitmachen – und außer lieben Briefen haben sie dafür noch nichts bekommen. Ich hoffe, dass meine Frau mich immer noch mag, obwohl ich unser Leben öffentlich mache, wobei ich mehr und mehr feststellen muss, dass ich die coolste Frau der Welt geheiratet habe. Und ich hoffe, dass mein Sohn mir nicht allzu böse ist, wenn er diese Bücher mal lesen kann.

Da ich bei meinem letzten Buch darauf verzichtet habe, mich bei den Menschen zu bedanken, die damals zum Gelingen beigetragen haben, möchte ich es nun umso ausgiebiger tun. Ich möchte mich bei allen bedanken, die gegen alle Widerstände gekämpft und dafür gesorgt haben, dass aus einer verrückten Idee tatsächlich ein Buch wurde. An erster Stelle meinem Verleger Johannes Jacob und meinem Agenten Michael Gaeb, die wie Löwen gekämpft haben und die ich von nun an in meine Gebete oder Meditationen einschließen werde. Dank gebührt den lieben Mitarbeiterinnen bei C. Bertelsmann, die sich nicht nur darum kümmern, dass dieses Buch seine Leser findet, sondern wie Freunde immer für mich da sind.

Danke auch an meine Eltern, die das christliche Fundament meines Glaubens errichtet haben, aber offen genug sind, ihren Sohn das Haus alleine weiterbauen zu lassen.

Ohne die Mithilfe vieler Menschen aus den verschiedensten Glaubensgemeinschaften wäre dieses Buch nur eine leere Hülle. Da mich die meisten gebeten haben, ihre Namen nicht zu erwähnen, möchte ich es bei einem allgemeinen »Danke schön« belassen. Nur der Familie Iding sei gesagt: Sie sind Heilige.

Dank sagen möchte ich auch allen meinen Freunden und jenen Menschen, welche ich als »Familie« bezeichne – sie haben mir gezeigt, dass nicht Blut dicker ist als Wasser, sondern dass Freundschaft wichtiger ist als Blut.

Der letzte und damit größte Dank gebührt Hanni und Finn – den beiden Menschen, ohne die mein Leben nur wenig Sinn hätte. Ich habe zwar in diesem Buch geschrieben, dass kaum jemand sagen kann, was Liebe wirklich bedeutet – aber das, was ich für die beiden empfinde, könnte im Lexikon unter diesem Begriff auftauchen.

Dieses Buch ist allein Finn gewidmet, einem jungen Menschen, der christlich getauft ist, in dessen Kinderzimmer eine kleine Figur des Buddha steht und der beim Anblick eines jüdischen Symbols leuchtende Augen bekommt und fröhlich »Stern« ruft. Dessen beste Freundin die Tochter eines Agnostikers und einer Ausweis-Muslima ist. Der eine Beziehung zu seinem Vater führt, die der buddhistischen Lehre von Meister und Schüler nahe kommt, und ein Verhältnis zu seiner Mutter, das im Taoismus wurzelt. Es ist ihm gewidmet, damit er – wenn er alt genug ist, diese Zeilen zu lesen – einen Eindruck bekommt, was im Leben wichtig sein könnte oder zumindest für seinen Vater wichtig ist. Oder um es im Sinne der konfuzianischen Lehre auszudrücken: Wenn Kinder nicht mehr verstehen, was den Eltern wichtig ist, dann ist die Kultur in Gefahr.

München, im April 2011

btb

Leonard Cohen

Buch der Sehnsüchte

240 Seiten
ISBN 978-3-442-73987-5

»I'm the little Jew who wrote the bible ...«
Leonard Cohen

Leonard Cohen, der wie kein anderer die Schönheit und die Abgründe des Lebens besungen hat, legt mit seinem *Buch der Sehnsüchte* eine beeindruckende Sammlung von Zeichnungen, Gedichten und Stories vor. Cohens poetische Arbeiten entstanden größtenteils während eines fünfjährigen Aufenthalts in einem zen-buddhistischen Kloster auf dem Mount Baldy im Süden Kaliforniens. Es ist ein Buch über das Schreiben und Reisen, über Abschiede und Erleuchtungen, Frauen und Hotels, Zigaretten und Liebe, über das Scheitern, die Sehnsucht und das Selbst.

»Ein großartiges Buch, sozusagen die Überwindung Leonard Cohens durch Leonard Cohen.«
Hilmar Klute, Süddeutsche Zeitung

»Die Empfehlungen der Redaktion: Für Liebhaber.«
Felicitas von Lovenberg, FAZ

www.btb-verlag.de

btb

Thomas von Steinaecker

Wallner beginnt zu fliegen

Roman. 368 Seiten
ISBN 978-3-442-73835-9

Drei Generationen, wie sie verschiedener nicht sein könnten …

Stefan Wallner, verheiratet mit einer Deutsch-Rumänin
und Inhaber einer Firma für Landmaschinen, träumt
sich weg von seinem Alltag in eine Parallelwelt. Sein
Sohn Costin zappt sich durch sein Leben wie durch eine
Fernsehserie. Und Wendy, Costins uneheliche Tochter,
macht sich nach dem Tod ihres Vaters, den sie eben erst
kennengelernt hat, daran, die Familiengeschichte der
Wallners aufzuschreiben – ein Unterfangen, bei dem
die Grenzen zwischen Lebenslügen, Irrtümern und der
Wirklichkeit verschwinden.

»Genial!«
Richard Kämmerlings, FAZ

**Ausgezeichnet mit dem aspekte-Literaturpreis
und dem Bayerischen Kunstförderpreis.**

www.btb-verlag.de